Architekturführer
Graz

HDA
HAUS DER ARCHITEKTUR

Architekturführer
Graz

Herausgegeben von
Anselm Wagner und Sophia Walk

Inhaltsverzeichnis

Hinweise zur Benutzung

Projektbezeichnung ———→ **Murinsel**
Adresse ———→ Lendkai 19
Architekt ———→ *Vito Acconci*
Jahr der Fertigstellung ———→ 2003

Projektnummer
`009` A — Kartennummer
Geodaten als QR-Code

Vorwort

Anselm Wagner und Sophia Walk

Seit Erscheinen des letzten Grazer Architekturführers sind zwar keine 20 Jahre vergangen, wohl aber ein gutes Jahrzehnt. Diese Lücke allein zu füllen, war weniger unser Anliegen als vielmehr die Gesamtdarstellung der Grazer Baugeschichte vom Mittelalter bis heute. Während bisherige Kunst- und Architekturführer durch die steirische Landeshauptstadt sich entweder auf die Gegenwart, die Moderne, die Vormoderne oder nur einzelne Bezirke und Bauaufgaben konzentrierten, stellt dieser Architekturführer erstmals alle Epochen der Grazer Baugeschichte vom 12. bis zum 21. Jahrhundert gleichermaßen dar, sodass die Stadt in all ihren Teilen erkundet werden kann, auch wenn man zwanzig Jahre nicht mehr hier gewesen sein sollte. Ziel war es, insbesondere das Neben- und Ineinander von Alt und Neu zu zeigen, das gerade auch für die UNESCO-Welterbezone der Grazer Altstadt so charakteristisch ist und die Stadt davor bewahrt, zu einem historischen Freilichtmuseum zu werden.

Lehrveranstaltungsplakat 2017/2018

Elf Touren führen durch die Altstadt (I. Bezirk), die Gründerzeitviertel (II. bis VI. Bezirk) und die äußeren Bezirke (VII. bis XVI.) der ehemaligen Vororte. Die Spaziergänge orientieren sich dabei nach Möglichkeit an den Bezirken und deren Bezeichnungen; in Ausnahmefällen sahen wir uns allerdings aus praktischen Gründen genötigt, Objekte am Rand einzelner Bezirken dem Nachbarbezirk zuzuschlagen. Zwölf ergänzende thematische Essays vertiefen die Darstellungen der rund 250 Gebäude, Straßen und Plätze.

Beim Verfassen eines Architekturführers stellt sich das Problem der Auswahl, besonders bei einer Stadt wie Graz, die ein so außergewöhnlich reichhaltiges baukulturelles Erbe aus allen Epochen vorzuweisen hat. Um den Rahmen dieses Führers nicht zu sprengen, einigten wir uns auf eine Anzahl von rund 250 Gebäuden, Straßen und Plätzen, von denen wir der Meinung sind, dass sie für das Stadtbild und das lokale, manchmal auch das überregionale und internationale Architekturgeschehen von besonderer Bedeutung sind – und das kann durchaus auch Bauten miteinschließen, die wir aus verschiedenen Gründen für problematisch halten. Existieren von einem Architekturbüro mehrere Bauten, dann versuchten wir, eine repräsentative Auswahl zu treffen. Ein weiteres Kriterium bestand in der Einsehbarkeit von öffentlichen Flächen. Ein Architekturführer kann nicht – im Gegensatz zu einer architekturgeschichtlichen Darstellung – Gebäude behandeln, die für den normalen Besucher unzugänglich sind. Das betrifft vor allem viele Privathäuser. So mussten wir schweren Herzens darauf verzichten, architekturgeschichtlich wichtige Objekte wie das Haus Frey von Ernst Plischke oder das Haus Zusertal von Szyszkowitz-Kowalski

»Wer Grätz vor zwanzig Jahren und seitdem nicht wieder gesehen hat,
würde in einigen ihrer Theile gar nicht in Grätz zu sein wähnen.«
Gustav Schreiner: Grätz. Ein naturhistorisch-statistisch-topographisches
Gemählde dieser Stadt, Graz 1843

aufzunehmen, um nur zwei Beispiele zu nennen. Schließlich spielte der Erhaltungszustand eine Rolle. Manche historisch relevante Objekte wie die Wohnanlage Straßgang von Riegler Riewe oder der Wohnungsbau Josef-Huber-Gasse von Raimund Abraham sind so stark verändert worden oder in einem so unerfreulichen Zustand, dass wir von ihrer Berücksichtigung Abstand nehmen mussten.

Bei der Auswahl stand uns unser Kooperationspartner, das Haus der Architektur (HDA) Graz, vor allem Peter Pretterhofer und Markus Bogensberger, beratend zur Seite. Wertvolle Hinweise erhielten wir von Antje Senarclens de Grancy und Birgit Androschin sowie Ulrich Tragatschnig, Karin Tschavgova (architektouren-graz), Gertraud Strempfl-Ledl (Internationales Städteforum Graz), Barbara Steiner (Kunsthaus Graz) und Oliver Elser (Deutsches Architekturmuseum Frankfurt am Main).

Die Idee für den vorliegenden Architekturführer stammt von Sophia Walk, die auch vorschlug, diesen mit Studierenden der Architektur im Rahmen eines Masterstudios am Institut für Architekturtheorie, Kunst- und Kulturwissenschaften der TU Graz im Wintersemester 2017/2018 zu erarbeiten. Die Realisierbarkeit eines solchen Vorhabens bewies uns der in ähnlicher Weise entstandene, 2016 bei DOM publishers erschienene *Architekturführer Nürnberg*, den Richard Woditsch mit Studierenden der Technischen Hochschule Nürnberg erstellte und dem wir für viele praktische Tipps zu danken haben. Antje Senarclens de Grancy, Birgit Androschin und Simon Oberhofer unterstützten uns mit vertiefenden Seminaren zu den Themengebieten Recherchemethodik, Stadtgeschichte und Architekturfotografie und Philipp Meuser mit einem Workshop zum Medium Architekturführer.

Dabei waren wir auch auf die Mithilfe anderer Institute angewiesen, denen unser großer Dank gebührt: dem Institut für Zeitgenössische Kunst (Leitung: Milica Tomić) für die Erstellung zahlreicher Objektfotos und dem Institut für Architektur und Medien (Leitung: Urs Hirschberg) für das Zeichnen vieler Pläne – eine Aufgabe, die von Milena Stavric bestens koordiniert wurde. In diesem Zusammenhang danken wir dem Stadtarchiv Graz, dem Steiermärkischen Landesarchiv, dem Diözesanarchiv Graz-Seckau, dem Archiv des Festivals *steirischer herbst*, dem Archiv der TU Graz, dem Stadtvermessungsamt Graz (Wolfgang Demschner, Winfried Ganster, Erwin Wieser) und vielen Architekturbüros, die uns Planvorlagen bereitgestellt haben.

Unser besonderer Dank gilt unserem Kooperationspartner, dem Haus der Architektur Graz und seinem Geschäftsführer Markus Bogensberger, der Stadt Graz, welche dieses Projekt mit einer großzügigen Subvention ermöglicht hat, den Studierenden, die sich darauf eingelassen haben, dieses Masterstudio einem Buchprojekt zu widmen und bis zur Publikationsreife zu bringen und den Gastautorinnen und -autoren für ihre wertvollen Beiträge. Der größte Dank gebührt unseren studentischen Mitarbeiterinnen und Mitarbeitern Christina Blümel und Matthias Steinscherer sowie in Doppelrollen für Text- und Fotografiebeiträge Andrea Singer und Andreas Maierhofer, die mit uns den Überblick behalten und großartige redaktionelle Arbeit geleistet haben.

Wir hoffen, dass der *Architekturführer Graz* vielen Einheimischen und neugierigen Reisenden hilft, Neues zu entdecken und Bekanntes in neuem Licht erscheinen zu lassen. Graz und seine Bauten sind es mehr als wert, erkundet zu werden.

Auf den Spuren des Genius Loci

Anselm Wagner

Wer am Grazer Flughafen ankommt, den begrüßt stumm eine Phalanx eiserner Rüstungen. Flächendeckend zieht sich die Werbung für das Grazer Zeughaus, die weltweit größte historische Waffensammlung, über die Längswand der Gepäckausgabehalle. Dieser erste Eindruck, den man von der steirischen Landeshauptstadt bekommt, trügt nicht: Zur Zeit der Türkenkriege zu einem waffenstarrenden Bollwerk ausgebaut, war Graz bis ins 20. Jahrhundert hinein die Hauptstadt eines Landes der Eisen- und Stahlindustrie, eine »city of big shoulders«, um einen Slogan der Stadt Chicago zu borgen: robust, kämpferisch und manchmal auch derb bis zur Grobheit, aber zugleich technologisch innovativ und avantgardistisch, und dabei immer hoffnungslos individualistisch. Was früher Waffen-, Wagen- und Kunstschmiede waren, ist heute die Automobilindustrie: Jeder sechste Arbeitsplatz in der prozentuell am stärksten wachsenden und mit fast 290.000 Einwohnern zweitgrößten Stadt Österreichs

hängt direkt oder indirekt vom motorisierten Verkehr ab. »Wir sind Auto«, titelte Anfang 2018 eine Grazer Gratiszeitung. Der Blechpanzer ist bis heute habituell geblieben.

Quelle und Symbol der steirischen Wirtschaftskraft ist der Erzberg in der östlichen Obersteiermark, auf dem im Tagebau seit dem 11. Jahrhundert Eisenerz, vor allem Siderit, abgebaut wird und der vom 16. bis zum 20. Jahrhundert das Rückgrat der österreichischen Eisen- und Stahlindustrie bildete. Der Eisenexport mit seinen Umschlagplätzen Steyr und Leoben reichte von Nordeuropa bis in die Levante. Heute ein internationaler Konzern, geht die Voestalpine mit ihren Standorten Linz und Leoben-Donawitz ebenfalls auf den Erzberg zurück. In Graz hängt damit die 1852 von dem aus Szeged/Ungarn stammenden Josef Körösi im damaligen Vorort Andritz gegründete Eisengießerei zusammen, die sich bald zum größten Arbeitgeber im Grazer Raum und zu der heute noch bestehenden

Zeughaus-Werbung am Flughafen Graz, 2018

*»Zum Schreiben brauche ich eine Stadt,
in der es innerlich tobt, zum Beispiel New York oder Graz.«*
Wolfgang Bauer

Maschinenfabrik Andritz AG entwickelte, die derzeit weltweit rund 25.500 Mitarbeiter beschäftigt. 1861 folgte der Huf- und Wagenschmied Johann Weitzer, der westlich des Bahnhofs die »Wagen- und Waggonfabrik, Eisen- und Metallgießerei Johann Weitzer« ins Leben rief, die auch Waffen produzierte, zur Zeit des Ersten Weltkriegs 4.000 Arbeiter auf ihren Gehaltslisten hatte und nach mehreren Fusionierungen heute als Teil der Siemens Transportation Systems im Fahrgestellbau tätig ist. Für die Grazer und in der Folge auch die österreichische Populärkultur am wichtigsten waren jedoch die 1899 von Johann Puch (Janez Puh) gegründeten Puch-Werke in Graz-Thondorf (Bezirk Puntigam) mit ihren legendären Waffenrädern, Motorrädern und Autos, die später zur Steyr-Daimler-Puch AG fusionierten und seit 1998 als Magna-Steyr AG Teil des austro-kanadischen Automobilzulieferkonzerns Magna sind.

Architektur, Stadtentwicklung und Baukultur von Graz sind ohne diese wirtschaftlichen Grundlagen, deren Wurzeln bis ins Mittelalter zurückreichen, nicht zu verstehen. Das bezieht sich nicht nur und auch gar nicht in erster Linie auf Baumaterial und -technik. Wenngleich außergewöhnlich viele Schlüsselbauten eine metallene Haut oder Struktur besitzen, besteht Graz wie jede andere österreichische Stadt vornehmlich aus verputztem Ziegelmauerwerk. Über das bloße Baumaterial hinaus prägen Eisen und Stahl aber die lokale Kultur und den Habitus der Bewohner, haben in ihren Qualitäten und technischen Möglichkeiten den Genius Loci geformt. Und einiges, was rein gar nichts mit diesem zu tun zu haben scheint, ist in seiner Radikalität nur als Abwehrreaktion verständlich.

Stadt der Gegensätze

In der Vorstellung der Antike ist das Eiserne Zeitalter – in Umkehrung der Harmonie des paradiesischen Goldenen Zeitalters – zwar technisch findig, aber vor allem kriegerisch und antagonistisch. Und mit Gegensätzen ist Graz für mitteleuropäische Verhältnisse überreich gesegnet. Der Stadtfluss Mur teilt die Stadt sozialgeografisch säuberlich in eine östliche bürgerliche und eine westliche proletarisch-migrantische Hälfte. Die Entscheidung der Stadtväter des 19. Jahrhunderts, Eisenbahn und Industrie im Westen und Hochschulen und Beamte im Osten anzusiedeln, setzte nur die mittelalterliche Trennung von befestigter Bürger- und Adelsstadt im Osten und ungeschützter Murvorstadt im Westen (die heutigen Bezirke Lend und Gries) fort. Während sich im Osten zur Zeit der Österreichisch-Ungarischen Monarchie vor allem pensionierte Beamte und Offiziere aus Wien niederließen, um hier

Der Grazer, Titelblatt, 14. Januar 2018

Eisengießerei Graz-Andritz, um 1935

Deutschnationalismus, die von Hitler zur »Stadt der Volkserhebung« ernannt wurde und in der schlagende Burschenschaften bis heute das Straßenbild des Univiertels prägen, ist Graz zugleich die Wiege der österreichischen Grünen, seit 2000 die erste europäische »Stadt der Menschenrechte« und eine Hochburg der Kommunisten, die bei Kommunalwahlen meist ein Fünftel der Stimmen erreichen und derzeit (2018) die zweitstärkste Kraft im Gemeinderat bilden. Mit dem *steirischen herbst* beherbergt Graz das älteste Avantgardefestival Europas und zieht zugleich mit dem ebenfalls herbstlichen Trachtenevent *Aufsteirern* die meisten Besucher an. Eine Hochburg der Automobilindustrie, ist Graz zugleich eine Gartenstadt mit ausgedehnten Grünflächen, und einen Baum zu fällen, erregt mehr Gemüter als der Abriss eines Baudenkmals. Das

einen gemütlichen und kostengünstigen Lebensabend zu verbringen, was Graz den Spitznamen *Pensionopolis* verlieh, bildete sich im Westen vor allem in den Industrievororten Eggenberg und Gösting ein städtisches Proletariat, das beim Bürgerkrieg vom Februar 1934 zu den Waffen griff. Aufgrund seiner Randlage an der slawischen Sprachgrenze seit der Gründerzeit eine Keimzelle und Hochburg des

idyllische barocke Zentrum mit italienischem Flair gehört seit 1999 zum UNESCO-Weltkulturerbe und wartet zugleich mit so viel zeitgenössischer Architektur auf wie kaum eine vergleichbare Altstadt. Mit der angeblich harmonischen Symbiose von Alt und Neu, dem alten Wahrzeichen Uhrturm (S. 28) und dem neuen Wahrzeichen Kunsthaus (S. 174), dem international bekanntesten Gebäude von Graz,

Wagen- und Maschinenfabrik, Eisen- und Metallgießerei Johann Weitzer, um 1860

Werbetafel für Puch-Rad, Puch-Motorrad und Puch-Auto, Anfang des 20. Jahrhunderts

wirbt das Stadtmarketing. Aber nicht immer fügt sich das eine friedlich zum anderen. Schon in der Gründerzeit rückten die hochaufgeschossenen Mietspaläste den kleinen vorstädtischen Biedermeierhäuschen rücksichtslos auf den Leib, um urbane Modernität zu demonstrieren. Letzteres wollte auch der ebenso rücksichtslose Hochhaus- und Straßenbau der Nachkriegszeit. Und auch der architektonisch ungleich kreativeren sogenannten Grazer Schule des späten 20. Jahrhunderts ging es vor allem darum, anders zu sein als der althergebrachte Rest.

»Bollwerk wider die Heiden«

Bereits die Anfänge von Graz sind kämpferischer Natur. Der Name leitet sich vom slawischen *gradec* ab, was so viel wie »kleine Burg« bedeutet, und bezieht sich auf eine (zunächst wohl nur hölzerne) Verteidigungsanlage am heutigen Schlossberg, in deren Schatten sich im Hochmittelalter die ersten Handwerker und Händler niederließen. Zur Hauptstadt eines »Staates«, der neben der Steiermark (inklusive der einstigen Untersteiermark im Norden des heutigen Slowenien) noch Kärnten und Krain (Kranjska im heutigen Slowenien) umfasste und seit dem 16. Jahrhundert Innerösterreich hieß, wurde Graz durch den Habsburger Herzog Ernst (1377–1424).

Nach seinem Tod erhielt dieser den vielsagenden Beinamen »der Eiserne«, weil er im Gegensatz zur habsburgischen Maxime »Andere mögen Kriege führen, du, glückliches Österreich, heirate« eben vor allem dieses tat: Kriege führen. Vermutlich ließ er auch eine Menge von Häusern im Grazer Stadtzentrum abreißen, um hier einen Hauptplatz zu schaffen, welcher der neuen Hauptstadt würdig war. Sein Sohn Friedrich III. (1415–1493), der zum römisch-deutschen Kaiser aufstieg und Graz neben Wiener Neustadt zu seiner Residenz machte, war militärisch weniger erfolgreich, setzte aber vor allem mit großer Zähigkeit auf die Defensive: Einbunkern und Aussitzen lautete sein Motto, und etwas davon kann man in der geschlossen-abweisenden Außenerscheinung seiner Hofkirche, dem heutigen Dom (S. 112), noch erblicken.

Dieses Programm wurde in den folgenden Jahrhunderten auch architektonisch relevant. Im 16. und 17. Jahrhundert

Automobilproduktion Magna-Steyr, 2017

dominierten das Grazer Baugeschehen oberitalienische Baumeister, welche die Ideen der Renaissance in ihrer lombardischen Variante über die Alpen brachten. Aber nicht als Botin des Humanismus, sondern des Militarismus kam die Renaissance nach Graz. Ferdinand I., ein Urenkel von Kaiser Friedrich III., musste 1529 bei der nur knapp abgewehrten ersten osmanischen Belagerung Wiens erkennen, dass die mittelalterlichen Stadtmauern den Kanonen der Angreifer kaum mehr gewachsen waren. Nach der Plünderung der Steiermark durch osmanische Truppen 1532 und der Klage der steirischen Landstände über den schlechten Zustand der aus dem 13. Jahrhundert stammenden Grazer Stadtmauer befahl Ferdinand 1544 die Neubefestigung von Graz nach der neuesten italienischen Technik. Mit der Bauleitung betraute er einen aus Lugano stammenden Ingenieur namens Domenico, der sich nach der Erhebung in den Adelsstand 1558 dell'Aglio, zu deutsch »von Knoblauch«, nannte. Der geruchsintensive Name mag auch Ausdruck einer gewissen berufsbedingten Robustheit sein. Jedenfalls gelangten nicht zuletzt durch dell'Aglios Vermittlung viele weitere oberitalienische Baumeister aus dem Gebiet des Luganer und Comer Sees für fortifikatorische Aufgaben nach Graz. Der Einfachheit halber beauftragte man die »welschen« Festungsfachleute auch mit zivilen Projekten. Das Landhaus (S. 62), die Katharinenkirche mit dem Mausoleum (S. 116) und das Schloss Eggenberg (S. 370) sind die wichtigsten Zeugnisse einer kräftig-derben, zuweilen auch manieristisch exaltierten Renaissance, wobei ersteres die kurze Blüte des Protestantismus, die beiden letzteren den Triumph der gewaltsam von den Habsburgern durchgesetzten Gegenreformation feiern.

Der Festungsring, den dell'Aglio und dessen Nachfolger rund um die Stadt zogen (S. 143 ff.), gehörte zu den stärksten Mitteleuropas. Mitte des 19. Jahrhunderts großteils abgerissen, prägt er heute noch das Stadtbild durch seine sternförmige Struktur. Nicht nur der polygonale Jakominiplatz (S. 244 f.) mit seinen aus allen, nur nicht orthogonalen Richtungen einmündenden Verkehrswegen, sondern auch das Straßennetz der Gründerzeitviertel setzt die schrägen Linien der Befestigung dell'Aglios fort, dessen stumpfe und spitze Winkel den Ortsunkundigen rasch die Orientierung verlieren lässt. Die Befestigung lebt aber auch in manchen Namen fort, die sich im Gegensatz zu den Bauwerken bis heute erhalten haben, wie der Neutorgasse, der Glacisstraße (S. 160 f.) oder dem Eisernen Tor, einem idyllischen Platz mit wenig freundlicher Geschichte am Ende der Fußgängerzone der Herrengasse. Nach der Vertreibung der Juden aus ihrem Viertel im südlichen

Eisernes Tor, um 1856

Matthäus Loder, Hochofenabstich im Radwerk II in Vordernberg, um 1825

Bereich der Herrengasse 1438/1439 wurde dort ein Tor errichtet, in dem die Landstände ihre eisernen Waffen deponierten, was dem wohl auch eisern beschlagenen Tor seinen Namen gab. Aufgrund seiner Ausrichtung nach Südosten war es das strategisch wichtigste und zugleich gefährdetste Tor, drohte doch von dieser Richtung der »türkische Erbfeind«. Zugleich dienten die Obergeschosse des Tores als Polizeigefängnis, in dem man das am Stadtrand herumstreunende »Gesindel« praktischerweise gleich festsetzte. Nach dem Abriss des Eisernen Tores 1859/1860 wurde der nun entstandene Platz vom deutschnational gesinnten Grazer Gemeinderat 1898 instinktsicher in Bismarckplatz umbenannt, damit der Geist des soeben verstorbenen »Eisernen Kanzlers« über die nun nach Südosten offene Stadt (wo es zwar keine Türken mehr, dafür aber österreichische Slowenen gab) seine schützende Hand lege. Das 1893 erneuerte Rathaus (S. 54) der »deutschesten Stadt der Monarchie« wurde mit Ritter- und Landsknechtfiguren der deutschen Geschichte geschmückt, und zur Eröffnung des unweit des Eisernen Tores gelegenen Stadttheaters, der heutigen Oper (S. 158), spielte man 1899 neben Schillers antihabsburgischem *Wilhelm Tell* Wagners *Lohengrin*, die romantische Oper vom Schwanenritter in seiner schimmernden Rüstung. 1992, zur 500-Jahrfeier der Entdeckung Amerikas, stellte der Bildhauer Hartmut Skerbisch vor der Oper sein

Lichtschwert (S. 154 f.) auf, eine 54 Meter hohe Stahlskulptur, die dem Skelett der New Yorker Freiheitsstatue nachempfunden ist, die statt der Fackel ein Schwert in den Himmel reckt und solcherart die Dialektik der Aufklärung (brachte doch die Fackel der Freiheit den indigenen Völkern nur Tod und Verderben), aber auch das »eiserne« Graz auf den Punkt bringt.

Ein Prinz als Gewerke

Die Habsburger regierten die Stadt nicht nur mit eiserner Hand, sie schenkten ihr auch ihren visionärsten Rebellen, Erzherzog Johann (1782–1859). Wie dell'Aglio stammte der in Florenz Geborene aus Italien und sollte in der Rolle eines Generaldirektors des österreichischen Fortifikationswesens wie dieser die Verteidigungsanlagen der Steiermark ausbauen, wobei er bei der Gelegenheit das Land kennen- und lieben lernte. Als gescheiterter Freiheitskämpfer von seinem Bruder, Kaiser Franz I., seines Landes Tirol verwiesen, zog sich der liberal denkende und wissenschaftlich gebildete Prinz in die Steiermark zurück und initiierte dort die industrielle Revolution. Angeregt durch eine Reise nach England 1815/1816, wo er vor allem die Erzeugnisse der Eisenindustrie und das Eisenbahnwesen studiert hatte und mit James Watt zusammengetroffen war, erwarb er in Vordernberg am Erzberg zwei Radwerke und ließ sich dort als Gewerke (Bergwerkseigner)

Hauptbrücke mit Eisernem Haus in der Zwischenkriegszeit

nieder. Maßgeblich modernisierte der Erzherzog, der in der Steiermark außer dem Bürgermeisteramt von Stainz nie eine politische Funktion bekleidete, den damals recht rückständigen Bergbau und regte dort 1835 den Bau der ersten Eisenschienenbahn auf dem europäischen Kontinent an. Auf seinen Einfluss geht auch die Führung der Eisenbahnverbindung von Wien nach Triest über den Semmering und Graz zurück, von der die steirische Hauptstadt wirtschaftlich im 19. Jahrhundert am meisten profitierte. Neben der bereits 1811 erfolgten Gründung des Joanneums, aus dem die heutige Technische Universität Graz und das steirische Universalmuseum hervorgingen, vermachte der ungemein populäre »steirische Prinz« seinen Landsleuten eine in vor allem technologischer Hinsicht progressive Gesinnung in Verbindung mit einer oppositionellen Haltung gegenüber Wien – beides seither in Graz und der gesamten Steiermark weit verbreitete Motive.

Ein dem Erzherzog Johann kongeniales Bauwerk besteht im Eisernen Haus von Joseph Benedikt Withalm, das 1846 als eines der ersten Gusseisengebäude Kontinentaleuropas geplant und 1848 vollendet wurde. Withalm hatte in Deutschland und Italien die neuesten Methoden der Eisenkonstruktion studiert. Aufgrund der 1845 eröffneten Kettenbrücke ermöglicht, für deren Bau am rechten Murufer mehrere Häuser gefallen waren, bildete

das Eiserne Haus zusammen mit der Brücke, an deren Stelle von 1891 bis 1964 eine gusseiserne Konstruktion trat, das Entrée in die Altstadt und zugleich ein kräftiges Ausrufezeichen der innovativen steirischen Gusseisenproduktion.

Die Grazer Stahl-Schule

International bekannt wurde die Grazer Architektur durch die sogenannte Grazer Schule, eine lose Gruppierung von Architekten, die hier an der Technischen Hochschule (seit 1972 Universität) zwischen den Fünfziger- und den Siebzigerjahren

Konrad Frey, »Beitrag zur Volksbefragung über die Gestaltung der Rathausfassade in Graz«, 1966

studiert hatte und Stahl und Glas zu ihren bevorzugten Materialien zählte. Bereits einer der an der TH Graz in den Sechzigerjahren wirkenden Professoren, der aus der obersteirischen Stahlstadt Kapfenberg stammende Ferdinand Schuster, hatte 1971 mit dem Pfarrzentrum St. Paul in der Grazer Eisteichsiedlung (S. 408) ein bedeutendes Werk einer noch ganz in der Tradition Mies van der Rohes stehenden Stahlskelettbauweise geschaffen. Die »Grazer Schüler« setzten Stahl aber nicht in Mies'scher Abgeklärtheit und Klassizität, sondern, dem rebellischen Genius Loci entsprechend, aufbegehrend expressiv, technoid futuristisch bis dekonstruktivistisch ein. Ein Schlüsselwerk stellt hier Konrad Freys »Beitrag zur Volksbefragung über die Gestaltung der Rathausfassade in Graz« von 1966 dar, der damals noch an der Architekturfakultät studierte. Anstelle des gründerzeitlich stuckierten Rathauses ist eine riesige Maschine mit Stahlrohren, Leitungen und einer Schwebebahn zu sehen, die über die Dächer der Altstadt in alle Richtungen führen. Freys provokante Utopie forderte ein Denken in Verkehrsströmen, Netzwerken und Megastrukturen; nicht nur das Haus, die ganze Stadt sollte gemäß dem klassischen Diktum von Le Corbusier zur »Wohnmaschine« werden.

Weniger strukturalistisch als expressiv geriet dann Günther Domenigs – wohl der bekannteste »Grazer Schüler« – gepanzerter Auftritt mit der 1979 fertiggestellten Filiale der Zentralsparkasse in Wien. Wie ein steirischer Eisenritter platzte das Gebäude mit seiner geschuppten Edelstahlfassade in die postmodern-neoklassizistische Wiener Architekturszene, die es nachhaltig verstörte. Domenig sollte auch dem Grazer Stadtbild mit zum Teil riesigen Stahlgebäuden wie dem *ReSoWi* (S. 325) wie kein zweiter seiner Generation seinen Stempel aufdrücken.

Auch nach dem Ende der Grazer Schule lebt der eiserne Genius Loci in der Architektur fort, und instinktsicher folgen ihm oft auswärtige Planer. Ein in seiner Kumulation von 450 Tonnen Stahl fast schon absurdes Beispiel ist die Murinsel von Vito Acconci, die sich seit dem Kulturhauptstadtjahr 2003 gegen den reißenden Fluss stemmt und beim Hochwasser im Juli 2012 fast untergegangen wäre. Zu guter Letzt wird das Edelstahldach des Kaufhauses *Kastner & Öhler* von Nieto Sobejanos Arquitectos (S. 50) zwar als beständige Wunde in der historischen Ziegeldachlandschaft von Graz beklagt und vom UNESCO-Welterbekomitee dementsprechend kritisch beäugt. Aber das »eiserne« Graz hat sich damit im Zentrum der Altstadt eines seiner sichtbarsten Denkmäler gesetzt, und seine Existenz verdankt es nicht zuletzt dem Umstand, dass es einem der wirtschaftlichen Motoren der Stadt gewissermaßen die glänzende Kühlerhaube aufsetzt.

Günther Domenig,
Filiale der Zentralsparkasse, Wien, 1979

Vito Acconci,
Murinsel, 2003

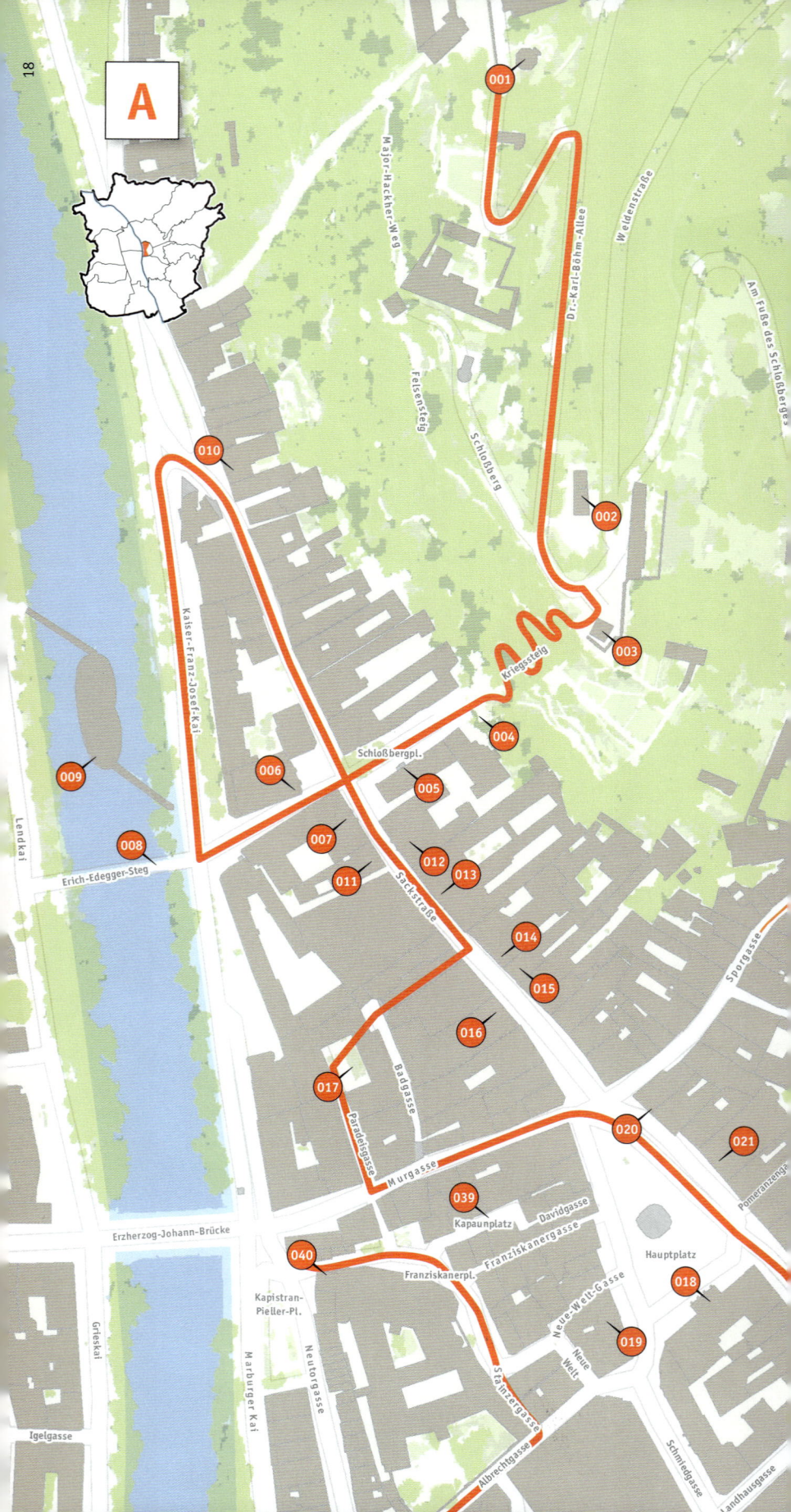

Paulustorgasse

Sauraugasse

Stadtpark

Parkring

Karmeliterplatz

Stiegengasse

Hartiggasse

Ballhausgasse

Freiheitsplatz

Hofgasse

Färbergasse

Färberplatz

Prokopigasse

Mehlplatz

Glockenspielpl.

Enge-g.

Bürgergasse

Burggasse

Trauttmansdorffgasse

022

Bindergasse

Stempfergasse

023

Herrengasse

024

025

026

0   50   100 m

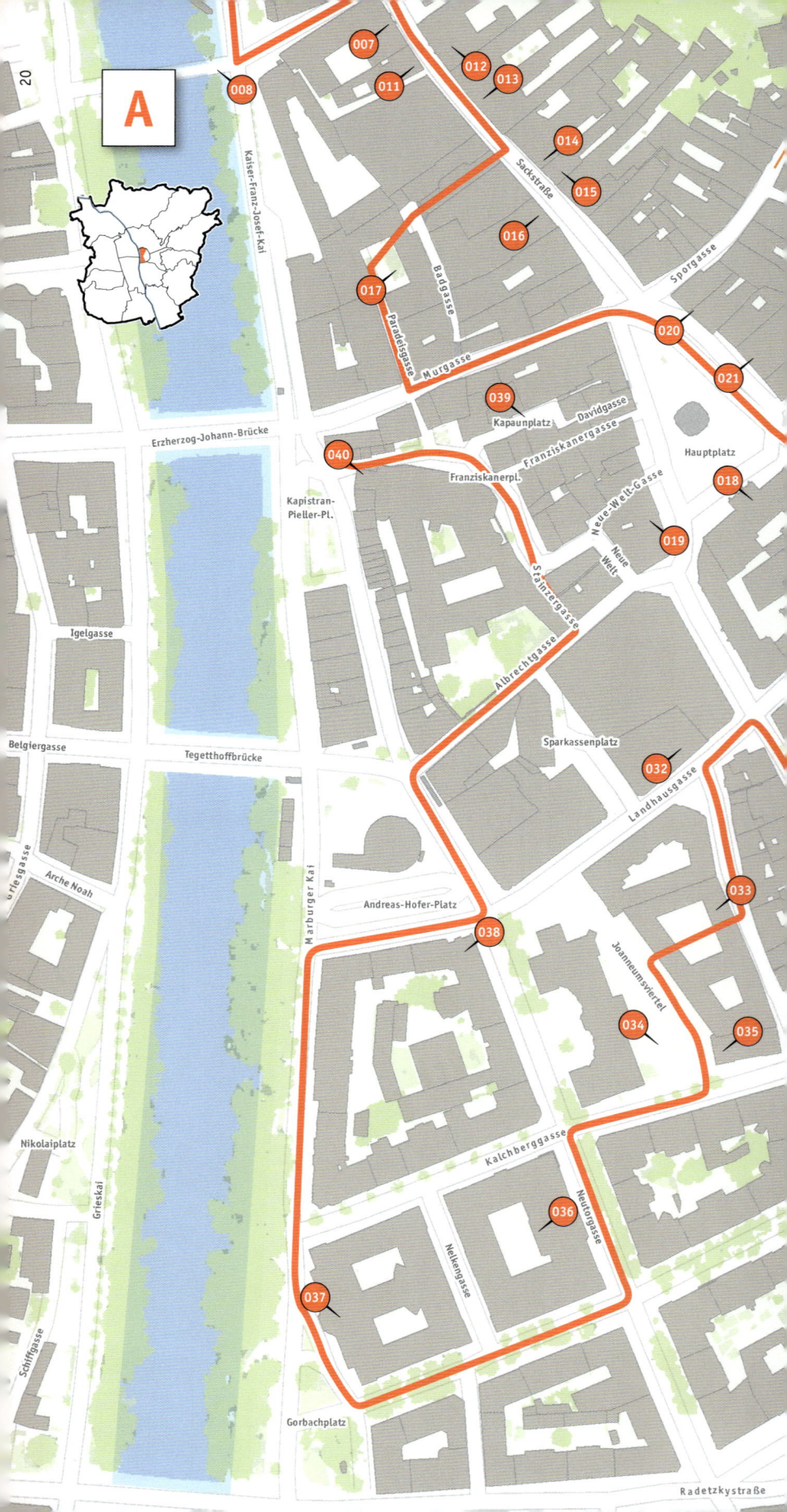

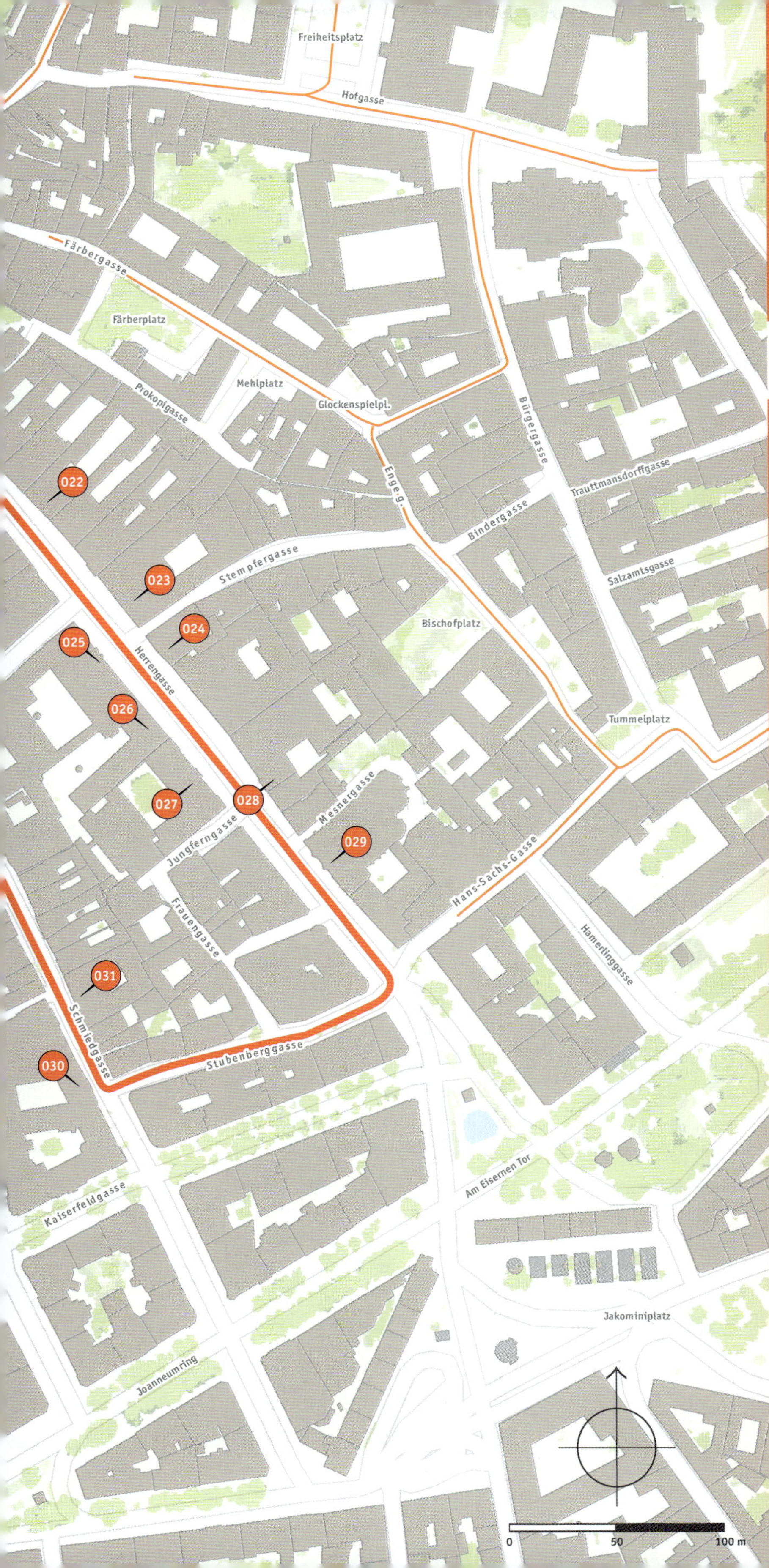

Freiheitsplatz

Hofgasse

Färbergasse

Färberplatz

Prokopigasse

Mehlplatz

Glockenspielpl.

Enge g.

Bürgergasse

Trauttmansdorffgasse

Bindergasse

Salzamtsgasse

022

Stempfergasse

023

024

Bischofplatz

025

Herrengasse

026

Tummelplatz

027

028

Messnergasse

Jungferngasse

029

Hans-Sachs-Gasse

Frauengasse

Hamerlinggasse

031

Schmiedgasse

030

Stubenberggasse

Am Eisernen Tor

Kaiserfeldgasse

Jakominiplatz

Joanneumring

0   50   100 m

Schlossberg
Burgfels ohne Burg

Die historisch fassbaren Anfänge des Schlossbergs reichen ins zweite Viertel des 12. Jahrhundert zurück. Zu dieser Zeit wurde eine hölzerne Fluchtburg, die Graz mit der slawischen Bezeichnung *gradec*, »kleine Burg«, ihren Namen gab, durch eine größere, aber ebenfalls noch weitgehend aus Holz errichtete Wehranlage ersetzt. Durch die Gefahr einer türkischen Invasion erfolgte ab 1544 der Neubau einer Renaissancebefestigung nach Plänen von Domenico dell'Aglio. Damit entstand eine der stärksten Festungsanlagen Innerösterreichs. Ein Teil dieser Befestigung ist die heute noch unversehrt erhaltene Stallbastei mit Kanonenhütte. Neben seiner Funktion als Zufluchtsort für die kaiserliche Familie erfüllte der Schlossberg

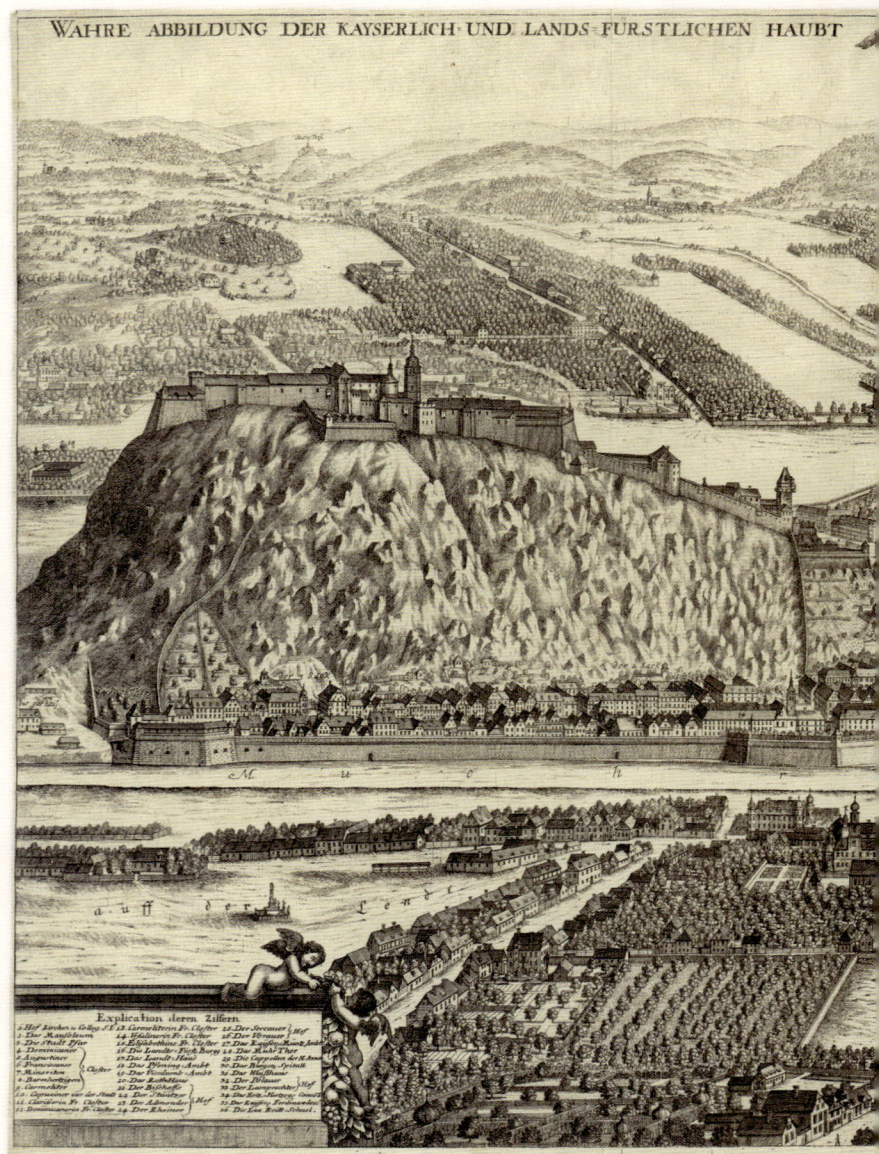

Andreas Trost, Graz gegen Osten, 1703 und 1728

auch die Aufgabe eines Staatsgefäng-
nisses. Nachdem Napoleon 1809 vergeblich versucht hatte, die Burg einzuneh-
men, verlangte er nach dem Sieg über
die Habsburger die Schleifung der Festung. Dank der Grazer Bevölkerung konnten der Uhrturm (003 A) und der Glockenturm *Liesl* (001 A) gegen ein hohes Löse-
geld vor der Zerstörung gerettet werden.

Zunächst an einzelne Bürger verkauft,
wurde der Schlossberg unter Ludwig Freiherr von Welden ab 1839 umgestaltet und
die Öffentlichkeit erhielt die gewünschte Zugänglichkeit. Nach und nach erfolgten auf dem bis dahin kahlen Felsen die
Pflanzung von Bäumen und Sträuchern
sowie die Anlegung von Spazierwegen,
die den ehemaligen Festungsberg in einen

STADT GRATZ, WIE SELBE VON UNTER GEGEN AUF GANG ZU SEHEN IST

englischen Landschaftsgarten verwandelten. Zu dessen romantischem Inventar gehören das Starcke-Häuschen am Westhang, ein Winzerhaus mit Weinterrasse, welches um 1820/1825 auf den Ruinen des Pulverturms erbaut wurde, und der Chinesische Pavillon auf einer Anhöhe über dem Uhrturm, der 1890 eine Weinlaube ersetzte. Mit der Auflage, das Erscheinungsbild des Bergs zu erhalten, entstand 1893/1894 eine Standseilbahn, die Schlossbergbahn, die den Berg von Westen erschließt. Einen weiteren Zugang bietet vom Schlossbergplatz aus der im Ersten Weltkrieg mithilfe von russischen Kriegsgefangenen errichtete Kriegssteig. Zwangsarbeiter mussten im Zweiten Weltkrieg ein 6,3 Kilometer langes Stollensystem mit 20 Eingängen in den Felsen treiben. Es diente während der schweren Bombenangriffe als Kommandozentrale, Lazarett und Luftschutzbunker für bis zu 50.000 Personen. Heute beinhaltet der Stollen den

Schlossberg von Südwesten, 2018

gläsernen Schlossberglift, eine Märchenbahn und den beliebten Veranstaltungsort *Dom im Berg* (004 A). Die zweite Bühne sind die Kasematten am Gipfel, die im ehemaligen Burggraben 1578 errichtet und 1937 als Freilichtbühne im Rahmen der Grazer Festspiele adaptiert worden sind. Durch die Architekten Ingrid und Jörg Mayr erhielt die Bühne 1987 eine mobile Überdachung. Westlich davon befindet sich das 1960 modernisierte und 2007 von Christian Andexer und Georg Moosbrugger umgebaute Schlossbergrestaurant mit Aussichtsterrasse. Die Bürgerbastei von 1552 liegt direkt unterhalb des Uhrturms und war zu Kriegszeiten von den Bürgern zu verteidigen. 1930 wurde sie als Rosengarten der Öffentlichkeit zugänglich gemacht. Da heute nur noch wenige Bauteile der alten Burg existieren, gleicht der Schlossberg einem Archäologiepark, der viele Bauwerke lediglich in den Grundmauern zeigt und versucht, anhand dieser die ehemalige Festung zu skizzieren. *AK*

A

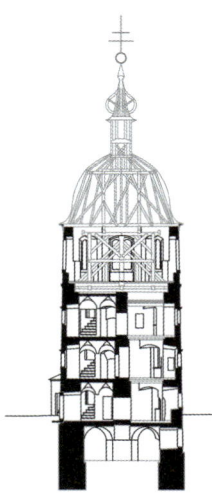

Renaissancebaumeistern beliebten Sgraffitotechnik schmückt die Glockenstube wie eine Manschette. Dank der Spendenfreudigkeit der Grazer Bürger blieben der Glockenturm wie auch der Uhrturm (003 A) von der Sprengung der Festung im Jahr 1809 ausgenommen. *AK*

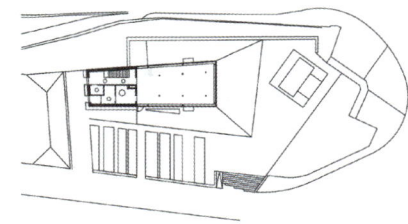

Glockenturm *Liesl*   001 A
Schlossberg 6
Antonio Marmoro,
Giacomo und Paolo de la Porta
1588

Aiola Upstairs ↑↓   002 A
Schlossberg 2
frank, rieper.
2003

Erzherzog Karl II. erteilte 1587 Antonio Marmoro sowie Giacomo und Paolo de la Porta den Auftrag, für die Burgkapelle einen Turm mit Helmdach zu errichten. Als Glockenturm der heute nur noch in den Grundmauern erhaltenen Thomaskapelle beherbergt das 1588 vollendete Bauwerk die drittgrößte Glocke der Steiermark, die sogenannte *Liesl*, welche vermutlich an die 1578 abgerissene Kapelle der Heiligen Elisabeth erinnern soll und heute dem Turm seinen Namen gibt. Durch dessen achteckigen Grundriss und die im letzten Obergeschoss angebrachten Schallöffnungen aus Doppelarkaden kann die *Liesl* in allen Himmelsrichtungen gehört werden. Eine umlaufende Scheinbalustrade in der bei italienischen

Auf dem Weg zwischen *Liesl* und Uhrturm lädt das Restaurant *Aiola Upstairs*, geplant von Siegfried Frank und Michael Rieper, zur Einkehr mit Ausblick auf die östliche Stadthälfte ein. Der 2002/2003 errichtete, nach drei Seiten offene Pavillon wird im Norden von einem massiven Baukörper gefasst, der mit Stainzer Natursteinplatten verkleidet ist. Darin ist die Vorbereitungszone für die Gastronomie untergebracht; die Sanitäreinrichtungen befinden sich im Untergeschoss. Sechs schlanke Rundstützen tragen die Decke des Gastraums. Vertikal versenkbare Glaselemente ermöglichen eine flexible Verbindung mit der überdachten Terrassenfläche. Der Panoramablick auf die Grazer Dachlandschaft steht somit zu jeder Jahreszeit im Vordergrund. *EP*

Uhrturm

003 A

Schlossberg 3
unbekannt
1569, 2. Hälfte 19. Jh.

Das Wahrzeichen von Graz, das von fast jedem Ort in der Stadt zu sehen ist, geht auf einen mittelalterlichen Wehrturm zurück. Dessen Bausubstanz wurde 1569 in den heutigen Uhrturm mit quadratischem Grundriss, steilem Zeltdach und hölzernem Umgang integriert. Bis zum Jahr 1725 diente der Wachturm mit seinem Glockengeläut als Feuermeldestelle. Zusätzlich zum ersten hölzernen Eckerker erhielt das Wahrzeichen in der zweiten Hälfte des 19. Jahrhunderts zwei weitere auf der Nordost- und Nordwestseite. Somit blickt der Uhrturm in sieben verschiedene Richtungen über Graz. Zur besseren Lesbarkeit sind der Stundenzeiger lang und der Minutenzeiger kurz gestaltet worden. Da der Uhrturm nicht zur landesfürstlichen Burg gehörte und im Falle eines Angriffs von den Bürgern verteidigt werden musste, entwickelten die Grazer eine enge Beziehung zu diesem Bauwerk, was sie dazu bewog, es 1809 von der drohenden Schleifung freizukaufen. *AK*

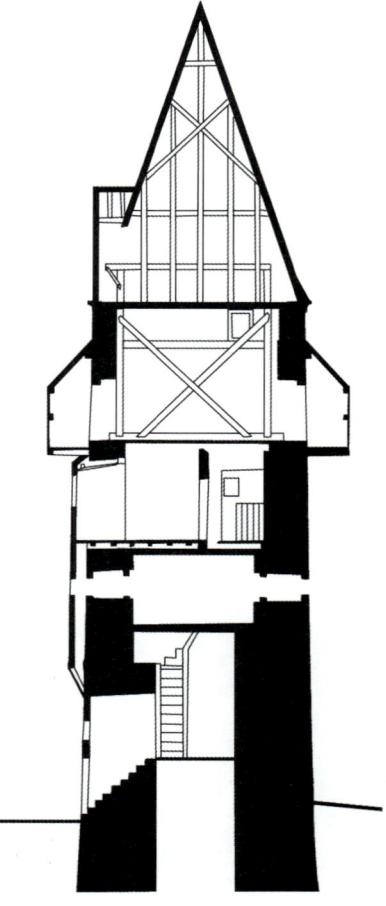

Dom im Berg und Lift im Berg   004 A

Schlossbergplatz 1
Reiner Schmid
1999/2000

Ein beeindruckendes Stollensystem durchzieht den Grazer Schlossberg. Von 1943 bis 1945 wurde dieses 6,3 Kilometer lange Tunnelnetz von Zwangsarbeitern unter prekären Bedingungen aus dem Stein geschlagen und diente während des Zweiten Weltkriegs als Luftschutzstollen. Um die Jahrtausendwende wurden Teile davon nach Plänen von Reiner Schmid für eine 688 Quadratmeter große Veranstaltungshalle, den *Dom im Berg* (1999), und einen spektakulären Lift (2000) ausgebaut.

Am Mündungsbereich des Tunnels in den *Dom* prägt eine raumhohe Betonwand den Raum, welche die dahinterliegenden Galerien für die Regie teilweise verdeckt. Eine ebenso raumprägende Wirkung in der Länge des Gewölbes hat das Stahlfachwerk, das die komplette technische Infrastruktur trägt. Der Aufzug führt vom Schlossbergplatz über den *Dom im Berg* als Zwischenstock bis zum Uhrturm (003 A). Raue, harte Materialien und eine hallige Akustik bestimmen das Innere der Schächte und Tunnel. In blaues Licht getaucht, verbindet sich die Stahlstruktur von Rahmen, Wendeltreppen und Gitterstegen mit der groben Oberfläche des Felsens. *KH*

Schlossbergplatz nach Osten mit Friedenssteig und Uhrturm im Hintergrund

Schlossbergplatz
Bühne mit Felskulisse

Der Stadtfluss Mur als Barriere zwischen östlicher und westlicher Stadthälfte wird seit 1992 durch die Querachse Schlossbergplatz – Mursteg – Mariahilferplatz, die sogenannte Kulturachse, überbrückt. Somit erfährt das rechte Flussufer eine Aufwertung und steht nun in engerer Wechselbeziehung zur Altstadt. Der Schlossbergplatz, der sowohl vom Bergfelsen als auch vom Murkai flankiert und von der Sackstraße durchschnitten wird, war ursprünglich eine vor der mittelalterlichen Stadtmauer gelegene Freifläche, in die man durch das 1702 abgebrochene sogenannte Sacktor gelangte, das sich in der Höhe des Palais Attems (007 A) befand. Da aber durch die Verschiebung der Stadtmauer nach Norden in der Mitte des 15. Jahrhunderts und die Errichtung des zweiten Sacktors 1586 der Freiraum vor dem mittelalterlichen Mauerring schon längst seinen militärischen Zweck eingebüßt hatte, übergab Erzherzog Karl II. 1570 das Grundstück an seinen Hofmeister Khevenhüller, der hier einen Garten anlegte. 1629 ging die Grünfläche, die bis ins 20. Jahrhundert von der Sackstraße durch einen Zaun getrennt war, in den Besitz des Zisterzienserstifts Rein über, das nebenan den nach ihm benannten Hof besaß (005 A). Während des Ersten Weltkriegs wurde der Kriegssteig, heute Friedenssteig genannt, auf den Schlossberg von russischen Gefangenen errichtet – hierfür musste die Gartenanlage entfernt und zu einem öffentlichen Platz umgestaltet werden. Die östliche Hälfte des städtebaulich wichtigen Ortes begrenzen prägende Baudenkmale wie der Reinerhof im Süden, das urkundlich älteste Gebäude der Stadt, das ehemalige Münzhaus im Norden und der Bergfelsen samt seiner Treppe im Osten. Jenseits der Sackstraße schließen das Palais Attems, der Admonterhof und die Dreifaltigkeitskirche (006 A) an. Als diese noch Ursulinenkirche hieß, trug auch der Platz den Namen Ursulinenplatz. Eine keilförmige Verengung, die durch die Positionierung des Palais und des Gotteshauses entsteht, führt zu einer theatralischen Inszenierung der Schlossbergtreppe und des Uhrturms (003 A). Am Fuße des Schlossbergs tummelten sich von Jahr zu Jahr immer mehr Besucher, sodass es 2000 zu einer Platzneugestaltung durch den Architekten Manfred Zernig kam. Ein gegliederter Bodenbelag, der ein orthogonales Rastersystem aufweist und an italienische Plätze erinnert, prägt nun das Erscheinungsbild. Akzentuiert werden die verschiedenen architektonischen Elemente wie die geneigte Schildwand vor dem Treppenansatz oder der Stolleneingang zu Schlossberglift und *Dom im Berg* (004 A) durch Lichtinstallationen, die den bühnenhaften Charakter des Platzes betonen. *ALN*

Ehem. Reinerhof ↓
Sackstraße 20
Georg Hauberrisser d. Ä.,
Christian Andexer,
Georg Moosbrugger u. a.
12./13. Jh., Ende 15. Jh., 1719, 1840, 1995

005 A

Markgraf Otakar III. übergab 1164 dem nordwestlich von Graz befindlichen Zisterzienserstift Rein drei Hofstätten am nördlichen Stadtrand zur Gründung eines Stiftshofs zum Verkauf von dessen Erzeugnissen. Dadurch erhielt der Reinerhof seinen Namen. Er ist das älteste urkundlich erwähnte Bauwerk der Stadt und besitzt im Hinterhaus auch den ältesten Bauteil, einen romanischen Turmbau aus dem späten 12. beziehungsweise frühen 13. Jahrhundert, der später in die im rechten Winkel vom Schlossberg zur Mur verlaufende Stadtmauer einbezogen wurde. Ende des 15. Jahrhunderts fügte man an der Südostseite eine kleine spätgotische Halle als Einstützenraum hinzu. Im Zuge eines Gesamtumbaus des Hinterhauses 1719 bekam das Bauwerk seinen hakenförmigen Grundriss. Die sackstraßenseitige Spätbiedermeier-Fassade von 1840 mit Blendarkadengliederung und pfeilerartiger Eckbetonung stammt von Georg Hauberrisser dem Älteren. Auf der schlossplatzseitigen Fassade befinden sich im ersten Obergeschoss Fensterrahmungen aus der Renaissance mit geradem Gebälk und Sohlbänken über Volutenkonsolen. Richtung Schlossberg sind zwei Geschosse des romanischen Turms seit der vorbildlichen Revitalisierung von 1995 durch Christian Andexer und Georg Moosbrugger freigelegt. Die mittelalterlichen Baudetails sind vor allem im Café Reinerhof und in der als Galerie der Stadt Graz dienenden gotischen Halle erlebbar, die vor dem jüngsten Umbau noch als Garage fungiert hatte. *AK*

Dreifaltigkeitskirche
(ehem. Ursulinenkirche) →
Kaiser-Franz-Josef-Kai 16
(Eingang Schlossbergplatz)
Bartholomäus Ebner
1700

006 A

Obwohl Hofbaumeister Bartholomäus Ebner im Gegensatz zu den meisten seiner Grazer Kollegen nicht aus Italien stammt, orientiert sich die von ihm von 1696 bis 1700 errichtete Klosterkirche des Ursulinenordens am römischen Hochbarock, den er damit in Graz einführt. Ebner, der die Zahl der Trinität seinem Entwurf zugrunde legt, zitiert das klassische Schema einer dreigeteilten, turmlosen Schauseite mit erhöhtem Mittelteil, wobei Voluten zu den niedrigeren Seitenteilen überleiten. Ungewöhnlich – aber

konsequent im Sinne der in Italien üblichen Unabhängigkeit der Fassade gegenüber dem Kirchenschiff – ist die Versetzung der aus städtebaulichen Gründen gewesteten Front um eine halbe Achse nach Süden, um für das nördlich anschließende Kloster mehr Raum zu schaffen. Ebenso ungewöhnlich erscheint die völlige Flachheit der Nullebene, während die Gliederungselemente – korinthische Kolossalsäulen und -pilaster, verkröpfte Gesimse und kleine Säulen im Frontispiz – umso plastischer hervortreten, als wären sie Schauspieler vor einem Bühnenprospekt. Das eigentliche *theatrum sacrum* ist aber ein figurales: Gottvater und Sohn thronen hoch oben in einer Erscheinungsnische; darüber, schon im abschließenden Rundbogen-Giebelfeld, schwebt die Geisttaube. Als wäre das nicht genug, bekrönen noch drei Dreifaltigkeitssymbole auffällig den Giebel. Das Innere, eine dreijochige Wandpfeilerkirche mit Emporen und eingezogenem, flachen Chor, kann als Vereinfachung von Il Gesù, der römischen Mutterkirche der Jesuiten, gelesen werden. Komplett hat sich die hochbarocke, kräftig bewegte Ausstattung mit Hoch- und Seitenaltären erhalten. Ein Kuriosum stellt die Kanzel dar, die aus einem von der Fürstin Eggenberg gestifteten Renaissanceschrank gezimmert worden ist. 1900 den Schulschwestern übergeben, wird die Dreifaltigkeitskirche heute von der rumänisch-orthodoxen Gemeinde genutzt. *AW*

Ehem. Palais Attems
007 A

Sackstraße 17
Joachim Carlone (?),
Ignaz Maria Graf Attems (?)
1705

Auch Kavaliere können bauen, oder nicht? Obwohl der Entwurf des bedeutendsten Grazer Barockpalais in der älteren Literatur dem »Athemischen Baumäster« Joachim Carlone zugeschrieben wird, besteht neuerdings die Annahme, dass der kunstsinnige Bauherr Ignaz Maria Graf Attems selbst am Gesamtkonzept mitwirkte. Dem dilettierenden »Kavaliersarchitekten« könnten etwa die allzu steilen Treppen ins oberste Geschoss zu verdanken sein. Sechs Bürgerhäuser und das erste Sacktor mussten fallen, damit das Stadtschloss des aus Görz stammenden Reichsgrafen von 1702 bis 1705 entstehen konnte. Aufgrund der dichten städtebaulichen Situation ragt der U-förmige, um einen annähernd quadratischen Innenhof errichtete Bau über vier Geschosse in die Höhe. Zwei untere Mezzaningeschosse für Vorräte, Pferde und Dienstboten sind zu einer hohen Sockelzone zusammengefasst, aus der ein dreiachsiges Steinportal mit martialisch wirkenden, scharf genuteten und über Eck gestellten toskanischen Polygonsäulen herauswächst. Darüber erstrecken sich zwei gleich hohe

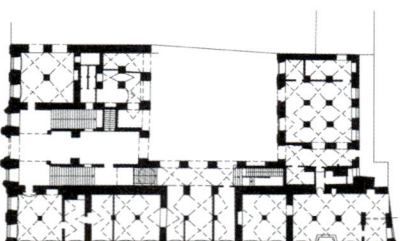

Etagen für die Adelsfamilie, an denen verkröpfte Kordongesimse, kleine ionische beziehungsweise komposite Pilaster und Rundbögen über den Fenstern ein kontinuierliches Relief bilden. Auf eine kolossale Ordnung wird ebenso verzichtet wie auf eine Risalitausbildung, womit trotz plastischer Durchbildung der Wand die in Graz hartnäckige Tradition des Frühbarock bestimmend bleibt. Die Fassade zum Innenhof weist dieselbe Pilasterordnung auf, konzentriert sich jedoch stärker auf die Dekoration als auf die Tektonik. Betreten wird das Gebäude über ein großzügiges Vestibül, welches durch feine Stuckverzierungen eine spielerisch-galante Atmosphäre besitzt. Daran schließt das Treppenhaus mit Platzlgewölbe an, das zartes Blattwerk schmückt. Leider sind sowohl Vestibül als auch Treppenhaus in einem ruinösen Zustand. Das illusionistische Deckenfresko im zweiten Obergeschoss des Treppenhauses stellt den göttlichen Segen für das Haus Attems dar. In den gut erhaltenen Prunkräumen finden sich venezianische Kristall-Kronleuchter, Kachelöfen, reich verzierte Wandvertäfelungen und Seccomalereien. Heute dient das Palais, das die Familie Attems 1962 an das Land Steiermark verkaufte, der Verwaltung des Avantgardefestivals *steirischer herbst*, der *Styriarte* und der Literaturzeitschrift *Manuskripte*. ALN

Erich-Edegger-Steg

008 A

Mariahilferplatz/
Kaiser-Franz-Josef-Kai
*Günther Domenig,
Hermann Eisenköck*
1992

Elegant und mit filigraner Leichtigkeit überspannt der Erich-Edegger-Steg die Mur am Fuße des Schlossbergs. Die Fußgänger- und Radbrücke trägt den Namen des progressiven ÖVP-Kommunalpolitikers Erich Edegger, der im Fertigstellungsjahr des Stegs 1992 überraschend verstarb. Edeggers visionäre Konzepte für eine menschengerechte Stadt, die auf dem Grundsatz der sanften Mobilität beruhen, prägen Graz nach wie vor. Formal artikuliert sich der 56 Meter lange Einfeldträger als gespannter Bogen samt Pfeil. Auf den Geländeunterschied zwischen Ost- und Westufer reagierte das Architektenduo Domenig und Eisenköck mit einer leicht abfallenden Struktur ab der Stegmitte. Der dreieckige Streckträger steigt aus der Deckfläche empor und spaltet den Fuß- und Radweg entzwei, bis der »Stachel« am westlichen Ufer den markantesten Punkt des Stegs bildet. Diese Geste des hervortretenden Dorns ist ein wiederkehrendes Element in Domenigs expressivem, dekonstruktivistischem Formenvokabular. KH

Murinsel

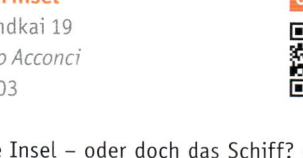

009 A

Lendkai 19
Vito Acconci
2003

Die Insel – oder doch das Schiff? – wurde anlässlich des Kulturhauptstadtjahres 2003 vom New Yorker Künstler Vito Acconci als temporäre »Trademark« geplant. Die schwimmende Stahlrohrgitterkonstruktion in Muschelform ist über zwei gelenkig gelagerte Brücken von den Ufern nördlich des Edegger-Stegs aus erreichbar und durch einen Pfahl im Flussbett verankert. In dem offenen Amphitheater und dem überdachten Café wird Platz für gut 300 Personen geboten. Aufgrund der starken Strömung musste die Konstruktion viel massiver ausgeführt werden als ursprünglich angedacht. Dank positivem Wasserrechtsbescheid aus dem Jahr 2013 bleibt die Murinsel nun dauerhaft als außergewöhnlicher Treffpunkt und Bindeglied zwischen Stadt und Fluss erhalten. *EP*

Beginn der Sackstraße, Blick in Richtung Norden

Sackstraße
Zwischen barocker Gentrifizierung und moderner Regulierung

Die Tatsache, dass der ehemalige mittelalterliche Gassenmarkt ohne nördlichen Ausgang war, gab einem der ältesten Straßenzüge von Graz seinen Namen: der Sackstraße. Zwischen Mur und Schlossbergfelsen öffnet sie sich wie ein Trichter zum Hauptplatz und verengt sich Richtung Norden. Der sogenannte erste, am heutigen Schlossbergplatz geschlossene Sack entstand um 1130/1140 und wurde von 1372 bis 1380 mit einem Tordurchbruch geöffnet. Hinter den schlossbergseitigen, wechselweise trauf- und giebelständigen, drei- bis viergeschossigen Vorderhäusern, die im 17. und 18. Jahrhundert teilweise mit barockem Stuck dekoriert wurden, verstecken sich langgestreckte Hofstätten mit der für Graz typischen, roten Ziegeldachlandschaft. Dieser kleinteiligen, mittelalterlichen Struktur am Fuße des Schlossbergs stehen breite Palais mit barocken oder historistischen Fassaden gegenüber. Die Niederlassung des Adels im ersten Sack zur Zeit des Barock könnte als frühe Gentrifizierung gewertet werden. Mit der Errichtung von Palaisanlagen im 17. und 18. Jahrhundert im westseitigen ersten Sack war das Kleinbürgertum gezwungen, in den sogenannten zweiten und dritten Sack nach Norden zu ziehen. Beim Bau des Palais Attems (007 A) 1704 musste auch das erste Sacktor weichen. Bereits mit der Toranlage des zweiten Sacks Mitte des 14. Jahrhunderts war die Stadtbefestigung in Richtung Norden

gerückt und fand mit dem Bau des dritten Tors 1625 ihren äußersten Abschluss. Die beiden Tore zwischen der Sackstraße 27 und 36 und am heutigen Kaiser-Franz-Josef-Kai 60 wurden 1835/1836 niedergerissen. Die Regulierungswut in der Stadtplanung des 19. Jahrhunderts führte zu Demolierungsplänen, die vorsahen, den zweiten und dritten Sack bis auf das Palais Attems und die Dreifaltigkeitskirche (006 A) zugunsten der Verkehrsbedürfnisse abzureißen. Auch die unregelmäßige Straßenflucht des ersten und ältesten Sacks sollte demnach begradigt werden. Die von Regulierungskritikern malerisch und pittoresk genannte mittelalterliche Bausubstanz wurde als chaotisch und unhygienisch angesehen. Die städtebaulichen Pläne kamen zu teilweiser Umsetzung: Der murseitige Teil des ehemals dritten Sacks wurde zwischen 1890 und 1903 abgerissen. Ein wuchtiges Kriminalgebäude, das Ursulinenkloster und Bürgerhäuser fielen den Verkehrsbedürfnissen zum Opfer. Nun blicken die auf höherem Niveau liegenden, schlossbergseitigen Hofstätten über eine autofreundliche Kai-Anlage auf die Mur. Das 1994 fertiggestellte Center am Kai von Günther Domenig (Sackstraße 29) schließt nun die Sackstraße zum Kaiser-Franz-Josef-Kai ab. 1972 wurde die Straße im Bereich des ehemaligen ersten und zweiten Sacks zur Fußgängerzone erklärt. *AS*

Hofstätten und Gassenmärkte
Die Grazer Stadtstruktur im Mittelalter

Birgit Androschin

Ein erster Blick vom Grazer Schlossberg auf die nahen Häuser der Innenstadt zeigt uns eine bewegte Landschaft aus verschachtelten Satteldächern. Auf den zweiten Blick lässt sich ein Rhythmus in der Struktur der längs- und querlaufenden Dachfirste und schmalen Innenhöfe erkennen. Eindeckungen aus unterschiedlich verwitterten Flachziegeln in Schattierungen von Ziegelrot und krumme Firstlinien erzählen vom Alter der Dächer.

An diesem Ensemble offenbart sich eine mittelalterliche Stadtanlage, die trotz späterer Umbauten im heutigen Stadtgrundriss erhalten geblieben ist: die planmäßige Parzellierung in Hofstätten entlang des ersten Gassenmarktes in der heutigen Sackstraße. Hier entstand am Beginn des 12. Jahrhunderts die bürgerliche Stadt Graz am Fuße des Bergs und seiner Burg als ältestem Siedlungskern.

Die Einheitlichkeit der Anlage und ihre Kontinuität in der Entwicklung der Stadt prägen Graz bis heute und sind ein wesentlicher Teil der Schutzzone des Grazer UNESCO-Weltkulturerbes. Der Masterplan dazu basiert auf den wertvollen architekturhistorischen Forschungen und Veröffentlichungen von Wiltraud Resch, die Phänomene deutscher Stadtgründungen auf die Grazer Situation umlegte.

Die Ackerbürgerstadt

Die um 1130 in der ersten großen Phase mitteleuropäischer Stadtentstehung durch den Grundherrn Bernhard von Stübing gegründete Marktanlage lag senkrecht zur alten Durchzugsstraße über die Furt an der Mur, der *strata hungarica*. Sie stand im Schutz der herrschaftlichen Burg auf dem Berg. Die Eigenkirche des Landesherrn, St. Ägydius, lag außerhalb der Marktanlage, sodass das Stadtzentrum nur durch Profanarchitektur geprägt wurde.

Eine Urkunde von 1164 überliefert uns bereits eine Unterscheidung zwischen dieser alten Marktgründung in der Sackstraße, dem *suburbanum castri*, und dem *forum*, dem neuen größeren und breiteren Straßenmarkt im Bereich des heutigen Grazer Hauptplatzes. Diese Anlage entstand unter dem Traungauer Markgrafen Otakar III. und brachte einen entscheidenden Entwicklungsschub für die Stadt. Auch in dieser zweiten Phase der Stadtgründung wurde die für die bayerische Besiedelung kennzeichnende Aufteilung in schmale Hofstätten auf der östlichen Seite des *forum* und längs seiner nach Süden führenden Gassen, heute die Herren- und die Schmiedgasse, fortgesetzt.

Die zwei planmäßigen Gründungen zeichnen sich im Grazer Stadtgrundriss noch

Friedrich Kulnigg, *Das Innere des Hofes von Sackstraße Nr. 10*, 1861

Hofstättenhäuser in der Sackstraße vom Schlossberg aus gesehen, 2018

deutlich ab. Die langen Hofstättengrundrisse lassen auf eine Ackerbürgerstadt schließen, die im Mittelalter häufigste Form einer städtischen Siedlung. Das heißt, es ist anzunehmen, dass ein großer Teil der Bürger neben Handel oder Gewerbe eine Landwirtschaft betrieb und sein Grundstück hinter und seinen Warenumschlagplatz vor dem Haus hatte.

So waren die Hofstätten ursprünglich nur an der schmalen Vorderseite bebaut, die rückwärtige Fläche wurde für Ställe und Gärten genutzt. Bis ins 13. Jahrhundert lagen noch Ackerstreifen zwischen den Häusern, sodass das Stadtbild von Graz dem einer ländlichen Siedlung entsprach. Erst mit der zunehmenden Verdichtung der Stadt schloss sich die Straßenfront: Das Vorderhaus mit einer Durchfahrt wurde durch ein schmales Mittelhaus und ein Hinterhaus, in dem die Stallungen untergebracht waren, ergänzt. Die Grundlage für die komplexe Dachlandschaft war gelegt.

Um die zwei Marktanlagen und die zwei südlichen Gassen entstand zwischen 1214 und 1233 eine erste Befestigung, die vermutlich zunächst aus einem Erdwall und Palisaden bestand. Die Pfarrkirche (der heutige Dom) als kirchliches und die Burg als herrschaftliches Zentrum lagen noch außerhalb der Mauern. In dieser ersten Hälfte des 13. Jahrhunderts, der »ersten und nachhaltigsten mittelalterlichen

Blütezeit der Städte« (Resch), wurde das Städtewesen systematisch gefördert, der Übergang von der frühen Stufe der Ackerbürgerstadt zur eigentlichen Gewerbe- und Handelsstadt fand statt.

Die Stadterweiterungen des 13. und 14. Jahrhunderts

In die 1240er-Jahre, die Herrschaftszeit des letzten Babenbergers Friedrich II., fällt die Erhebung von Graz zur Stadt. Unter seinem Nachfolger Otakar II. Przemysl entstand zwischen 1254 und 1265 die erste Ringmauer aus Stein und im Zuge dessen eine erhebliche Vergrößerung des Stadtgebiets. Die neue Mauer schloss das Minoritenkloster (heute Franziskanerkloster) und den Bischofsplatz ein und verlief östlich der Bebauung in der Färbergasse unterhalb der Stiegenkirche über die Sporgasse auf den Schlossberg. Mit Mauerring, eigenem Stadtrecht und Münze war Graz zu einer gut gestellten hochmittelalterlichen Stadt der Kaufleute und Handwerker geworden.

Erst um die Mitte des 14. Jahrhunderts schloss eine Erweiterung der Ummauerung der bürgerlichen Stadt auch die landesfürstlichen Gründe und die Pfarrkirche ein. Als Folge seiner Vorrangstellung wurde Graz zur Hauptstadt Innerösterreichs und zur Residenzstadt der leopoldinischen Linie der Habsburger.

Ein innerhalb des Stadtareals liegendes jüdisches Viertel im Bereich der südlichen Herrengasse wurde aufgrund der hohen Verschuldung der Bürger an die Juden um 1438 aufgelöst und seine Bewohner wurden vertrieben.

2. Stadtmauer um 1260 (nach Gerald Gänser)
a Inneres Murtor, b Erstes Sacktor, c Inneres Paulustor

Bis zur Neuanlage der Befestigung von Graz ab der Mitte des 16. Jahrhunderts, das der Entwicklung der Feuerwaffen und der Bedrohung durch das Osmanische Reich Rechnung trug, blieb das Stadtgebiet unverändert. Es bildet heute den Kern der historischen Altstadt.

Aus Hofstätten werden Paläste

Die ursprüngliche planmäßige Aufteilung in Hofstätten blieb trotz dieser Entwicklungen in der Grundrissstruktur der ersten und zweiten Marktanlage bestehen. Über den Aufriss und die Höhenentwicklung der mittelalterlichen Bauten können wir nur Vermutungen anstellen. Ihre gotische Bausubstanz hat sich teilweise bis heute im Mauerwerk der Grundmauern und Gewölbe der Vorderhäuser erhalten. Diese straßenseitigen Bauten wurden immer wieder, dem Bedeutungszuwachs der Stadt entsprechend, durch Aufstockungen und Fassadengestaltungen im Zeitstil verändert. Arkadengänge mit gemauerten Brüstungen und toskanischen Säulen ersetzten in der Renaissance die hölzernen Verbindungsgänge zum Hinterhaus. In der Gegenreformation reich gewordene Adelsfamilien legten im Barock an manchen Stellen zwei bis drei Hofstätten zusammen, um ihre prunkvollen Stadtpalais zu errichten. Die Dächer bekamen Schleppgauben, einheitliche Deckungen in Biberschwanz- und Taschenziegeln und Firste im Mörtelbett. Vielfach überformt, behält die Struktur der Hofstätten ihren Charakter bis heute und prägt den Kern von Graz.

3. Stadtmauer um 1350 (nach Gerald Gänser)
a Inneres Murtor, b Erstes Sacktor, c Inneres Paulustor, d Burgtor

Bürgerhaus Sackstraße

010 A

Sackstraße 28, 30
Werner Hollomey, Rudolf Leitner
16. Jh., 1670/1690, 1953, 1956,
1972, 2012

Den geometrischen Putzfeldern verdankt das Bürgerhaus am Fuße des Schlossbergs sein besonderes Erscheinungsbild. Das aus zwei Schichten bestehende Ornamentsystem aus Rechteckrahmen und Vierpässen weist Ähnlichkeiten mit den zeitgleichen Fassaden der Bauten in der Färbergasse 5 (067 B), der Raubergasse 3 oder am Karmeliterplatz 6 (045 B) auf. Indem zwei ältere Bestände aus dem 16. Jahrhundert zusammengefasst wurden, erhielt das dreigeschossige Wohn- und Geschäftsgebäude um die Jahre 1670/1690 sein heutiges Aussehen. Akanthusgeschmückte Konsolen tragen als krönenden Abschluss den Dachvorsprung. Das Erdgeschoss, in dem ein bärtiger Männerkopf als Schlussstein des Steinportals den Eintretenden frech die Zunge zeigt, wurde durch Geschäftseinbauten in den 1950er-Jahren unter anderem durch Werner Hollomey verändert. 1972 stellte man die Quaderung der Sockelzone wieder her. Von 2009 bis 2012 sanierte das Planungsbüro Baumeister Leitner das Gebäude, baute die Hofflügel Richtung Schlossberg aus und verband diese mit verglasten Brücken. *ALN*

Ehem. Kleines Palais Attems/ Witwenpalais

011 A

Sackstraße 15
Joseph Hueber, Carl Ohmeyer,
Krasser von Skobering,
Karl Lebwohl u. a.
Ende 15./Anfang 16. Jh., um 1715,
1759, 1858, 1958, 1960

Klein, aber fein, heißt die Devise! Auch die Witwen der Grafen Attems hatten Anspruch auf ein eigenes Palais, das beweist die »Miniaturversion« des benachbarten Palais Attems (007 A). Daran angedockt, wird das ehemalige Hofstättenhaus durch Kordongesimse horizontal streng gegliedert, was für die Entstehungszeit der Fassade um 1715 ziemlich altertümlich wirkt. Die von gesprengten Segmentgiebeln bekrönten Fenster unterteilen die Straßenfront in vier Achsen, wobei sowohl die geohrten Umrahmungen als auch die Parapetfelder (Brüstungsfelder) von feinem Blatt- und Bandlwerkstuck geschmückt werden. Als Graf Attems 1757 das Gebäude erwarb, gestaltete Joseph Hueber bis 1759 die Einfahrt und das Treppenhaus mittels Platzlgewölbe und Stuckdekor. Trotz der unvorteilhaften Aufstockung des dritten Geschosses 1858 durch Carl Ohmeyer verleiht die zarte Ornamentik dem Erscheinungsbild weiterhin eine grazile Noblesse. 1958 und 1960 kam es zu Umbauten und Neugestaltungen des Erdgeschosses. *ALN*

GrazMuseum (ehem. Palais Khuenburg)

Sackstraße 18
Jörg und Ingrid Mayr,
Arquitectos u. a.
16. Jh., 1690, 1710/1715, 1979, 2012

012 A

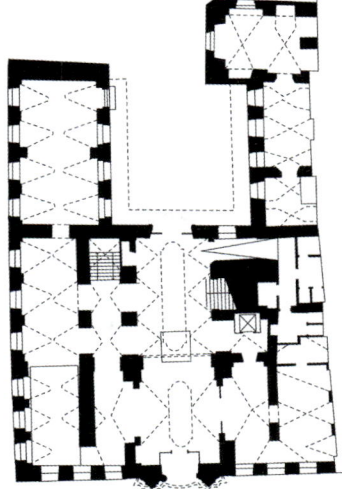

A

Das Geburtshaus des Thronfolgers Franz Ferdinand dient seit 1969 der Vermittlung der Grazer Stadtgeschichte. Im Auftrag des Grafen Gandolf von Khuenburg, dem der u-förmige, viergeschossige Bau seinen Namen verdankt, wurden im letzten Drittel des 16. Jahrhunderts einige Hofstätten zusammengefasst und ein Adelspalais errichtet. Im Zuge eines Umbaus in den Jahren 1675 bis 1690 erhielt das Gebäude sowohl innen als auch außen seine barocke Gestalt. Seit 1710/1715 beherrscht die Schaufassade eine schwungvolle, über drei Achsen reichende Portalanlage. Bekrönt wird sie von einem Balkon, den Balustraden in Form von Akanthusblättern schmücken. Den Eingang zieren zwei von Pilastern umfasste toskanische Säulen, welche mit ihrer Übereckstellung eine dreidimensionale Wirkung erzeugen. Sie werden durch gezackte Kapitelle ergänzt, die ihre markante Form auf die Balkonplatte übertragen. 1962 lancierten Investoren den Plan, das baufällig gewordene Palais durch ein Parkhaus mit 400 Stellplätzen zu ersetzen – Günther Domenig und Eilfried Huth erarbeiteten sogar einen Vorentwurf. Dass diese Pläne fallengelassen wurden und sieben Jahre später das Stadtmuseum in das Palais Khuenburg einzog, markierte das vorläufige Ende der »autogerechten« Stadtplanung von Graz. 1979 adaptierten Jörg und Ingrid Mayr das Erdgeschoss für die musealen Anforderungen. Einen weiteren Eingriff nahm 2012 das Wiener Büro Arquitectos vor. Indem sämtliche Parapete (Brüstungen) der Erdgeschosszone entfernt wurden, konnte ein geräumiges Außenfoyer und eine Verbindung zum Stadtraum hergestellt werden. Allerdings verlor das Palais dadurch seine solide Basis und wirkt nun wie aufgeständert. *ALN*

Museum für Geschichte (ehem. Palais Eggenberg-Herberstein)
Sackstraße 16
Joseph Hueber,
Riegler Riewe u. a.
15./16. Jh., 1640, 1761, 2011

013 A

Der um 1640 aus zwei spätmittelalterlichen Hofstätten zusammengelegte Gebäudekomplex war etwa ein Jahrhundert lang im Besitz der Eggenberger, die es als Stadtpalais nutzten. Als deren Besitz an die Familie Herberstein überging, ließ diese das Palais in den Jahren 1754 bis 1761 von Joseph Hueber rundum erneuern. Das dreiflügelige Ensemble mit einer glatten Renaissancefassade weist zwei identische Rundbogenportale auf, die jeweils in langgestreckte Innenhöfe führen. Hueber gab den scharf geschnittenen, gequaderten Rundbögen der Portale eine plastisch-weich geschwungene barocke Rahmung. Durchgänge mit Platzlgewölbe führen zu einem bemerkenswerten Treppenhaus. Im ersten Abschnitt noch tonnengewölbt, öffnet es sich ab dem ersten Obergeschoss in einen stützenfreien Raum, der sich durch die gemalte Scheinarchitektur an der Decke perspektivisch in den olympischen Götterhimmel öffnet – ein um 1756 entstandenes Werk von Philipp Carl Laubmann. Der Treppenaufgang wird von Laternen tragenden Puttenpaaren auf Steinpostamenten gesäumt, die durch ein schmiedeeisernes Rokoko-Geländer verbunden sind. Umbauten wurden am ehemaligen Palais Herberstein schon 1941 durchgeführt, als das Gebäude in den Besitz des Landesmuseums Joanneum überging und dann die Neue Galerie beherbergte. 2011 passten Florian Riegler und Roger Riewe das in die Jahre gekommene Ausstellungshaus der neuen Nutzung als »Museum im Palais« an. Dabei wurden die Öffnungen der Fassade im Erdgeschoss minimalistisch vereinfacht und der Eingangsbereich umgebaut, dem Brigitte Kowanz 2017 zur Neueröffnung des Museums für Geschichte eine das Gewölbe akzentuierende Lichtinstallation hinzufügte. Für das erste Geschoss und die Beletage konzipierten Riegler Riewe ein reversibles Raum-im-Raum-System, das die Exponate vor Sonnenlicht schützt und die Technik verbirgt, allerdings den historischen Bestand zum Verschwinden bringt. Einzig das Herzstück der Beletage, der Spiegelsaal, erstrahlt heute noch in seinem weiß-goldenen Rokokodekor. *SK*

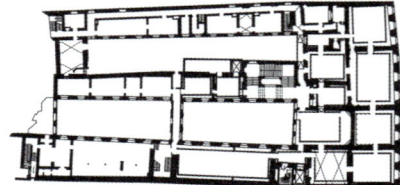

Ehem. Kellersperg'sches Stadthaus

014 A

Sackstraße 14
*Johann Georg Stengg (?),
Rudolf Wendler*
15./16. Jh., 17. Jh., um 1730, 1963, 2000

Um das Jahr 1730 ließ Bernhard Baron von Kellersperg zwei Hofstättenhäuser aus dem 15./16. Jahrhundert zusammenlegen. Damals entstand das lachsfarbene Erscheinungsbild des viergeschossigen Stadthauses, das bei seiner Sanierung im Jahr 2000 rekonstruiert wurde. Die Johann Georg Stengg zugeschriebene

Rokoko-Stuckfassade mit Gurtgesimsen und wellenförmigen Fensterverdachungen, die in die Gesimse einschneiden, weisen in den Sturz- und Parapetzonen textilartig feine Dekorationen aus zartem Bandelwerk, Voluten und Blüten auf. Unter den 1963 von Rudolf Wendler durch Entfernung von Holzvorbauten freigelegten gotischen Überhangbögen befinden sich seitlich zwei steinerne Renaissanceportale aus dem zweiten oder dritten Viertel des 17. Jahrhunderts, die noch von den beiden Hofstätten stammen. Sie führen zu den Flügelbauten, die sich um drei Höfe gruppieren. *KW*

Krebsenkeller

Sackstraße 12
Friedrich Groß-Rannsbach u. a.
1405, 1539, Ende 16. Jh., 1662,
1710, 1988

015 A

Obwohl es hier schon seit dem 16. Jahrhundert eine Gaststätte gibt, leitet sich der Name nicht von den angebotenen Köstlichkeiten ab. Der Ursprung der Bezeichnung *Zum roten Krebsen* liegt in der hier ab 1870 ansässigen *Material- und Spezereiwaaren Handlung Zum rothen Krebsen*. Als baugeschichtliches Dokument des Übergangs von der Spätgotik zur Renaissance zählt das Gebäudeensemble zu den wertvollsten Bauten von Graz. Erstmals 1405 als »in der Grueb« bezeichnet, wurden der schlossbergseitige Osttrakt 1538/1539 und die weiteren Bauten Ende des 16. Jahrhunderts errichtet. Während der Renaissanceüberhang des langgestreckten Vorderhauses 1710 mit barocken Muschelornamenten und Blattranken dekoriert wurde, stehen die Arkadengänge und die in rechteckige Steinrahmung gefassten doppelten Rundbogenfenster in der Tradition der »welschen« Baumeister der Frührenaissance. Bis auf das zugemauerte Fenster im Mitteltrakt, das sogenannte Stöckl, wurden die Rundbogenfenster durch rechteckige Einbauten

zerstört und erst 1988 nach Plänen von Friedrich Groß-Rannsbach rekonstruiert. Hinter den Säulenarkaden im ersten Stock des Osttraktes erstreckt sich über die gesamte Hausbreite eine tonnengewölbte Vorhalle, deren feingliedriger, auf kannelierten Steinkonsolen ruhender Netzrippendekor der Spätgotik verpflichtet ist. Seit 1922 wird das Gebäude seiner ursprünglichen Funktion als Gaststätte mit dem sogenannten Krebsenkeller wieder gerecht. *AS*

Nieto Sobejano Arquitectos, Dachausbau *Kastner & Öhler*, Rendering 2005

Kaufhaus Kastner & Öhler

016 A

Sackstraße 7–13
*Fellner & Helmer, Friedrich
Sigmundt, Szyszkowitz-Kowalski,
Nieto Sobejano Arquitectos*
1914, 1994, 2003, 2010

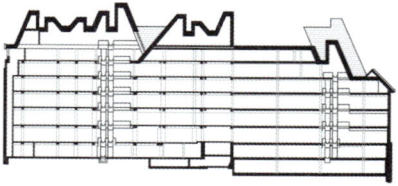

Mit der ersten Filiale in der Sackstraße 7 legten Carl Kastner und Hermann Öhler 1883 den Grundstein für das heute größte Kaufhaus der Grazer Innenstadt, das mittlerweile ein ganzes Stadtquartier umfasst und sich bis zum Murkai im Westen und zur Murgasse im Süden erstreckt. In Zusammenarbeit mit Friedrich Sigmundt errichteten Ferdinand Fellner und Hermann Helmer von 1912 bis 1914 das vier- bis sechsgeschossige Warenhaus. Die offenen Verkaufsflächen gruppieren sich rund um eine zentrale viergeschossige glasüberdachte Halle mit historistischem Dekor, wobei die Hauptfassade im Jugendstil errichtet wurde. Die Hauptansicht gliedert sich in 17 Achsen, wird von zwei Risaliten und vor allem durch die großen Schaufensteröffnungen bestimmt, welche mit dem damals neuen Material Eisenbeton realisiert werden konnten. Wenig qualitätvollen Umbauten der Fünfziger- bis Siebzigerjahre folgte von 1989 bis 1994 eine stufenweise Generalsanierung samt Ausbau durch das Architekturbüro Szyszkowitz-Kowalski. Neben einer Erweiterung des Sporthauses an der Kaiseite und dem Umbau eines Jugenstilhauses in der Murgasse wurde das Betonvordach der Hauptfassade in der Sackstraße durch eine Vielzahl schräger Glasdächer ersetzt, welche das Gesamtbild etwas weniger beeinträchtigen. Um auf die erhöhten Kundenansprüche reagieren und den innerstädtischen Standort halten zu können, wurde 2002/2003 durch dieselben Architekten eine fünfgeschossige Tiefgarage unterhalb des denkmalgeschützten Bestands errichtet. Neben der technisch heiklen Realisierung besticht das Parkhaus vor allem mit seiner ausgeklügelten Licht- und Farbgestaltung. Den 2005 ausgeschriebenen Wettbewerb für den Dachausbau mit Aussichtsterrasse an der Sackstraße konnte das Madrider Büro Nieto Sobejano Arquitectos für sich entscheiden. Der Entwurf übernimmt die Geometrie der langgestreckten Hofstättendächer und übersetzt sie in eine abstrahierte Formensprache aus Steildächern mit gekappten Spitzen. Leider wurde die Anzahl der Dachkörper durch Einspruch des UNESCO-Welterbekomitees reduziert, sodass jetzt Lücken mit Flachdächern klaffen. Auf die versprochene Bronzierung der Edelstahlhaut, die sich in die historische Ziegeldachlandschaft einfügen soll, wartet die Öffentlichkeit seit 2010 vergeblich. *MS*

Paradeishof

Badgasse 3
Francesco Marmoro
1570, 1602, 1784, 1929

Nachdem Graz im 16. Jahrhundert fast zur Gänze protestantisch geworden war, etablierte sich eine Schule für die adeligen Anhänger der Reformation. Durch Verwendung der mittelalterlichen Bausubstanz eines Spitals samt Allerheiligenkapelle entstand in den Jahren 1568 bis 1570 eine evangelische Bildungsanstalt mit Kirche nach Plänen von Francesco Marmoro. Der bekannte Astronom Johannes Kepler lehrte an dieser Stiftsschule bis zu ihrer von Erzherzog Ferdinand angeordneten Schließung 1598. Im Zuge der Gegenreformation gelangte das Gebäude 1602 in den Besitz der Erzherzogin Maria Anna von Bayern, die darin das Klarissenkloster *Zu den Allerheiligen im Paradeis* gründete. Der ehemalige Kreuzgang der Klarissen ist im umlaufenden Arkadengang mit gestelzten Bögen auf niedrigen toskanischen Säulen noch erkennbar. Infolge der Aufhebung des Konvents 1782 wurde das Bauwerk bis 1784 zu einem Wohnhaus, das Dach des Kreuzgangs zu einer Terrasse mit Geländer und die Fassade im sogenannten josephinischen Plattenstil umgestaltet. Die Fenster mit Mittelpfosten werden von rechteckigen Parapet- und Sturzfeldern mit ausgestanzten geometrischen Mustern eingefasst, die in den ersten beiden Obergeschossen mit einer geraden Verdachung abschließen und die Fassade horizontal gliedern. Im dritten Obergeschoss wird der Stuck mit Triglyphen in das Traufgesims integriert und bildet somit den Übergang zum Dach. Arkaden, Schmiedeeisengeländer und der durchbrochene Stuck verleihen dem Innenhof eine reizvolle, vom Tiefen ins Flächige reichende Mehrschichtigkeit. Heute ist der Paradeishof seit seiner Renovierung 1929 von Geschäfts- und Büroräumen umgeben und wird gastronomisch genutzt. *AK*

Hauptplatz
Mahlzeit, Graz!

Tradition, Kultur und Bewegung von, mit und für Menschen strömen im trapezförmigen Herz der Stadt zusammen. Nahm man bis zu den archäologischen Ausgrabungen von 2001 an, dass der Hauptplatz schon um 1160 angelegt worden ist, weiß man heute, dass er bis ins Spätmittelalter noch dicht mit Holz- und Steinhäusern bebaut war. Das Marktgeschehen konzentrierte sich zunächst auf die Straßenzüge am Kreuzungspunkt der bedeutendsten Nord-Süd- und Ost-West-Handelswege entlang der Mur- beziehungsweise Sporgasse sowie der Sackstraße, Herren- und Schmiedgasse. Nach einem Stadtbrand im 14. Jahrhundert, möglicherweise aber erst im 15. Jahrhundert, wurde der Platz in seinen heutigen Dimensionen als wichtigster Marktplatz angelegt. Mitte des 16. Jahrhunderts vereinte der erste Bau eines Rathauses auch das bürgerlich-politische mit dem wirtschaftlichen und geografischen Zentrum von Graz. In den folgenden Jahrhunderten kam es zu häufigen Umgestaltungen der Marktbuden, des Platzbelags und der Beleuchtung. Die jüngste Neugestaltung stammt von 2002, als Markus Pernthaler nach mehr als zehn Jahren Planung die hölzernen Marktstände durch moderne Interpretationen aus Stahl und Glas ersetzte. Bei Nacht und heruntergeklappten Seitenflächen zieren verschiedenste »Emoticons«, pixelig und farbintensiv von der Künstlerin Sonja Gangl entworfen, die zwölf Stände. Ebenso mit der Umgestaltung kamen der einheitliche Granitplattenbelag sowie die indirekte Reflektor-Beleuchtung durch zehn hohe Mastleuchten. Seit 1878 bildet das vom Wiener Bildhauer Franz Xaver Pönninger stammende Bronzedenkmal für Erzherzog Johann mit integriertem Brunnen die Mitte des Platzes. Als metaphorische Quelle der Modernisierung der Steiermark erhebt sich der reformeifrige Habsburger über Verkörperungen der Flüsse Mur, Enns, Drau und Sann, während an den Ecken seines Postaments Allegorien seiner wichtigsten Betätigungsfelder Eisenbahnbau, Wissenschaft, Bergbau und Landwirtschaft stehen. Das Denkmal trennt die Budenaufstellung von 2002 vom Vorplatz des späthistoristischen Neubaus des Rathauses von 1893 (018 A). Architektonisch prägen die Platzanlage neben diesem altdeutschen Monumentalbau vor allem die zum Teil hervorragend erhaltenen historischen Häuserzeilen entlang der Ost- und Westseiten. Während die östlich gelegenen Häuser meist noch den langgezogenen Hofstätten-Grundriss aufweisen, entstand die westliche Seite als gewachsene Blockstruktur, unterbrochen von mehreren schmalen Gassen zum Franziskanerplatz dahinter. Das Fassadenbild wird von Barock- und Renaissance-Formen geprägt, wobei das Haus Nr. 14 mit einer Kunststeinfassade von 1920 (021 A) dezent und doch massiv aus der Reihe tanzt. Einzig das Läuten der ankommenden Straßenbahnen unterbricht das rege und bunte Treiben im eindeutigen Mittelpunkt der Stadt. Jung und Alt aus allen Bevölkerungsschichten kommen beim »Würstelessen« zusammen oder treffen sich rituell an der 1930 aufgestellten Weikhard-Uhr, um dann in das pulsierende Leben der Innenstadt einzutauchen. *AM*

Rathaus

Hauptplatz 1, 2
*Alexander Wielemans von
Monteforte, Theodor Reuter u. a.*
1807, 1893, 1922, 1957

Das Renaissance-Rathaus von 1550 wird
in den Jahren 1805 bis 1807 durch einen
Neubau von Christoph Stadler ersetzt, der
damit den Klassizismus nach Graz bringt.
Der Gründerzeit ist das nüchtern-strenge
Gebäude aber nicht repräsentativ genug,
sodass man ab 1880 wieder Neubaupläne wälzt. 1886 setzt sich der Entwurf des
Wiener Architekten Alexander Wielemans
von Monteforte durch, eines Schülers von
August Sicard von Sicardsburg und Eduard
van der Nüll, den er zusammen mit seinem
Studienkollegen Theodor Reuter entwickelt hat. Eine nicht gerade einfache Vorbedingung besteht in der Einbeziehung
des Vorgängerbaus und der Umfassung
der Bestandsbauten in der Herrengasse.
Ab 1893 erhebt sich das monumentalste öffentliche Bauwerk von Graz, dessen
mit barockem Pathos vorgetragenes »altdeutsches« Formenvokabular – eine Mixtur aus Spätgotik und Nürnberger Renaissance – es zu einem Denkmal des in Graz
damals vorherrschenden Deutschnationalismus macht (das hindert einen natürlich nicht daran, das »italienische«
Landhaus (025 A) mit seinen Zwillingsfenstern zu zitieren). Als zentrales Element erhebt sich der Mittelrisalit mit drei
Rundbogen-Maßwerkfenstern des original

Rathaus um 1898

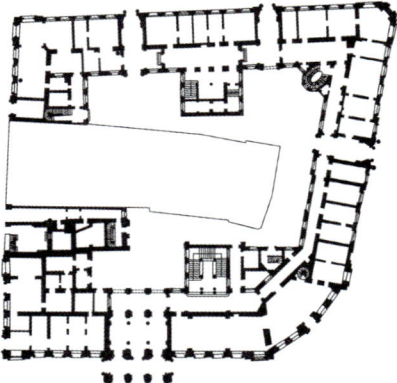

erhaltenen Gemeinderatssaals mit seiner
beherrschenden Kuppel bis zu 55 Meter
über dem Hauptplatz. In Anspielung auf
das Schloss Eggenberg (202 I) flankieren
monumentale, ebenso überkuppelte Ecktürme das Bauwerk am Hauptplatz sowie
an der rückseitigen Landhausgasse und
markieren damit den riesigen Komplex im
innerstädtischen Raum. Ziergiebel, Erker,
Balkone, Türmchen, Nischen, Gesimse und

viel Rustika sowie ein opulenter Skulpturenschmuck überziehen die nordwestliche Hauptfassade. Der Moderne ist das alles zu viel, 1922 glättet man bereits die beiden obersten Geschosse und 1957 wird fast das gesamte Figurenprogramm abgeräumt (die ursprüngliche Fassadentextur lässt sich am ebenfalls von Wielemans stammenden Landesgericht (037 A) nachvollziehen). 1962/1963 entscheidet sich der Gemeinderat sogar dafür, die gesamte Fassade abzureißen und durch einen neoklassizistischen Entwurf von Wilhelm Jonser zu ersetzen, der bereits aus der Zeit des Nationalsozialismus stammt. Den Grazer Bürgern ist der deutschnationale Historismus aber dann doch lieber als der Nazi-Klassizismus, sodass sich 1966 in einer Volksbefragung die Mehrheit für die Erhaltung und Restaurierung des Bestands ausspricht. Auf den Säulen zwischen den Eingangstoren finden ab 2001 sogar Repliken der Allegorien Kunst, Wissenschaft, Gewerbe und Handel wieder zurück an ihren Platz. *AM*

Weiß'sches Haus

019 A

Hauptplatz 3
Werner Byloff, Walid Idris,
BWM Architekten
1710, 2000, 2018

Errichtet um 1710 im Auftrag des Bankiers Johann Adam Weiß, erhebt sich der imposante hochbarocke Bau als freistehender Block am westlichen Ende des Hauptplatzes. Als Annäherung an die Palastarchitektur wies das Haus ursprünglich eine Dachbalustrade auf, die Ende des 18. Jahrhunderts entfernt wurde. Bereits 1729 ging das Wechslerhaus bankrott und Gebäudeanteile gingen an die Gläubiger über, womit eine Vorform modernen Wohnungseigentums entstand. Die mittleren drei Fensterachsen der Obergeschosse werden jeweils von Kolossalpilastern eingefasst, die damit ein adeliges Vokabular aufgreifen, einen Mittelrisalit andeuten und den Zug in die Senkrechte betonen. Die angestrebte Vertikalität wird auch durch die Zusammenfassung der Fensterverdachungen und Parapetfelder zu einer Einheit erzielt. Besonders in Szene gesetzt wird die Mittelachse: Das von Wandpfeilern flankierte Portal (derzeit leider von Firmenschildern verdeckt) bekrönt ein Balkon, darüber sitzt ein von Akanthusranken gerahmtes Madonnenrelief. Seit dem 19. Jahrhundert erfuhr die Erdgeschosszone für Geschäftszwecke vielfache Veränderungen; das derzeitige Lokal an der Südseite wurde 2000 von Werner Byloff geplant, das nördliche 2018 vom Wiener Büro BWM Architekten. Die Hofeinfahrt ist mit einem Kreuzgratgewölbe versehen und führt zum mit Murnockerl (aus der Eiszeit stammende Steine der Mur) gepflasterten schmalen Lichthof, zu dem im Zuge der jüngsten Sanierung von 2000 errichteten verspiegelten Lift von Walid Idris sowie zum hölzernen Treppenhaus. *KW*

Luegg-Häuser

Hauptplatz 11, 12/Sporgasse 2
unbekannt
Anfang 16. Jh., um 1680/1685
(Nr. 11), um 1690 (Nr. 12)

020 **A**

Metamorphose im Fassadenschmuck: Der barocke Surrealismus hat seine Spuren am Luegg-Haus Nr. 11 hinterlassen. Aus der Sporgasse »ums Eck lugend« beziehungsweise schauend, wovon das viergeschossige Bürgerhaus seinen Namen erhalten hat, nimmt man zunächst nur ein flächendeckendes Ornament in Form von wuchernden Pflanzen, Girlanden, Muscheln und Vasen wahr. Bei näherer Betrachtung erkennt man plötzlich Nasen und Münder, die zusammen mit flankierenden Schlangen und Blütenranken Gesichter darstellen. Dieser fantastische Stuckdekor wurde vermutlich um 1680/1685 von Domenico Boscho geschaffen. Im Kontrast dazu versah wohl um 1690 Johann Antonio Teruggio das Nebengebäude mit einer streng gerasterten Ordnung. In den Fensterzwischenachsen dominieren geometrisch geformte Putzbänder, die durch zarte Eichenzweige ergänzt werden. Die spätgotischen Arkadengänge, die einen witterungsgeschützten öffentlichen Raum bilden, umfassen die Erdgeschosszone beider Bauten, die in der Sporgasse 2 auch einen gemeinsamen Eingang besitzen. Die gegensätzlichen Fassaden der Luegg-Häuser belegen eindrucksvoll die große stilistische Bandbreite des Barock, aber auch, dass das Bürgertum zu besonders fantasievollen Lösungen angespornt wurde, da ihm die dem Adel vorbehaltene Pilastergliederung noch verwehrt war. *ALN*

Geschäfts- und Bürohaus (ehem. Wiener Bankverein)

021 **A**

Hauptplatz 14
Ernst Gotthilf, Alexander Neumann, Wilhelm Jonser, Karl Hütter
1920, 1938, 1951, 1988

Die einzige Baustelle in Graz – so wurde das von 1915 bis 1920 durchgeführte Bauvorhaben des Wiener Bankvereins in den schlechten wirtschaftlichen Verhältnissen während und nach dem Ersten Weltkrieg genannt. Sparsame Dekorationen mit neoklassizistischen und secessionistischen Elementen zeichnen die weitgehend glatte Kunststeinfassade des von den Wiener Architekten Ernst Gotthilf und Alexander Neumann entworfenen Bankhauses aus, dessen Material und konservative Gestaltung Solidität in unsicheren Zeiten ausstrahlen soll. Gestalterischer Charakter wird im Wesentlichen durch die unterschiedliche Form und Axialität der Öffnungen erzielt. Acht Rundbogenfenster im ersten Obergeschoss bilden einen formalen Übergang zwischen den drei torbogenartigen Öffnungen im Erdgeschoss und den darüber liegenden, nur noch fünffachsigen Geschossen mit Rechteckfenstern. Neben dem Mansarddach mit klassizistisch anmutendem Dreiecksgiebel fallen die berankten Sturzverzierungen im zweiten Obergeschoss ins Auge, die wie die Reliefs über dem zentralen Portal mit Allegorien der Arbeit, der Wissenschaft und des Handels vom Bildhauer Wilhelm Hejda stammen. Erste Umbauten betrafen 1938 den Eingang für das Landesreisebüro von Wilhelm Jonser und 1951 eine Veränderung der Schaufenster. Nachfolgende Umbauten wie eine Zwischendecke in der Kassenhalle wurden 1988 von Karl Hütter überwiegend rückgebaut. Durch das Freilegen von Holzverkleidungen konnten noch vorhandene Beleuchtungen aus der Entstehungszeit wieder angebracht werden. Obwohl stilistisch ein Solitär, fügt sich das Bauwerk gut in die meist wesentlich ältere Bebauung des Hauptplatzes ein. *MS*

Herrengasse in Richtung Nordwesten mit dem Turm der Stadtpfarrkirche

Herrengasse
So herrlich »fußgängerisch«!

Die Vorherrschaft des Automobils wurde in der Herrengasse bereits 1972 bezwungen. Aus heutiger Sicht beneidenswert konsequent folgten damals Taten auf bürgerliches Begehren. Die Grazer gewannen nicht nur eine lärm- und abgasfreie Innenstadt zurück, sondern auch ihre Paradestraße. In Nord-Süd-Richtung erstreckt sich der breite Straßenzug vom Hauptplatz bis zum Platz am Eisernen Tor und bildet eine innerstädtische Hauptverkehrsachse, jedoch nur noch für die Straßenbahn. Ein Blick in die Historie zeigt, dass die Herrengasse zu Beginn eine unbedeutende Sackgasse war. 1347 erstmals urkundlich erwähnt, endete sie zwischen Landhaus- und Jungferngasse am ehemaligen jüdischen Viertel. 1438/1439 wurden die Juden brutal vertrieben und das Viertel kurzerhand aufgelöst. Dies ermöglichte die Verlängerung der damaligen Bürgergasse zum südlichen, später aufgebauten Eisernen Tor. Damit war die neue Hauptstraße geboren und es verwundert nicht, dass der Adel 1476 seinen Machtanspruch per Umbenennung in Herrengasse geltend machte. Profiteur der Fußgängerzone ist auch die Architektur, so lassen sich in Etappen erfolgte Veränderungen ohne störenden Verkehr genießen. Die leicht gekrümmte Ostseite zeugt noch heute vom mittelalterlichen Ursprungscharakter der ehemaligen Hofstätten; die Innenhöfe und Arkadengänge reichen weit in die tiefen Grundstücksparzellen hinein. Nach vorne präsentiert sich ein abwechslungsreiches Fassadenbild aus dem 17. bis 19. Jahrhundert. Beginnend mit dem ehemaligen Salzburgerhof im Stil des Rokoko (Nr. 1), folgt der einstige Herzogshof, wegen flächendeckender Fassadenfresken auch »Gemaltes Haus« (022 A) bezeichnet. Das Palais Breuner (023 A) mit dreigeschossigem Renaissance-Arkadenhof oder das ähnlich stattliche Palais Wagenspreng (Nr. 13) mit zwölffachsiger spätklassizistischer Fassade, in dem für kurze Zeit Napoleon wohnte, sind nur ein kleiner Teil der nennenswerten Bauten. Allein der barocke Turm der Stadtpfarrkirche aus dem späten 18. Jahrhundert (029 A) vermag die vielen kleinen Kuppeln und Türme der Westseite zu überragen. Hier nahm die Stadt den Abbruch des Eisernen Tores 1860 zum Anlass, die sich stadtauswärts verjüngende Häuserflucht zugunsten einer verbreiterten Straßenführung zurückzuversetzen. Südlich des Landhauses (025 A) wurden Bestände abgerissen und durch sauber gereihte, späthistoristische Baublöcke ersetzt. Nach Anerkennung trachtend, scheinen die neoepochalen Fassaden sich gegenseitig übertrumpfen zu wollen. Ob der sogenannte Generalihof (Nr. 22–26) von 1884 mit altdeutschen Anklängen oder der neobarocke Thonethof (Nr. 28) mit beidseitigen Eckrondellen und abschließenden Kuppeln die Blicke der heutigen Betrachter fesseln, ist offen. Fest steht, beide Monumentalbauten stammen aus der Hand der Architekten Fellner & Hellmer, die, auf Theaterbauten spezialisiert, Meister der Repräsentation waren. Am südlichen Ende erhebt sich die 1664 als Votivgabe gestiftete, 1928 nach Stationen am Karmeliter- und Jakominiplatz hier aufgestellte vergoldete Madonna auf korinthischer Bronzesäule. Doch auch sie vermag nicht neben den vielen Laufkundschaften und Touristen das allmähliche Verdrängen alteingesessener Geschäfte aufzuhalten. Nun säumen zum großen Teil Schaufenster bekannter Marken die Erdgeschosszone – wie in jeder anderen Stadt. Es liegt letztendlich im Auge des Betrachters, ob sich die Herrlichkeit der Herrengasse dadurch ins Negative verändert. *DW*

A

Gemaltes Haus (ehem. Herzogshof)

022 **A**

Herrengasse 3
Giovanni Pietro de Pomis (?),
Hans Gangoly
um 1600, 1742, 2002

Fresko statt Stuck! Nach diesem Prinzip wurde die Fassade des ehemaligen Herzogshofes gestaltet. Mit seiner flächendeckend bemalten Schauseite besitzt das sogenannte Gemalte Haus das wohl außergewöhnlichste Erscheinungsbild der Altstadt. 1360 als steuerfreier Lehenshof Herzog Rudolfs IV. erwähnt, wurde dieses Gebäude in seiner heutigen Form um 1600 wohl von Giovanni Pietro de Pomis für Erzherzog Ferdinands jüngeren Bruder Maximilian Ernst errichtet. Die Anlage besteht aus vier- bis fünfgeschossigen Trakten, welche sich um den langgezogenen Hof erstrecken. Zwischen 1739 und 1742 kam es zu einem Umbau mit Aufstockung

durch den neuen Eigentümer Franz von Lathurner. Dieser beauftragte den Vorauer Künstler Johann Mayer mit der Freskomalerei der Fassade, welche im Laufe des 20. Jahrhundert einige Male restauriert beziehungsweise erneuert wurde. Mit Schopfwalmgiebel, Grazer Stockfenstern und einer bemalten Fläche von 221 Quadratmetern zeigt sich die Front zur Herrengasse mit Darstellungen antiker Götter, die hier aber, wie bei Herren üblich, nicht zu Fuß, sondern zu Pferd erscheinen. Nach herrschaftlicher Stellung geordnet zeigen sich im ersten Obergeschoss volksnahe Götter des Weins (Bacchus), des Handwerks (Vulkan) und des Haushalts (Vesta). Im obersten Geschoss hingegen reihen sich die Götter des Kriegs (Mars), der Weisheit (Minerva) und der Medizin (Aeskulap) aneinander und geben Aufschluss über gesellschaftliche Wertvorstellungen des 18. Jahrhunderts. An den Wandflächen zwischen den Etagen tauchen Götter des

Meeres und der Städte, des Friedens und des Wohlstands auf, welche die sozialen Schichten miteinander verbinden sollen. Szenen antiker Heldensagen schmücken das Giebelfeld. Die Ladenlokale im Erdgeschoss wurden seit dem 19. Jahrhundert regelmäßig verändert. Das sandsteinerne Renaissanceportal führt zum Arkaden-Innenhof, dem Hans Gangoly 2001/2002 unter anderem durch Freilegung verbauter Öffnungen und behutsame Anbauten wieder zu architektonischer Qualität und heutiger Funktionalität verhalf. *KW*

Generalihof (ehem. Palais Breuner)

023 A

Herrengasse 9
Franz Isidor Carlone,
Anton Carlone, Emo Meister u. a.
1570, 1669, 1742, 1990

Hofkriegsrat Servatius von Teufenbach ließ von 1565 bis 1570 an der Ecke Herrengasse/Stempfergasse ein Renaissancepalais mit zwei Ecktürmchen und einem Arkadenhof errichten, der heute als einer der schönsten von Graz gilt. Die Pläne dürften auf einen Baumeister aus der Schule Domenico dell'Aglios zurückgehen. Erste Umbauarbeiten erfolgten durch Franz Isidor Carlone unter Hofkammerpräsident Carl Gottfried von Breuner, als dieser

1669 in den Grafenstand erhoben wurde. Karl Adam Graf Breuner ließ von 1730 bis 1742 eine Barockisierung mit einem neuen Treppenhaustrakt von Anton Carlone sowie neuer Fassadengestaltung durchführen, wobei die heutige geradlinig strukturierte Fassade wohl erst aus josephinischer Zeit stammt. Nachdem das Palais bereits 1932 von einer Versicherung übernommen worden war, wurde die Sanierung von 1989/1990 zum Anlass genommen, dem Komplex den neuen Namen Generalihof zu geben. In den Innenhof gelangt man durch ein barockes Rundbogenportal im Stil von Johann Georg Stengg, das von Pilastern mit vasenförmigen Kapitellen und Kämpfern flankiert wird, die ein verkröpftes Gebälk tragen. Ursprünglich waren alle Seiten des Innenhofs mit Arkaden versehen, jedoch sind es nach Anbau des barocken Treppenhauses nur noch drei Fronten. Kurze toskanische Säulen stützen segmentbogige Arkaden, dazwischen legen Lisenen, Gurt- und Sohlbankgesimse eine rechteckige Gliederung über die rundplastische Tragstruktur. Emo Meister legte 1989/1990 die im 19. Jahrhundert vermauerten Arkaden wieder frei und setzte stattdessen Verglasungen ein, deren Unterteilungen die Renaissance-Rastergliederung verstärken. Der imposante Hof ist heute ein beliebter Schauplatz für Jazzkonzerte. *AK*

Landhaus →
Herrengasse 16
Domenico dell'Aglio,
Francesco und Antonio Marmoro,
Antonio Solar, Georg Kräxner,
Joseph Hueber, Hermann Scanzoni
1510, 1531, 1564, 1584, 1645,
1741, 1745, 1886, 1891

025 A

Bärenapotheke (ehem. Hainrichspergisches Haus)

024 A

Herrengasse 11
Joseph Hueber (?)
16. Jh., 1674, 1767

Im Besitz der Freiherren von Hainrichsperg wurde das aus dem 16. Jahrhundert stammende, an der Ecke zur Stempfergasse liegende Stadthaus um 1674 erneuert und 1767 vom Kaufmann Anton Weydinger erworben. Noch im selben Jahr kam es vermutlich durch Joseph Hueber zu einem Gesamtumbau. Dabei ließ der Bauherr auch eine neue Hauptfassade für sein Bürgerhaus entwerfen, welches ein zeitgenössischer Chronist »so schön wie ein Herrschaftshaus« empfand und dessen Eleganz bis heute beeindruckt. Parapet- und Sturzfelder mit Rocaille- sowie Volutenmotiven sind zu senkrechten Einheiten zusammengefasst. Fassadenmittig präsentiert der Risalit das ehemalige Eingangsportal und schafft durch seine horizontale Nutung einen Ausgleich zu den dominierenden Vertikalachsen. Das seit Ende des 19. Jahrhunderts als Zugang zu den Geschäftsräumen dienende Portal ist von schräggestellten, ionischen Pilastern umrahmt, mit einem geschweiften Gebälk bekrönt und tritt plastisch aus der Fassade hervor. Die übrige Erdgeschosszone wurde seit dem 19. Jahrhundert mehrfach verändert. An der Hausecke findet sich eine sandsteinerne Madonnenstatue mit Kind unter einem Baldachin. Den oberen Gebäudeabschluss bilden Rokoko-Kupfervasen, welche vom Dachfirst emporragen. Heute zählt das Gebäude zu den besterhaltenen Rokokobauten der Stadt und beherbergt seit 1887 die Bärenapotheke. *KW*

Der älteste Renaissancebau von Graz, der zu den bedeutendsten Mitteleuropas zählt, etablierte sich als Sitz der protestantischen Landstände. Aufgrund der Machtzunahme politischer Vertreter von Klerus und Adel wurde als politischer und architektonischer Kontrapunkt zur landesfürstlichen Burg bis 1510 der sogenannte Landstubentrakt (a) errichtet, der heute die beiden Innenhöfe trennt. Da das Raumangebot zu gering war, erwarben die Landstände zwei benachbarte Bauwerke, die von 1527 bis 1531 umgebaut wurden und den Rittersaal beinhalten (b). Der habsburgische Festungsbaumeister Domenico dell'Aglio erhielt 1555 den Auftrag, den Haupttrakt in der Herrengasse und den Arkadenhof zu errichten (c). Die 1564 vollendete Fassade mit von Pilastern flankierten, gekuppelten Doppelarkadenfenstern mit geraden Verdachungen folgt der oberitalienischen Frührenaissance, deren Details für die Grazer Renaissancebauten vorbildlich werden sollten. In der Portalachse befinden sich drei Doppelarkadenfenster, die durch ihre Verdachung miteinander verbunden sind und einen auf Konsolen lagernden Balkon bilden. Als repräsentativster Innenhof von Graz bildet der dreigeschossige Pfeilerarkadenumgang mit toskanischen Pilastern und Kreuzgewölbegängen das Zentrum des Komplexes. An die ursprünglich symmetrische Hauptfassade erfolgte von 1581 bis 1584 ein vierachsiger Anbau von Francesco und Antonio Marmoro (d). Der mit 1590 datierte Brunnen im Arkadenhof (e) zählt zu den bedeutendsten Bronzegussarbeiten des Manierismus. Infolge der Errichtung des benachbarten Zeughauses (f, 026 A) 1644 entstand ein Jahr später der Verbindungsbau von Antonio Solar (g). Um die Symmetrie der Hauptfassade zu verbessern, ist der Anbau mit einem von flachen Rustikapilastern flankierten Einfahrtstor sowie Doppelarkadenfenstern

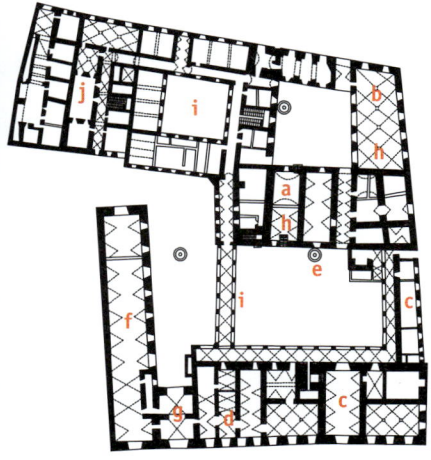

versehen. 1740/1741 barockisierte Georg Kräxner den Landstubentrakt und deckte ihn mit einem Mansarddach mit Bassgeigenfenstern. 1744/1745 folgte die Barockisierung der Ausstattungen von Landhausstube und Rittersaal durch Joseph Hueber (**h**). Anstelle des Südflügels wurde 1886 unter Hermann Scanzoni der offene Pfeilerarkadengang als Stilkopie nach dell'Aglio errichtet (**i**). Fünf Jahre später wurde der letzte Anbau, ein Kanzleianbau in der Schmiedgasse 9, fertiggestellt (**j**). Heute ist das Landhaus Sitz des Steiermärkischen Landtags und wirkt trotz der zahlreichen Eingriffe wie aus einem Guss. *AK*

Die kurze Epiphanie des Protestantismus in Graz

Johann Konrad Eberlein

Die Reformation Martin Luthers muss wie eine Erlösung gewirkt haben. Sie verbreitete sich in kürzester Zeit und zog die Menschen in ihren Bann, sofern sie nicht eine Einbuße ihrer kirchlichen Privilegien und Pfründen befürchteten. Rückgängig machen ließ sich dieser elementare Prozess nur mit Gewalt. In Graz trat der Protestantismus um 1525 in Erscheinung und hatte seine Blütezeit in der zweiten Hälfte des 16. Jahrhunderts. Am Ende des Jahrhunderts waren 95 Prozent der Einwohner von Graz Protestanten.

Zerstörung und Vertreibung

Anfangs wurde die Reformation nicht behindert. Lediglich die Wiedertäufer, von denen sich auch die Lutheraner distanzierten, wurden wegen ihrer Ablehnung bestimmter staatlicher Anforderungen wie zum Beispiel der Eidesleistung blutig verfolgt. Unter Erzherzog Karl II. (1564–1590) war es allerdings auch mit der Duldung für die Lutheraner vorbei. Dahinter stand eine mächtige Frau, seine Nichte Maria Anna von Bayern, die er 1571 heiratete. Sie war eine fanatische Protestantenhasserin. Anhänger der Reformation waren für sie Ungeziefer, das man ausrotten müsse. Von

Giovanni Pietro de Pomis, Bischof Martin Brenner, 1612, Bronzemedaille (Ausschnitt)

ihrem Sohn Ferdinand II. (1578–1637), den sie nach Kräften beeinflusste, verlangte sie, er solle die lutherischen Prädikanten, die er ausfindig mache, sofort hängen lassen. Wenn er plane, mit Kanonen auf das Landhaus zu schießen, solle er das tun, allerdings ohne seinen Beichtvater zu informieren, der alles ausplaudern würde. Von den störrischen Ausseern solle er »etliche um den Kopf kürzer

Matthias Echter (?), Allegorie Ferdinands II. als Gegenreformator, um 1689, Grabkapelle des Mausoleums

machen«, dann würde »ihre evangelische Freiheit, der Ungehorsam, gehen«. Ferdinand erwies sich als gehorsamer Sohn und schrieb 1608 nach einem harten Winter in der Steiermark, in dem viel Wild dezimiert wurde: »Ich wollte wünschen, dass so viele Prädikanten und rebellische Rädelsführer dafür verreckt wären.« 1619 wurde er römischer Kaiser und trieb mit dieser Einstellung hauptverantwortlich Europa in den fürchterlichsten aller seiner Kriege.

Mutter und Sohn konnten ihren Willen durchsetzen. Einen überzeugten Helfer fanden sie in dem Bischof Martin Brenner (1585–1616). Ihr Durchsetzungsinstrument wurden die sogenannten Reformationskommissionen, die seit 1587 durch die Steiermark zogen. Am schlimmsten wütete nach der Regierungsübernahme Ferdinands II. im Jahr 1595 die Kommission von 1599/1600. Insgesamt wurden in der Steiermark über 21 evangelische Kirchen und 57 Friedhöfe zerstört oder umgewandelt. Unter kunstgeschichtlichen Gesichtspunkten ist insbesondere die Sprengung des 1579 geweihten Rundbaus St. Salvator in Rottenmann zu beklagen.

Im Jahr 1600, etwas über 100 Jahre nach der zweiten Vertreibung der Juden,

erfolgte die Ausweisung der Protestanten. Am 8. August jenes Jahres wurden vor dem Paulustor etwa 10.000 protestantische Bücher verbrannt. 1628 folgte schließlich die Ausweisung des protestantischen Adels. Insgesamt verließen etwa 11.000 Menschen das Land. Die ökonomischen Folgen waren verheerend. Nach nur einem halben Jahrhundert war die reformatorische Aufbauarbeit zunichte gemacht worden. Ganze Wirtschaftszweige wie die Eisenerzindustrie wurden ruiniert.

Das protestantische Erbe

Natürlich konnte der evangelische Glaube nicht gänzlich ausgerottet werden, ebenso wenig erfuhr der Katholizismus durch die erzwungenen Übertritte eine echte Stärkung. Die Verfolgungen begründeten die Traditionen des Geheimprotestantismus und des Scheinkatholizismus, zwei Charakterprägungen, zwischen denen man im Grunde nicht wechseln kann. Vor diesem Hintergrund ist es nicht überraschend, dass es kaum mehr möglich ist, ein protestantisches bauliches Erbe in Graz zu benennen. Die Schilderung seiner Vernichtung muss an die Stelle seines Vorhandenseins treten. Nichts ist von

Matthias Echter (?), Ferdinand II. und Bischof Martin Brenner verbrennen protestantische Bücher, um 1689, Grabkapelle des Mausoleums

der evangelischen Stiftskirche geblieben. Sie entstand 1570 aus einem Umbau der Allerheiligenkapelle im sogenannten Paradeishof. Von 1787 bis 1790 wurde das Eckhaus Paradeisgasse 1/Murgasse 12 an ihrer Stelle errichtet. Dasselbe Schicksal erlitt das evangelische Gymnasium, die Stiftsschule, die nach 1570 gebaut wurde. Unterricht konnte dort nur zwischen 1574 und 1598 abgehalten werden. 1602 wurde das Gebäude Maria Anna von Bayern für die Gründung eines Klarissenklosters übergeben.

Es gibt allerdings eine große Ausnahme: das Landhaus. 1555 begannen die Stände, die seit 1549 als evangelische Körperschaft auftraten, das bis dahin bestehende Gebäude zu erneuern. Von 1557 bis 1565 entstand der Trakt entlang der Herrengasse mit dem Innenhof, von 1581 bis 1585 die Fortsetzung entlang der Landhausgasse. Der bemerkenswerte Brunnen im Hof ist auf 1590 datiert und gehört damit zum Ensemble. Bauherren waren also Protestanten und die Bauzeit fiel in die Blütezeit des Protestantismus in Graz. Der Bau weist zudem keine Ausstattung auf, die als katholisch zu lesen wäre. Man darf daher die These vertreten, dass das Grazer Landhaus eines der bedeutendsten protestantischen Bauwerke Europas darstellt.

Giovanni Pietro de Pomis und Pietro Valnegro, St. Katharina, 1614–1638, Fassadendetail

Jesuiten und Kapuziner

Mit der Zerstörung ihrer Bauten war die Wirkung der Reformation in Graz allerdings noch nicht beendet. Man kann ihren Folgen in der Form negativer Reflexe noch etwa ein Jahrhundert lang in den Werken der Zerstörer nachgehen. 1572 kamen die Jesuiten nach Graz, die wie überall die Speerspitze der Gegenreformation bildeten. Ein Jahr darauf gründeten sie eine Schule, die ihre Antwort auf die evangelische Stiftsschule war. 1585 ging aus dieser Schule eine Universität hervor, die zunächst im Jesuitenkolleg in der Bürgergasse 2 Platz fand, dann 1607 in das heute »Alte Universität« genannte Gebäude Hofgasse 14 übersiedelte, bis sie 1773 mit der Aufhebung des Jesuitenordens aufgelöst und schließlich ab 1782 als Lyzeum weitergeführt wurde. Erst 1827 wurde dieses wieder in eine Universität umgewandelt, in deren Nachfolge die heutige Karl-Franzens-Universität steht.

1577 wurde den Jesuiten auch die Pfarrkirche St. Ägidius übergeben, also der heutige Dom, ein von Kaiser Friedrich III. gestifteter spätgotischer Neubau von hervorragender architektonischer Qualität. Die Gegenreformation war eine der größten Kirchenvernichtungsaktionen in der Geschichte überhaupt. Unzählige bedeutende Bauten der Vergangenheit wurden für barocke Neubauten geopfert. Damit wurde nicht zuletzt dem gefährlichen Anspruch der Reformation auf die Wiederbelebung der ältesten Formen des Christentums begegnet. St. Ägidius entging diesem Schicksal, wurde aber im Sinne der Gegenreformation wenigstens im Inneren barockisiert, womit bis heute der Eindruck der hervorragenden Architektur stark geschmälert wird.

Unmittelbar mit der Bücherverbrennung von 1600 durch die Gegenreformation hängt der Bau des Kapuzinerklosters von 1600 bis 1605 (Paulustorgasse 11) zusammen. Die dazugehörige Antoniuskirche kennzeichnet möglicherweise den Platz der Aktion selbst. Eine Folge der Gegenreformation war auch die Einrichtung einer päpstlichen Nuntiatur in Graz, die von 1579 bis 1622 bestand und 1615 das Haus am Karmeliterplatz 1 bezog.

Realistisch betrachtet bestand die Gegenreformation in der Steiermark in einem Kampf der Habsburger gegen ihre eigenen Bürger. Von der Angst vor diesen zeugten die heute meist verschwundenen Geheimgänge zwischen Dom, Burg, Schlossberg, dem Jesuitenkolleg und der »Alten Universität«. Als Schutzmaßnahme kann man ferner die Gründung eines eigenen Stadtviertels 1578 um den Karmeliterplatz verstehen, das mit (katholischen) Italienern besiedelt wurde.

Mahnmal der triumphierenden Gegenreformation

Gewisse fortifikatorische Züge sind auch der Katharinenkirche mit dem Mausoleum nicht abzusprechen, die ab 1614 neben dem Dom als Mahnmal der Gegenreformation errichtet wurden und eine propagandistische Plattform für die Verherrlichung des Siegs über das Luthertum boten. Die scharf geschnittene Architekturdekoration tritt mit einprägsamer Härte auf. Römische Traditionen werden beschworen und wie eine Krone der Stadt aufgesetzt.

Memoriales Zentrum der Anlage ist die Gruft unter dem Mausoleum, die so tief und versetzt in den Berg eingegraben ist, dass man ihren steilen Zugang bei Gefahr leicht zuschütten konnte. Die Fresken in ihm reflektieren unbeschönigt die Maßnahmen gegen die Protestanten: Auf einem Fresko, das ein Gemälde von Giovanni Pietro de Pomis aus Obermarburg (heute im Joanneum) wiederholt, tritt Ferdinand II. in Waffen als Gegenreformator mit Minerva, der Wahrheit und Chronos auf und stößt die Häresie in die Tiefe, die dabei ihre Maske verliert. Die Waage in seiner Hand hat Ohren, wohl eine Anspielung auf die Überwachungsmacht von Kirche und Staat. Auf einem anderen Fresko erscheint Ferdinand II. mit einem Bischof, wohl Martin Brenner, die lutherischen Bücher werden verbrannt und eine fliehende Alte verkörpert die Reformation. Wie schon das bauliche Gesamtkonzept überhaupt, das in der Tradition einer Märtyrerkirche mit angeschlossener Grabanlage auftritt – dabei ins Gegenteil verkehrend, dass eigentlich die Protestanten verfolgt worden waren –,

Martin Hilger, Glocke *Liesl*, 1587

können auch diese Themen als Spiegelungen protestantischer Vorwürfe wie der Heuchelei, der Inquisition und vielleicht sogar der Abscheu vor Maria Anna aufgefasst werden.

Eine evangelische Glocke

Die 1824 am Kaiser-Josef-Platz erbaute evangelische Heilandskirche hat seit 1858 einen Glockenturm im Unterschied zum Dom, dem diese Funktion verwehrt blieb. Das scharfe Geläut der Katharinenkirche füllt diese Lücke nicht aus, sondern eine 1587 in Graz gegossene andere Glocke, die jeden Tag um 7, 12 und 19 Uhr mit 101 Schlägen vom Schlossberg herunter die Stadt und ihre Vergangenheit in einen tiefen und vollen Klang hüllt. Zu Recht gilt sie als eine der schönsten Glocken Österreichs. Für den riesigen, 4.633 Kilogramm wiegenden Klangkörper mit einem Durchmesser von fast zwei Metern wurde 1588 eigens der heute noch stehende Glockenturm errichtet. Ihr Schöpfer war der sächsische Glockengießer Martin Hilger. Er war Protestant. Wenn man so will, kann man die im Volksmund als *Liesl* bezeichnete Glocke ihrer Herkunft und dem Werkstatttypus nach als evangelisch bezeichnen. Jeder möge selbst entscheiden, ob er darin eine Ironie oder einen Trost der Geschichte sehen will.

Landeszeughaus
Herrengasse 16
Antonio Solar, INNOCAD
1644, 2013

026 A

An die frühneuzeitliche Rolle von Graz als waffenstarrendes Bollwerk erinnert das Landeszeughaus. Um das innerösterreichische Territorium zu schützen, beauftragten die steirischen Landstände 1642 Antonio Solar, ein an das Landhaus (025 A) andockendes Waffendepot zu errichten. Der einstigen Bezeichnung der Geschütze als »Zeug« verdankt das Gebäude seinen Namen. Die Gebäudefront wird von geohrten, halbgeschosshohen Fenstern in drei Achsen gegliedert und beidseitig von Ecklisenen mit Diamantquadern eingefasst, welche aus der flächigen Fassade leicht hervortreten. Die Personifikationen der Kriegsgötter Mars und Minerva, die vermutlich von Giovanni

Mamolo stammen, flankieren das polychrome Rundbogenportal, welches ein hohes Gebälkfries samt Wappen und gesprengtem Dreiecksgiebel bekrönt. Dahinter öffnet sich die vom Architekturbüro INNOCAD 2013 neu gestaltete Eingangshalle. In fünf Geschosse teilt sich der langgestreckte Baukörper, wobei die oberen vier Geschosse, mit durchgehenden Holzbalkendecken versehen, als Schauräume für rund 32.000 Kriegswerkzeuge dienen. Aufgrund dieser eindrucksvollen Anzahl gilt das Grazer Zeughaus als größtes und besterhaltenes historisches Arsenal der Welt. *ALN*

Grazer Wechselseitige

Herrengasse 18, 20
*Leopold Theyer, Friedrich
Sigmundt, Karl Lebwohl,
Szyszkowitz-Kowalski,
Planungsgruppe Süd*
1895, 1962, 1985, 1990

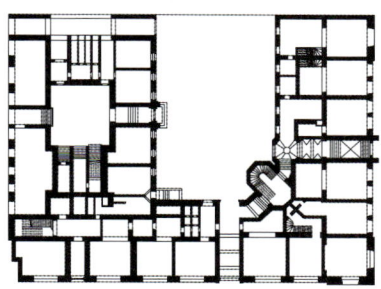

Hier bekommt man für sein Geld noch was geboten! 1889 schreibt die damalige k. k. priv. wechselseitige Brandschaden-Versicherungsanstalt einen Wettbewerb für die Neuerrichtung eines repräsentativen Geschäftshauses in bester Innenstadtlage aus. Insgesamt sechs Bauwerke, die teilweise bis in das 16. Jahrhundert zurückreichen, werden für dieses Vorhaben geschliffen. Gegen die Konkurrenz können sich schließlich Leopold Theyer und Friedrich Sigmundt durchsetzen. Einer kaiserlich-königlichen öffentlichen Einrichtung entsprechend und in Anlehnung an das benachbarte Landhaus entwerfen die Architekten einen an italienische Palazzi erinnernden Bau in den Formen der Neorenaissance. Bis 1895 entsteht ein dreiflügeliges Gebäude, zweckdienlich in zwei Trakte unterteilt. Das Zinshaus erstreckt sich entlang der Herrengasse und um die Ecke in die Jungferngasse, während das Hofhaus als Büro fungiert. Große rundbogige Öffnungen für die Geschäftszone im Erdgeschoss sind durch ein Gurtgesims von den Obergeschossen getrennt. Von Haushaltsgöttin Vesta und Glücksgöttin Fortuna assistiert, fasst das zentrale Portal das Parterre und die ersten beiden Geschosse vertikal zusammen. Gekuppelte Rundbogen- und Rechteckfenster und deren gerade Verdachungen lassen sich als deutlicher Bezug zum Landhaus (025 A) lesen. Typisch historistisch werden die vorbildhaften Formen des Nachbargebäudes vor allem in der Ausführung der Fenster und Gesimse noch verstärkt. Gequaderte Eckrisalite mit zweigeschossigen Erkern und Loggien sollen dem Gebäude auch aus der Schrägansicht Aufmerksamkeit verschaffen, wobei die von Jože Plečnik entworfene Statue des Feuerwehrpatrons Florian besonders die Blicke von Süden anzieht. Nach schweren Bombenschäden kommt es nach dem Zweiten Weltkrieg zum vollständigen Wiederaufbau des Versicherungshauses. 1962 wird nach Plänen von Karl Lebwohl eine Aufstockung des westlichen Gebäudeflügels durchgeführt und 1985 setzen Michael Szyszkowitz und Karla Kowalski mit einer metallischen Portierloge einen klaren Kontrapunkt zum Bestand. 1990 folgen weitere hofseitige Aufstockungen durch die Planungsgruppe Süd. Möglicherweise der Corporate Identity geschuldet, akzentuiert ein grüner Fassadenanstrich das Gebäude noch mehr, als es jeder Schmuck könnte. *AM*

Bank Austria (ehem. Steier-märkische Escompte-Bank) ↑ `028` `A`

Herrengasse 15–17
Josef Hötzl
1911

Dagobert Duck und andere Charaktere mit Kapital-Verlustängsten wären neidisch. Mit stolz geschwellter Fassaden-Brust strahlt der späthistoristische Bankpalast unbezwingbare Sicherheit aus. Pracht und Großmut, inszeniert durch kolossal geordnete Steinsäulen, die selbst wie eingeschlossen erscheinen, prägen das Bauwerk. Josef Hötzl entwirft 1908 eine streng zweigeteilte Fassade und umfasst diese zu beiden Seiten mit giebelbekrönten Risaliten. Auch dem Stil des Neoklassizismus klar unterworfen, zeugen mehrere Details der Bank von der Verbundenheit des Architekten mit den modischen Entwicklungen seiner Zeit: Unübersehbar secessionistische Fenstervergitterungen, aber auch ein offenes Raumgefüge dahinter stehen stellvertretend für seinen weitreichenden Blick. Figuren der verschiedenen Wirtschaftszweige, steirische Wappenkartuschen und balustrierte Loggien zieren die 1911 vollendete Schaufront. Polierter Stein, Messing und geschliffene Gläser werten den monumentalen Bau zusätzlich auf. Reich an Schmuck und teurem Material thront in prominenter Lage der mächtigste Tresor von Graz. *AM*

Stadtpfarrkirche zum Heiligen Blut → `029` `A`

Herrengasse 23
Joseph Hueber, Johann Joseph Stengg, August Ortwein, Friedrich Moser u. a.
1440, 1519, 1742, 1781, 1882, 1977

Inmitten der Schaufensterfronten der Herrengasse blicken vier lebensgroße Heiligenstatuen von der hochbarocken Schaufassade der ehemaligen Dominikanerkirche auf die Passanten herab. Von Joseph Schokotnigg gefertigt, wurden sie in Nischen der ursprünglich 1741/1742 von Joseph Hueber entworfenen Fassade integriert. Nur vierzig Jahre später, 1781, überarbeitete Johann Joseph Stengg die Fassade im sogenannten josephinischen Plattenstil und errichtete den Giebelturm mit seinen über Eck gestellten, auf die Schrägansicht reagierenden Säulen und dem schwungvoll verkröpften Gebälk. Darauf thront eine aus der Ferne steile, von der Gasse ausladend wirkende Zwiebelhaube. Von Huebers dynamisch bewegter Gestaltung blieb das Hauptportal mit den Nischen, wobei Stengg in seiner Gestaltung die Formensprache des Barock übernahm und mit scharf geschnittenen Details kombinierte. Dieses spätbarock-frühklassizistische Fassadenbild lässt kaum einen spätgotischen Innenraum vermuten. Die um 1440 von Kaiser Friedrich III.

Tragen. Bleibt die Barockisierung im Dom bis heute sichtbar, so wurde die Dominikanerkirche, seit 1586 Stadtpfarrkirche, im Sinne der Stilreinheit von 1875 bis 1882 nach Plänen von August Ortwein wieder regotisiert. Nur die 1742 realisierten Anbauten – wie die von Hueber stammende ovale Nepomuk-Kapelle im Südosten (d) und die Westfassade – verleihen dem Gotteshaus noch eine barocke Anmutung. 1977 erfuhr die Kirche bauliche Veränderungen nach Plänen von Friedrich Moser, der Altar und Ambo gestaltete, wobei die Gitter, die das Johannes-Schiff vom Langhaus trennen, von Fritz Hartlauer gestaltet wurden. Seit der jüngsten Renovierung 2017, bei der die Westfassade auf die originale Farbgebung zurückgeführt wurden, erstrahlt das Äußere wieder im ursprünglichen Glanz. AS

fertiggestellte Corporis-Christi-Kapelle (a), die in drei Jochen des südlichen Johannes-Schiffs erhalten ist, wurde nach der Übergabe an die Dominikaner 1466 durch eine nördlich davon gelegene Kirche erweitert. Deutliche Ähnlichkeit zum Dom St. Ägydius (056 B) vermittelt vor allem der Kontrast des breiten, dreischiffigen Staffellanghauses (b) zum 1484 fertiggestellten Langchor der Mönche (c), der durch den schmalen Triumphbogen vom Raum der Laien klar getrennt bleibt. Eine vereinheitlichende Tendenz kommt hingegen durch die für die Spätgotik typische Jochverschleifung im Sternnetzgewölbe des 1519 vollendeten Mittelschiffs zum

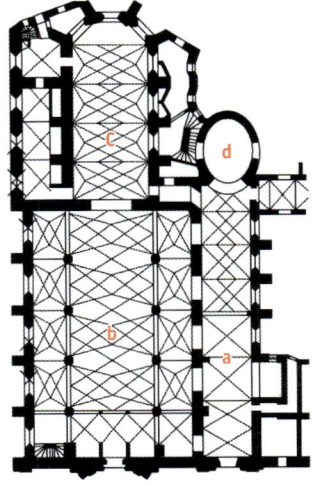

Schmiedgasse
Die Zeit ist in den Fugen

Eingefasst von mächtigen späthistoristischen Amtsbauten zu beiden Enden, erstreckt sich ein bereits im Mittelalter angelegter Straßenzug. Die Schmiedgasse zählt zu den ältesten Planstraßen von Graz, die auf die Jahre 1156 bis 1164 zurückgehen, und erhält ihren Namen Anfang des 14. Jahrhunderts, als Schmiede ihr Handwerk nur an diesem Ort anbieten dürfen. Parallel zur Herrengasse entstehen zwischen Landhausgasse und Wurmbrand- beziehungsweise Stubenberggasse bereits im 12. Jahrhundert die ersten systematisch angelegten Hofstätten. Auf den langgezogenen, schmalen Parzellen werden im 15. und 16. Jahrhundert Vorder- und Hinterhäuser errichtet, wobei die endgültigen Ausbauten im 17. und 18. Jahrhundert erfolgen. Die gassenseitigen Schaufassaden weisen heute eine Mischung aus barocken und historistischen Motiven auf. Großteile der Erdgeschosszone werden jedoch durch den Einbau von Geschäftslokalen im 20. Jahrhundert weitreichend verändert. Mit dem Abriss eines abschließenden Querhauses auf Höhe der heutigen Kreuzung Schmied- und Kaiserfeldgasse um 1899 erfolgt die Öffnung des vormaligen Sacks. Seither führt die Gasse über den Verlauf der ehemaligen Stadtmauer hinweg bis zur Radetzkystraße. In diesem neu erschlossenen Bereich entstehen im Zuge der Bebauung der Joanneumsgründe Ende des 19. Jahrhunderts vor allem durch die Entwürfe von Leopold Theyer gründerzeitliche Wohn- und Geschäftsbauten, unter denen das monumentale Stadtamtsgebäude (030 A) besonders herausragt. Im gleichen Zeitraum werden auch am nördlichen Ende der Schmiedgasse zu beiden Seiten späthistoristische Prachtbauten errichtet. Im Westen erhebt sich 1908, ebenfalls aus der Hand Leopold Theyers, der Bau des heutigen Congress Graz (032 A) und an der Ostseite bereits 1893 das mächtige Rathaus (018 A). Im mittelalterlichen Abschnitt der Gasse finden sich entlang der Westseite ausschließlich kleinbürgerliche Häuser mit drei bis maximal fünf Geschossen, unter denen das Ensemble der Hausnummern 18 bis 24 besonders hervorzuheben ist. Die vier Gebäude werden gegen Ende des 16. Jahrhunderts mit drei oder vier Geschossen und Schopfwalmgiebeldächern errichtet und sind bis auf wenige Ergänzungen, wie die klassizistischen Portale der Häuser 18 und 24, weitestgehend original erhalten und teilweise restauriert. Gegenüber sticht buchstäblich das Renaissancepalais Kollonitsch (031 A) mit seinen markanten Polygonalerkern hervor, während am nördlichen Abschluss der 1990 hergestellten, 2017 bis zum Hauptplatz verlängerten Fußgängerzone der Landhaus-Palast im Renaissancestil mit historistischen Ergänzungen (025 A) das Fassadenbild bestimmt. Seit 2015 ist die Gasse einheitlich mit gelblichen Betonsteinen gepflastert, die eine warme Atmosphäre erzeugen. So wurde aus der Zeile der längst verschwundenen Schmiede eine malerische Flaniermeile, die selbst neben der Herrengasse nicht als »Schmiedl« erscheint. *AM*

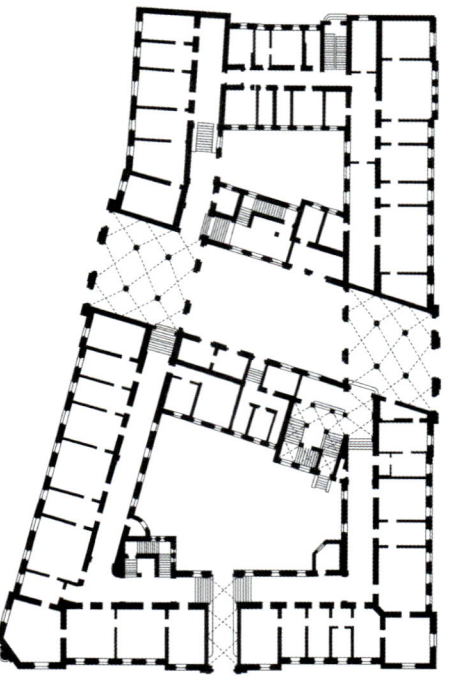

Städtisches Amtshaus

030 **A**

Schmiedgasse 26–30
Leopold Theyer, Stadtbauamt/
Albert Lebzelten
1904

Dem »deutschen Graz« gebührt ein alt-
deutscher Amtsbau! Politische Überzeugung wird, vor allem von Heimatschützern, auch über die Architektur kommuniziert. Fünf Jahre und knapp 200 Meter
trennen das städtische Amtshaus und
sein unwesentlich älteres Stilkonterfei,
das Rathaus. Da letzteres dem immer größer werdenden Platzbedarf der Magis-
tratsabteilungen nicht genügt, legt das
Stadtbauamt bereits um 1900 Grundrisse für einen eigenen Verwaltungsbau vor.
Mit der Planung der Fassade wird Leopold
Theyer beauftragt, der sein architektonisches Handwerk im Grazer Stadtraum,
insbesondere durch die Bebauung der

umliegenden Joanneumgründe, bereits mehrmals demonstriert hat. Er zeichnet auch dafür verantwortlich, den altdeutschen Stil nach Graz gebracht zu haben, der erstmals 1890 am Haus der ehemaligen Hirschenapotheke in der Sporgasse auftritt. Die Trennung von Grundriss und Fassade gilt zu dieser Zeit als beliebter Entwurfsprozess. Nahezu rechteckig steht der monumentale Bau als Solitär in seiner Umgebung. Ungeschmückt erinnert die Nordfassade an den ursprünglichen Plan der Auflassung und vermutlichen Bebauung der Wurmbrandgasse. Die übrigen drei Schaufassaden gliedert Theyer gestalterisch sowohl vertikal als auch durch umlaufende Gesimse horizontal. Über dem rustizierten Sockelgeschoss folgt eine zweigeschossige Oberzone, deren Fenster von flachen Reliefstäben umfasst sind. Über dem vierten Obergeschoss schließt ein flaches Dachgeschoss mit Würfelfries die Fassade ab. Flache Seiten- und Mittelrisalite sowie Erker verstärken die Vertikalität und zugleich die plastische Erscheinung. An den Kreuzungen Kalchberg-/Raubergasse und Stubenberg-/Schmiedgasse erhalten die Längsseiten aufgrund der städtebaulichen Lage asymmetrisch gesetzte, identische Hauptrisalite. Drei Rundbogentore führen in den zentralen Verteilerhof. Altdeutsche und neogotische Motive wie abgetreppte Giebel, Dreipässe, Kielbögen, Rosetten und vegetabiler Schmuck zieren das Bauwerk. Theyer errichtet damit ein amtliches Manifest deutschnationaler Gesinnung. *AM*

spätere Fassadenerneuerung hin, welche vermutlich im Zuge von Renovierungen in den Jahren 1780 oder 1815 stattgefunden hat. Auch die heute eingeengte Situation des Allianzwappens über dem genuteten Rundbogen-Steinportal bestätigt die Annahme, dass das Stadtpalais erst später sein heutiges Erscheinungsbild erhielt. Triglyphen über den Fensterohren deuten auf eine klassizistische Interpretation des Renaissancestils. Die Blicke der Passanten werden von toskanischen Säulen angezogen, welche beidseitig polygonale Eckerker mit geschwungenen, reliefierten Konsolen tragen – eine für Grazer Renaissancepalais typische Gestaltung. Aufgrund des Zusammenschlusses von zwei oder drei kleineren Hofstätten aus dem 15. und 16. Jahrhundert entstand die heutige Asymmetrie der Gebäudefassade. Die Anfang des 19. Jahrhunderts fertiggestellte stichkappengewölbte Einfahrt leitet in den ruhigen Innenhof. Dieser wird von kreuzgratgewölbten, segmentbogenförmigen Arkadengängen geprägt, die sich über drei Geschosse erstrecken. *ALN*

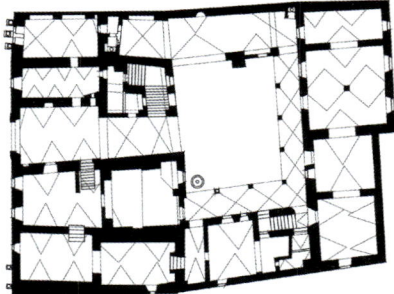

Ehem. Palais Kollonitsch 031 A

Schmiedgasse 21
unbekannt
1642, 1780, Anfang 19. Jh., 1815

Eine historisch rätselhafte Fassade ziert das Palais des Grafen Kollonitsch. Laut der Wappeninschrift auf der Schaufassade wurde das dreigeschossige Spätrenaissancegebäude 1642 errichtet. Im Innenhof können seine Fensterumrahmungen aus Naturstein stilistisch dieser Epoche zugeordnet werden. Jedoch wirft die Schauseite Fragen auf – trotz Renaissancedatierung weist die verputzte Stuckumrahmung der Fenster auf eine

Congress Graz (ehem. Steiermärkische Sparkasse)

Albrechtgasse 1
Matthias Seidl, Leopold Theyer,
Werkgruppe Graz,
Hermann Eisenköck
1885, 1908, 1980, 1999

032 A

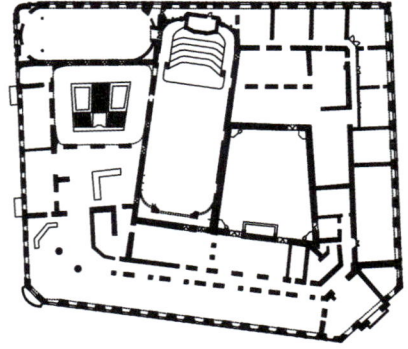

Kultur und Kommerz reichen sich im *Congress Graz* die Hände. Von 1882 bis 1885 lässt die Steiermärkische Sparkasse ein Bankgebäude mit dem Stefaniensaal für den Musikverein nach Plänen von Matthias Seidl errichten. Nur zwei Jahre später wird die Erweiterung des Baus beschlossen. Rund 20 Jahre und eine Jahrhundertwende später kann endlich der benötigte Grund erworben werden. Nach Festlegung des Bauprogramms lädt ein Komitee zum Wettbewerb, den Leopold Theyer für sich entscheidet. Mit städtebaulichen Veränderungen wie dem Durchbruch von der Landhaus- zur Neutorgasse und einer Querverbindung zur Albrechtgasse entsteht Platz für einen freistehenden, von Theyer quadratisch entworfenen Baublock. Dieser erhält der Landhausgasse zugewandt eine repräsentative Schaufassade mit prägnantem Mittelrisalit und secessionistischen Elementen. Die weiteren Fassaden gliedert und schmückt Theyer im Stil der Neorenaissance. Zusätzlich zum vergrößerten und mit einer Galerie bestückten Stefaniensaal entsteht im Zuge des Ausbaus der kleinere, nicht weniger glanzvolle Kammermusiksaal. Ein drei Achsen breites Vestibül führt über die prunkvolle, glasüberkuppelte Haupttreppe zu beiden Musiksälen im Obergeschoss. Ende der Siebzigerjahre bietet die Sparkasse das Gebäude der Stadt als Veranstaltungszentrum an. Die Werkgruppe Graz wird nach erfolgreicher Studie zur Umnutzung auch mit der Planung betraut. Somit kommt es von 1977 bis 1980 zu wesentlichen Umbauten in den unteren zwei Geschossen und einer Anpassung der Konzertsäle an zeitgemäße Anforderungen. Durch die Bebauung eines Innenhofs wird ein weiterer Veranstaltungssaal in das neue Kongresszentrum eingebunden. 1999 folgt ein neuerlicher Umbau nach Plänen von Hermann Eisenköck. Zusammen mit dem Casino im Erdgeschoss setzt der *Congress Graz* die Gründungsidee fort, Muße mit Finanzen zu paaren. *AM*

Altes Joanneum (ehem. St. Lambrechter Hof, Lesliehof)

033 A

Raubergasse 10,
Joanneumsviertel
Domenico Sciassia, August Gunolt
1674, 1826, 1894

Nach dem Sieg über die Türken in der Schlacht bei Mogersdorf 1664 schätzt das Benediktinerstift von St. Lambrecht die politische Lage stabil genug ein, um in Graz ein Stadtpalais zu errichten. Die Patres beauftragen damit ihren bewährten, aus Graubünden stammenden Stiftsbaumeister Domenico Sciassia. Ein dreigeschossiger Komplex ersetzt 1674 schließlich den ehemaligen Rauberhof. Erstmals machen sich Anzeichen des barocken Stils an einer Grazer Fassade bemerkbar: Kleine Pilaster und Sohlbankkonsolen prägen das Erscheinungsbild im neuartigen Gliederungssystem. Hermenpilaster mit geschuppten Schäften wachsen im zweiten Obergeschoss aus den toskanischen Pilastern der unteren Etage empor. Der südlich anschließende klassizistische Anbau von 1826 erhält 1894 durch August Gunolt eine detailgetreue Fassadenkopie des barocken Bestands. Durch die Erweiterung gruppiert sich der langgestreckte Gebäudekomplex nun um zwei Innenhöfe, die an zwei Seiten über alle Geschosse Pfeilerarkaden aufweisen, welche in den Obergeschossen verglast sind. Seit 2015 ist im ersten Hof die Lichtinstallation *Nicht im vorliegenden Sachverhalt* des amerikanischen Konzeptkünstlers Joseph Kosuth angebracht, die einen Abschnitt aus Johannes Keplers *Von den gesicherten Grundlagen der Astrologie* zitiert. Die Innenräume beherbergen heute das Naturkundemuseum. Den Namen *Lesliehof* verdankt das Gebäude nach einem Besitzerwechsel von 1684 dem Grafen Leslie – doch auch diese Bezeichnung hält sich nur bis Anfang des 19. Jahrhunderts, denn 1811 nimmt hier die von Erzherzog Johann gegründete Lehr- und Bildungsanstalt Joanneum ihren Betrieb auf. 1894, nach Errichtung des Neuen Joanneums (034 A), benennt man das Gebäude in Altes Joanneum um. *ALN*

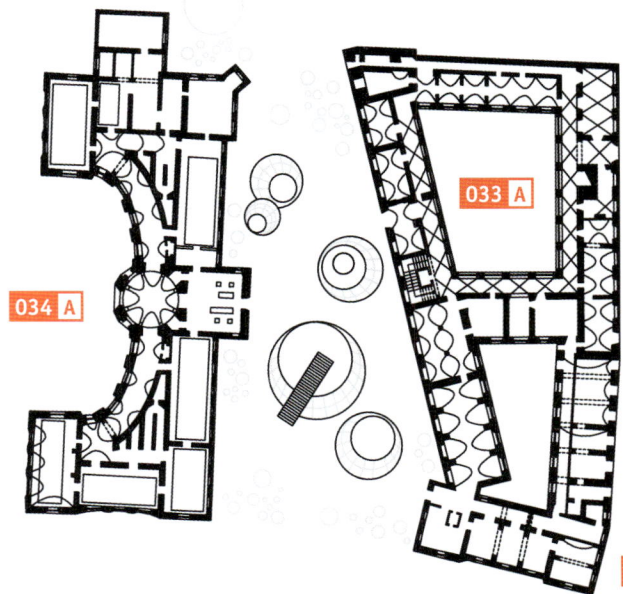

034 A

033 A

035 A

Landesmuseum Joanneum

Neutorgasse 45/
Kalchberggasse 4,
Joanneumsviertel
*August Gunolt, Nieto Sobejano
Arquitectos, eep architekten*
1894, 2011

034 A

»Wo geht's hier hinein?« – eine nicht untypische Frage, wenn man das Joanneumsviertel erreicht und in das Landesmuseum will. Die Pläne für den historischen, in diesem Fall späthistoristischen Teil des

Museums von 1894 liefert in mehreren Anläufen zwischen 1884 und 1889 der Wiener Architekt August Gunolt. Dieser will den Besucher noch in einem Schwung direkt aus der Neutorgasse in das Gebäude ziehen. Als ursprüngliche Eingangsseite entwirft er eine konkav einschwingende Fassade, die dem Wunsch nach einem Bauwerk im Stil des berühmten Grazer Barockarchitekten Fischer von Erlach überzeugend nachkommt. Mit einem konvex gegenfließenden Mittelrisalit verleiht Gunolt dem neobarocken Kleid zusätzliche Bewegung und akzentuiert gleichzeitig das Hauptportal zum kreisförmigen, markant überkuppelten Vestibül. Über einem gequaderten Sockelgeschoss und verkröpftem Gurtgesims erhebt sich das Obergeschoss mit hohen Fenstern zwischen Doppelsäulen, wobei die Seitentrakte dreigeschossig errichtet werden. Rückseitig verbindet bis zum Anfang des 21. Jahrhunderts ein gemeinsamer Park das Alte Joanneum (033 A) und die Landesbibliothek (035 A) mit dem repräsentativen Museumsbau. 2011, anlässlich des 200. Stiftungstags des Joanneums, wird ein alle drei Gebäude verbindender Erweiterungsbau von Nieto Sobejano Arquitectos aus Madrid in Zusammenarbeit mit eep architekten fertiggestellt, der 2006 in einem Wettbewerb ermittelt worden ist. Der edle Gedanke, die Bestandsgebäude nahezu unberührt und ungestört zu belassen, führt zu einem letztlich am Grand Louvre orientierten Entwurf, der den Zugang und mit diesem auch die neobarocke Schaufassade an der Neutorgasse redundant und schließlich unbeachtet werden lässt. Anstelle des Parks erstreckt sich zwischen den Rückseiten des Museums und des Alten Joanneums eine als pulsierender Stadtplatz konzipierte Fläche, die sich im Alltag aber bisher eher als träge und mäßig genutzt offenbart. Trichterförmige Einschnitte führen Blicke sowie Tageslicht in die neu errichteten Räume im Untergrund, die neben einem gemeinsamen Foyer einen Shop, ein Auditorium, große öffentliche Bereiche der Landesbibliothek sowie einen Bücherspeicher für eine Million Bände umfassen. Eine Rolltreppe führt im größten Kegel zum neuen unterirdischen Haupteingang – auf den nicht selten ein großer Pfeil hinweisen muss. *AM*

er den dreigeschossigen Bau direkt an das Alte Joanneum (033 A) an. Von 1890 bis 1894 errichtet, definiert die Bibliothek mit ihrem musealen Gegenstück das Südportal des ehemaligen Joanneumparks und heutigen Joanneumsviertels. Im Gegensatz zu den schwungvollen Formen des Museums zeichnet Gunolt die Landesbibliothek, gewiss auch der städtebaulichen Situation geschuldet, annähernd rechteckig und für den Späthistorismus untypisch schlicht. Zur Kalchberggasse wird die fünfachsige Schaufassade an den seichten Eckrisaliten durch doppelte und im flacheren Mittelteil durch einzelne Pilaster gegliedert. Markant strukturiert, setzt sich das Bild der Museumsfassade im Sockelgeschoss der Bibliothek fort. Ein Bauwerk des Joanneumsviertels, das entgegen dem Neubau von 2011 nicht im Boden versinken muss. *AM*

Landesbibliothek ↓ `035 A`

Kalchberggasse 2, Joanneumsviertel
August Gunolt
1894

Eindrucksvoll neobarock und doch ungewöhnlich zurückhaltend markiert das Gebäude der Landesbibliothek die Südostecke des Joanneumsviertels. Beinahe gespiegelt zum Südwesttrakt des von August Gunolt zeitgleich geplanten Landesmuseums Joanneum (034 A), schließt

Hauptpostgebäude → `036 A`

Neutorgasse 46
Ferdinand Setz, A. Carstanjen, Andreas Harich
1887, 1907, 1974, 1980, 1982, 1984, 2011

Als »erstes und schönstes Gebäude seiner Art« wird Ferdinand Setz' monumentale Post- und Telegrafenanstalt gelobt. 1887 kann nach zweijähriger Bauzeit die »klassische k. u. k. Burg« nach Plänen des Wiener Architekten in den Formen der Neorenaissance fertiggestellt werden. Als Bauplatz dient die Fläche der 1883 abgetragenen Neutorbastei. Bis in die Gegenwart kommt es immer wieder zu Umgestaltungen und -bauten. Besonders der von A. Carstanjen konzipierte Aufbau von 1907 an der Rückseite entlang der Nelkengasse und die Ersetzung der Originalfenster durch Aluminiumelemente sowie die Umarbeitung des Hauptportals 1974 tragen zu einem veränderten Bild des Bauwerks bei – nicht immer erfolgreich. Nach zahlreichen Innenumbauten in den Achtzigerjahren gelingt 2011 eine mustergültige Sanierung durch das Büro Harich, wobei die Obergeschosse für studentisches Wohnen umgenutzt wurden. Der dreigeschossige Blockrandkomplex wird durch einen Eck- sowie einen Mittelrisalit akzentuiert, wobei umlaufende Gesimse die

036 A

horizontale Betonung verstärken. Auf der farblich und durch Rustika auch haptisch kontrastierenden Sockelzone erheben sich die zwei Hauptgeschosse, die eine plastische Dachlandschaft bekrönt. Mit den verschiedenen, teils mächtigen Kuppelaufbauten demonstriert Setz das Repräsentationsbedürfnis des ehemaligen k. u. k. Baus. Schon mehr als ein Jahrhundert öffnet das Hauptpostgebäude inzwischen seine Hallen den Liebesbriefen, Ansichtskarten und Paketen der Stadt. *AM*

Landesgericht für Zivilrechtssachen ↗

037 A

Marburger Kai 49
Alexander Wielemans von Monteforte, Heinz Hierzegger, ARTEC Architekten
1894, 1949, 1986, 2001

In dubio pro reo: Wäre das »Landesgericht für ius civile« selbst zu untersuchen, bestünde kein Zweifel an der Einzigartigkeit seiner Erscheinung in Graz. Die detaillierte und kleinteilige Gestaltung und das dadurch entstehende Spiel von Licht und Schatten erinnert an den zeitgleichen Impressionismus in der Malerei. Parallel mit dem ebenfalls von ihm geplanten Neubau des Rathauses plant der Wiener Architekt Alexander Wielemans von Monteforte 1886 den »Civil-Justizpalast« im Stil der Neorenaissance und lässt ihn von 1889 bis 1894 auf der Fläche der abgebrochenen Neutorbastei errichten. Symmetrisch gegliedert wird die zweifarbige Fassade des vierflügeligen Gebäudes gemäß der späthistoristischen Maxime in drei Zonen unterteilt, welche jeweils durch massive Gesimse getrennt sind. Auf das rustizierte Sockelgeschoss folgen zwei Hauptgeschosse, auf denen das Dachgeschoss und eine pittoreske Dachlandschaft mit Turmspitzen und Kuppeln ruhen. Sowohl die von Serliana-förmigen Loggien durchbrochenen Eckrisalite als auch der zentrale trapezförmige Mittelrisalit an der Hauptfassade werden durch Eckrustika betont und vertikal verbunden. Den Haupteingang am Marburger Kai heben zwei übereinandergestellte Ordnungen von Doppelsäulen hervor, auf denen Figuren der Weisheit und Gerechtigkeit thronen – ein Motiv, das auf Gottfried Semper zurückgeht. Als einheitliches Gestaltungselement dienen die teilweise gedoppelten oder verdreifachten Rundbogenfenster. Nach einem Bombentreffer im Zweitem Weltkrieg und detailgetreuem Wiederaufbau in den Jahren 1946 bis 1949 folgt 1986 eine von Heinz Hierzegger entworfene kreissegmentförmige Erweiterung des Hofzwischentraktes. 2001 erlebt der Justizpalast schließlich durch ARTEC Architekten teilweise eine innenräumliche Neukonzeption, die vor allem die Zentralbibliothek und die Eingangshalle betreffen. *Opus ipso loquitur* – das (Bau-)Werk spricht für sich selbst. Besonders im richtigen Licht. *AM*

037 A

Holding Graz (ehem. Verwaltungsgebäude der Stadtwerke) ↘→

Andreas-Hofer-Platz 15
Rambald von Steinbüchel-Rheinwall
1935

038 A

Ein Manifest der Moderne mitten im beschaulichen Graz! Obwohl noch jung und wenig erfahren, gewann der 26-jährige, aus Graz stammende Poelzig-Schüler Rambald von Steinbüchel-Rheinwall mit seinem Beitrag den offenen Wettbewerb für ein neues Verwaltungsgebäude der Grazer Stadtwerke von 1928. Die Anforderung der städtebaulichen Integration, die Schaffung zweier getrennter Verwaltungseinheiten für Gas und Elektrizität einerseits und Wasserwerk andererseits sowie die Vereinigung von größtmöglicher Transparenz und Funktionalität sah die Jury in keinem weiteren der 64 Beiträge so gelungen umgesetzt. Mit bauleitender Hilfestellung durch Hubert Gessner – der Verfasser hatte bereits in Berlin sein eigenes Architekturbüro aufgemacht – konnte der Entwurf von 1930 bis 1935 realisiert werden. Der ein Geschoss höhere, zurückspringende Treppenturm suggeriert durch verkleinerte Fensteröffnungen ein quadratisch gerastertes Eckhochhaus, welches städtebaulich selbstverständlich erscheint. Intern als verbindendes Glied, trennt es nach außen die straßen- und platzseitigen Seitenflügel für die beiden Abteilungen, die horizontal durch hervortretende Brüstungsbänder gegliedert sind. Die Vertikalschiebefenster nach amerikanischem Vorbild werden durch Stützen unterteilt, sodass ein klares tektonisches Gerüst der Fassade abzulesen ist. Nur die Erdgeschosszone ist durch dynamisch abgerundete Schaufenster aufgelöst, in denen einst ausgestellte Elektrogeräte für Modernität und Fortschritt der Stadtwerke warben. Durch spätere Neubauten am Andreas-Hofer-Platz hat das Gebäude an Präsenz einbüßen müssen, ist aber immer noch ein herausragendes Zeugnis für die baukünstlerischen Leistungen der Zwischenkriegszeit in Österreich. *DW*

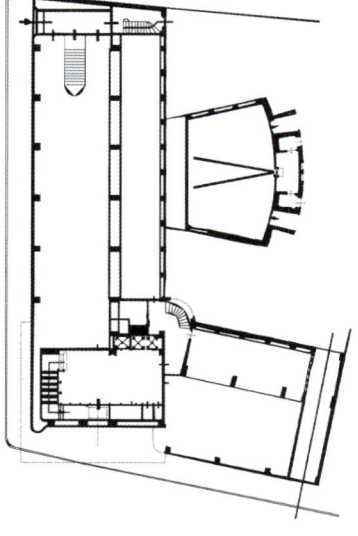

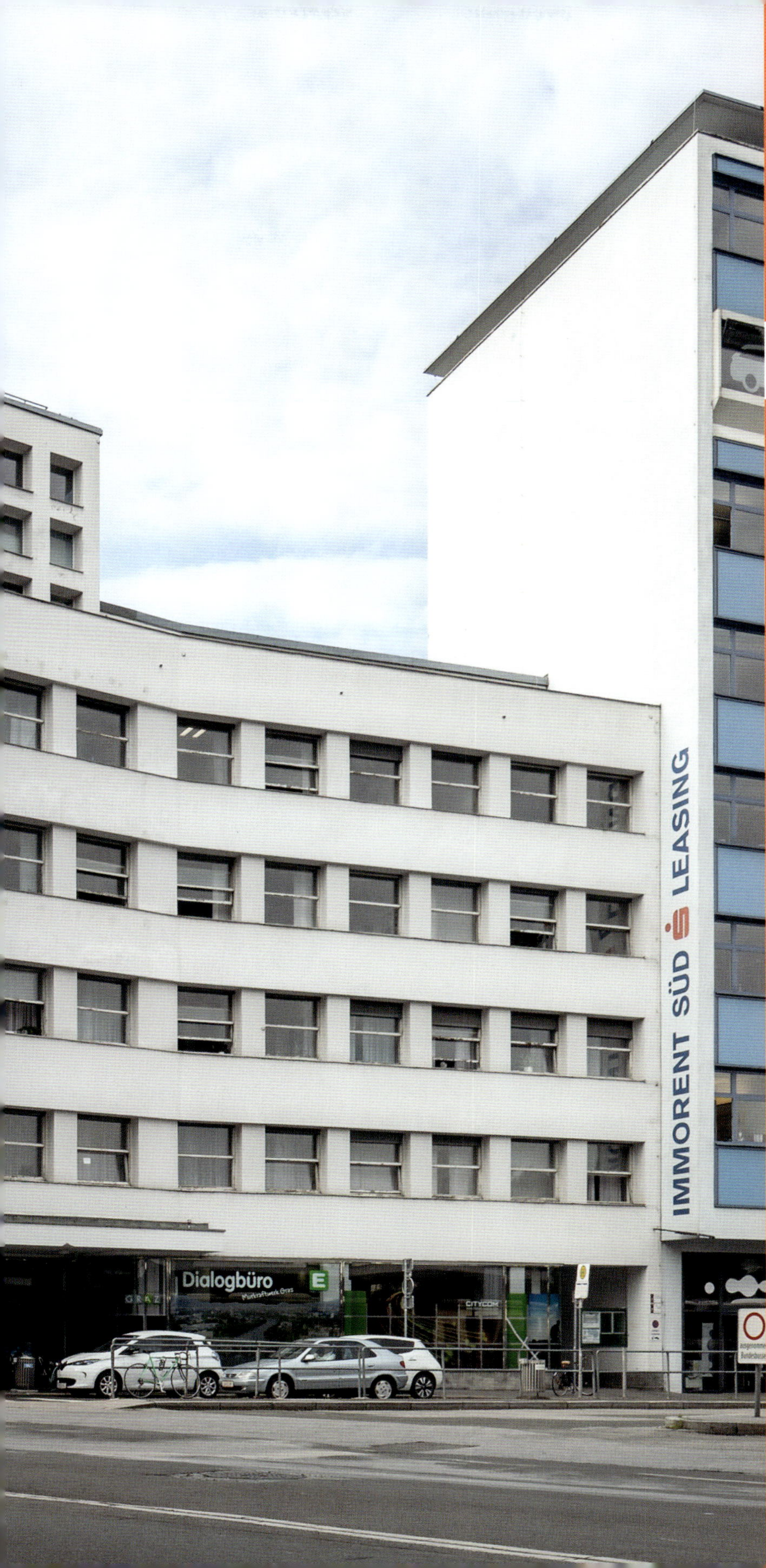
IMMORENT SÜD LEASING
Dialogbüro
E
GRAZ
CITYCOM

Bürgerhaus Kapaunplatz 039 A

Kapaunplatz 2
Carl Aichinger,
Thomas Forenbacher u. a.
16. Jh., 1738, 1848, 1961

An die östliche Seite des Franziskaner-platzes grenzt der kleine stimmungsvol-le Kapaunplatz, der eigentlich eine Sack-gasse bildet. Sein Schmuckstück ist ein Bürgerhaus mit außergewöhnlicher Ro-kokofassade, das im 16. Jahrhundert er-richtet (Architekt unbekannt) und 1848 durch Carl Aichinger mit dem angrenzen-den Bau in der Murgasse vereint worden ist. Der Mittelrisalit des viergeschossi-gen Gebäudes erhielt um 1738 einen rei-chen Stuckdekor mit Fruchtkörben, Git-ter- und Bandelwerk, der die Fenster frei umspielt und dessen Herzstück ei-ne Madonnenstatue in einer Baldachin-Nische mit schmiedeeisernem Kerzen-halter bildet. Im Zuge des von Thomas Forenbacher geplanten Umbaus von 1961 wurde das steinerne Barock-Eingangs-portal um eine Achse an das Ende der Hausfront versetzt. *KW*

Franziskanerkirche Mariä Himmelfahrt und Franziskanerkloster 040 A

Franziskanerplatz 14
HoG Architektur (2013) u. a.
1257 (?), 1330, 1519, 1643, 1740, 1886, 1894, 1949, 2013

Ihrer Verpflichtung zu Armut und Seel-sorge entsprechend, gründeten die Mino-riten um 1239 das älteste Kloster von Graz im damaligen Armenviertel. Um 1257 er-hielt die Niederlassung einen schlichten Kirchenbau mit flachgedecktem Lang-haus. Dessen ungewöhnliche Schrägstel-lung in Richtung Südosten wird entwe-der mit einem ehemaligen Murarm oder dem Sonnenstand zum Zeitpunkt des Sonnenaufgangs am Todestag des Or-densgründers Franz von Assisi begrün-det. 1330 wurde dem Langhaus, durch ei-nen schmalen Triumphbogen getrennt, ein hochgotischer, vierjochiger Langchor (a) mit Kreuzrippengewölbe und farben-prächtigen Maßwerkfenstern gegenüber-gestellt, der nach einem Bombentreffer im Zweiten Weltkrieg 1949 erneuert wor-den ist. Mit der Übergabe des Klosters an die Franziskaner im Jahr 1515 wurde das Langhaus bis 1519 in eine dreischiffige Staffelhalle (b) mit spätgotischem Netz-rippengewölbe umgebaut. Dieses geht ohne Kapitelle in sechs achteckige Pfei-ler über und mündet an den Seitenwän-den in kurze Wanddienste auf Konsolen. Das Kloster und die Kirche – dem Armuts-ideal entsprechend ohne Turm – bildeten einen Teil der Stadtbefestigung in Rich-tung Westen. Erst in den Jahren 1636 bis 1643 entstand der massive Turm (c) als Teil der Murtoranlage, der 1740 ei-nen barocken Zwiebelhelm erhielt. Zwi-schen den Strebepfeilern im Norden und am Chor siedelten sich seit Beginn des 17. Jahrhunderts Verkaufshütten (d) an, die noch heute das Bild des Franziskaner-platzes prägen. Mit dem Fall der Stadt-befestigung 1837 wurde ein westlicher Eingang möglich, den seit 1894 ein neo-gotisches Tor bildet, weshalb der nördli-che zugemauert und 1886 in die Josefs-Kapelle (e) umgewandelt wurde. Im sel-ben Jahrhundert entledigte man sich der barocken Ausstattung, um die Kir-che zu regotisieren. Lediglich in der

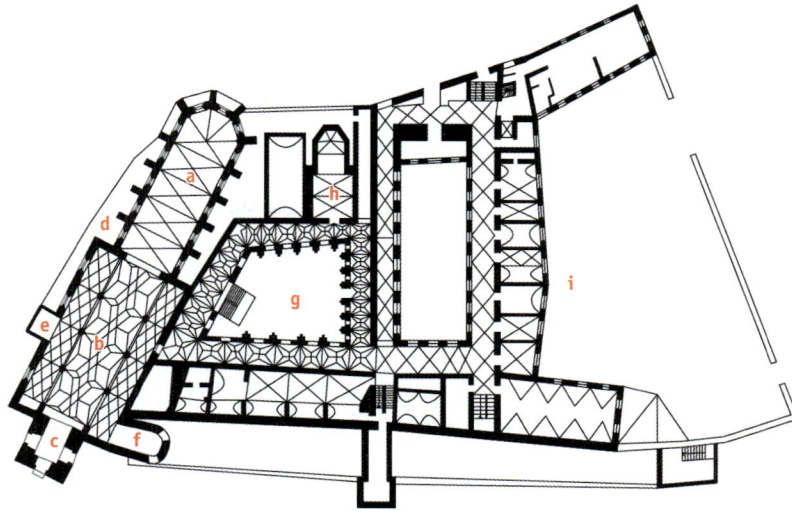

Antonius-Kapelle (**f**) blieb der barocke Charakter erhalten. Hinter den abweisenden wuchtigen Mauern am Franziskanerplatz verbirgt sich das über ein Portal mit der Kirche verbundene Kloster. Ein öffentlicher kreuzgratgewölbter Kreuzgang (**g**) mit eingemauerten Epitaphen öffnet sich mit spitzbogigen Arkaden zu einem ruhigen Innenhof. Hier findet sich auch der älteste Teil der Anlage: die um 1230 den ersten Minderbrüdern überlassene Jakobi-Kapelle (**h**), die gemeinsam mit dem Chor von 1320 bis 1330 erneuert wurde. Seit der Anpassung des Klosters an moderne Anforderungen 2010 und 2013 durch Hope of Glory sorgen vor allem Solarpaneele an der Südfassade des Klosters (**i**) für Diskussionen. *AS*

B

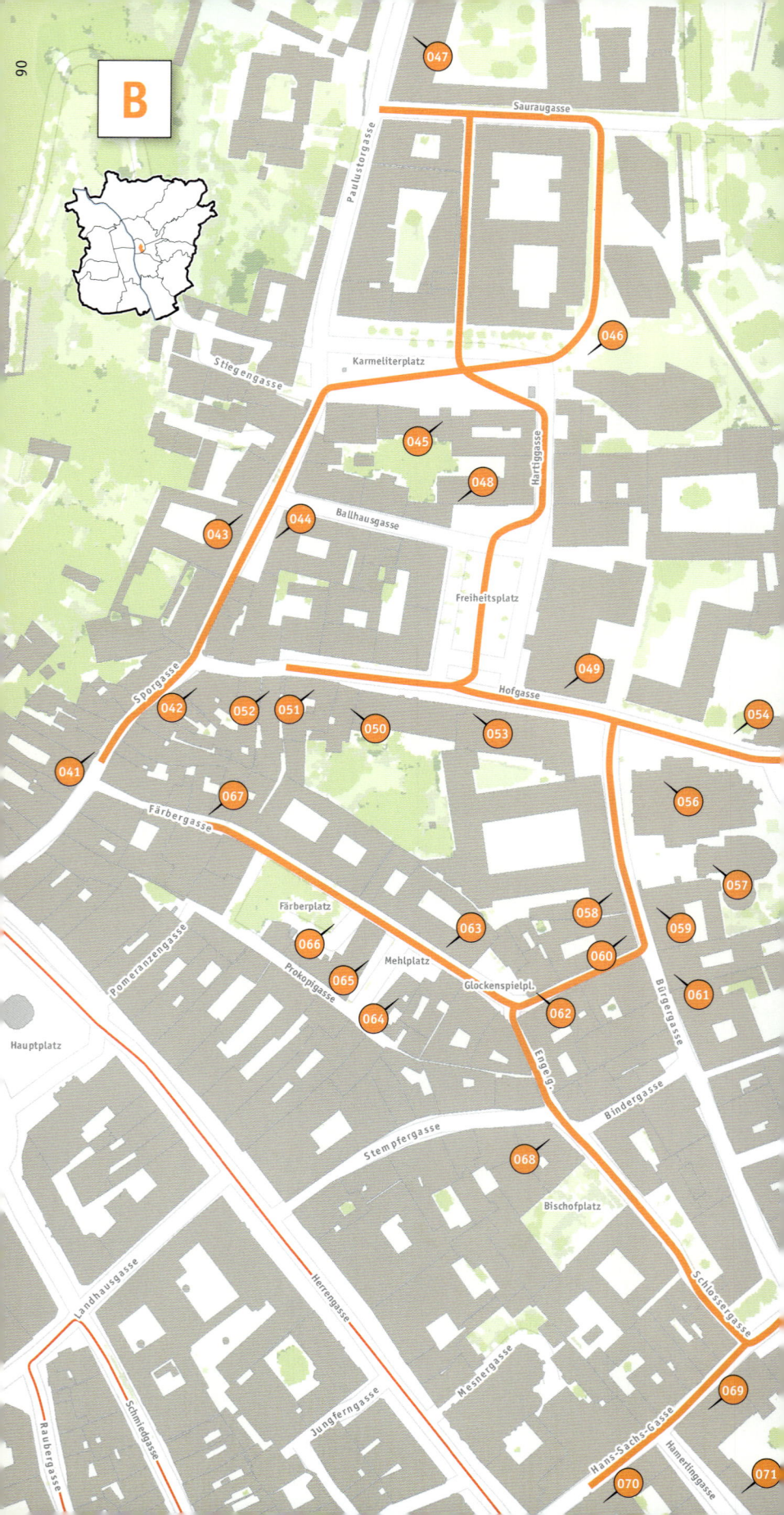

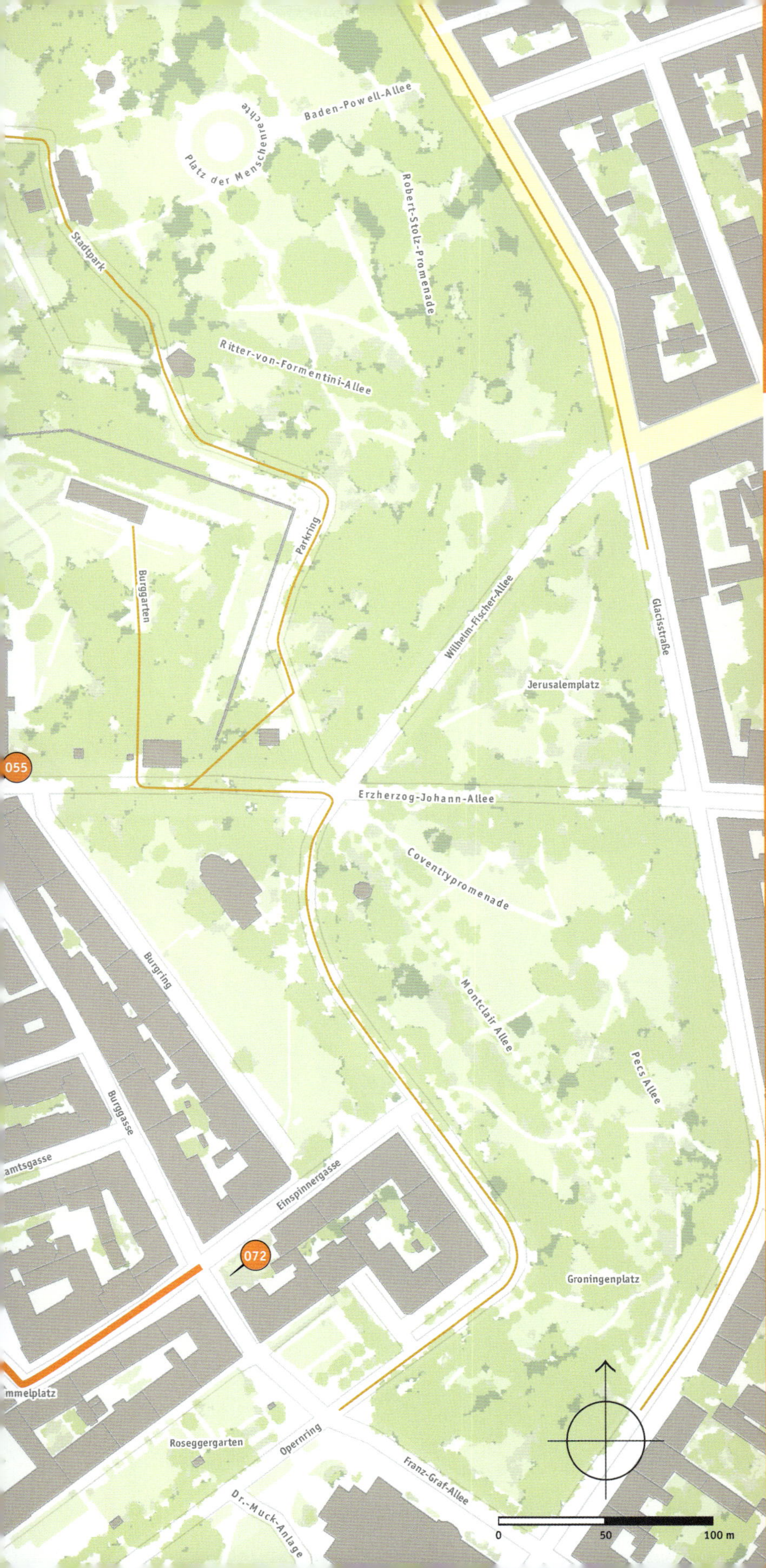

Baden-Powell-Allee

Platz der Menschenrechte

Robert-Stolz-Promenade

Stadtpark

Ritter-von-Formentini-Allee

Parkring

Burggarten

Wilhelm-Fischer-Allee

Glacisstraße

Jerusalemplatz

055

Erzherzog-Johann-Allee

Coventrypromenade

Burgring

Montclair Allee

Burggasse

Pecs Allee

amtsgasse

Einspinnergasse

072

Groningenplatz

mmelplatz

Roseggergarten

Opernring

Franz-Graf-Allee

Dr.-Muck-Anlage

0   50   100 m

Sporgasse in Richtung Südwesten

Sporgasse
Gewundener Gang durch die Geschichte

Die Sporgasse ist der älteste und nebenbei auch der steilste Straßenzug der Grazer Altstadt, wenn man vom Weg auf den Schlossberg absieht. Sie verbindet in einer ansteigenden Ost-West-Achse den Hauptplatz mit dem Karmeliterplatz. Vermutlich war sie schon Teil der Römerstraße, die von der oberpannonischen Provinzhauptstadt Savaria (Szombathely) über Gleisdorf zur Murfurt nach Westen führte, um in die Nord-Süd-Verbindung zu münden, die Poedicum (Bruck an der Mur) mit Flavia Solva (Wagna) verband. Namensgebend für die um 1346 erstmals urkundlich erwähnte »Sporergasse« waren die dort ansässigen Sporenmacher, Waffenschmiede und Rüstungsmacher, jene für die hochgerüstete Habsburgermetropole essenziellen Handwerkszweige. Der gewundene Straßenverlauf geht auf die mittelalterliche Stadtplanung zurück. Vom Hauptplatz ausgehend, stellt das Bürgerhaus Nr. 3 mit der August Ortwein zugeschriebenen Jugendstil-Stuckfassade von 1900 ein Unikat dar. Vom Sohlbankgesims ranken sich Blumen bis in das dritte Obergeschoss, während Rundmedaillons mit Profilansichten von Frauenköpfen den Zwischenraum von erstem und zweitem Obergeschoss zieren. Nr. 7 zeigt in den Untergeschossen eine bemerkenswerte secessionistische Schaufensterfront von 1910 und Nr. 13, das ehemalige Gasthaus *Zum römischen Kaiser* (041 B), ein spätbarockes Steinportal von Joseph Hueber. An der Ecke Sporgasse/Färbergasse befindet sich die ehemalige Hirschenapotheke. Das aus dem Mittelalter stammende Gebäude wurde 1891 nach Plänen von Leopold Theyer im Stil der »deutschen Renaissance« überformt, der damit den bei Deutschnationalen beliebten altdeutschen Stil nach Graz brachte. Das Portal des ehemaligen Augustiner-Eremitenklosters (Nr. 21) öffnet sich zur Hofgasse hin. Der in die Fassade integrierte Balustradenaufgang führt zu der 1631 fertiggestellten, höher gelegenen Paulus-kirche, der heutigen Stiegenkirche. Nach einem Bombentreffer im Zweiten Weltkrieg wurde sie 1947/1948 und 1960/1961 nach Plänen von Karl Lebwohl und Kurt Weber-Mzell wiederaufgebaut und neu gestaltet. Gegenüber leitet das aus der Renaissance stammende Deutschritterordenshaus (042 B) in die Hofgasse. Mit dem Abriss des Inneren Paulustors im Jahre 1846, das sich zwischen den Häusern Nr. 27 und 32 befand, verlängerte sich die Sporgasse bis zum Karmeliterplatz. In diesem Abschnitt sind vor allem das festungsartige Palais Saurau-Goess (043 B), das unlängst restaurierte Gasthaus *Zur Goldenen Pastete* (Nr. 28) mit Renaissance-Runderker und der sogenannte Eselstall (044 B) hervorzuheben. Die im Kern aus dem Mittelalter stammende Sporgasse mit ihrer typischen schmalen und länglichen Parzellierung spiegelt in ihren Fassaden beinahe alle Stilepochen wider. *CB*

Ehem. Gasthaus Zum römischen Kaiser 041 B

Sporgasse 13
Joseph Hueber (?)
16. Jh., 1770

Als Anlaufstelle für Bierliebhaber befand sich hier bis ins 19. Jahrhundert das Brau- und Gasthaus *Zum römischen Kaiser*. Im 17. Jahrhundert durch die Vereinigung zweier älterer Bauten entstanden und mehrfach umgebaut, erhielt das Stadthaus sein heutiges Erscheinungsbild um 1770 vermutlich durch Hofbaumeister Joseph Hueber. Der viergeschossige Bau zeichnet sich durch seine Fassadengliederung aus, welche einzelne Elemente linear verbindet und daraus ein integriertes Gesamtbild erzeugt. Zusammenlaufende Fensterverdachungen betonen dabei die Horizontale, während Putzbänder, Sturz- und Parapetfelder eine vertikale Verbindung schaffen. Zusätzlicher Voluten- und Triglyphenschmuck verstärkt die plastische Wirkung der spätbarocken Fassade. Am mittig platzierten Korbbogensteinportal sitzen Putten auf den Pfeilern und ein Rokoko-Relief zeigt den Tod des Heiligen Johannes Nepomuk. Die seitlichen Geschäftsportale wurden seit der Zwischenkriegszeit immer wieder umgebaut. Vom Satteldach ragen an den beiden Enden kupferne Delphin-Wasserspeier hervor und geben dem oberen Abschluss des Bürgerhauses eine pittoreske Note. *KW*

Ehem. Deutschritterordenshaus 042 B

Sporgasse 22/Hofgasse 2
Joachim Carlone (?)
15. Jh., 1510/1520, 1694

Das ehemalige Deutschritterordenshaus mit seinem auf toskanischen Säulen ruhenden Eckerker markiert den Punkt, an dem die Hofgasse in die Sporgasse mündet. 1694 vereinigte man das Gebäude in der Hofgasse mit dem früheren Nürnbergischen Haus in der Sporgasse für den Deutschritterorden. Im Zuge dessen wurde die Fassade der beiden Häuser aus dem 15. Jahrhundert wohl von Joachim Carlone im Stil der Spätrenaissance angepasst. Dass es sich einmal um zwei getrennte Objekte gehandelt hat, ist heute noch an den Geschossunterschieden ablesbar. Trotzdem schließen die zwei Gebäude auf gleicher Höhe mit Kranzgesims und Dach ab. Durch das rechte Rundbogenportal in der Sporgasse gelangt man durch eine tonnengewölbte Zufahrt in einen Innenhof, der mit sogenannten Murnockerln – rundgeschliffenen Flusssteinen – gepflastert ist. Bemerkenswert ist hier der Übergang von der Spätgotik in die Renaissance, der an den Arkadengängen – in den ersten zwei Geschossen noch mit gedrungenen Pfeilern, nach oben hin aber mit schlanken toskanischen Säulen ausgestattet – sehr gut ablesbar ist. Mit seinem offenen Treppenhaus, den Arkaden und seiner verwinkelten Struktur besitzt der Innenhof ein besonders malerisches Flair. *SK*

Ehem. Palais Saurau-Goess → 043 B

Sporgasse 25
unbekannt
1566, 1700, 1780,
Anfang 19. Jh., 1988

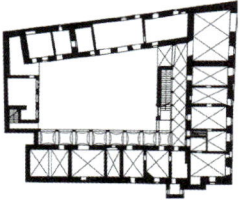

Nach dem Einzug des Hofstaats von Erzherzog Karl II. in Graz ließ sich der Schlosshauptmann Pangratz Freiherr von Windischgraetz von 1564 bis 1566 an einem prominenten Platz nahe der Burg einen Renaissancepalast errichten. Die vierflügelige Anlage gelangte 1630 in den Besitz der Grafen Saurau-Goess, die sie im 17. und 18. Jahrhundert barockisieren ließen. Da der erste Besitzer Schlosshauptmann war, besitzt das Palais einen besonders wehrhaften Charakter mit einem wuchtigen Bossenquadersockel und einem dezentral angeordneten, mächtigen Rustikaportal, das über eineinhalb Geschosse reicht. Im Kontrast dazu verdankt die übrige Straßenfassade ihr grafisches Erscheinungsbild einer Vereinfachung Anfang des 19. Jahrhunderts. Unter dem Dachvorsprung zeigt sich die Figur eines Türken mit Schwert, welche Bezug auf die Türkenbelagerung von 1562 nimmt und zum Hauszeichen des Palais wurde. 1700 erfolgte eine hofseitige Aufstockung und von 1775 bis 1780 eine Erneuerung des Nord-, Ost- und Südflügels. Der Innenhof zeigt noch 1988 freigelegte Säulenarkaden von 1566 und Pfeilerarkaden und Balkongänge im josephinisch-klassizistischen Stil. *AK*

gegliedert. Von Pilastern flankiert, akzentuiert das Korbbogentor die zentrale Achse. Dieses führt in den Innenhof der Vierflügelanlage, der an drei Seiten von Laubengängen gerahmt wird, die um 1880 durch grazil unterteilte Verglasungselemente geschlossen wurden. Mit dem Abriss des angrenzenden Inneren Paulustors Mitte des 19. Jahrhunderts erhielt die Nordfront 1864 durch eine Erweiterung um zwei Achsen und die Ergänzung eines weiteren Eingangs ihr heutiges Erscheinungsbild. *PK*

Eselstall → 044 B

Sporgasse 32/Ballhausgasse 2
unbekannt
1568, 1793, 1864, 1880

Eine kleine Holzhütte – so stellt man sich einen Eselstall vor. Hier allerdings handelt es sich um ein dominantes, im klassizistischen Stil errichtetes Eckhaus. 1568 ursprünglich als neue Hofstallung für die erzherzoglichen Maultiere errichtet, die für den Lastentransport auf die Festung am Schlossberg zuständig waren, wurde der viergeschossige Bau 1793 in ein Wohnhaus umgebaut. Die Plattenstilfassade wird von Grazer Stockfenstern, die durch hervortretende Parapet- und Sturzblenden verbunden sind, vertikal

Blick auf den Karmeliterplatz nach Westen

Karmeliterplatz
Event und Einsamkeit

Zwischen Schlossberg und Stadtpark erstreckt sich der rechteckige, 1578 auf Befehl von Erzherzog Karl II. planmäßig angelegte »Platz gegen die Burg«. Als Schutz des Schlossbergs im Osten veranlasste der Hofkriegsrat Franz von Poppendorf die Gründung der Paulustorvorstadt als rundum von Mauern umgebene gegenreformatorische Modellstadt. Ihre Besiedelung war vorwiegend katholischen Hofbediensteten italienischer Abstammung vorbehalten, von denen sich die Habsburger bei einer etwaigen Flucht vor den protestantischen Untertanen auf den Schlossberg Rückendeckung erhofften. Der Gegenreformation dienten auch die Gebäude an der Nordseite des Platzes: Im 1606 erbauten Renaissancepalais an der Ecke zur Paulustorgasse (Nr. 1) residierte von 1613 bis 1627 der päpstliche Nuntius. Daneben (Nr. 3/4) war der Orden der Unbeschuhten Karmeliter stationiert, die Ferdinand II. nach den in der Paulustorgasse residierenden Kapuzinern 1628 in die Stadt gerufen hatte und die dem Platz schließlich den Namen gaben. Josephinische Reformen lösten 1786 das Kloster und 1789 die Kirche auf, die in ein Militärspital umfunktioniert wurden und seit 1982 das Landesarchiv beherbergen. Erkennbar ist hier noch die einstige frühbarocke Kirche, die durch Einziehen zweier Geschossdecken zu einem dreigeschossigen Bau umfunktioniert wurde und deren Fassade Wolfgang Buchner 1986 mit einem Sonnenuhrfresko versah. Zwischen ehemaliger Nuntiatur und ehemaligem Kloster ließ die Landwirtschaftliche Krankenkasse 1970 ein Bürohaus errichten (Nr. 2), das mittlerweile der Landesregierung dient und 2011 durch das Architekturbüro LOVE architecture and urbanism umgebaut und mit raumhohen, außenliegenden Kastenfenstern

ausgestattet wurde. Im Osten schließen die 2015 und 2018 fertiggestellten Wohngebäude des *Pfauengartens* des Architekturbüros Pichler & Traupmann den Platz Richtung Stadtpark ab (046 B). Die südliche Längsseite nehmen das mächtige barocke Palais Galler (045 B), die Zentrale der Steirischen Volkspartei, und ein nicht minder stattliches josephinisches Bürgerhaus ein (Nr. 8). Die katholische Modellstadt scheint hier eine Gegenreaktion provoziert zu haben, finden sich doch an den klassizistischen Fassaden, die den Platz im Westen säumen und das Tor zum Schlossberg fassen, Symbole der Freimaurer. 1966 wurde die Dreifaltigkeitssäule nach einer Renovierung an ihrem heutigen Standort aufgestellt, die 1875 von ihrem ursprünglichen Standort am Beginn der Sackstraße dem Verkehr weichen musste. Im vergangenen Jahrhundert verwahrloste der Platz zunehmend. Vor seiner Umgestaltung 2002 durch den Architekten Norbert Müller wurde er nur noch als Parkplatz genutzt. Mit dem Bau der Tiefgarage konnte der Karmeliterplatz wieder zu einem Ort mit Aufenthaltsqualität aufgewertet werden. Doppelreihige Baumpflanzungen im Norden laden zum Verweilen ein, die freie Bewegung der Fußgänger wird kontrastiert durch das Raster des Belags. Vor der Dreifaltigkeitssäule bietet ein flaches Wasserbecken in den Sommermonaten eine willkommene Abkühlung. Die individuell bespielbare, große Freifläche des Platzes wird temporär für Großevents, Public Viewing oder zum Eislaufen genutzt. Dazwischen wirkt der vom Rest der Stadt immer noch abgekapselte Platz »sehr einsam«, wie Gustav Schreiner bereits 1843 meinte, und bildet eine stille Leerstelle mitten in der von Handel und Tourismus geprägten Altstadt. *PB*

Landesparteizentrale der Steirischen Volkspartei (ehem. Palais Galler) ↓

045 B

Karmeliterplatz 6
Bartholomäus Ebner, Andreas Stadler, Josef Benedikt Withalm, Werkgruppe Graz u. a.
16. Jh., 1690, 1834, 1843, 1981

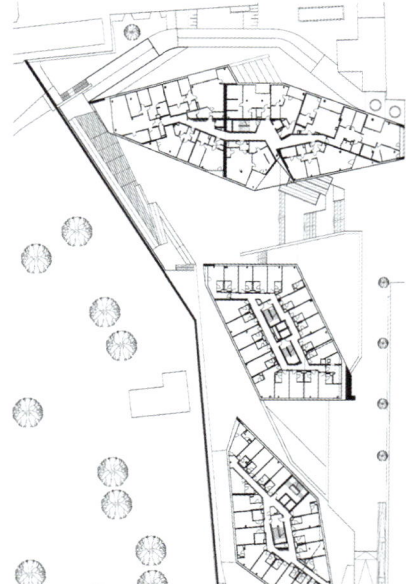

Breit und mächtig lagert das 19-achsige Palais Galler am Karmeliterplatz, das Wilhelm Graf Galler 1693 erwarb. Ursprünglich wies der von Hofbaumeister Bartholomäus Ebner um 1690 durch den Umbau von zwei spätgotischen Häusern geschaffene Block nur den westlichen Seitenrisalit und die Rücklage auf. 1834 erweiterte Andreas Stadler die damaligen Stallungen und ergänzte den Bau durch einen östlichen Seitenrisalit, den er stilistisch an den frühbarocken Bestand anpasste. Die gesamte Rücklage überragt ein voluminöser Dachvorsprung, der viel zur etwas behäbigen Wirkung des Palais beiträgt. Vertiefte geometrische Putzfelder überziehen die Obergeschosse wie ein flächiges Beschlagwerk. Einen ähnlichen Fassadenschmuck findet man etwa auch am zeitgleichen Haus Färbergasse 5 (067 B), und vermutlich war die ursprüngliche Farbgebung ähnlich kontrastreich wie dort. In die Steiermark eingeführt wurde dieses Dekorationssystem durch Domenico Sciassia, der damit die ab 1639 errichtete Westfassade des Stifts St. Lambrecht ausstattete. 1843 ergänzte Josef Benedikt Withalm den Altan vor dem Eingang, wählte aber statt der klassizistisch-dorischen die im Barock übliche toskanische Ordnung. Letzte Änderungen erfuhr der heutige Sitz der Steirischen Volkspartei 1981 im Zuge einer Renovierung samt Innengestaltung durch die Werkgruppe Graz. *ALN*

Bebauung Pfauengarten ↑→

046 B

Karmeliterplatz 4c
Pichler & Traupmann
2015, 2018

Privates Investment verdrängt öffentlichen Raum: Ursprünglich 1986 für das geplante Trigonmuseum umgewidmet, wurde der einstige Garten am Nordrand der ehemaligen Burgbastei nach einem 2008 durchgeführten Wettbewerb überbaut und die Blickbeziehung zwischen Stadtpark und Altstadt getrennt. Das Wiener Architekturbüro Pichler & Traupmann entwarf drei Bauvolumina, um eine Durchwegung zwischen Karmeliterplatz und Stadtpark zu ermöglichen. Im 2015 errichteten Baukörper entstanden Luxuswohnungen, während die anderen beiden, drei Jahre später fertiggestellten Gebäude Hotel- und Wohnnutzungen enthalten.

Städtebaulich wurde die Ostseite des Karmeliterplatzes geschlossen, deren Bebauung in früheren Jahrhunderten immer am labilen Untergrund gescheitert war. In Anlehnung an die polygonale Führung der hier noch erhaltenen Renaissancebefestigung erscheinen die Grundrisse der drei Gebäude rautenförmig. Die perforierte Metallhülle reagiert auf die dahinterliegenden Nutzungen mit individuellen Maschenweiten und greift auch die Farbe der umgebenden Dachlandschaft und der Stadtmauer auf. Weniger ansprechend ist die Tatsache, dass der Kopfbau mit der (bereits vorher existierenden) Tiefgarageneinfahrt zum Karmeliterplatz blickt. *PB*

Ehem. Palais Wildenstein

047 B

Paulustorgasse 8
*Johann Joseph Graf von
Wildenstein (?),
Alfred Bramberger u. a.*
um 1602, 1703, 1788, 1920, 2018

Mitte des 17. Jahrhunderts konnte Johann Franz Freiherr von Wildenstein ein verschuldetes Anwesen an der Karmeliterbastei erwerben. Unter seinem Sohn Johann Joseph Graf von Wildenstein, Vizestatthalter der Steiermark und Landeshauptmann von Görz, erfolgte 1702/1703 ein großzügiger Umbau des hundert Jahre alten Palais, bei welchem man den L-förmigen Baukörper aufstockte und die Fassade erneuerte. Als Baumeister wurden früher Andreas Stengg und sein Sohn Johann Georg vermutet, während man heute davon ausgeht, dass der Bauherr selbst die imposanten Straßenfronten als »Kavaliersarchitektur« entwarf. 30 Jahre später veräußerte Graf Wildenstein sein Palais an das Stift St. Lambrecht, sodass Joseph II. im Zuge der Säkularisierung hier das erste Grazer allgemeine Krankenhaus unterbringen konnte. Allerdings ging bei den diesbezüglichen Umbauten von 1786 bis 1788 die gesamte barocke Innenausstattung verloren. Mit der Fertigstellung des neuen Landeskrankenhauskomplexes in St. Leonhard 1920 wurde das Gebäude für Bürozwecke umgebaut und 1926 von der

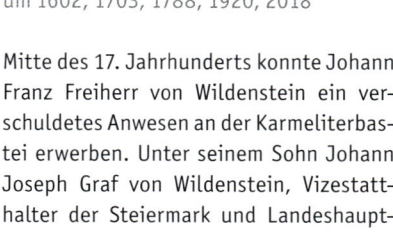

Polizeidirektion übernommen. Nach Auszug der Polizei wurde der gesamte Komplex bis 2018 zwei Jahre lang renoviert und der Innenhof unter anderem durch Alfred Bramberger neu gestaltet. Die beiden langen Schaufassaden (fünfzehn und neun Achsen), die zum ersten Mal in Graz eine Kolossalordnung an einem Profanbau zeigen, zeichnen sich vor allem durch die dichte Reihung von elliptischen korinthischen Säulen aus, die zur Hälfte in ebenfalls korinthischen Pilastern stecken, als hätten erstere letztere in die weiche Wand gedrückt. Dieses auf Michelangelo zurückgehende Motiv der »eingesperrten« Säule (Beispiel: Biblioteca Laurenziana) hebt die frühbarocke Trennung von Wand und Gliederungssystem auf und behandelt beide als plastische Einheit, in der allerdings gegensätzliche Kräfte wirken. Dass es dabei mehr um Rhetorik als um Tektonik geht, zeigen die flammenartig gewellten Konsolen im Erdgeschoss, auf denen wie bei der Laurenziana die Säulen wenig glaubhaft ruhen. Mit der weichen Materialität der Säulen und Konsolen kontrastieren wiederum die kubistisch scharf abgewinkelten Fenster- und Portalverdachungen. Das Palais Wildenstein stellt in der österreichischen Barockarchitektur einen absoluten Solitär dar und kann nur mit dem ebenfalls von einem Kavaliersarchitekten entworfenen Palais Czernin in Prag (1662–1692) verglichen werden. *AW*

Freiheitsplatz in Richtung Norden mit dem Denkmal des Kaisers Franz I.

Freiheitsplatz
Der schönste Parkplatz von Graz

Es ist die nahezu einheitliche spätklassizistische Architektur, die den Freiheitsplatz heute zu einem der bemerkenswertesten Plätze von Graz macht. Er entstand erst in den Jahren 1835 bis 1840 durch den Abriss des zur Burg gehörenden Vizedomhauses samt dessen Nebengebäuden. Das 1778 von A. W. Rzehniz erbaute Zeughaus der Burg entlang der Hofgasse (Nr. 12) blieb bestehen und begrenzt nun neben dem einzigen barocken Gebäude, der Alten Universität (053 B), den Platz im Süden. Den markantesten Bau des Platzes schuf Georg Lindner mit dem ehemaligem St. Lambrechter Hof (048 B), der dem nächstgelegenen Schauspielhaus (049 B) die Show zu stehlen vermag. Durch die von Franz Xaver Aichinger 1841 erbauten biedermeierlichen Wohnhäuser im Westen wurde das geschlossen klassizistische Erscheinungsbild des Platzes vollendet. Der ursprüngliche Name *Franzensplatz* ist auf den 1835 verstorbenen österreichischen Kaiser Franz I. zurückzuführen. Sein Monument ist es auch, das seit 1841 die Mitte des Platzes ziert. Den Blick zur Hofgasse gerichtet, die rechte Hand vorgestreckt und in der Linken das Zepter, ist die Bronzestatue ein Werk des mailändischen Bildhauers Pompeo Marchesi. Ironischerweise versammelten sich ausgerechnet um die Kaiserstatue am 12. November 1918 rund 20.000 Menschen, um der Ausrufung der Republik Deutschösterreich vom Altan des Schauspielhauses beizuwohnen. Diese Befreiung vom habsburgischen Herrscherhaus, aber auch vom »Vielvölkerkerker« gab dem Platz seinen gegenwärtigen Namen. Vom Architekten Klemens Klinar 2004 umgestaltet, ist der Freiheitsplatz durch sparsame Eingriffe heute klar strukturiert. Die unterschiedlichen Oberflächengestaltungen generieren Zonen für Fußgänger sowie Radfahrer. Neben dem Gastgarten des Café Mitte bietet die bekieste Fläche einen Aufenthaltsraum für Passanten. Jedoch wird der Platz – als einziger der Innenstadt – noch stark vom Autoverkehr eingenommen. Neben der Einbahnstraße, die den Platz im Osten vom Theatergebäude und im Norden zum Stiftshof abtrennt, fällt der südliche Bereich den parkenden Autos zum Opfer. Durch die flankierenden Baumreihen wird der Blick zum historischen Denkmal des reaktionären Monarchen gelenkt, der bis heute seine segnende Hand über den Platz der republikanischen Freiheit hält – inklusive über die freie Fahrt ihrer freien Bürger. *PK*

Ehem. St. Lambrechter Stiftshof ↑

Freiheitsplatz 4
Georg Lindner
1839

048 B

Es braucht wohl zwei Gebäude, um die imposanteste Fassade des Freiheitsplatzes zu tragen. So ließ Georg Lindner beim Bau des ehemaligen Stiftsgebäudes dessen monumentale Säulenfassade auch über das bereits bestehende Nachbarwohnhaus Hartiggasse 1 ziehen, um die Nordseite des Platzes würdig zu rahmen. Daraus resultiert auch das asymmetrisch angeordnete Eingangsportal zum ehemaligen Stiftsgebäude, welches sich nur bis zur sechsten Fensterachse erstreckt. Mit seinen zwei eingestellten ionischen Kolossalsäulen im giebelbekrönten Mittelrisalit ist der spätklassizistische Bau wohl der kleine Bruder des (allerdings etwas jüngeren) Palais Kees (083 C). *PK*

Schauspielhaus →

Hofgasse 11
Joseph Hueber, Peter Nobile, Franz Klammer, Szyszkowitz-Kowalski
1776, 1825, 1964, 1990

049 B

Das von Joseph Hueber 1776 errichtete barocke Stadttheater wurde durch einen verheerenden Brand 1823 bis auf die Grundmauern zerstört. Auf diesen errichtete der Wiener Hofbaurat Peter Nobile von 1824 bis 1825 einen klassizistischen Neubau, der die abgerundeten Ecken und die Raumaufteilung des Vorgängerbaus übernahm. Die ursprünglich vertikal gegliederte Schauseite entlang der Hofgasse

ordnete Nobile durch die im Erdgeschoss durchlaufende Nutung sowie die übereinanderliegenden Arkadenreihen horizontal. In der zentralen Achse deuten die verglasten Pfeilerarkaden im Obergeschoss den Redoutensaal an. Zwei Gusseisenmasken, Tragödie und Komödie verkörpernd, blicken von den zugemauerten Fenstergaden des Saals auf die Besucher herab. Nobile war es auch, der den Abriss des nächstgelegenen Vizedomhauses forderte

und durch diese städtebauliche Öffnung den heutigen Freiheitsplatz schuf. Damit gewann die westliche Schauspielhausfassade an Bedeutung. Die Front des gegenüber dem breiteren Bühnenhaus zurückversetzten Zuschauerraums akzentuiert ein Mittelrisalit mit Frontispiz und einem auf vier dorischen Säulen ruhenden Altan. Ein Dreiecksgiebel fasst die drei Fenstertüren zusammen, durch die man auf den heute nur mehr Werbezwecken dienenden Altan gelangt, sodass man den gesamten Risalit als Zerlegung eines Portikusmotivs verstehen könnte. Der Innenraum wurde von 1959 bis 1964 aufgrund seiner Baufälligkeit nach den Plänen von Franz Klammer einer Neugestaltung unterzogen, die dem diskreten Charme der Nachkriegsmoderne verpflichtet ist. Neben der technischen Modernisierung stand die Sicherheit der Theatergäste im Vordergrund, was die Vergrößerung des ursprünglich schmalen Foyers zu einer Eingangshalle sowie eine klarere Wegestrukturierung im gesamten Gebäude zur Folge hatte. Durch die Entfernung der Holzwandverkleidung und der Säulen ist der Redoutensaal in der Beletage heute ein schlichter Salon. Die zweckdienlichen Anbauten an der Ostseite zeigen sich schmucklos mit glattem Verputz, aber eleganten Fensterproportionen. 1990 überdachten Michael Szyszkowitz und Karla Kowalski die trichterförmige Gasse zum nördlich anschließenden Kulissendepot mit einer gefalteten Stahl-Glas-Konstruktion. Lediglich der klassizistische Zuschauerraum mit den über drei Geschosse umlaufenden Logengalerien blieb unverändert und zeugt noch heute vom ursprünglich glanzvollen Auftritt des Schauspielhauses. *PK*

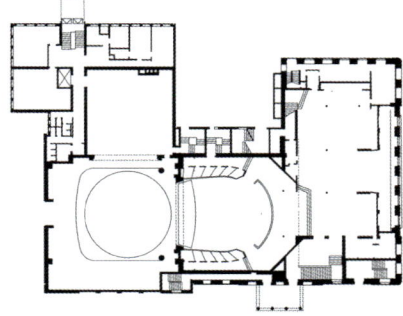

Ehem. Jesuitengymnasium Taubenkobel

050 B

Hofgasse 10
Salustio Peruzzi (?),
Jörg und Ingrid Mayr
1572, 1619, Ende 19. Jh., 1992

Das schmale, elegante Stadthaus mit der Nähe zur Burg wurde 1572 für den Hofvizekanzler Dr. Wolfgang Schranz vermutlich von Salustio Peruzzi, Sohn des römischen Architekten Baldassare Peruzzi,

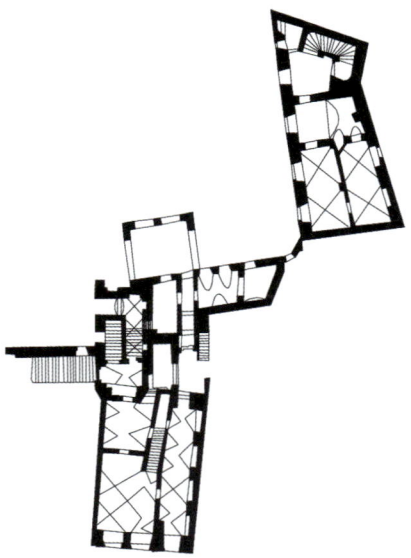

errichtet. Nach der Übergabe an die Jesuiten im Jahre 1597 erfolgte 1619 eine Aufstockung sowie der Anbau eines hofseitigen Treppenturms, um das Gebäude als Gymnasium zu nutzen. Aufgrund der Form des Treppenturms sowie einer vorübergehenden Einnistung einer großen Anzahl von Tauben erhielt das Jesuitengymnasium den Spitznamen *Taubenkobel*. Ende des 19. Jahrhunderts erfolgte der Umbau zu einem Wohnhaus und 1992 eine weitere Umgestaltung von Jörg und Ingrid Mayr für die Hochschule für Musik und darstellende Kunst. Als einziges Gebäude in Graz weist es bis zum dritten Obergeschoss eine römische Renaissancefassade auf, mit je drei toskanischen Halbsäulen sowie einem Gebälk mit Fries an jedem Doppelfenster. Auf der äußeren rechten Achse ist ein steingerahmtes Tor aus dem 19. Jahrhundert situiert. Der Treppenhausturm im Innenhof lässt den jesuitischen Einfluss seiner strengen Architektur durch die zweiläufige Treppe mit flachgewölbten Aufgängen und kreuzgratgewölbten Podesten erkennen. Mit dem Einzug eines Schuhgeschäfts im Erdgeschoss wurden vor wenigen Jahren die Parapete abgebrochen, was dem Bauwerk die einheitliche Gesamterscheinung nahm. *AK*

Ehem. Palais Lamberg →

051 B

Hofgasse 8
Stefan de Adriano,
Joseph Hueber (?), Team A Graz
1564, 1751, 1848, 1977, 1980

B

Die vierflügelige Anlage wurde 1564 vom Maurermeister Stefan de Adriano errichtet. Nach seinem Übergang in den Besitz des Grafen von Lamberg erhielt das Palais 1751 vermutlich durch Joseph Hueber eine rhythmisch bewegte Spätbarock-Fassade. Bemerkenswert ist, wie die geschwungenen und verkröpften Fensterbekrönungen des ersten Obergeschosses eine durchgehende, sich zur Mitte hin in der Frequenz steigernde Wellenlinie bilden. Einem solchen horizontalen Zusammenschluss entspricht der vertikale der Fensterachsen, indem Parapete, Fensterumrahmungen und Sturzfelder über die beiden Obergeschosse hinweg eine Einheit bilden. Das aus der Symmetrie gestellte Portal ist von Pilastern mit Volutenkonsolen flankiert sowie mit einem flachbogigen Torrahmen und einem geschweiften Giebel versehen. Die späteren Eingriffe – eine Aufstockung von 1848 und die Umgestaltungen der Erdgeschossfenster von 1977 und 1980 durch das Team A – konnten dieser kraftvollen Fassade nicht viel anhaben. *AK*

Hofbäckerei Edegger-Tax ↓

052 B

Hofgasse 6
Hans Pruckner u. a.
15./16. Jh., um 1710, 1896

Altbacken ist allenfalls das Bauwerk. Aus dem 15. oder 16. Jahrhundert stammt der älteste Kern des Bürgerhauses. Markante Gurtgesimse, breite gequaderte Lisenen und vertiefte Putzfelder zeichnen ein barockes Fassadenbild, das Anfang des 18. Jahrhunderts entsteht. Nach der Ernennung zur kaiserlichen und königlichen Hofbäckerei gibt Franz Tax ein repräsentatives hölzernes Fassadenkleid für die Erdgeschosszone in Auftrag. Aufgrund von Zeichnungen des Architekten Hans Pruckner zimmert k. u. k. Hoftischlermeister Anton Irschik 1896 einen reich verzierten Portalvorbau aus gebeiztem Eichenholz, der aus einem Schaufenster, dem eigentlichen Geschäftsportal und einem Einfahrtstor besteht und der heute noch wunderbar erhalten ist. Asymmetrisch vorgesetzt, zieht die konkave Ausbildung des Eingangsportals seine Passanten förmlich in die Backstube. Neobarocke Formen wie Muschelwerk, Fratzen und Blüten sowie Intarsien schmücken die Ladenfront. Auf ebenso ornamentierten Doppelstützen und einer Konsolenreihe ruhend, bindet die golden beschriftete Tafel die dreigeteilte Geschäftsfront zusammen. Ein prunkvoller Doppeladler bewacht den Eingang zur ältesten Bäckerei von Graz. *AM*

Alte Universität

Bürgergasse 2 a / Hofgasse 14
Joseph Hueber,
Alfred Bramberger u. a.
1609, 1781, 2005

053 B

Heute ein Veranstaltungszentrum, im 20. Jahrhundert Sitz des Steiermärkischen Landesarchivs und ganz zu Beginn die Jesuitenuniversität Graz: Für das dreigeschossige Gebäude an der Ecke der Bürgergasse beginnt die Geschichte 1607, als Erzherzog Ferdinand ein Universitätsgebäude als Erweiterung des Jesuitenkollegs errichten ließ, das 1609 vollendet wurde. Während sich im Erdgeschoss sechs Vorlesungssäle befanden, war der heutige Veranstaltungssaal im Obergeschoss in eine Aula und ein Theater unterteilt, dessen heutiges Aussehen einem Umbau zum Bibliothekssaal durch Joseph Hueber von 1781 zu verdanken ist. Dieser neunachsige, von acht Pfeilern

unterteilte Saal zeichnet sich besonders durch seine Deckenmalerei mit Rocaillen und Blüten aus, die bereits eine klassizistisch-strenge, für die Endphase des Rokoko typische Gliederung besitzt. Auch die Plattenstilfassade ist wohl Joseph Hueber zuzuschreiben und weist neben Kordongesimsen und Putzrahmungen um die Fenster die Wappen von Erzherzog Ferdinand und seiner Frau Maria Anna an der Ecke des Gebäudes auf. Nach den Plänen von Alfred Bramberger wurde die Alte Universität 2005 zu einem modernen Veranstaltungszentrum umgebaut: Während jetzt im linken Teil der sechs Hörsäle das Medienzentrum untergebracht ist, wird der Rest des Untergeschosses als Bar, Garderobe und Foyer genutzt. Der ehemalige Bibliothekssaal im Obergeschoss funktioniert jetzt als Festsaal und wurde mit dem Erdgeschoss verknüpft. Besonders vorsichtig ist man mit dem Altbestand bei der Anbringung der Lüftung und der Fluchttreppen beinhaltenden, dem Bestand vorgehängten Fassade im Innenhof vorgegangen. An der Schauseite fällt der Umbau nur in der Erdgeschosszone auf: Eine ehemalige Hofeinfahrt wurde zum Foyer und heutigen Haupteingang umgewandelt. *SK*

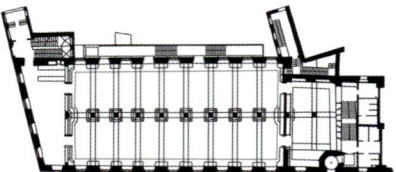

Burg

054 B

Hofgasse 13–15
Domenico dell'Aglio,
Harald Bleich u. a.
1453, um 1500, 1554, 1571,
1584, um 1600, 1918, 1952

Als Machtzentrum sieht sich die Grazer Burg im Laufe der Zeit den Anforderungen und Geschmäckern verschiedener Kaiser, Erzherzöge und Landesregierungen ausgesetzt. Dadurch entsteht über fast 600 Jahre ein inhomogener, vielfach umgebauter und erweiterter Komplex, der heute drei Höfe umfasst. Zwischen 1438 und 1453 unter Kaiser Friedrich III. begonnen (a), erweiterte sein Sohn Maximilian I. die Stadtburg um 1500 (b). Ferdinand I. schloss die U-förmige Anlage 1554 hofgassenseitig mit einem von Domenico dell'Aglio entworfenen Mauerbau mit Renaissance-Prunktreppe und Trompetengang (c). Von letzterem ist heute noch das wuchtige Rundbogenportal mit Rustikarahmung erhalten. Erzherzog Karl II. ließ 1571 die ostseitige Karlsburg (d) und 1584 den hinteren Renaissance-Arkadentrakt mit Sgraffito (e) errichten. Um 1600 erreichte die landesfürstliche Residenz ihren baulichen Höhepunkt mit der vorerst letzten Erweiterung hofgassenseitig, bevor Ferdinand II. als gewählter Kaiser seinen Sitz nach Wien verlegte. Wegen angeblicher Baufälligkeit wurden 1854 große Teile wie der hofgassenseitige Ferdinandtrakt, der Palas, die Prunktreppe und auch der mittelalterliche Hofgassenübergang zum Dom abgebrochen. Einer Aufstockung des Registraturtrakts 1918 folgten Wiederaufbauarbeiten der mittelalterlichen Friedrichsburg nach einem Bombentreffer 1944. Erst mit der von Harald Bleich entworfenen, schmucklosen Kanzlei von 1952 (f) bildet der Regierungssitz wieder ein geschlossenes Ensemble. Im Turm des Querhauses versteckt sich der bedeutendste erhaltene Zeitzeuge: die Doppelwendeltreppe (g). Um 1500 errichtet, zählt sie zu den bedeutendsten spätgotischen Treppenanlagen Europas; lediglich im Dom zu Košice in der Slowakei findet sich ein früheres Beispiel einer solchen Windung um zwei Spiralen. Ausgehend von einem gemeinsamen Antritt drehen sich zwei spiralförmige Treppenläufe – wie die Tänzer eines französischen Menuetts – voneinander weg, um sich in jedem Geschoss wiederzufinden. Während sie in den unteren beiden Geschossen noch von einer Steinspindel gestützt werden, sind die Treppenläufe in den oberen beiden Geschossen freitragend und nur noch in den Turmmauern verankert. Diese Zweiläufigkeit vermittelt ein verspieltes Raumgefühl mit dynamischem Zug nach oben, wodurch sich die Wendeltreppe als ein eigentlich funktionales und platzsparendes Element in ein ästhetisches Meisterwerk verwandelt. *AS*

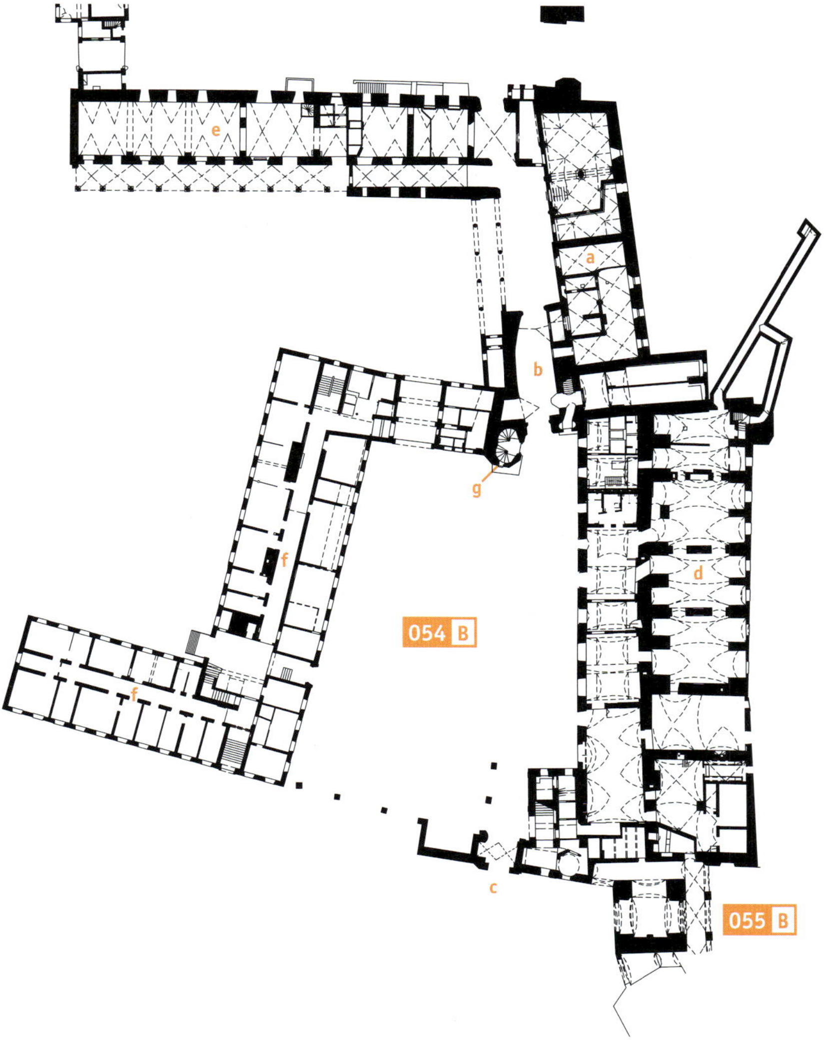

Burgtor

Ecke Hofgasse/Burggasse
unbekannt
1339, 1571, 1838, 1849,
1873, 1934

055 B

südlichen Aborttrakt verband. Der Wiederöffnung des Tores 1786 folgten die Verglasung der Arkaden 1838 und die Errichtung der seitlichen Durchgänge 1873 und 1934. *AS*

Warum hast du geschwiegen? Diese und weitere Fragen stellt der NS-Gauleiter Sigfried Uiberreither im 2008 errichteten Mahnmal von Jochen Gerz den Vorbeigehenden. Eingeschrieben im Bogen des ältesten noch erhaltenen Stadttores von 1339 setzt Gerz damit ein warnendes Zeichen gegen Machtmissbrauch und die Untätigkeit der Schweigenden. Dem 1479 aus Verteidigungsgründen zugemauerten Spitzbogentor wurde 1571 ein dreigeschossiger Renaissance-Arkadengang vorgelagert, der die Karlsburg mit dem

Dom St. Ägydius

Burggasse 3
Hans Niesenberger (?), Domenico dell'Aglio, Gregor Pacher, Karl Raimund Lorenz
1462, 1554, 1653, 1687, 1831, 1963

056 B

Als ursprüngliche Hofkirche sollte das erst seit 1786 als Bischofkirche dienende Gotteshaus die göttliche Legitimation von Kaiser Friedrich III. bezeugen. Auf einem Hügel außerhalb der Stadtmauern vermutlich nach Plänen des schwäbischen Baumeisters Hans Niesenberger von 1438 bis 1462 errichtet, bildet der Dom zusammen mit der Burg (054 B), mit der er durch einen 1854 abgebrochenen Übergang verbunden war, die sogenannte Stadtkrone. Ein mächtiges Satteldach umschließt die drei Schiffe der deutlich gestaffelten Halle und betont den Eindruck voluminöser Geschlossenheit. Angedockte barocke Kapellen und der 1653 errichtete West-Dachreiter mit Zwiebelhaube von Gregor Pacher ergänzen das blockhafte Erscheinungsbild. Im Inneren überspannt ein jochweise rhythmisiertes Netzrippengewölbe das breite fünfjochige Langhaus, das trotz des Fehlens eines Obergadens einer Basilika ähnelt. Die mit Runddiensten besetzten kantonierten Achteckpfeiler trennen, ganz entgegen der spätgotischen Vorliebe für integrierte Räume, die schmaleren

Seitenschiffe vom Mittelschiff, wodurch eine zentralisierende Wirkung entsteht. In scharfem Kontrast zum Raum der Laien steht der vierjochige Langchor mit 5/8-Schluss, der, abgetrennt durch einen schmalen Triumphbogen, der Tradition der Bettelordensarchitektur folgt. Knapp unter dem dichten Rautennetzgewölbe des Chorraums konnte der Herrscher hoch oben in seinem Hoforatorium – 1554 von Domenico dell'Aglio zur Romuald-Kapelle umgestaltet – den Messen beiwohnen. Nachdem die Kirche 1577 den Jesuiten übergeben worden war, erhielt sie eine barocke Ausstattung mit Seitenaltären, Kanzel und Sitzbänken. Im Chor dominiert der zweigeschossige Hochaltar mit mächtigen Marmorsäulen, der wie eine Kulisse vor den gotischen Glasfenstern aufragt. Die 1687 eingebaute Westempore erhielt im Rokoko eine neue Holzbrüstung mit Rocaille-Schnitzereien. Die Seitenschiffe sind geprägt von prächtig stuckierten Seitenkapellen aus dem 17. und 18. Jahrhundert, die den Bau nach Norden und Süden erweitern und – wie die Westempore – die Querrichtung der ohnehin breiten Staffelhalle verstärken. Neben dem herrschaftlichen Hofgassenübergang gab es einen zweiten, der den Domvorplatz mit dem Jesuitenkolleg (058 B) verband. Nach dessen Abbruch wurde im darauffolgenden Jahr 1831 die neogotische Mauer mit der Freitreppe Richtung Bürgergasse errichtet. Bei der Renovierung 1963 wurde nach Plänen von Karl Raimund Lorenz die Trennung von Presbyterium und Langhaus weitestgehend aufgehoben. Die Trenngitter wurden entfernt und die letzte Stufe des Altarraums wurde in das Langhaus vorgezogen. Äußerlich franziskanischer Schlichtheit und im Inneren sowohl höfischer Raffinesse als auch gegenreformatorischer Theatralik verpflichtet, zeigt sich in St. Ägydius die komplexe Persönlichkeit seines kaiserlichen Erbauers und die wechselvolle Geschichte der Diözese Graz-Seckau. *AS*

B

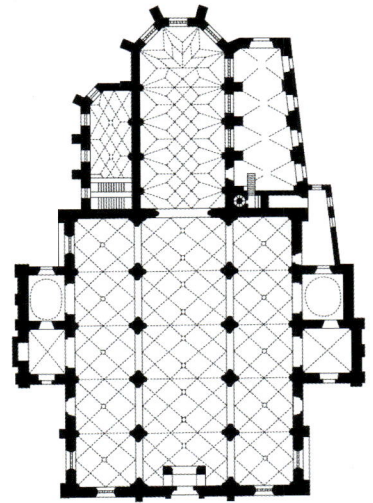

Einzug von Kaiser Karl VI. in die Hofkirche (heute Dom), im Hintergrund der 1854 abgebrochene Übergang zur Burg, 1728 ↓

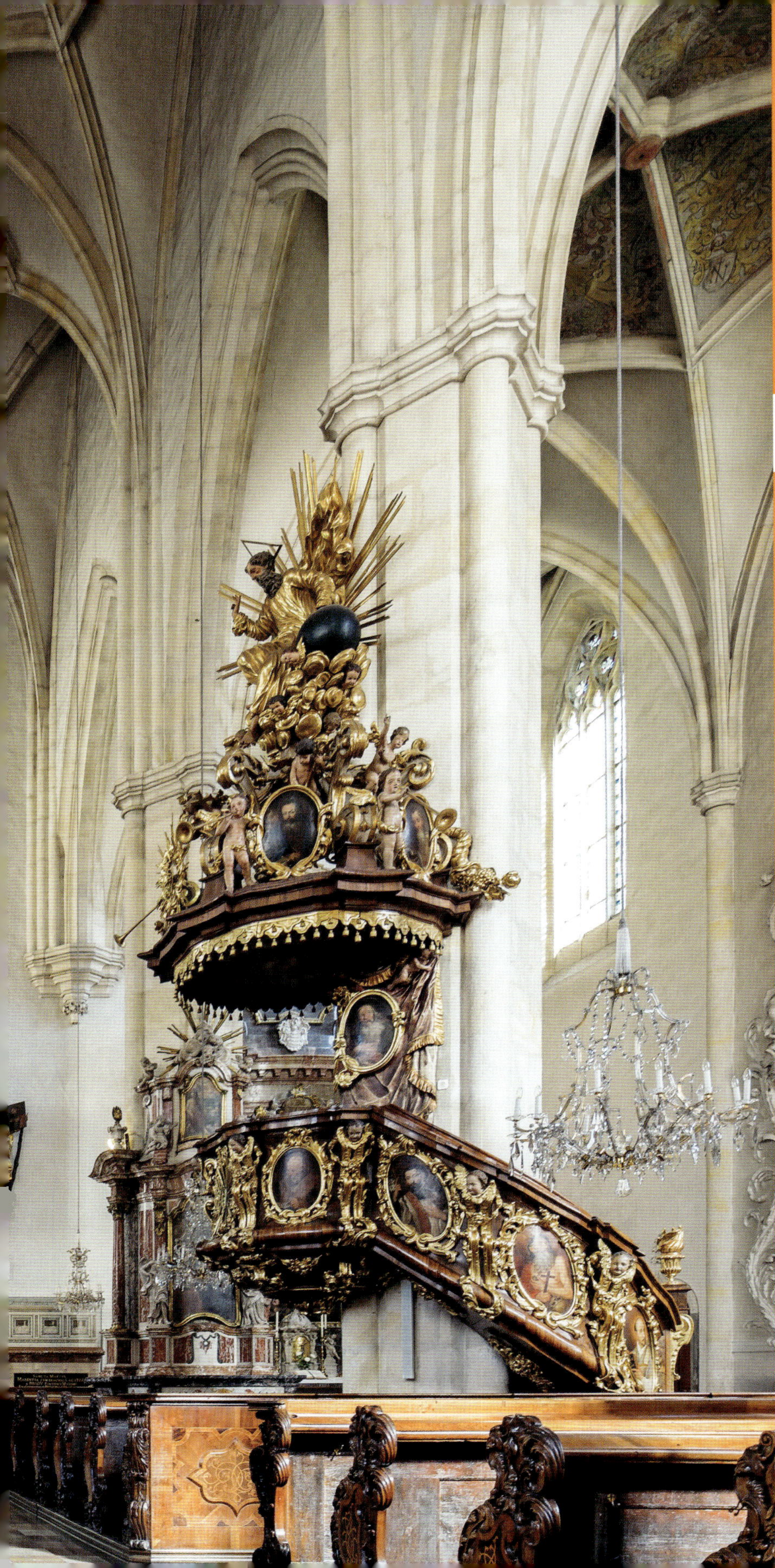

St. Katharina und Mausoleum 057 B

Burggasse 2 a
Giovanni Pietro de Pomis,
Pietro Valnegro, Johann Bernhard
Fischer von Erlach
1638, 1714

Die Katharinenkirche und das Mausoleum sind ein Meisterwerk des Manierismus im Herzen der »Stadtkrone«, das Erzherzog Ferdinand 1614 als seine Grablege und Monument seines gegenreformatorischen Wirkens in Auftrag gab. Baumeister Giovanni Pietro de Pomis orientierte sich dabei an den Bauten Palladios, den venezianischen Kuppeln, aber auch der römischen Jesuitenarchitektur. Basiert die Kirche St. Katharina auf einem kreuzförmigen Grundriss mit halbkreisförmigem Umgang, schließt das Mausoleum südlich davon als ovaler Zentralbau an – eine Grundrissform, die bereits auf den Barock vorausweist. Eine Freitreppe aus dem 19. Jahrhundert führt von der Bürgergasse zum Haupteingang der Kirche, deren Westfassade durch ein konfliktreiches Arrangement aus gerahmten Skulpturen, Dreiviertelsäulen und Pilastern nach oben hin immer plastischer und schwerer wird, um von einem Dreiecksgiebel bekrönt zu werden, der einem Segmentbogen eingeschrieben ist. Dieses Motiv zitiert nicht von ungefähr die Fassade von Il Gesù, der römischen Mutterkirche der Jesuiten. Der tonnengewölbte Innenraum besteht aus einem einschiffigen Langhaus mit Querhaus, bei deren Vierung sich über korinthischen Pilastern eine Tambourkuppel erhebt. Hinter die Apsis wurde ein schlanker siebengeschossiger Glockenturm gesetzt, den ionische Pilaster und Gurtgesimse strukturieren. Im Süden des Querhauses führt der Weg unter einer Empore in das Mausoleum, in deren Untergeschoss sich die Gruft Kaiser Ferdinands II. befindet. Durch das Licht, das durch die Öffnungen im Obergeschoss und durch ein Metallgitter im Boden in die Gruft eintritt, wird der Sarkophag wie von einem Scheinwerfer in Szene gesetzt. Nachdem der Außenbau schon 1638 fertiggestellt war, dessen Vollendung Pietro Valnegro nach de Pomis' Tod ab 1633 übernommen hatte, kam es durch Geldmangel und den Tod Kaiser Ferdinands II. zu langjährigem Stillstand der Bauarbeiten. Erst 1714 wurde die malerische und plastische Gestaltung der Innenräume durch Johann Bernhard Fischer von Erlach und die Beteiligung vieler anderer Künstler fertiggestellt, die in der Mausoleumskuppel Kaiser Ferdinand II. als Gegenreformator glorifizieren. *SK*

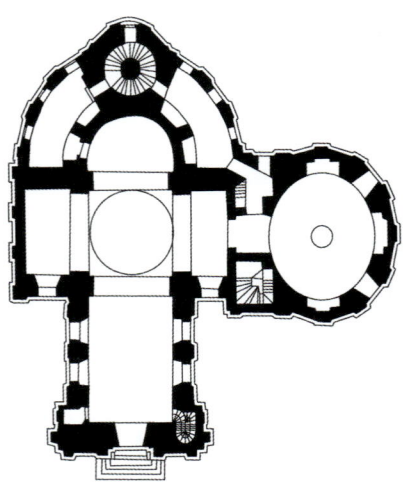

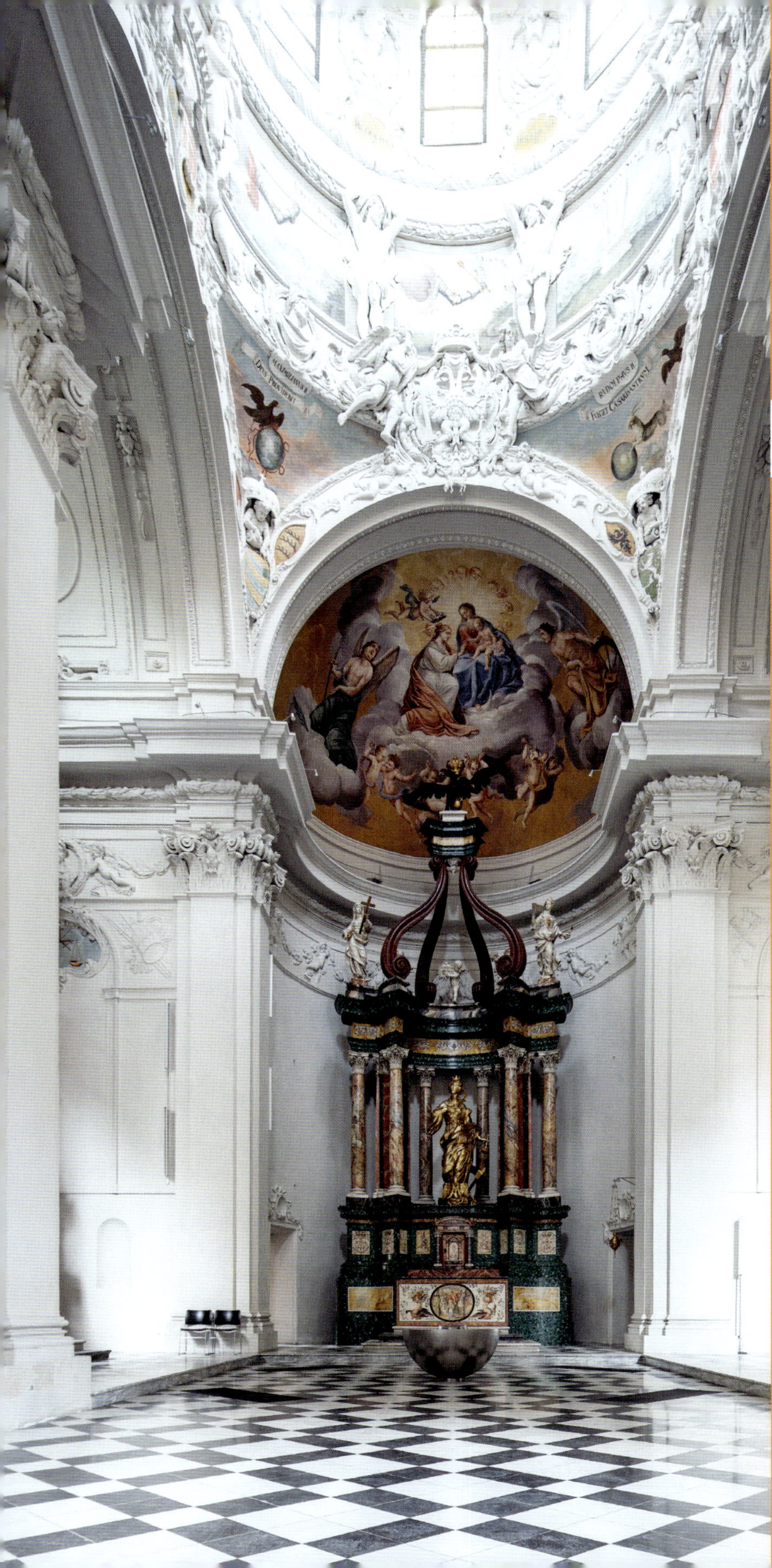

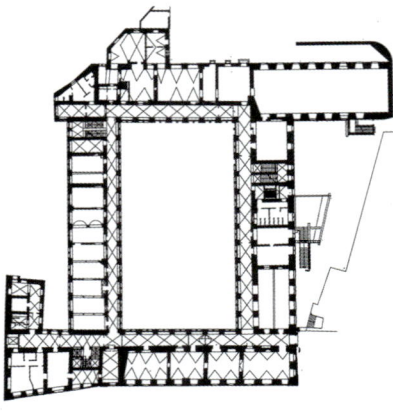

Priesterseminar (ehem. Jesuitenkollegium)

058 B

Bürgergasse 2
Vinzenz de Verda,
Joseph Hueber (?)
1573, 1597, 1694, 1718,
um 1783, 1870

Einkehr, Disziplin, Studium: Dieser militärisch inspirierte Ansatz des Jesuitenordens, der 1572 zur Bekämpfung des Protestantismus von Erzherzog Karl II. nach Graz gerufen wurde, drückt sich in seiner geradlinigen und strengen Architektur aus. Um der vom Landesfürsten verordneten Rekatholisierung auch räumlich Gewicht zu verleihen, wurde das Jesuitenkollegium in direkter Nähe von Burg und Hauptkirche errichtet. 1573 konnte der straßenseitige Trakt von Vinzenz de Verda fertiggestellt werden. Ein viergeschossiger, 1832 abgebrochener Verbindungsgang quer über die Bürgergasse zu der den Jesuiten übergebenen Hauptkirche verlieh dem Komplex den Charakter einer katholischen Trutzburg. Von 1591 bis 1597 ließ de Verda das Gelände im Westen aufschütten und das Gebäude zu einer imposanten Vierflügelanlage mit von den Jesuiten vorgeschriebenen hofseitigen Gängen erweitern. Die Hoffassaden mit ihren rundbogigen Pfeilerarkaden im Erdgeschoss und Doppelarkadenfenstern in den oberen Geschossen werden durch Faschen und zahlreiche Gesimse horizontal verklammert. Diese flächig-schlichte Gliederung bildet den denkbar größten Kontrast zum plastischen Reichtum des Arkadenhofs des protestantischen Landhauses (025 A). Bei der von 1714 bis 1718 erfolgten Aufstockung um ein Geschoss wurde dieser asketische Duktus beibehalten (der Glockenaufsatz ist eine Zutat von 1870). So viel ernste Miene ironisiert der 2005 von Manfred Erjautz entworfene marmorne

Schneemann mit Pfütze, der aufgrund seines Materials der Vergänglichkeit trotzt und sie zugleich symbolisiert. Die 1718 ebenfalls aufgestockte, vier- bis fünfgeschossige Fassade entlang der Bürgergasse weist noch ein auf de Verda zurückgehendes wuchtiges Rustikaportal auf, das mehr an ein Burg- als an ein Klostertor erinnert, sowie in den Obergeschossen fast zur Gänze erhaltene Renaissance-Fensterrahmungen mit Ohren. Im nördlichen Bereich zeigt sich eine vermutlich auf Joseph Hueber zurückgehende, josephinische Plattenstilfassade von etwa 1783, die mit einem von Säulen flankierten Portal von 1694 an das Universitätsgebäude anschließt. Seit Ende des 19. Jahrhunderts wird das Gebäude als Priesterseminar genutzt. *AK*

Domherrenhof (ehem. Jesuitenkonvikt)

059 B

Bürgergasse 1
Joseph Hueber u. a.
1597, 1628, um 1764, 1878, 1885, 1968

In spätbarocker Formensprache präsentiert das ehemalige Jesuitenkonvikt ein außergewöhnliches Zusammenspiel von Architektur und Skulptur. Der viergeschossige Bau wurde 1597 errichtet, nach einem Brand 1628 erneuert und um 1764 von Joseph Hueber umgebaut, wobei er sein heutiges Erscheinungsbild erhielt. Durch seine Ecklage fungiert er als Bindeglied von Bürgergasse und Mausoleums-Vorplatz und ist von beiden Niveaus aus zugänglich. Die als flache, vereinfachte Variante der Straßenfassade konzipierte Nordseite mit Schopfwalmgiebel beinhaltet den Haupteingang und ist durch einen Graben vom Mausoleums-Vorplatz getrennt, über den ein gedeckter Übergang von 1885 führt. Die westliche Hauptfassade zur Bürgergasse weist hingegen kräftige Profilierungen auf und erzeugt durch den von Hueber oft eingesetzten Kunstgriff zusammenlaufender Sturz- und Parapetzonen eine einheitliche Wirkung. Die kleineren Fenster im dritten Obergeschoss stammen aus dem Jahr 1878. Schräg gestellte Wandpfeiler, welche den spitzen Betrachterwinkel aus der Tiefe der Gasse berücksichtigen, umrahmen das mit Rocaillen verzierte Portal und tragen das sich ebenso schwungvoll nach außen drehende Gebälk mit den Allegorien von Religion und Wissenschaft. Über dem Gebälksgiebel präsentieren Putten ein Porträt des Heimgründers, Erzherzog Karl II. Das figurale Portal wurde 1763 von Veit Königer geschaffen und ist das bedeutendste Objekt seiner Art in der Altstadt. Durch die mit Platzlgewölbe versehene Einfahrt gelangt man in den Hof mit einem ebenfalls auf Königer zurückgehenden Herkulesbrunnen, einem Liftanbau von 1968 sowie in die reich freskierte Hauskapelle im Stil des Rokoko. Seit 1878 dient das Gebäude als Wohnhaus der Domherren. *KW*

Ehem. Palais Lengheimb

 060 B

Bürgergasse 4
unbekannt
1577, 2. Viertel 18. Jh.

1577 ließ sich Adam von Lengheimb an der Ecke Bürgergasse/Abraham-a-Santa-Clara-Gasse ein Renaissancepalais errichten. Nach vielen Besitzerwechseln (unter anderem an die Jesuiten) ist es seit 1927 im Besitz des Akademischen Turnvereins Graz. Die glatten Fassaden werden in den ersten beiden Obergeschossen nur durch ihre steingerahmten Fenster und profilierten Sohlbänke sowie geraden Verdachungen gegliedert. Im zweiten Viertel des 18. Jahrhunderts wurde das Gebäude aufgestockt, weshalb die Fenster im obersten Geschoss nur einfache Rahmungen aufweisen. Ein hervorstechendes Merkmal des Palais Lengheimb ist der auf zwei Konsolen ruhende polygonale Eckerker, der sich über alle Obergeschosse erstreckt und großflächig verglast ist. Auffallend ist das Rundbogenportal in der Bürgergasse mit toskanischen Dreiviertelsäulen, die durch Kämpfer zweigeteilt werden und wie in dicken Futteralen zu stecken scheinen. Die Innenhofwände mit Arkaden auf toskanischen Säulen waren ursprünglich mit Sgraffiti geschmückt. *AK*

Ehem. Palais Schwarzenberg

 061 B

Bürgergasse 3
Joseph Hueber (?)
16. Jh., 1570/1580, um 1775

Das um 1570/1580 durch Zusammenlegung von zwei gotischen Häusern entstandene Palais Schwarzenberg besitzt eine der ältesten Renaissance-Fassaden von Graz. Diese gliedert sich in vier Achsen mit bemerkenswert großen, gerahmten Doppelfenstern in den Obergeschossen und Gurtgesimsen, welche die ansonsten glatten Wandflächen teilen. Auch das spätbarocke Rundbogenportal, das vermutlich nach einem Entwurf Joseph Huebers um 1775 entstanden ist, fügt sich mit seiner einfachen Quernutung und korbbogigen Verdachung in das großzügig-klare Fassadenbild. Die Wappenkartusche mit Rocaille-Rahmung steht für die Familie Schwarzenberg, in deren Besitz sich das Gebäude von 1631 bis 1939 befand. Durch das Portal gelangt man über eine mit Stichkappen gewölbte Hausdurchfahrt zuerst in einen langgestreckten Innenhof und dann durch eine weitere Durchfahrt in einen kleineren Hof mit zweigeschossigem Hinterhaus. Die Arkadengänge mit toskanischen Säulen verleihen den Höfen besondere Eleganz. *SK*

Ehem. Pöllauer Stiftshof 063 B
Mehlplatz 2
Dionysius Tade,
Michael Gattermeyer
1568, 1790, 1923, 2016

Das von Dionysius Tade von 1548 bis 1568 für Wolfgang von Stubenberg errichtete Palais wurde ab 1720 vom oststeirischen Augustiner-Chorherrenstift Pöllau bis zu seiner Auflösung 1785 genutzt. Durch Ecknutungen und Parapetrahmungen gliedert sich die Ende des 18. Jahrhunderts im sogenannten Plattenstil neu gestaltete Fassade vertikal. Als weitere Ergänzungen wurden 1963 das Erdgeschoss-Kordongesims und Parapetfelder im ersten Obergeschoss angebracht. Das mächtigere der zwei Portale, mit schwerer Rustikarahmung und einem von Wandpfeilern getragenen Gebälk mit Bukranienfries, ist neben dem Landhausportal das bedeutendste Renaissanceportal von Graz. Es wurde von Steinmetz Pietro de Lanzio gestaltet, der den Fries nach einer Vorlage aus Sebastiano Serlios Architekturtraktat schuf. Aufgrund der Funktionsänderung in ein Kino 1923 erfolgte der Anbau eines ebenerdigen Vorbaus im Innenhof. Infolge der Joanneums-Ausstellung *Die Farben Schwarz* erhielt die Fassade des Palais 1999 einen schwarzen Anstrich, welche jedoch die Charakteristik des Bauwerks empfindlich stört. 2016 wurde nach den Plänen von Michael Gattermeyer ein Ausbau des Dachgeschosses mit hofseitigen Terrassen durchgeführt. *AK*

Glockenspielhaus 062 B
Glockenspielplatz 4
Friedrich Sigmundt
1906

Schon im Mittelalter stehen die ersten Mauern des Hauses am ehemaligen Fliegenplätzl. Seinen Namen erhält es 1906 mit der Errichtung des Glockenspiels. Gottfried Maurer, der damalige Besitzer des Hauses, erhofft sich durch die Attraktion, wie er sie auf seinen Reisen in den Niederlanden kennenlernt, Werbung für seine Spirituosenfirma Emperger. Der Architekt der Eisenkonstruktion Friedrich Sigmundt bekommt außerdem den Auftrag zur gleichzeitigen Erneuerung der Fassade. Diese gestaltet er zeitgemäß späthistoristisch: mit altdeutschen Elementen, wie dem mittleren Zwerchgiebel, und secessionistischen Motiven wie dem horizontal laufenden Stuckband mit Blattornamentik im Obergeschoss. Die Umgestaltung steht beispielhaft für den historistischen Versuch, die Altstadt mittelalterlicher und deutscher, dadurch historisch und heimatlich wertvoller erscheinen zu lassen. Nach den Spirituosen wird heute allenfalls ein Schuss Rum im Café gehandelt. Dreimal täglich grüßt das tanzende Steirerpaar noch heute aus den Arkadenfenstern, wenn das Glockenspiel erklingt. *AM*

Ehem. Ferner'sches Bürgerhaus ↑

064 B

Mehlplatz 4
Joseph Hueber (?) u. a.
16. Jh., nach 1708, 1760

Das sogenannte Ferner'sche Bürgerhaus wurde Anfang des 18. Jahrhunderts – unter Einbezug älterer Baumassen – durch den Handelsmann Johann Ferner am Mehlplatz errichtet. Repräsentativ tritt der dreigeschossige Bau aus der Achse hervor und erstreckt sich entlang des Platzes. Für die Grazer Bautradition und vor allem für ein Bürgerhaus äußerst ungewöhnlich, fassen an der Fassade korinthische Kolossalpilaster die Obergeschosse als Hauptgeschosse zusammen. Sie schaffen dadurch eine klare Trennung vom genuteten Sockelgeschoss und vermitteln einen äußerst herrschaftlichen Charakter. Die auffallend großen, herzförmigen Akanthus-Kartuschen und das rankenverzierte Madonnen-Medaillon in der Achse über dem Eingang verbinden den Bereich der Parapetfelder

und umschließen die Fassade wie eine Girlande. Bei einem wohl von Joseph Hueber durchgeführten Umbau im Jahr 1760 wurde auf der Rückseite des Hauses ein neuer Gebäudeteil mit Innenhof angefügt. Von 1755 bis 1826 fand hier das erste Grazer Versatzamt seine Räumlichkeiten; heute dient das Erdgeschoss der Gastronomie. *KW*

Ehem. Palais Inzaghi ↑

065 B

Mehlplatz 1
Domenico Rossi, Johann Georg Stengg, Franz Xaver Aichinger u. a.
1561, 1666, 1728, 1827

Das 1561 erbaute L-förmige Palais der Grafen von Inzaghi trennt den Mehlplatz vom Färberplatz. Aber nur der Flügel entlang der Prokopigasse und an der Längsseite des Färberplatzes zeigt noch den ursprünglichen Stil der Renaissance. Durch Domenico Rossi wurde das Palais 1666 aufgestockt und 1728 von Johann Georg Stengg mit barocken Putz- und Stuckverzierungen an der Fassade zum

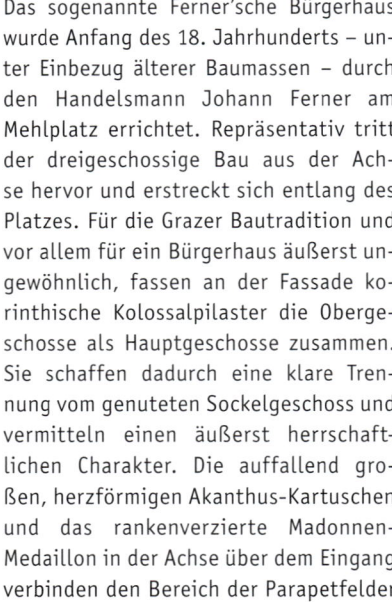

Mehlplatz ergänzt. Dieser Dekor – Bandelwerk, Muschelzier und eingestellte Vasen in den Sturz- und Parapetfeldern – geht eine enge Verbindung mit der Architektur ein. Stengg betonte die horizontal gegliederte Schaufassade durch größere Fenster, Stuckumrahmungen mit segmentbogigen Verdachungen im ersten Obergeschoss und giebelförmigen im zweiten Obergeschoss, welche zusätzlich mit Parapetfeldern vertikal verbunden sind. Das von wuchtigen gebänderten Wandpfeilern flankierte Schulterbogenportal ist mit Volutenaufsätzen sowie Steinvasen versehen. Unter Franz Xaver Aichinger wurde 1827 der Haupttrakt verbreitert und die einachsige Nordfront angefügt. Von 1900 bis 1910 diente das Palais als öffentliches Musik-Bildungsinstitut unter der Leitung des Komponisten Robert Stolz. Heute befindet sich im Erdgeschoss ein Restaurant. *AK*

↙ **Färberplatz**   `066` **B**
Ingrid und Jörg Mayr
1902, 1992

Eingebettet in die Altstadt, etwas abseits der belebten Verkaufsgassen, liegt der Färberplatz. Er entstand 1902 nach der Schleifung der baufällig gewordenen Färberkaserne, erhielt aber erst 1990, mit der Realisierung des turmartigen Baukörpers der Bar *M1* von Richard Ellmer und dem Abschluss der bis dahin bestehenden Feuermauer seine heutigen Dimensionen. Erich Edegger, Vizebürgermeister von 1983 bis 1992, formulierte 1986 das Konzept »Platz für Menschen«, das eine fußgängerfreundliche Gestaltung öffentlicher Flächen im Altstadtkern vorsah. 1992 wurde auf Basis dieses Plans der Färberplatz von Ingrid und Jörg Mayr im Sinne des »kritischen Regionalismus« umgestaltet, indem Vorhandenes aufgegriffen und respektvoll weiterentwickelt wurde. Durch das Fortsetzen der bereits existierenden Kastanienbaum-Allee im rechten Winkel längs der Färbergasse wird der Raum zu einer Einheit gefasst. Natur- und Bruchsteinflächen erzeugen die auffallende Taktilität der Oberfläche und prägen und zonieren den Platz. So werden der Verlauf der

ehemaligen, den Platz fassenden Straße, die abgewinkelte Promenade innerhalb der Allee und die diagonale Hauptverbindung zur Pomeranzengasse voneinander differenziert. Vorrangig der Erholung und dem Verweilen dienend, ist der Färberplatz auch ein Ort, an dem temporäre Veranstaltungen wie Adventsmarkt, Flohmarkt oder städtische Feste stattfinden. *KH*

Bürgerhaus Färbergasse ↓   `067` **B**
Färbergasse 5
unbekannt
16. Jh., 1680/1690, 1730/1740

Wie ein Scherenschnitt wirkt die zweischichtige, durch Putzfaschen gegliederte Fassade dieses viergeschossigen Bürgerhauses. Der damalige Eigentümer, Bürgermeister Georg Peter Volkh, ließ das Gebäude, dessen Kern aus dem 16. Jahrhundert stammt, um 1680/1690 aufstocken, mit einem für die Region eher unüblichen Mansarddach abschließen und die Fassade dem Frühbarock anpassen. Umstritten ist jedoch, wer für die Neugestaltung der Fassade verantwortlich ist. Vertiefte Putzfelder, die im ersten und zweiten Obergeschoss Schabrackendekor enthalten, gestalten die vierachsige Schauseite als flächig-grafisches Bild. Das Zentrum der Fassade wird von einer 1730/1740 entstandenen Stuckkartusche betont, die ein Fresko der Heiligen Dreifaltigkeit zeigt. Der für diese Zeit übliche Putzfaschendekor findet sich auch an Fassaden am Hauptplatz, am Karmeliterplatz sowie in der Raubergasse. *SK*

Stempfergasse in Richtung Osten

Stempfergasse
Von adeligen Bauten und edlen Roben

Spaziert man die breite Herrengasse entlang, stößt man auf halbem Weg auf ein schmales, s-förmig gebogenes Gässchen, das die östliche Häuserzeile trennt: So unscheinbar die Stempfergasse aufgrund der geringen Gebäudelücke erscheinen mag, birgt sie einige Schätze. Fassaden sind in barocken oder historistischen Stil gehüllt, während exklusive Mode in den strahlenden Schaufenstern der Erdgeschosse glänzt. Als erste Grazer Gasse wurde sie 1562 nach einer Person benannt, Marx Stempfer. Dieser war in der ersten Hälfte des 16. Jahrhunderts zuerst als Stadtrichter und anschließend als Bürgermeister tätig und besaß das Eckhaus zur Herrengasse (023 A). Die Stempfergasse zählt zu den ältesten Straßenzügen der Stadt und war schon im Mittelalter durch tiefgezogene Grundstücke bebaut, trennte den Stadtkern vom jüdischen Viertel und diente als Verbindungsweg zwischen Rathaus und Stadtkrone. Ihre geschwungene Form entstammt keinesfalls einer wahllosen Bebauung, sondern der typischen mittelalterlichen Stadtplanung. Der durch die Gegenreformation zunehmende Reichtum des Adels in der Zeit zwischen dem 16. und 18. Jahrhundert war Anlass zum Kauf neuer Liegenschaften. So wurden einige kleine Bürgerhäuser zusammengefasst und als Adelspalais umgebaut, wie zum Beispiel das ehemalige Palais Katzianer (Nr. 3) oder das Haus Nummer 7. Die Fassaden erhielten zunehmend plastischen Schmuck und spiegelten den sozialen Stand der Hausherren wider. Allmählich wird die nach Osten verlaufende Gasse breiter und ist von eindrucksvollen, drei- bis viergeschossige Bauten gerahmt. Ende des 19. Jahrhunderts erwarb der Leykam-Verlag, die damals größte Druckerei der Steiermark, einige Bauten (Nr. 3, 4, 5, 7) und ließ die Räumlichkeiten für Druckerei- sowie Verkaufszwecke umbauen, was heute noch unschwer am Firmenwappen an den Fassaden erkennbar ist. Seit 2012 Teil der Morawa-Gruppe, ist die 1806 gegründete Buchhandlung im ehemaligen Palais Katzianer seit 2015 Geschichte. An der nördlichen Häuserreihe, mittig in der Kurve, liegt in der Hausnummer 6 der Keplerkeller. Als dreigeschossige Hofstätte wurde er um 1560 errichtet. Über die einstigen Bewohner gibt es einige Vermutungen, doch in der Heiratsurkunde von Johannes Kepler ist dieser Bau als seine Wohnadresse genannt. Die Hauptfassade ist mit spätbarockem Schmuck und Kolossalpilastern versehen und weist als oberen Abschluss ein Mansarddach auf. Von 1963 bis 2012 war auch dieses Gebäude im Besitz der Firma Leykam. Heute wird die Stempfergasse durch die Abfolge zahlreicher Boutiquen, Juweliere und Antiquitätenläden als kleine Luxusmeile identifiziert, wo edle Einzelstücke in den Auslagen der ehemals adeligen Bauten präsentiert werden. Am östlichen Ende der Gasse lockt das Traditions-Delikatessengeschäft *Frankowitsch* mit kulinarischen Köstlichkeiten. *KW*

Ehem. Adelspalais

Stempfergasse 1
Carl Aichinger u. a.
1464 (?), 1. Viertel 17. Jh.,
1662, 1735, 1863, 1952

068 B

Wo sich heute die High Society zum Brötchenessen trifft, ließ sich auch früher gern der Adel nieder. Das Stadtdomizil verschiedener Adelsfamilien (Saurau, Scherffenberg, Thurn) an der Ecke Stempfergasse/Bischofsplatz zählt dabei zu den beeindruckendsten dieser Art. Mittelalterliche Grundmauern, Erker aus der Spätrenaissance und barocker Stuck von 1735 bilden ein stimmiges Fassadenbild. Getragen von toskanischen Säulen auf wuchtigen Prellsteinen, ruhen die Erker auf Konsolen, geziert von Männerfratzen und Perlstäben. Der feingliedrige barocke Fassadenstuck umrahmt die Grazer Stockfenster, verdichtet sich an den Erkern und steigert deren Wirkung. In der Beletage krönen die seitlich von Ranken gerahmten Fenster gesprengte Dreiecksgiebel mit eingeschlossenen Vasen und Blüten, wobei Blendpostamente und Schabracken den unteren Abschluss bilden. Das Parapet des nordöstlichen Erkers schmückt ein Madonnenbild in rechteckiger Stuckrahmung. Im Gebälkfries des Spätrenaissance-Rundbogenportals mit seitlich verkröpfter Rechteckrahmung ist die Jahreszahl 1464 zu erkennen, die auf den spätgotischen Vorgängerbau verweist. 1662 wurde das Haus um das dritte Obergeschoss in einfacher, dekorloser Form aufgestockt. Carl Aichinger erneuerte 1863 die Hauseinfahrt und den Innenhof. Von 1950 bis 1952 erhielt das Palais durch den ornamentlosen Wiederaufbau der im Zweiten Weltkrieg zerstörten Südfassade und einen Dachausbau sein heutiges Erscheinungsbild. *AS*

Ehem. Palais Rindsmaul

Hans-Sachs-Gasse 3/
Hamerlinggasse 1
Joachim Carlone (?), Carl Follius,
Alexander Bogner u. a.
um 1690, 1861, 1948

069 B

1683, nach der endgültigen Abwendung der türkischen Bedrohung, wurde die Fläche zwischen mittelalterlicher Stadtmauer und neuzeitlicher Befestigung zur Bebauung freigegeben. So konnte an der Südseite der Hans-Sachs-Gasse eine Reihe von Adelspalästen entstehen. Der dreieinhalbgeschossige Bau mit L-förmigem Grundriss wurde um 1690 für den Grafen von Rindsmaul errichtet. Kurz vor 1719 erwarben die Grafen von Lengheimb das Gebäude, das vermutlich durch den Baumeister Joachim Carlone sein barockes Erscheinungsbild erhielt: Kräftige Kordon- und

Sohlbankgesimse und toskanische Doppelpilaster gliedern rasterartig die Gebäudehülle – eine offensichtliche Verwandtschaft zum ebenfalls von Carlone stammenden Palais Welsersheimb (070 B). Im Gegensatz zu diesem herrscht hier aber ein ernsterer Tonfall: Gewaltige akanthusgezierte Volutenkonsolen unter der Dachtraufe lasten schwer auf der Fassade, und das durchgängig rustizierte, von Pilastern eingefasste Steinportal könnte auch zu einer Festung passen. Infolge der Schleifung der Landschaftsbastei konnten 1861 drei Achsen in Richtung Süden hinzugefügt werden. Baumeister Carl Follius setzte dabei die barocke Fassadengliederung fort. Nach schweren Bombenschäden im Zweiten Weltkrieg rekonstruierte Alexander Bogner 1948 die zerstörte Hausecke zwischen Hans-Sachs-Gasse und Hamerlinggasse. *ALN*

Ehem. Palais Welsersheimb 070 B

Hans-Sachs-Gasse 7
Joachim Carlone, Josef Mixner,
Oswald Haerdtl, Emil Bernard
1694, 1862, 1961, 2005

Sogar Napoleons Bruder Louis Bonaparte war von der Schönheit dieses Palais überwältigt! Da dem Kriegszählmeister Sigmund Graf von Stubenberg ein Grundstück an der nach 1683 zur Bebauung freigegebenen Südseite der Hans-Sachs-Gasse zustand, errichtete Joachim Carlone von 1689 bis 1694 in dessen Auftrag einen dreiflügeligen Adelspalast direkt an der Renaissancebefestigung. Nach Abbruch des Eisernen Tors ließen die späteren Besitzer, die Grafen von Welsersheimb, das Gebäude von 1860 bis 1862 durch Josef Mixner um zwei Achsen in Richtung Süden und einen vierten Flügel an der Südseite erweitern. Die flache, kleinteilige Gliederung der Fassaden übernimmt – ähnlich wie beim Palais Rindsmaul (069 B) – ein Raster

aus kleinen Pilastern, Faschen, Gurt- und Sohlbankgesimsen, wobei die Kapitelle lehrbuchmäßig und geschossweise von der ionischen über die korinthische bis zur kompositen Ordnung aufsteigen. Segment- und Dreiecksgiebel bekrönen rhythmisch abwechselnd die mit Blendbalustraden ausgestatteten Fenster. Dazwischen lassen Blüten- und Fruchtgehänge das Palais wie für ein Fest geschmückt erscheinen. Die Kombination der kleinen Pilastergliederung mit den Blumengehängen und den vorgeblendeten Balustraden orientiert sich an Vorbildern von Palladio und Scamozzi, soll hier aber vor allem eine dekorative Wirkung erzeugen. Mit seinem Rustikarahmen und Konsolenfries verweist das Rundbogensteinportal auf das vierte Viertel des 16. Jahrhunderts und dürfte wohl von einem älteren Gebäude übernommen worden sein. Nachdem das Palais Welsersheimb im Zweiten Weltkrieg Beschädigungen erlitten hatte, gaben sich Oswald Haerdtl und Emil Bernard große Mühe, das Gebäude von 1959 bis 1961 originalgetreu zu rekonstruieren. Seit 2005 wird der Großteil des Palais von der Buchhandlung Moser genutzt, wodurch Erdgeschosszone und Inneres ihre letzte Umgestaltung erfuhren. Der einstige Adelspalast zählt dank seiner bemerkenswerten Fassade und den Stuckdecken und Fresken im Treppenaufgang und den Vestibülen zu den beeindruckendsten Barockbauten von Graz. *ALN*

Landeskammer für Land- und Forstwirtschaft (ehem. Steiermärkisch-Ständische Realschule)

071 B

Hamerlinggasse 3/ Opernring 18–20
unbekannt (k. k. Baudirektion)
1844, 1861

Mit dem Wunsch, neben dem Joanneum auch eine Landesoberrealschule in der Stadt zu haben, entstand von 1840 bis 1844 nach Plänen der k. k. Baudirektion diese imposante spätklassizistische Anlage entlang der damals noch bestehenden Kurtine der Renaissancebefestigung. Dies ist auch der Grund, warum der ursprünglich 13-achsige Flügel entlang des heutigen Opernrings keine Türen aufweist. Die strenge Horizontalgliederung durch die Quaderung der ersten beiden Geschosse und die Kordongesimse sowie die durch Dreiecksgiebel hervorgehobene Fensterreihe im darüber liegenden Geschoss prägte bereits damals das Fassadenbild zur Straßenseite. Mit der Verlängerung dieses Trakts sowie der Erweiterung entlang der Hamerlinggasse erlangte der Bau 1861 seinen heutigen U-förmigen Grundriss. Dabei wurde die ursprüngliche klassizistische Fassadengestaltung übernommen, aber durch einen Mittelrisalit mit Frontispiz ergänzt, wodurch der heutige Sitz der Landeskammer für Land- und Forstwirtschaft sein monumentales Erscheinungsbild erhielt. *PK*

Boarding House *Argos*

Burggasse 15/Einspinnergasse 7
Zaha Hadid
2019

072 B

In prominenter Gesellschaft, zwischen Dom und Oper, sind die architektonischen Erwartungen hoch. An der Stelle des ehemaligen Kommodhauses wurde von 2018 bis 2019 das Boarding House der 2016 verstorbenen britischen Stararchitektin Zaha Hadid als Ergebnis eines bereits 2004 entschiedenen Wettbewerbs hochgezogen. Das biedermeierliche Kommodhaus war im Kulturhauptstadtjahr 2003 nach jahrelanger Verwahrlosung abgebrochen worden, was auch aufgrund der Tatsache, dass sich im Erdgeschoss ein in der Grazer Kulturszene beliebtes Lokal befand, für große Empörung sorgte. Dekonstruktivismus und Parametrismus lässt der *Argos* betitelte Neubau zurück, eher fühlt man sich an die Raumfahrtutopien der Sechzigerjahre und ihr spätes Kind, das Grazer Kunsthaus (085 D), erinnert. Die ersten beiden voll verglasten Geschosse dienen als Büro- und Geschäftsflächen, darüber liegen fünfgeschossig Apartments. Markante Fensterboxen strukturieren die Fassade und wölben sich als »Bubbles« in den Straßenraum. Diese wurden als vorgefertigte Kunststoffelemente einzeln an der Betonfassade angebracht. Nun erwidert das Gebäude die neugierigen Blicke und starrt mit all seinen Argusaugen zurück. *PB*

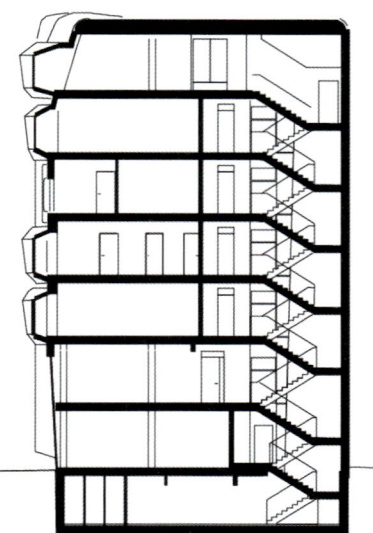

Rendering IMMOLA Projektentwicklung Graz, 2016

Vom Bürgerprotest zum UNESCO-Welterbe
Altstadtschutz in Graz

Gertraud Strempfl-Ledl

Mit Leidenschaft und Beharrlichkeit setzt sich die Grazer Bevölkerung seit fünf Jahrzehnten für die Erhaltung ihrer Altstadt ein. Die vielfältigen Anstrengungen mündeten am 1. Dezember 1999 in die Ernennung des historischen Zentrums von Graz zum UNESCO-Weltkulturerbe, das 2010 um das Schloss Eggenberg erweitert wurde. Die mit dem UNESCO-Siegel verbrieften architektonischen und städtebaulichen Qualitäten, die in den engen Gassen, den historischen Pawlatschen- und Arkadenhöfen und am Schlossberg erlebbar sind, vermitteln heute eine Selbstverständlichkeit im Umgang mit dem historischen Stadtraum, die über manche Kontroverse der vergangenen Jahrzehnte hinwegtäuscht. Denn seit Beginn der Altstadtschutzdebatte Anfang der Siebzigerjahre steht ein starker bürgerlicher Wille zur Erhaltung der historischen Bausubstanz, der in seiner Entschlossenheit sogar eine Stadtregierung zu Fall gebracht hat.

Denkmalschutz und Altstadtschutz

Das Bundesdenkmalamt listet 973 denkmalgeschützte Objekte für Graz auf (Stand: Juni 2018). Die größte Denkmaldichte findet sich in der historischen Altstadt, der Kernzone des UNESCO-Welterbes innerhalb der ehemaligen Renaissancebefestigung. Darüber hinaus sinkt die Anzahl der unter Schutz stehenden Gebäude deutlich, umfasst kleinere und größere Einzelobjekte sowie die öffentlichen Repräsentationsgebäude der Gründerzeit, jedoch nicht die Mehrzahl der historisch wertvollen gründerzeitlichen Wohn- und Villenviertel, die das historische Stadtbild prägen.

Luftaufnahme der Grazer Altstadt von Westen

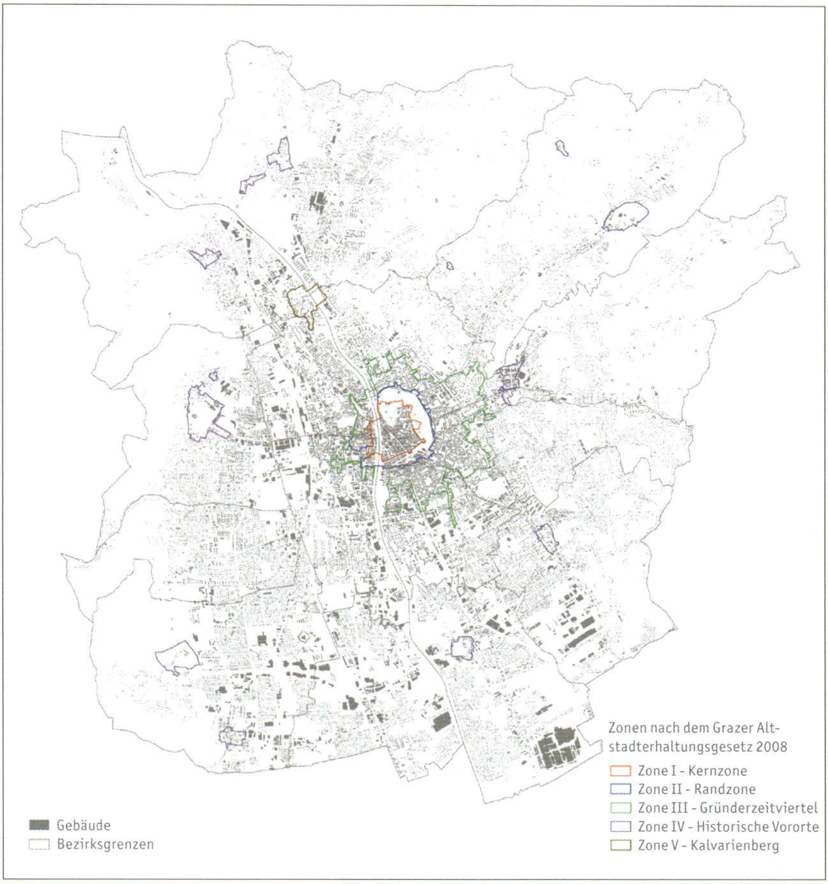

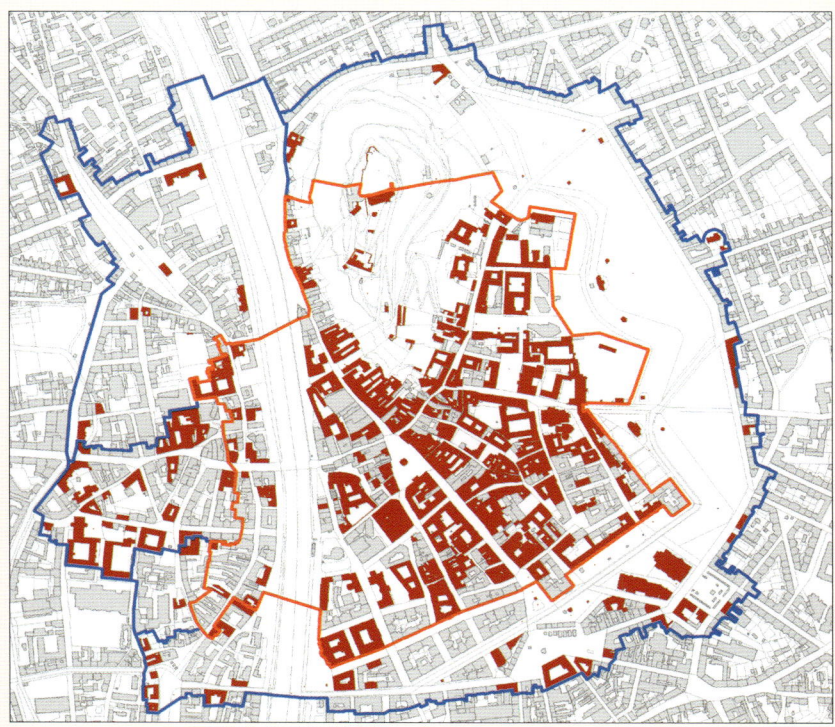

Zonen nach dem Grazer Altstadterhaltungsgesetz 2008

☐ Zone I - Kernzone
☐ Zone II - Randzone
☐ Zone III - Gründerzeitviertel
☐ Zone IV - Historische Vororte
☐ Zone V - Kalvarienberg

■ Gebäude
☐ Bezirksgrenzen

Schutzzonen nach dem Grazer Altstadterhaltungsgesetz 2008

UNESCO-Welterbezone mit denkmalgeschützten Objekten

Der in Österreich monetär chronisch unterversorgte Denkmalschutz stieß schon in den Sechzigerjahren an seine Grenzen und konnte keine ausreichende Wirksamkeit für den Schutz der historischen Stadt entfalten. Lokalpolitik und Wirtschaft vertraten vehement Strategien des »autogerechten Stadtumbaus«, dem eine Reihe historischer Bauwerke zugunsten von Hoch- und Tiefgaragen und innerstädtischer Erschließungsstraßen zum Opfer fallen sollten. Der geplante Abbruch des Palais Khuenburg in der Sackstraße, das Konzept einer Tiefgarage unter dem Renaissancehof des Landhauses sowie eine vier- bis sechsspurige Stadtautobahn nahe dem Schloss Eggenberg, heute ebenfalls Welterbe-Kernzone, brachten schließlich die Bürger in Rage. Dem Aufruf »Rettet die Grazer Altstadt« des Chefredakteurs der *Kleinen Zeitung* Max Mayr, diese mutwillige Zerstörung zu beenden, folgten ab dem 1. Oktober 1972 in drei Wochen über 107.000 Menschen – damals knapp die Hälfte der Stadtbevölkerung. Ihr lautstarker Protest verstummte nicht mehr, führte noch im gleichen Jahr zur Festlegung der Fußgängerzonen in der Altstadt und mündete zwei Jahre später in den Beschluss des Grazer Altstadterhaltungsgesetzes (GAEG). Verfasst nach den Vorbildern des Salzburger (1967) und Wiener (1972) Altstadterhaltungsgesetzes, rekurriert es wie diese auf das 1962 in Frankreich verabschiedete *Loi Malraux*, das nicht nur auf die Erhaltung des Stadtdenkmals abzielt, sondern auf die Refunktionalisierung historischer Stadtteile. Das GAEG als *lex specialis* des Landes Steiermark, das nur für die Stadt Graz Gültigkeit besitzt, ist bis heute das wichtigste Instrument des Altstadtschutzes. Das Grazer Altstadterhaltungsgesetz sichert auch die Erhaltung des UNESCO-Welterbes und wird durch eine unabhängige Altstadt-Sachverständigenkommission (ASVK) im Rahmen des Bauverfahrens vollzogen. In der Gesetzesnovelle 2008 wurde, nachdem die Baubehörde brisante Bauprojekte bewilligt hatte, die zuvor von der ASVK negativ begutachtet worden waren, zusätzlich die Position eines Altstadtanwalts implementiert. Er verfügt über ein Berufungsrecht beim Landesverwaltungsgericht, um dem GAEG widersprechende Baubescheide bekämpfen zu können.

Darüber hinaus mündete der Bürgerprotest von 1973 auch in den Sturz der Stadtregierung unter Bürgermeister Gustav Scherbaum, der aufgrund seines Festhaltens an der geplanten Stadtautobahn die Gemeinderatswahl verlor. Die Intensität des öffentlichen Diskurses zu Umgang und Funktionalität der historischen Stadt wurde indes bis 1975, dem Jahr des Europäischen Denkmalschutzes, europaweit gefördert. Die erfolgreiche Grazer Aktion propagierte man dabei als Vorzeigeprojekt für eine bottom-up geführte Bürgerbeteiligungsstrategie zum Schutz von Altstädten. Aus diesem Anlass forderte der Europarat die Gründung eines Informations- und Dokumentationszentrums

Grazer Dachlandschaft mit *M1*

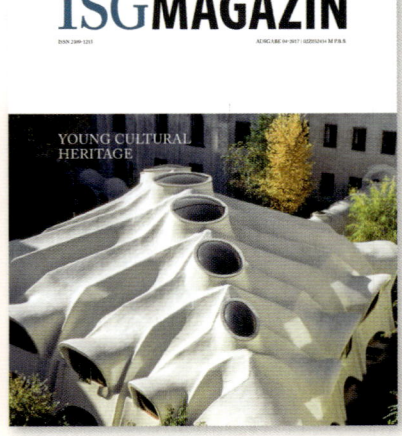

ISG-Magazin 4/2017, Cover

zum Altstadtschutz in Europa, das 1976 als Internationales Städteforum in Graz (ISG) angesiedelt wurde. Seit geraumer Zeit informieren das zweisprachige, vierteljährlich erscheinende ISG-Magazin sowie ein jährliches internationales Symposium und lokale Veranstaltungen über Strategien und Maßnahmen zur Altstadt- und Baukulturerhaltung im europäischen Kontext.

HoG Architektur, Lifteinbau im Pawlatschenhof des Palais Lamberg (051 B)

B

Spannungsfeld Welterbe – zeitgenössische Architektur

Die Schutzzonen nach dem Grazer Altstadterhaltungsgesetz umfassen neben dem mittelalterlichen Stadtzentrum, der gründerzeitlichen Stadterweiterung sowie den historischen Vororten auch die UNESCO-Welterbezone und weisen in allen Bereichen Bauten verschiedener Stilepochen bis zur Gegenwart auf. Die Durchdringung des historisch weitgehend geschlossenen, durch die rote Ziegeldachlandschaft markant geprägten Ensembles mit expressiven Bauten unter anderem aus der Spätphase der sogenannten Grazer Schule ist längst ein Markenzeichen des UNESCO-Welterbes Graz.

Schon die Architekten der ersten Generation der Grazer Schule konnten als Mitglieder der ASVK strategischen Einfluss in der Frage der Altstadterhaltung gewinnen und bei Bauvorhaben den Fokus auf zeitgenössische Formen lenken. Ihre architektonischen Eingriffe waren formal ausgefeilt, technisch mitunter experimentell und bewiesen große Fähigkeiten im Umgang mit historischer Architektur. Seit den späten Achtzigerjahren trat zunehmend die große Geste der architektonischen Form bei Neubauten in der Altstadt in den Vordergrund, wodurch die Grundbedingung des Einfügens in den historischen Bestand – wie im GAEG formuliert – abgeschwächt wurde. Für die Stadtentwicklung resultiert aus dieser Forcierung zeitgenössischer Positionen ein größerer Gestaltungsspielraum in der Altstadt und daher mündete diese Ausrichtung 1999 auch in die Begründung für das UNESCO-Weltkulturerbe Graz. Das »harmonische Zusammenspiel architektonischer Stilrichtungen aus unterschiedlichen Epochen« wird darin als Charakteristikum der Welterbestätte angeführt, und auch die Architektur der Gegenwart wird als Teil davon gesehen. Die 1989 fertiggestellte Café-Bar *M1* am Färberplatz von Architekt Richard Ellmer stellt die Initialzündung dieser selbstbewussten architektonischen Haltung in der Altstadt dar. Jüngere Beispiele sind das Kunsthaus von Peter Cook und Colin Fournier, das Joanneumsviertel oder der neue Dachkörper des Kaufhauses *Kastner & Öhler*, beide vom Büro Nieto Sobejano Arquitectos.

Das seit Jahren unfertige Kaufhausprojekt, dessen Dachlandschaft im Entwurf auf die Gräben und Grate der Altstadtdächer Bezug nimmt und auch eine entsprechend rotbraune Oberfläche aufweisen sollte, bringt in seiner Unvollkommenheit den stillen Konsens zwischen der Erhaltung der historischen Bausubstanz und den expressiven zeitgenössischen Architekturpositionen ins Wanken. Die Vertreter der Altstadterhaltung setzen seither in der Beurteilung neuer Bauvorhaben auf gesetzlich sanktionierbare Kontrollmechanismen, um über den Entwurf hinaus die Realisierung zeitgenössischer Architektur in ihrer geplanten Qualität einzufordern. Die Erweiterung der Universitätsbibliothek an der Karl-Franzens-Universität Graz durch Architekt Thomas Pucher kann als Probelauf dieser Strategie gesehen werden.

Diese schwelende Kontroverse zeigt aber, dass der ausverhandelte Weg des Grazer Altstadtschutzes hin und wieder entlang eines Grates verläuft und zu Brüchen führt; er ist nicht immer restlos geglückt, aber meist sehr ästhetisch und in jedem Fall sehenswert.

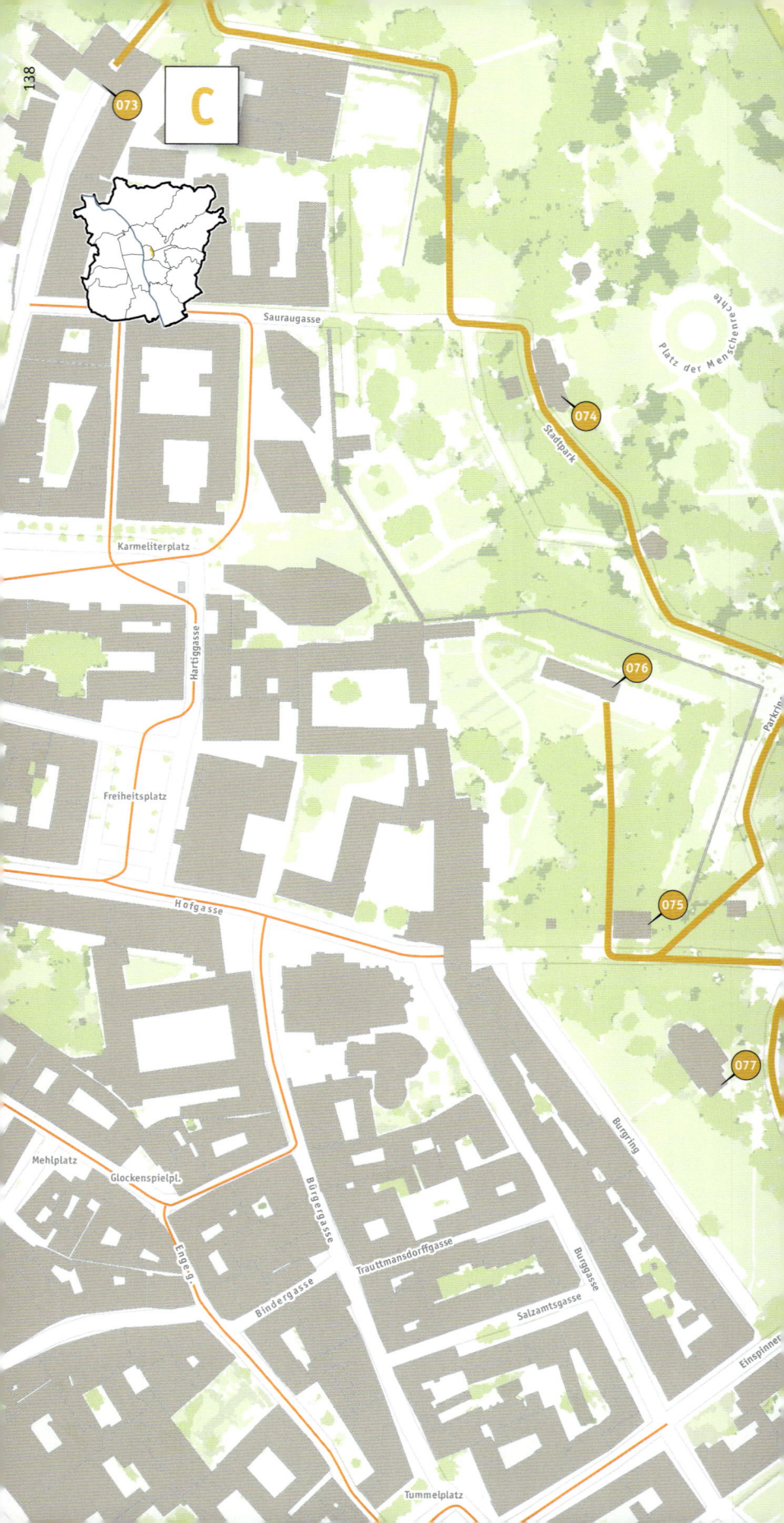

073

C

Sauraugasse

074

Stadtpark

Platz der Menschenrechte

076

Parkring

Karmeliterplatz

Hartiggasse

Freiheitsplatz

075

Hofgasse

077

Burgring

Mehlplatz

Glockenspielpl.

Engeg.

Burgergasse

Trauttmansdorffgasse

Burggasse

Bindergasse

Salzamtsgasse

Einspinner

Tummelplatz

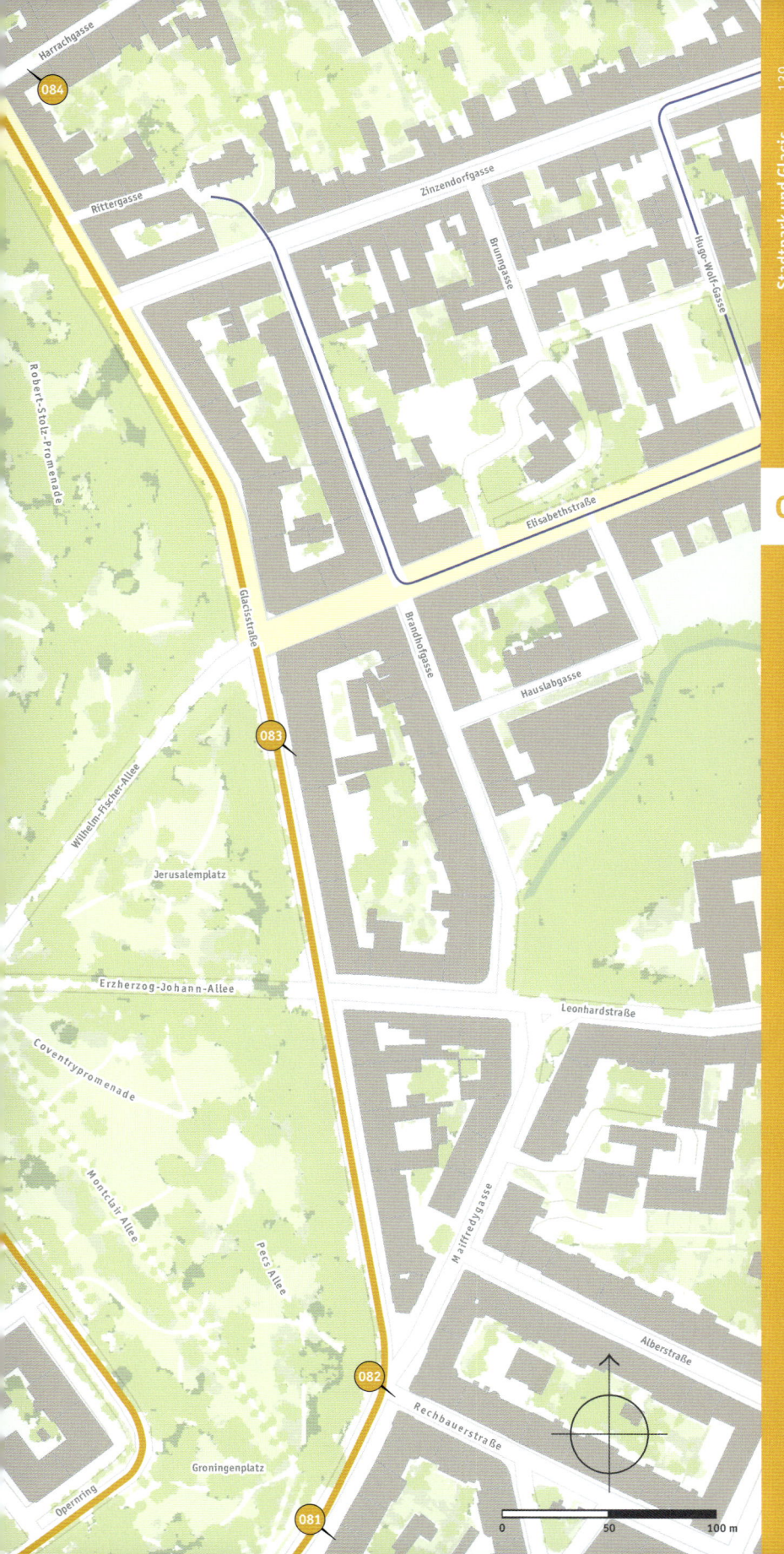

Harrachgasse

084

Rittergasse

Zinzendorfgasse

Brunngasse

Hugo-Wolf-Gasse

Robert-Stolz-Promenade

Elisabethstraße

Glacisstraße

Brandhofgasse

Hauslabgasse

083

Wilhelm-Fischer-Allee

Jerusalemplatz

Erzherzog-Johann-Allee

Leonhardstraße

Coventrypromenade

Montclair-Allee

Pecs-Allee

Maiffredygasse

Alberstraße

082

Rechbauerstraße

Groningenplatz

Opernring

081

0   50   100 m

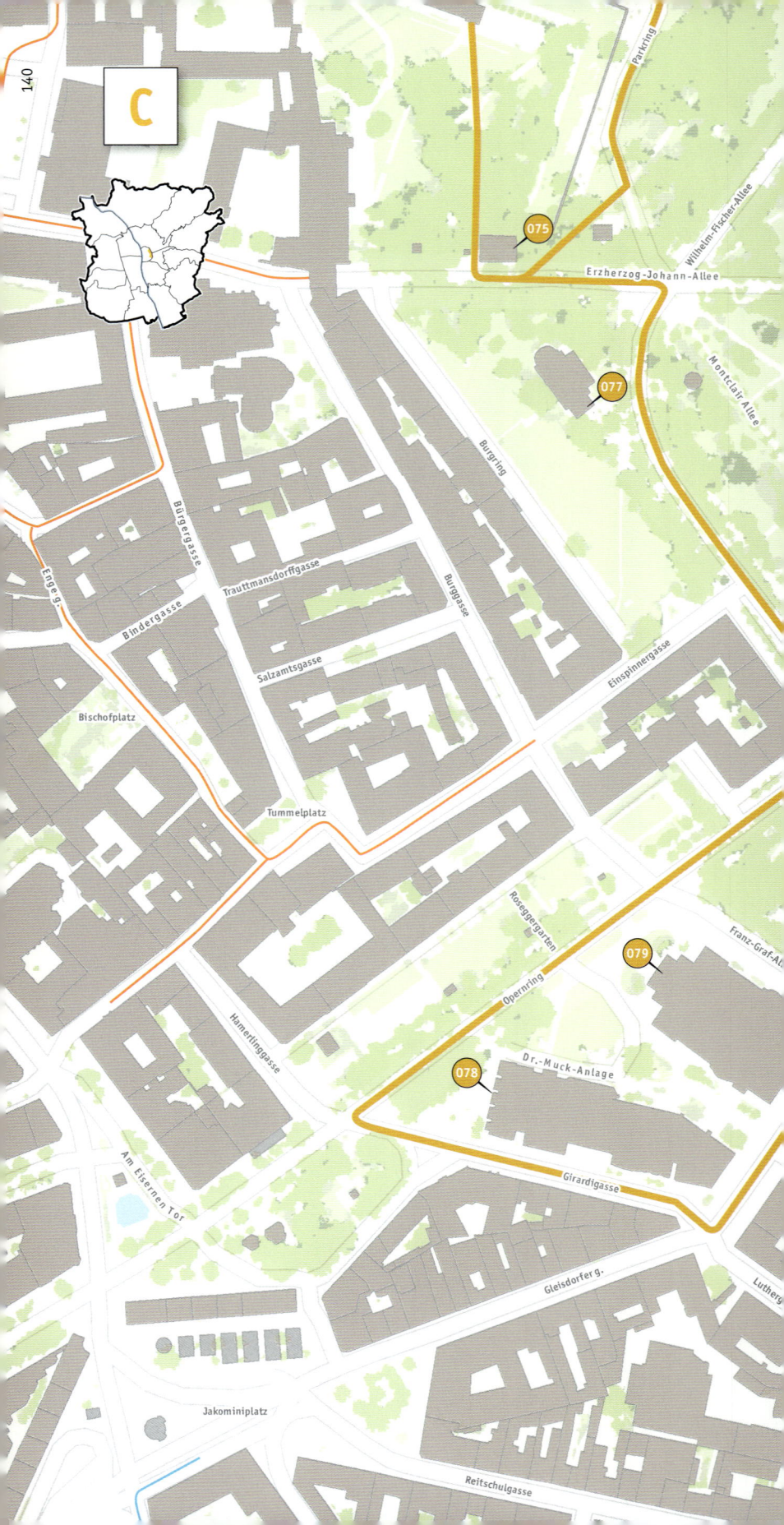

C

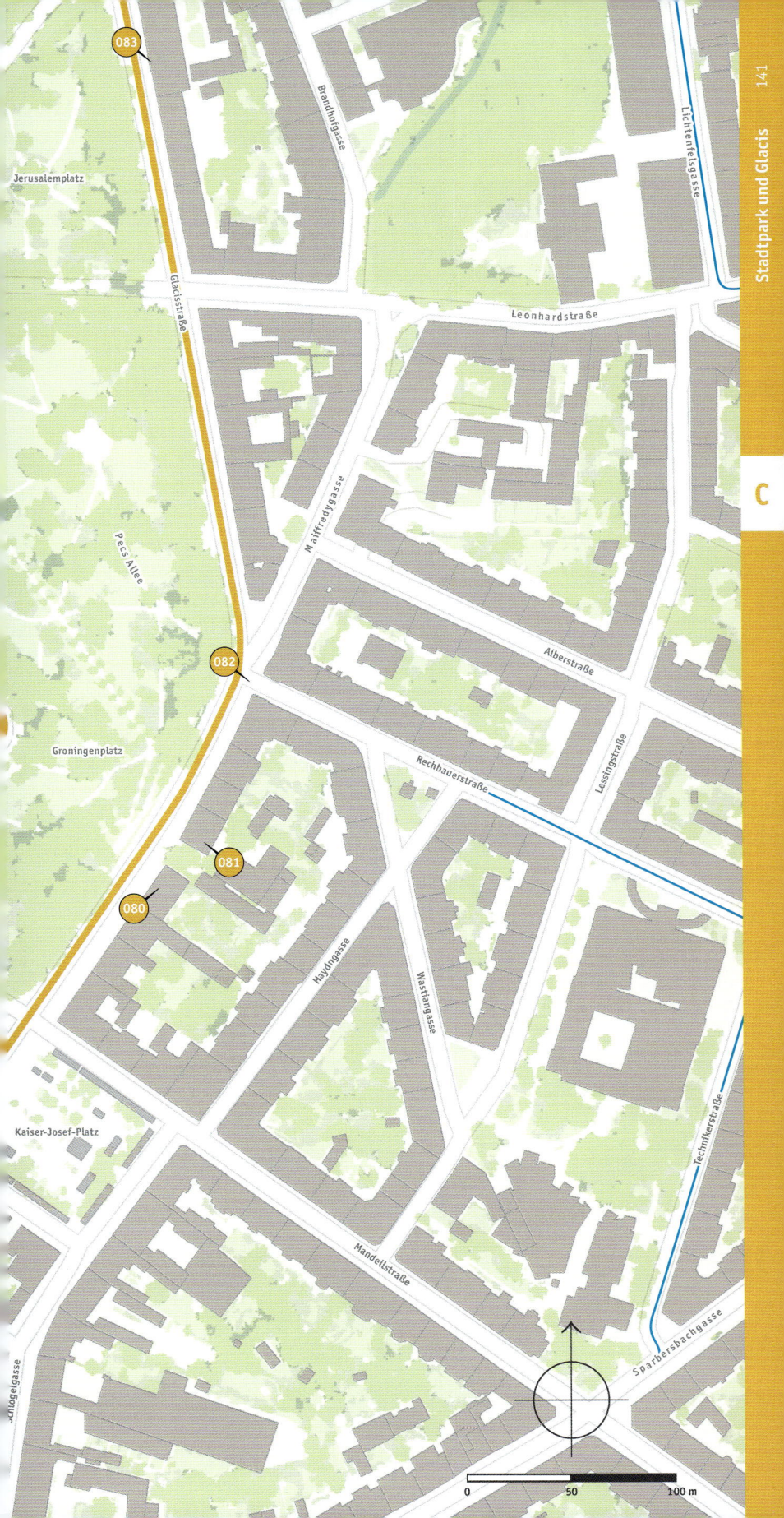

C

Jerusalemplatz

Brandhofgasse

Lichtenfelsgasse

Leonhardstraße

083

Glacisstraße

Maiffredygasse

Alberstraße

Pecs Allee

082

Rechbauerstraße

Lessingstraße

Groningenplatz

081

080

Haydngasse

Wastiangasse

Technikerstraße

Kaiser-Josef-Platz

Mandellstraße

Schlöglgasse

Sparbersbachgasse

0   50   100 m

Stadtpark in Richtung Südwesten mit ehemaliger Burgbastei im Hintergrund

Stadtmauer und Stadtpark
Schwerter zu Baumscheren

Nur Reste zeugen noch von der Grazer Renaissancebefestigung, einst eine der mächtigsten Europas. Errichtet wurde sie ab 1544 auf Geheiß von Ferdinand I. aufgrund der drohenden Türkeneinfälle und der strategisch wichtigen Lage von Graz an einem Murübergang. Der aus Lugano stammende Baumeister Domenico dell'Aglio erbaute 1545 die drei wichtigsten Bastionen (österreichisch auch Bastei) nach oberitalienischem Muster: Burgbastei, Dietrichsteinbastei und Bürgerbastei. Fünfeckige Bastionen wurden dabei durch Kurtinen mit vorgesetzten Ravelins verbunden, wodurch sich komplexe sternförmige Geometrien ergaben. Die geböschten Mauern erhoben sich zehn bis vierzehn Meter über einem breiten, mit Wasser aus der Mur gefüllten Graben. Davor erstreckte sich ein mehrere hundert Meter breiter Streifen unbepflanzter und unbebauter Fläche, das Glacis. Ende des 16. Jahrhunderts erfolgte eine nördliche Stadterweiterung durch die Errichtung zweier weiterer Bastionen (Paulustorbastei und Karmeliterbastei) und das Paulustorviertel entstand. Dies diente nicht nur zum Schutz der Schlossbergflanke, sondern auch der Ansiedlung katholischer Hofbedienstete und Klöster – als Gegenpol zur protestantischen Bürgerschaft. Im späten 17. Jahrhundert wurde der Befestigungsbau eingestellt und daraufhin nur noch die nötigsten Mittel zur Sanierung aufgebracht.

Mit dem Bau der Basteien ging die Anlage von Stadttoren einher. Die ursprünglichen Tore Murtor, erstes Sacktor, Inneres Paulustor und Burgtor (055 B) wurden durch das zweite und dritte Sacktor, das Äußere Paulustor (073 C), das Eiserne Tor, das Neutor und das Franzenstor ergänzt. 1782 erklärte Kaiser Joseph II. Graz zur »offenen Stadt«, die Demolierung der Befestigungsanlagen und der Tore erfolgte aber erst ab der ersten Hälfte des 19. Jahrhunderts und dauerte fast bis zu dessen Ende an. Heute sind nur noch das Äußere Paulustor und das Burgtor erhalten. Landesbaudirektor Martin Ritter von Kink ließ 1860 die Ringstraße anlegen und setzte sich für die Öffnung der Altstadt ein. Der Grazer Bürgermeister Moritz Ritter von Franck unterstützte die Umwandlung des Glacis in einen Park, dessen Grundstein bereits 1797 mit der Pflanzung der Dammallee gelegt worden war, die vom Paulustor bis zum Eisernen Tor dem sternförmigen Wassergraben folgte. 1869 übergab das Militär der Stadt das Glacis, die Dammallee wurde erhalten und so überlagern sich die strengen Geometrien der Stadtbefestigung mit den organischen Formen eines englischen Naturparks, der 1872 eröffnet wurde. Der Plan des damaligen Obergärtners Franz Marauschek dient noch heute als Grundlage der Gartendenkmalpflege. Ein erstes Kaffeehaus, der Vorläufer des heutigen

Festungsgürtel um 1550–1650 (nach Gerald Gänser)

a	Sackbastei	l	Eisernes Tor
b	Drittes Sacktor	m	Landschaftsbastei
c	Zweites Sacktor	n	Dietrichsteinbastei
d	Admonter- oder Ursulinenbastei	o	Burgtor
e	Erstes Sacktor	p	Burgbastei
f	Inneres Murtor	q	Karmeliterbastei
g	Äußeres Murtor	r	Äußeres Paulustor
h	Karmeliterinnenbastei	s	Paulustorbastei
i	Neutorbastei	t	Inneres Paulustor
j	Neutor	u	Bürgerbastei
k	Bürger- oder Adlerbastei	v	Stall- oder Kanonenbastei
		w	Fernbergerbastei

Matthäus Merian, Graz von Süden, 1649

Forum Stadtpark (074 C), wurde 1876 errichtet. In unmittelbarer Nähe befindet sich der Franz-Josef-Brunnen, angefertigt für die Weltausstellung 1873 in Wien, und ein Musikpavillon von 1877. Das heutige *Parkhouse*, die ehemalige Milchtrinkhalle von Hans Hönel, wurde 1928 fertiggestellt. Sein traditionelles Steildach steht im Kontrast zu den modernen Fensterbändern des Rundbaus. Über einem Wasserbecken, das den alten Graben andeutet, erheben sich die Burgbastei und das Befreiungsdenkmal von 1960 in Form eines Adlers. Zwischen Äußerem Paulustor und Burgtor sind die Basteien und Kurtinen noch gut erhalten und die Kernstadt in ihrer ursprünglichen Form begrenzt. Die Fortifikationen Richtung Mur lassen sich höchstens als Kontur der Bebauung erkennen. Seit 1999 steht der gesamte Park unter Denkmalschutz. Zusammen mit dem begrünten Schlossberg legt sich anstelle eines Mauerrings ein Grüngürtel um die Altstadt. *JL*

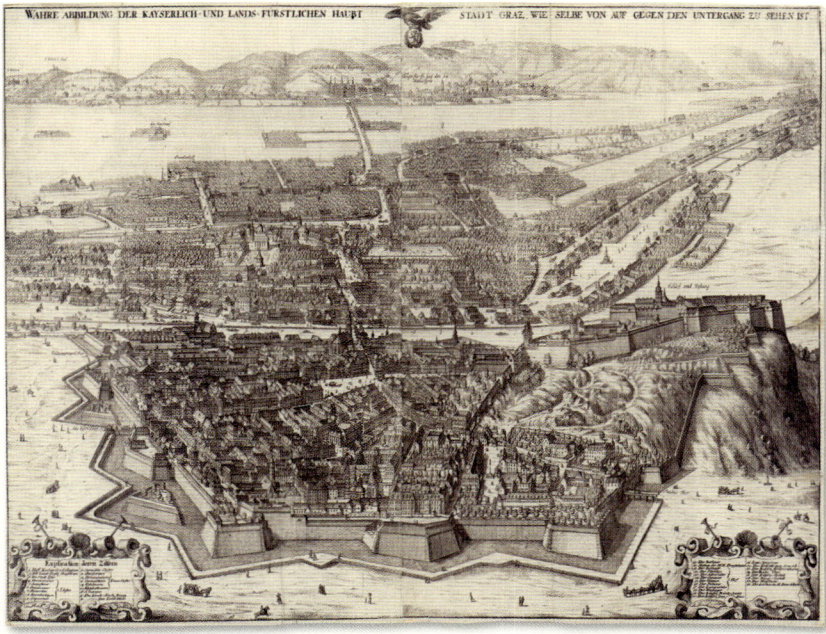

Andreas Trost, Graz von Osten, 1699

Äußeres Paulustor ↑

Paulustorgasse 12
Hans Bertoletto
1614

073 C

Militärischer Zweckbau und herrschaftliches Denkmal in einem: Von den ehemals zahlreichen Grazer Profanbauten des Hauses Habsburg ist das Paulustor eines der wenigen erhaltenen und sicher das beeindruckendste. Die einzige Toranlage der Renaissancebefestigung, welche die Zerstörungen des 19. Jahrhunderts überstanden hat, orientiert sich an Sebastiano Serlios 1551 publizierten Vorschlägen und wurde von 1606 bis 1614 nach Plänen von Hans

Bertoletto errichtet. Das dreigeschossige Torgebäude basiert auf einem rechteckigen Grundriss mit kleinem Innenhof und ist mit einem Walmdach gedeckt. An der Nordseite hebt sich von der zurückhaltenden Ziegel- beziehungsweise Putzfassade des Gebäudes die mit Stein verkleidete Schauseite des eigentlichen Tors ab. Mit einem Rundbogen im Zentrum, seitlichen rechteckigen Durchgängen und vier gebänderten Kolossalpilastern ist es in drei Achsen gegliedert, was dem Tor den Charakter eines Triumphbogens verleiht. Auf die doppelte Funktion als sowohl militärisches als auch herrschaftliches Bauwerk geht auch die lateinische Inschrift unter

den Reliefwappen ein: »Von den österreichischen Erzherzogen Ferdinand und Maria Anna ist dieses Bollwerk zum Heile des Vaterlandes zur Abwehr gegen feindliche Einfälle und zur Erhaltung des Andenkens an beider Namen von Grund auf errichtet worden.« *SK*

Forum Stadtpark ↓

Stadtpark 1
Werner Hollomey, Peter Zinganel, Ernst Giselbrecht
1960, 2000

074 C

Die junge Grazer Kunstszene suchte in der reaktionären, noch weitgehend von ehemaligen Nazis dominierten Nachkriegskultur nach einem Zentrum für ihr Wirken. 1959 erkämpfte sich der Künstlerverein *Junge Gruppe* unter der Leitung von Günter Waldorf das zum Abbruch bestimmte Stadtparkcafé aus dem 19. Jahrhundert. Im selben Jahr wurde das Forum Stadtpark als Vereinigung neun verschiedener

← Sebastiano Serlio, *Regole generali di architettura*, 1551

Kunstsparten gegründet, darunter bildende Kunst, Architektur, Literatur, Film und Fotografie. Gründungsmitglied Werner Hollomey erhielt den Auftrag, das sanierungsbedürftige Kaffeehaus in einen zeitgenössischen Kulturbau umzuwandeln. Das strikte Bauverbot im Stadtpark erlaubte keine Veränderungen des T-förmigen Grundrisses; daher sah sich Hollomey gezwungen, den eingeschossigen Bau unterirdisch für neue Räume zu erweitern. Der in Richtung Stadtparkbrunnen vorspringende Saal im Erdgeschoss öffnet sich über die neu errichtete Glasfassade zum Grünraum hin und bildet als Mehrzweckraum bis heute das Herzstück des 1960 fertiggestellten Hauses. Wegen Platzmangel erfuhr der Bau durch Peter Zinganel und Ernst Giselbrecht im Jahr 2000 eine Aufstockung, die dem Gebäude ein neues Gesicht verlieh – eine filigrane Metallrahmenstruktur wächst über den T-förmigen Grundriss hinaus und ergänzt ihn optisch zu einem Quader. Dessen Leichtigkeit verweist auf Transparenz und Offenheit sowohl des architektonischen als auch inhaltlichen Programms der Künstlervereinigung, die als eine der wichtigsten avantgardistischen Institutionen Österreichs mittlerweile legendären Status genießt. *AN*

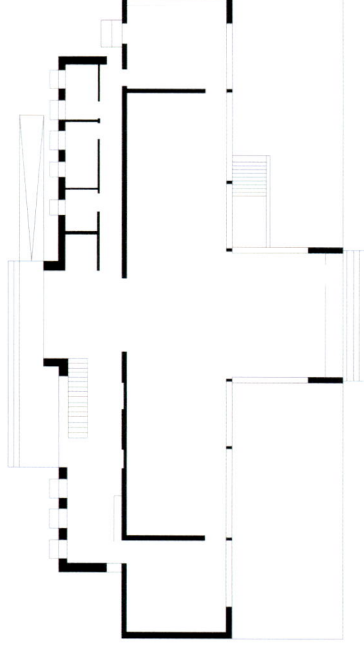

Graz: Hauptstadt der Avantgarde!?

Martin Walpot

Vor über 50 Jahren formulierte Wolfgang Bauer, einer der bedeutendsten österreichischen Dramatiker, eine bis heute gültige, für seine Verhältnisse milde Definition von Graz:»Fern liegt Graz im Dunst. Seine Größe ist unbestimmt. Eine verschwommene Wolke, die alles erwarten lässt. Prunkstadt, Residenzstadt, Industriestadt, erloschene Stadt? Was könnte das sein?«

Dass viele Schriftsteller und Kunstschaffende der Nachkriegszeit mit einer positiven Zustandsbeschreibung der Stadt ihre Mühe hatten, lag an einem politisch-reaktionären, zutiefst kunstfeindlichen Umfeld. Noch in den frühen Sechzigerjahren wurden bekannte nationalsozialistische Schriftsteller wie Max Mell, Josef Papesch oder Franz Nabl mit offiziellen Literaturpreisen des Landes Steiermark bedacht.

Forum Stadtpark und *manuskripte*

Diesem antimodernistischen und antidemokratischen Establishment sagte die aufkeimende Grazer Literatur- und Kunstszene daraufhin den Kampf an. Im Namen der Avantgarde, sich im Zeichen des Fortschritts gegen bestehende politische Verhältnisse oder vorherrschende kulturelle sowie künstlerische Normen aufzulehnen, versammelte sich 1958/1959 eine Künstlergruppe um Günter Waldorf, um das baufällige Grazer Stadtpark-Café dauerhaft mit Kunstveranstaltungen zu bespielen. Im selbstverwalteten Forum Stadtpark konnten die Avantgarden der Literatur, bildenden Kunst, des Films, der Fotografie, der Architektur und der Musik fortan ausstellen und aufführen. Die zur selben Zeit gegründete Literaturzeitschrift

manuskripte des Forum Stadtpark widmete sich der Wiederentdeckung dessen, was die Nationalsozialisten verbannt und verbrannt hatten, und der Entdeckung neuer Autoren.»Die experimentierende kritische Intelligenz versammeln«, formulierte Herausgeber Alfred Kolleritsch das Ziel. Der Nährboden für ein in Österreich bis heute unvergleichliches literarisches Erblühen war geschaffen, der die Provinz Graz international zur österreichischen »Hauptstadt der Literatur« machte. Die Provinz, weniger geografisch, sondern als Zustand, als Geisteshaltung, zeichne Graz aus: Laut Peter Weibel, dem ehemaligen Kurator der Neuen Galerie Graz, scheint maßstabsetzende Literatur »eine Abneigung gegen jene Metropolen der Macht zu haben, wie sie von Politikern geschaffen werden. (...) Selbstverwaltung ist daher zusammen mit Dezentralisation ein entscheidender Moment im Aufstand gegen die Macht, wie sie Politik von der Metropole aus diktiert.« Im reaktionären Wien konnte die Wiener Gruppe damals selbst nicht oder nur kaum publizieren. Wohl eines der wichtigsten Werke der österreichischen Literatur des 20. Jahrhunderts, Oswald Wieners *die verbesserung von mitteleuropa*, erschien zwischen 1965 bis 1969 in den *manuskripten*.

Manuskripte, Forum Stadtpark und die 1973 gegründete Grazer Autorenversammlung schufen ein Erfolgssprungbrett für Autoren der sogenannten Grazer Gruppe wie (die spätere Nobelpreisträgerin) Elfriede Jelinek, Peter Handke, Wolfgang Bauer, Gunter Falk, Gerhard Roth, Ernst Jandl, H. C. Artmann, Barbara Frischmuth, Reinhard P. Gruber, Peter Rosei, Werner Schwab und viele mehr.

Trigon und steirischer herbst

Inspiriert von der Entwicklung der Grazer Literaturszene, bildeten sich interdisziplinäre Foren für experimentelle Kunst. 1963 wurde vom damaligen Kulturlandesrat Hanns Koren die Dreiländer-Biennale *trigon* ins Leben gerufen, um das aktuelle Kunstschaffen Österreichs, Italiens und Jugoslawiens zu repräsentieren. Wilfried Skreiner, Kunsthistoriker, Professor für moderne und zeitgenössische Kunst an der Universität Graz und Leiter der Neuen Galerie am Landesmuseum Joanneum (1966–1992) öffnete mit den Veranstaltungs- und Ausstellungsreihen *Internationale Malerwochen in der Steiermark* und *trigon* den Diskurs zur bildenden Gegenwartskunst. Skreiner, der anfangs konzeptuelle Strömungen gefördert hatte, wurde

manuskripte, Nr. 21, 1968, Cover

ab Ende der Siebzigerjahre zum landesweit wichtigsten Promoter der Neuen Wilden, zu denen damals unter anderem die aus Graz beziehungsweise der Steiermark stammenden Künstler Erwin Bohatsch, Herbert Brandl, Alois Mosbacher, Hubert Schmalix und Erwin Wurm zählten.

Trigon gilt als Wegbereiter für den ebenfalls durch ÖVP-Politiker Hanns Koren gegründeten *steirischen herbst*: Das seit 1968 jährlich stattfindende Mehrspartenfestival stellt, als ältestes Avantgardefestival Europas, bis heute die einzige kontinuierliche heimische Plattform für experimentelle Künste dar und steht programmatisch für den internationalen Ruf von Graz als Stadt der Avantgarde. Das Bemerkenswerte daran ist, dass der *steirische herbst* wie viele andere avantgardistische Institutionen vonseiten konservativer Politiker gegründet worden ist. Hanns Koren sah das nicht als Widerspruch. Für ihn war der *steirische herbst*

Karl Neubacher, Plakat *steirischer herbst*, 1972

erst in seiner Funktion als Gegenüberstellung der Pole »Traditions- und Landesbewusstsein« und »der Öffnung in die Welt hinein, zur Moderne« zu verstehen. Dort, »in der Symbiose von Wissenschaft und Kunst mit der Aufgeschlossenheit für das Aktuelle in der Welt« und dem Mut zur Konfrontation liege erst die Spannung.

Viele weitere private und institutionelle (Künstler-)Vereinigungen folgten, blickten hinaus über die Grenzen des Landes und der Kultur: Das 1975 von Manfred Willmann ins Leben gerufene Referat Fotografie im Forum Stadtpark, das in die ab 1980 von Christine Frisinghelli zusammen mit Willmann herausgegebene Fotografiezeitschrift *Camera Austria* mündete, oder der 1986 von dem Galeristen Peter Pakesch und ÖVP-Kulturstadtrat Helmut Strobl gegründete Grazer Kunstverein machten Graz bis in die späten Achtzigerjahre zum vielgestaltigen internationalen Kunst- und Medien-Hotspot. Spätestens der Künstlerzusammenschluss *Lord Jim Loge* (1985–1997), zu dessen Mitgliedern neben Jörg Schlick, Walter Grond, Wolfgang Bauer und Niki Lauda auch der international vielbeachtete Maler, Bildhauer und Performancekünstler Martin Kippenberger zählte, verschaffte als »Männerbund des genuinen Widerstands gegen Denk- und Verhaltensschablonen« der Grazer Avantgarde mit der 1991 gegründeten Zeitschrift *Sonne Busen Hammer* über Normen und Grenzen hinweg Gehör.

Kulturhauptstadt statt Avantgarde

Aufgrund finanzieller Schwierigkeiten durch veränderte kulturpolitische Bedingungen sahen sich in den Neunzigerjahren viele steirische Kunst-, Kultur- und Literaturbetriebe in einer Umbruchsphase. Linz gründete zudem das Festival *Ars Electronica* (1979), der unabhängige Kulturverein SZENE Salzburg rief das Avantgardefestival *Sommerszene* ins Leben, das sich in den Siebziger- und Achtzigerjahren zum internationalen Kultur- und Tanztheaterfestival entwickelte, und das literarische Leben in Wien erwachte. Graz, einst Vorreiter der heimischen Avantgarde, ordnete sich plötzlich ein unter vielen.

Camera Austria, Nr. 1, 1980, Cover

Unter Filippo Tommaso Marinettis 1912 postulierter Prämisse, die »avantgardistische Kunst stehe unter der Notwendigkeit, sich selbst zu zerstören«, erfand sich Graz 2003 als Kulturhauptstadt Europas mit politischer Hilfe daraufhin neu. Vorbei die Zeiten der Konfrontation, in denen eine Mischung aus Zustimmung und Ablehnung, Beifall und Missfallen den Erfolg von Graz bildeten.

»Graz darf alles«, hieß es auf einem Kulturhauptstadt-Prospekt. »Hoffentlich darf die Stadt nicht nur alles, sondern tut auch alles, für sich und damit für uns«, antwortete Literaturwissenschaftler Jörg Drews in einem in *Graz von außen* erschienenen Text. Zumindest tut Graz alles, um sich symbolhaft modern zu geben – mittels Architektur (Kunsthaus, Murinsel, neue Zentrale des Universalmuseums Joanneum, Stadthalle usw.) oder seiner Rolle als *UNESCO City of Design* (seit 2011). Die Lösung aus der Erstarrung eines überholten Avantgarde-Begriffs, wie es auf der Website des Forums Stadtpark nachzulesen ist, mag ein notwendiger, ja ein wichtiger Schritt gewesen sein. Dennoch hat die Stadt Graz seitdem stark an ihrer Strahlkraft und Bedeutung im kritisch-experimentierfreudigen Kunst- und Kulturgeschehen verloren und sollte, wie einst Wolfgang Bauer, sich erneut die Frage stellen: Graz – »Was könnte das sein?«

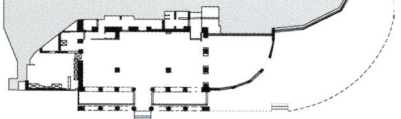

Tieren und üppigen floralen Mustern an den Wänden einen fast schon barocken Kontrast zum klassizistischen Äußeren. Als Assoziation zur Erforschung exotischer Länder sollen sie an Ereignisse aus der Erbauungszeit des Gebäudes erinnern. *PK*

Orangerie d'Or ↓

076 C

Hofgasse 13, 15
k. k. Baudirektion, SPLITTERWERK, GRAZT Architektur
1843, 2005

Café Promenade (ehem. Burgwachhaus) ↑

075 C

Erzherzog-Johann-Allee 1
Franz Xaver Aichinger, Hans Hönel, Walter Tanos, Atelier Thomas Pucher
1836, 1870, 1932, 1994, 2015

Ursprünglich als Burgwachhaus 1836 errichtet, zählt das Café *Promenade* zu den bedeutendsten Bauten des Klassizismus in Graz. Mit der klassisch-antiken dorischen Säulenfront und dem von Triglyphen geschmückten Gebälk entlang der Schauseite zur Erzherzog-Johann-Allee lehnte Franz Xaver Aichinger diesen Entwurf wohl an Peter Nobiles Theseustempel im Wiener Volksgarten an. Bereits 1870 wurde die Fassade hinter der Säulenhalle abgerissen und die vorgesetzte Kolonnade durch Verglasungen geschlossen, um den vergrößerten Innenraum zum Kaffeehaus *Promenade* umzugestalten. Neben dem Anbau einer Terrasse von Hans Hönel im Jahr 1932 erlangte das Café 1994 durch die von Walter Tanos geplante Erweiterung in Richtung Osten sein heutiges äußeres Erscheinungsbild. Der Innenraum bildet seit der vom Atelier Thomas Pucher entworfenen Neugestaltung im Jahr 2015 mit den tropischen

Mit ihren gemauerten Seitenrisaliten und dem gläsernen Mittelteil ist die spätklassizistische Orangerie d'Or der Blickfang des einstigen Lustgartens der Burg, dessen erhöhte, versteckte Lage sich auch heute perfekt für exklusive Feste eignet. Ursprünglich diente das von der k. k. Baudirektion 1843 geplante Gewächshaus zur Überwinterung von exotischen Pflanzen. Am nördlichen Ende des Parks errichtet, schließt es den 1568 als formale Barockgartenanlage entworfenen Burggarten, der erst um 1860 in einen englischen Landschaftspark umgestaltet wurde, zur Mauer der Burgbastei hin ab. Über die Jahre stark vernachlässigt, wurde das Glashaus von den Architekturbüros SPLITTERWERK und GRAZT Architektur 2005 renoviert und zu einem Festsaal umgestaltet. Die zwei flankierenden biedermeierlichen Blöcke werden nun als Eingangsfoyer und Cateringbereich genutzt. Entlang der beinah vollständig verglasten Südfront glänzt der zentrale Hauptsaal in seiner neuen goldenen Hülle aus beschichteten MDF-Platten. Die Entwurfsidee bestand darin, durch die ornamentale Musterung und die verschieden reflektierenden Goldtöne die raumbegrenzenden Elemente aufzubrechen und den Saal thermisch zu verbessern. *PK*

C

Künstlerhaus, Halle für Kunst & Medien

Burgring 2
Robert Haueisen,
Bramberger architects
1952, 2013

077 C

Welche geradezu kultische Verehrung die Kunst und ihre Schöpfer in der Nachkriegszeit genossen, spiegelt sich im sakralen Grundriss des von 1951 bis 1952 erbauten Künstlerhauses wider. Nach jahrelangen Debatten beauftragte das Land Steiermark Robert Haueisen, eine Ausstellungshalle für zeitgenössische Kunst zu entwerfen. Angelehnt an den basilikalen Bautypus des Wiener Secessionsgebäudes entwickeln sich entlang einer Symmetrieachse Vorhalle und Ausstellungsräume, welche an ein kirchliches Hauptschiff mit Seitenschiff und Apsis erinnern. Die repräsentative Freitreppe und der an eine Tempelfront erinnernde symmetrische Eingang des freistehenden Stahlskelettbaus verflechten moderne mit klassizistischen Elementen. Die Belichtung erfolgt über gerasterte Glasdecken, wodurch die Wände des White Cube geschlossen bleiben können. In spannendem Wechselspiel dazu tritt die verglaste Vorhalle offen und einladend auf. Da der in die Jahre gekommene Kulturbau den zeitgemäßen Bauanforderungen nicht mehr gerecht war, wurde er ab 2010 vom Büro BRAMBERGER architects generalsaniert und 2013 unter dem Namen *Künstlerhaus, Halle für Kunst & Medien* wiedereröffnet. Mittels feinfühliger Eingriffe gelang es den Architekten, bei der Schaffung von Barrierefreiheit, Aufwertung der Haustechnik und Verbesserung der Bausubstanz den Charakter der Fünfzigerjahre zu erhalten. Als für den Gesamteindruck wesentliche Zeitzeugen wirken Details wie die zarten, verspielten Treppengeländer oder die Linienführung der Bänder des ursprünglichen Holzzementestrichbodens. *AN*

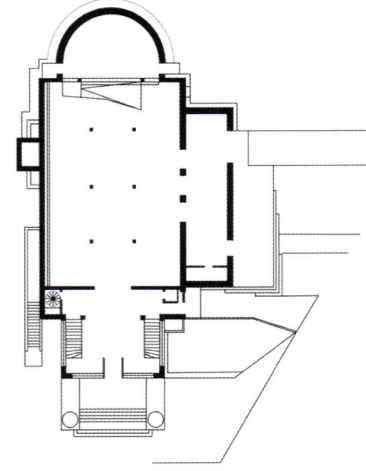

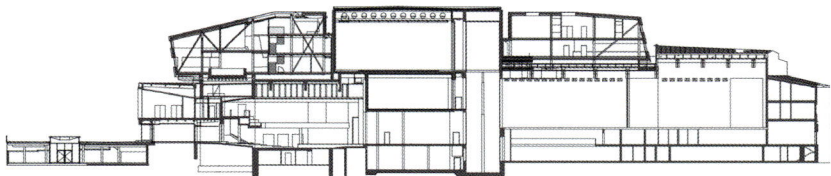

Thalia

078 C

Opernring 5 a/Girardigasse 1, 3
*Josef Mixner, Christian Jürg,
Rudolf Vorderegger, Gunther
Wawrik, Szyszkowitz-Kowalski,
sam-architects*
1861, 1957, 1984, 1992, 2013

Als geschlossenes Ensemble fügt sich der Kulturkomplex *Thalia* leider nicht in das historische Stadtzentrum ein. Eine lange Bau- und Nutzungsgeschichte spiegelt sich im inhomogenen Erscheinungsbild der aneinandergereihten Gebäudeteile wider, welche paradoxerweise ihren Namen der Muse der Dichtkunst und des Lustspiels verdanken. Vom regelmäßigen zwölfeckigen Zirkusbau und späteren Thalia-Theater von Josef Mixner und Christian Jürg aus dem Jahr 1861 blieben nur das Bühnenhaus und die zweigeschossigen Nebengebäude. Während der östliche Teil für Wohnungen und Geschäfte genutzt wurde, zogen in den westlichen Teil 1957 nach einem Umbau durch den Wiener Architekten Rudolf Vorderegger die Thalia-Betriebe mit Kino, Club- und Tanzcafe ein. Im Erdgeschoss bietet die rückspringende Glasfassade einen fließenden Übergang zwischen Foyer und Terrasse, die auf einem seitlich mit Stainzer Platten verkleideten Sockel liegen. Der auf sieben Stützen ruhende Quader des Tanzsaals richtet sich mit seinen geschosshohen, von vertikalen Betonlamellen geteilten Panoramafenstern zum Opernring. Der anschließende Kinosaal dockt an das Bühnenhaus an und wird über einen südlichen, auf vier Stützen liegenden Quader erschlossen. 1984 folgte von Gunther Wawrik der Erweiterungsbau der Oper als östlicher Abschluss des Blocks, welcher sich mit schlichter, geschlossener Fassade dem repräsentativen Gebäude optisch unterordnet. Nachdem in den Sechzigerjahren auch die *Thalia* vom Aussterben der Kinos betroffen war, verwandelte sich das leerstehende Foyer zu einem Kaffeehaus, das 1992 von Michael Szyszkowitz und Karla Kowalski um westlich vorspringende Glaskuben erweitert wurde. Auch den ehemaligen Kinosaal gestalteten die beiden drei Jahre später für das Jugendtheater *Next Liberty* um und fügten nördlich einen gläsernen Kubus als Foyer und einen Treppenturm hinzu. Um die heterogenen Gebäude optisch zu verschmelzen, setzte das Kremser Büro sam-architects von 2011 bis 2013 skulpturale, seitlich abgeschrägte Volumina um den Bühnenturm auf den Gesamtkomplex. Die türkise Außenhaut aus Lochblech setzt einen selbstbewussten Kontrapunkt zur Dachlandschaft der Oper. *AN*

Eine Geschichte mit Happy End?
Kunst im öffentlichen Raum von Graz

Margareth Otti

Graz bietet eine Fülle von zeitgenössischen Kunstprojekten im öffentlichen Raum. Einige entstanden aus ursprünglich temporär geplanten Interventionen des *steirischen herbst*, des seit 1968 jährlich stattfindenden interdisziplinären Kunstfestivals. Die Entstehungsgeschichte der Projekte erzählt von der Zusammenarbeit von Menschen der Kunst, Politik und Presse, aber auch von Kunstfeindlichkeit und politischer Aggression. Neben anderen Kulturvereinen und Institutionen bemüht sich das 2006 gegründete Institut für Kunst im öffentlichen Raum als Abteilung des Universalmuseums Joanneum um die Realisierung von Projekten in Graz und in der Steiermark. Besonders viel ist dem Kurator Werner Fenz (1944–2016) zu verdanken.

Das *Lichtschwert* neben dem Opernhaus übernimmt die Innenkonstruktion, die originale Höhe (54 Meter) sowie die Symbolik der New Yorker Freiheitsstatue und ist eine der einst heftig bekämpften und nach den Jahren mit Stolz präsentierten Skulpturen in der Altstadt. Hartmut Skerbisch entwarf im *steirischen herbst* 1992 zum Thema *America Nowhere* die Stahlskulptur; ihr Name stammt aus Franz Kafkas unvollendetem Roman *Der Verschollene (Amerika)* von 1927.

Serge Spitzers *Brunnenwerk* von 1985 bezieht sich ebenso auf eine innere Struktur: Das Rohrsystem des Franz-Joseph-Brunnens im Stadtpark wurde in Roststahl konstruiert und auf den Kopf gestellt.

Die schräg stehende Skulptur am Platz der Menschenrechte, von der Bevölkerung »der rostige Nagel« genannt, erhitzte die Gemüter sogar bis zu einer von der FPÖ initiierten »Anti-Nagel-Bürgerinitiative«, zu einer nächtlichen Sägeattacke und den Plänen, das ortsspezifische Kunstwerk an den Stadtrand zu versetzen.

Geschichte als Provokation

Wie provozierend Kunst im öffentlichen Raum wirken kann, zeigt Hans Haackes nicht mehr existierende Arbeit *Und ihr habt doch gesiegt* von 1988 an der Mariensäule am Eisernen Tor. Im 17. Jahrhundert errichtet, erinnert die Mariensäule an den Sieg über die Türken in der Schlacht bei Mogersdorf 1664. Haacke rekonstruierte, von Werner Fenz zum Thema *Bezugspunkte 38/88* eingeladen, detailgetreu einen von einer Feuerschale bekrönten Obelisken, der am 25. Juli 1938 vom NS-Regime zur Verleihung des Titels *Stadt der Volkserhebung* aufgestellt worden war und die Mariensäule ummantelte. Die Aufschrift »Und Ihr habt doch gesiegt« erinnerte an den Putschversuch der österreichischen Nationalsozialisten vom 25. Juli 1934 und an den niedergeschlagenen Nazi-Aufstand in München von 1923. Haackes Ergänzung bestand in einer Auflistung der Opfer des NS-Regimes:»Die Besiegten in der Steiermark: 300 getötete Zigeuner, 2.500 getötete Juden, 8.000 getötete oder in der Haft verstorbene politische

Gefangene, 9.000 im Krieg getötete Zivilisten, 12.000 Vermisste, 27.900 getötete Soldaten« und einer Plakatwand. Darauf fanden sich Zeitungsausschnitte und Zeitdokumente aus dem Jahr 1938 wie zum Beispiel Heiratsanzeigen und Stellengesuche von »Ariern« oder Vorlesungen zu »Neuer Rassenlehre«. Die Installation rief heftige Reaktionen der Bevölkerung und zahlreiche Vandalenakte hervor, die schließlich trotz Bewachung in einem neonazistischen Brandanschlag

gipfelten, bei dem Haackes Arbeit zerstört und die Mariensäule schwer beschädigt wurde.

Jochen Gerz entwickelte 2008 textbasierte Arbeiten zum politischen Machtmissbrauch in der NS-Zeit. In der Arbeit *ICH SIGFRIED UIBERREITHER LANDESHAUPTMANN* ziehen sich von Uiberreither an den Passanten gerichtete Fragen über den Bogen des Grazer Burgtors nahe dem Sitz der Landesregierung. Uiberreither war für die Deportierung der steirischen

Hartmut Skerbisch, *Lichtschwert***, 1992**   **Serge Spitzer,** *Brunnenwerk***, 1985**

Hans Haacke, *Und ihr habt doch gesiegt, steirischer herbst*, 1988

Catrin Bolt, *Lauftext-Mahnmal*, 2013

Juden, die brutale Germanisierung Sloweniens und zahlreiche Massenhinrichtungen verantwortlich. Nach Kriegsende floh er vor dem ihm in Jugoslawien drohenden Todesurteil und arbeitete bis zum Beginn der Sechzigerjahre unter dem Namen Friedrich Schönharting in einer Kühlmaschinenfirma in Sindelfingen. Die im März 2010 als zweite Ebene des Projekts installierten Bild- und Texttafeln im öffentlichen Raum stehen nicht mehr.

Im Griesviertel realisierte Catrin Bolt 2013 ein temporäres Projekt in Form eines Textbandes auf den Gehwegen und Straßen, das noch in Fragmenten sichtbar ist. Zum Gedenkjahr der Novemberpogrome 1938 zitiert sie den brutaler Gewalt ausgesetzten Oberrabbiner David Herzog. Sein Bericht jener grauenvollen Nacht zieht sich von seinem Wohnhaus in der Radetzkystraße bis zum Griesplatz; jene Strecke, auf der Herzog misshandelt und durch die Stadt gejagt wurde. Hier wurde eine Chance vergeben, ein temporäres Kunstwerk zu einem bleibenden werden zu lassen. Diese Arbeit zeigt, wie Graz noch einer intensiven historischen Aufarbeitung harrt und wie besonders Erinnerungsprojekte von politischen Entscheidungsträgern statt ins Zentrum gerne an den Rand von Bedeutung und Stadtraum gedrängt werden.

Heftige Kontroversen wie über Hans Haackes *Und ihr habt doch gesiegt* um die Aufarbeitung der Geschichte der Stadt finden sich gegenwärtig nicht mehr; die Aufregung hat sich gelegt – kann man dies als Happy End bezeichnen? Denn viele Denkmäler und Straßennamen huldigen noch immer fragwürdigen Persönlichkeiten der Vergangenheit.

Eine Metropole öffentlicher Kunst

Andererseits sucht die Fülle und Qualität von Kunstwerken im öffentlichen Raum seinesgleichen und braucht keinen Vergleich zu scheuen. Das interessierte Publikum kann vom Joanneumsviertel (wo sich Arbeiten von Joseph Kosuth, Lois Weinberger und Michael Schuster befinden) bis über die Stadtgrenzen hinaus Werke von international renommierten Künstlern und einigen wenigen Künstlerinnen an Plätzen, Gebäuden, in sakralen Räumen und versteckten Orten entdecken.

Im Griesviertel etwa gestaltete Hermann Glettler, von 1997 bis 2016 dortiger Pfarrer und seit 2017 Bischof von Innsbruck,

Jochen Gerz, *ICH SIGFRIED UIBERREITHER LANDESHAUPTMANN*, 2008

C

die Kirche St. Andrä und den umgebenden Park zum Ort zeitgenössischer Kunst. Ein Geheimtipp verbirgt sich im öffentlich zugänglichen Mausoleum Kaiser Ferdinands II. neben dem Grazer Dom. Neben Werken von Ruth Schnell und John Pawson findet man in der Gruftkammer im Untergeschoss ein 2018 gemaltes Fresko einer genmutierten Blume des belgischen Künstlers Luc Tuymans. Anna Jermolaewas ironisches *Monument to a Destroyed Monument* von 2016 bereichert den Campus der Universität Graz. Esther Stocker gestaltete 2008 ihre geometrische *Wandarbeit Nr. 19* als Kontrapunkt

zum organischen Kunsthaus an dessen Rückseite. Mit etwas Glück gerät man in partizipative oder performative Projekte wie zum Beispiel vom Künstlerinnenduo RESANITA oder man besucht für ein geballtes Kunst- und Gartenerlebnis den Österreichischen Skulpturenpark in Premstätten südlich von Graz.

Die Selbstverständlichkeit, mit der einem zeitgenössische Kunst im Grazer Stadtraum begegnet, kann man als Erfolg jahrelanger Bemühungen werten, alternative Sehweisen in der Öffentlichkeit zu etablieren. Insofern vielleicht doch: ein Happy End.

Anna Jermolaewa, *Monument to a Destroyed Monument*, 2016

RESANITA, Aktion zur Präsentation der Publikation *Kunst im öffentlichen Raum, Projekte 2011*, 2013

Oper (ehem. Stadttheater)

Kaiser-Josef-Platz 10
Fellner & Helmer,
Gunther Wawrik
1899, 1947, 1985

Eine von vielen – und doch einzigartig! Nicht weniger als 48 Theater- und Opernhäuser zählen zum Vermächtnis der scheinbar unermüdlichen Wiener Architekten Ferdinand Fellner und Eduard Helmer. Kurz vor Ablauf des 19. Jahrhunderts lässt sich das Grazer Bürgertum einen regelrechten Palast zur kulturellen Selbstdarstellung errichten. Bis zur Restaurierung 1947 als Stadttheater betitelt, konstatiert die Grazer Oper in vielerlei Hinsicht ihre Sonderstellung: Aufgrund des rückseitig gelegenen Kaiser-Josef-Platzes ist sie neben dem Theater in Zagreb der einzige von Fellner und Helmers Bauten, der zu beiden Seiten eine neobarocke Schaufassade

erhält. Auch die vollständige Ausführung in behauenem Sandstein ist einmalig im Grazer Stadtraum. Da in diesem der größte deutsche Barockarchitekt Johann Bernhard Fischer von Erlach kein einziges Gebäude hinterlässt, fordert das Baukomitee ein Bauwerk, dessen Formenvokabular den berühmten Sohn der Stadt zitiert. In dieser Form erhofft sich das deutschnationale Graz ein Theater im »echt österreichischen« Stil. In den gekuppelten Ecksäulen, den feinfühligen Übergängen der Grenzflächen und der Betonung ausgewählter Punkte wie der figuralen Fensterbekrönung der Seitenrisalite findet sich dieser Anspruch wieder. Bis zum Zweiten Weltkrieg ziert ein Portikus das Hauptportal im Westen, der sich an der dem Marktplatz zugewandten Ostfassade als flächiges Abbild wiederfindet. Nach Bombenzerstörungen im Krieg fällt das Original der radikalen Vereinfachung von Gebäuden

im Wiederaufbau zum Opfer. Die längs-
seitigen Risalite umrahmen das zentrale Zuschauerhaus und werden, gleich den
Schmalfronten, durch Kolossalpilaster betont. Vielfalt und Wandlung beherrschen
Höhen und Dachlandschaft des monumentalen Blocks, wobei ein oktogonales Kup-
peldach den Eingang akzentuiert. Dreige-
teilt und funktional gegliedert, erstreckt
sich der ebenso barocke Innenraum: Eingangshalle, Auditorium, Bühnenhaus.
Opulent geschmückt öffnet sich die T-förmige Haupttreppe zum Eingangsportal.
Entgegen dem streng barocken Bild der
Fassade beziehen sich die Baumeister im
Zuschauerraum auf ondulierende Formen
des Rokoko. 1985 schlägt Gunther Wawrik
eine Kulissenbrücke zum einstigen Thalia-
Theater. Glas, Stahl und schlichte Formen
grenzen sich unmissverständlich ab und
bewahren das Bild: ein prunkvoller Palast,
der Opernkunst gewidmet. *AM*

**Stadttheater Graz von Westen,
Zwischenkriegszeit**

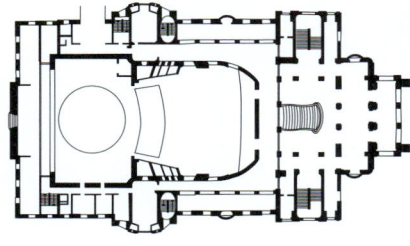

C

Glacisstraße in Richtung Norden

Glacis und Kaiser-Josef-Platz
Die Bebauung des Unbebaubaren

Der Begriff *Glacis* stammt aus dem Französischen und beschreibt einen glatten Abhang, der als Teil einer frühneuzeitlichen Verteidigungsanlage vor dem Wehrgraben lag. Er nahm den Angreifern die Deckung und diente als Schussfeld für die Verteidiger auf den Festungswällen. Das unbebaute Gebiet des Großen Glacis der Stadt Graz wurde im Jahr 1782 erstmals zur Nutzung freigegeben, blieb aber bis 1869 im Besitz des Militärs. Der Straßenzug trägt seit dem Jahr 1813 den Namen Glacisstraße, welche städtebaulich die östliche Begrenzung des Stadtparks und des Altstadtgebiets bildet. Der Park mit seiner üppigen Baumbepflanzung verleiht der westlichen Seite einen alleeartigen Charakter. Nach einzelnen Bauten des späten 18. Jahrhunderts entstand die geschlossene Bebauung ab 1835 in den Stilen des Klassizismus beziehungsweise Biedermeier sowie des frühen und späten Historismus. Das sogenannte Grünangerhaus, bestehend aus drei Gebäuden mit den Hausnummern 43, 43a und Leonhardstraße 3 mit einer Fassadengestaltung im josephinischen Plattenstil, gehört mit den Erbauungsjahren 1795 bis 1797 zu den ältesten Bebauungen des Glacis und war seinerzeit eines der größten Privathäuser. Zu den klassizistischen Gebäuden zählen Nr. 49 von 1810/1820 oder das Eckhaus mit der Adresse Heinrichstraße 2 von 1845. Den unbestrittenen Prunkbau des Klassizismus stellt das 1845 fertiggestellte Palais Kees (083 C) dar. Von den historistischen Bauten sind das Haus Nr. 21 mit einer neogotischen Fassade von 1857, das

Haus Nr. 31 mit einer polychromen Neorenaissancefassade von 1890/1891 oder das schon am Übergang von Neobarock zum Jugendstil stehende Haus Nr. 35 von 1896/1897 zu erwähnen. Die Glacisstraße bildet heute eine der wichtigsten Nord-Süd-Verbindungen durch die Stadt. Sie beginnt an der Heinrichstraße im Bezirk Geidorf, führt weiter über die Elisabethstraße und endet an der Kreuzung, an der die Gleisdorfer Gasse, die Luthergasse und die Girardigasse zusammentreffen, um dort die westliche Begrenzung des Kaiser-Josef-Platzes zu bilden. Das Areal dieses Platzes war ursprünglich auch Teil des Glacis und stand noch bis zum Anfang des 19. Jahrhunderts unter direkter Verfügung des Landesfürsten. Seit 1826 befindet sich der Platz im Besitz der Stadt Graz und wurde als Marktplatz für Holz genutzt. Auf Vorschlag des städtischen Bauamts wurde der damalige *Holzplatz* in den *Glacis-Verschönerungsplan* integriert. Der Holzmarkt wurde daraufhin umgesiedelt und ein Bauernmarkt nahm seinen Platz ein. Seinen heutigen Namen bekam er 1881, um an die von Kaiser Joseph II. verfasste Reform zur freieren Ausübung von Religionen von Minderheiten zu erinnern. Nordöstlich auf der gegenüberliegenden Seite des nahezu quadratischen Platzes befindet sich die Oper (079 C). Vor dieser Kulisse bildet der jeden Vormittag außer sonntags stattfindende Markt einen festen Bestandteil der Grazer Alltagskultur, während er nachmittags und abends als Parkplatz und einer sich in den vergangenen Jahren etablierten, halb informellen Lokalszene dient. *EP*

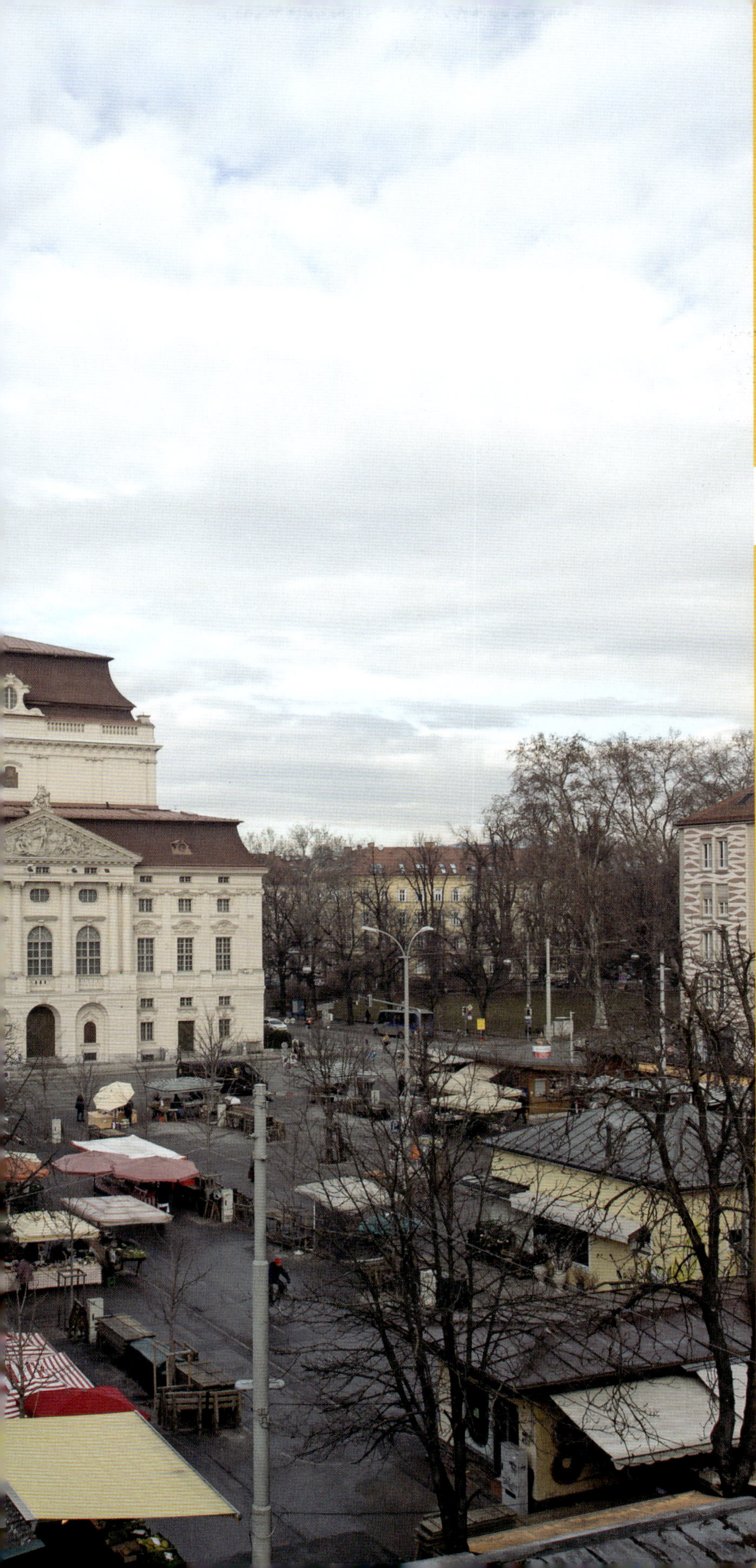

Ehem. Herrenhaus der Salpeterfabrik, Eschenlaube ↑
080 C
Glacisstraße 63
Jakob Knoll, Paul Kelz,
Carl Aichinger
1795, 1801, 1854

Als Herrenhaus der »Geyer'schen Saliterey« 1801 erbaut, zählt dieses klassizistische, in Typus und Gliederung noch stark dem Spätbarock verpflichtete Wohnhaus von Paul Kelz zu den elegantesten Gebäuden des Glacis. Der flache, genutete Mittelrisalit hebt sich von der Plattenstilfassade mit ihren vertikal zusammengefassten Fenstern ab. Durch das steinerne Korbbogenportal und einer von Kolossalpilastern flankierten Mittelachse mit abschließendem Frontispiz betont Kelz die zentrale Achse. Das an drei Seiten freistehende Gebäude mit seitlichem Schopfwalmgiebel wird an der Hinterseite von zwei 1795 nach den Plänen Jakob Knolls errichteten Längsbauten flankiert. Das nördliche, von der Straße zurückspringende Gebäude wurde anfänglich als Wohnhaus der der Rüstungsindustrie dienenden Salpeterfabrik geplant und mit dem Umzug in das Herrenhaus in ein Fabrikgebäude umgewandelt. Seit 1858 beherbergt dieses 1854 von Carl Aichinger umgebaute Haus mit der reduzierten Fassade und dem zweifach abgetreppten Giebel, der von einem Rundbogen abgeschlossen wird, eine der attraktivsten Gaststätten der Stadt. Die Bäume im Gastgarten, der durch die erhaltene Vorhofmauer der Fabrikanlage abgeschottet wird, geben der 2005 renovierten Eschenlaube ihren heutigen Namen. *PK*

Ehem. Miethaus Haßler ↗
081 C
Glacisstraße 61
Franz Xaver Aichinger
nach 1835

Nach der Erklärung von Graz zur »offenen Stadt« 1782 nutzte eine neue Klasse von bürgerlichen Bauherren die Gründe am Glacis, um sich dort klassizistische Repräsentationsbauten errichten zu lassen. So entstand auch dieses Miethaus von Franz Xaver Aichinger im Auftrag von Franziska Haßler kurz nach 1835. Aichinger verklammert die beiden von Kolossalpilastern und Lisenen gegliederten Obergeschosse mit den beiden durch Quernutung definierten Sockelgeschossen, indem sich die Wandvorlagen nach unten hin fortsetzen, während zwei kräftige Gurtgesimse die Fassade horizontal teilen. Mit einem flachen, von einem Frontispiz bekrönten Mittelrisalit wird die Portalachse hervorgehoben. Auch horizontal erscheinen die Einzelelemente integriert: So nehmen die Blendarkaden im Erdgeschoss die Form des Korbbogenportals auf. Sowohl die spätklassizistische, noch stark von barocken Gestaltungsprinzipien durchdrungene Fassade als auch die innere Struktur sind bis heute original erhalten geblieben. *PK*

C

Dachausbau Glacisstraße/
Maiffredygasse ↓
Maiffredygasse 2/
Glacisstraße 57/
Rechbauerstraße 1, 2
Franz Boara, Klaus Kada
1868, 1992

082 C
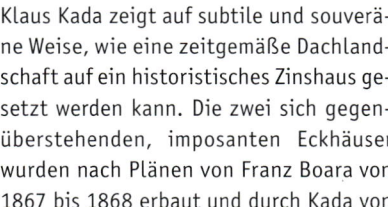

Klaus Kada zeigt auf subtile und souveräne Weise, wie eine zeitgemäße Dachlandschaft auf ein historistisches Zinshaus gesetzt werden kann. Die zwei sich gegenüberstehenden, imposanten Eckhäuser wurden nach Plänen von Franz Boara von 1867 bis 1868 erbaut und durch Kada von 1991 bis 1992 um einen zweigeschossigen Dachaufbau erhöht. Formal und konstruktiv steht die Erweiterung in Kontrast zu den Neorenaissance-Fassaden der Altbauten, kommuniziert aber gleichzeitig mit deren formaler Struktur. Entlang der erhöhten Attika-Aufbauten wurde das Volumen hinter die Fassadenebene zurückversetzt und eröffnet dadurch großzügige Räume für begrünte Dachterrassen als Übergang zwischen alter und neuer Substanz. Diese Freiflächen stehen in rhythmischem Wechsel mit Blechpaneelen, die den ursprünglichen Steildachkörper zwischen der Attikaerhöhung nachzeichnen. *KH*

Studentenwohnheim (ehem. Palais Kees)

083 C

Glacisstraße 39–41
Georg Lindner, Josef Haslinger, Andreas Harich
1845, 2010

Es sind die beeindruckende Kolonnade sowie die auf die Antike zurückgreifende Detailausformung, die das Palais Kees zu einem der bedeutendsten spätklassizistischen Palais der Stadt machen. Mit seinem flachen, in der Mitte loggienartig vertieften Mittelrisalit zeigt sich der Eckbau mit einem mächtigen Kranzgesims entlang der Glacisstraße von seiner imposanten Seite. Der aus Bayern stammende Architekt Georg Lindner und der Ingenieur der k. k. Baudirektion Josef Haslinger zitieren mit der in den Mittelrisalit eingestellten korinthischen Kolossalsäulenreihe, die auf dem zweigeschossigen, quadergenuteten Sockel steht, das klassische Motiv der Ostfassade des Louvre. Lediglich das rechte der zwei spiegelgleich am Rand des Mittelrisalits platzierten Rechteckportale erschließt heute das Gebäude durch eine schlicht gestaltete Einfahrt. Von 1843 bis 1845 für Johann Christoph Kees als stattliches Zinswohnhaus erbaut, gilt das Palais als Wegbereiter der frühgründerzeitlichen Mietshäuser. Durch den Einzug des Generalkommandos 1878 konnte für das wehrhaft anmutende Gebäude ein angemessener Mieter gefunden werden. Im Zuge einer Renovierung 2009/2010 wurde das bis dahin vom österreichischen Bundesheer genutzte Wohnhaus vom Architekturbüro Harich in ein modernes Studentenwohnheim für 215 Studierende umgebaut. *PK*

Wohnhaus und Café Harrachgasse

Glacisstraße 17/Harrachgasse 2
Franz Xaver Aichinger,
Johann Guido Wolf, Manfred Partl
1835, 1894, 1999

084 C

Selbstbewusst thront der minimalistische, zweigeschossige Kubus auf dem niedrigen neobarocken Altbau. Das bestehende Mietshaus am Glacis wurde 1835 von Franz Xaver Aichinger durch einen Gebäudeflügel an der Harrachgasse ergänzt, der 1894 eine neue, von Johann Guido Wolf entworfene Fassade erhielt. Mit der Umgestaltung und Erweiterung von 1998 bis 1999 nach Plänen von Manfred Partl wurde die äußere Gestalt stark verändert und steht für den selbstbewussten Umgang der Grazer Schule mit historischer Substanz. Als autonomes Element erhebt sich der Baukörper parasitär über den Bestand. Die Souveränität des Penthouses und dessen kräftiges Gelb schaffen einen markanten Gegensatz zum rotgetünchten, lediglich in den Außenwänden erhaltenen Altbau, dem nur mehr die Sockelfunktion bleibt. *KH*

D

Zeillergasse

Wiener Str.

06

Pflanzengasse

Neubaugasse

Netzgasse

Keplerbrücke

Wickenburggasse

Elise-Steininger-Steg

Freigarten

Lendkai

Lendplatz

Fellingergasse

Josefigasse

Stockergasse

Sigmundstadl

Mühlgasse

095

Kinkgasse

Mariahilferstraße

Volksgartenstraße

Afritschgasse

094

Marschallgasse

Mariahilferplatz

Strauchergasse

089

Orpheumgasse

St.-Georgen-Gasse

Kosakengasse

090

Annenstraße

092

085

093

Elisabethinergasse

Südtiroler Platz

091

086

087

Dominikanergasse

Vorbeckgasse

Andrägasse

Feuerbachgasse

Defreggergasse

Grieskai

Igelgasse

088

St.-Andräplatz

Kernstockgasse

Belgiergasse

D

Nikolaus-Harnoncourt-Platz

106

105

Waldertgasse

Konsumweg

Dreierschützengasse

107

Hödlweg

Andreas-Hofer-Straße

Eisengasse

Bodenfeldgasse

Vinzenzgasse

Alte Poststraße

Starhemberggasse

Lilienthalgasse

Rochelgasse

Laudongasse

Stradiotgasse

Georgigasse

Georgiplatz

Daungasse

Krausgasse

Pommergasse

Ostwaldgasse

0   50   100 m

D

Papiermühlgasse

Mariengasse

Bahnhofgürtel

Dominikanerriegel

Babenbergerstraße

Zollgasse

Schmölzergasse

Ghegagasse

Keplerstraße

Baumkircherstraße

Mohsgasse

-Bio-Straße

Europaplatz

104

Eggenberger Gürtel

Eggenberger Str.

Köflacher g.

Finkengasse

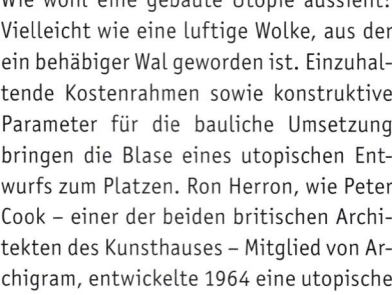

Kunsthaus

Lendkai 1
Peter Cook, Colin Fournier
2003

085 **D**

Wie wohl eine gebaute Utopie aussieht? Vielleicht wie eine luftige Wolke, aus der ein behäbiger Wal geworden ist. Einzuhaltende Kostenrahmen sowie konstruktive Parameter für die bauliche Umsetzung bringen die Blase eines utopischen Entwurfs zum Platzen. Ron Herron, wie Peter Cook – einer der beiden britischen Architekten des Kunsthauses – Mitglied von Archigram, entwickelte 1964 eine utopische *Walking City*, als deren Realisierung das

berühmteste Gebäude von Graz verstanden werden kann. Auch ein lokaler Bezug zur Mensa der Schulschwestern (2001) von Günther Domenig lässt sich nicht leugnen. Die organische biomorphe Form und die runden Oberlichter sind ihr gemeinsamer Nenner. Als Standorte für ein Kunstmuseum waren zuvor sowohl ein *Trigon*-Haus im Pfauengarten (1980er-Jahre) als auch das Innere des Schlossbergs (1990er-Jahre) geplant und – letzteres sogar per Volksabstimmung – verworfen worden. Schließlich wurde zum Kulturhauptstadtjahr 2003 das rechte Murufer gewählt, um die Schnittstelle von Altstadt und vernachlässigtem Lendviertel aufzuwerten.

Der Einbezug des angrenzenden Eisernen Hauses (086 D), eines denkmalgeschützten Gusseisenbauwerks von 1848, war Vorgabe des 1999 international ausgelobten Wettbewerbs. Für die von 2002 bis 2003 erfolgte Verwirklichung musste das Siegerprojekt von Peter Cook und Colin Fournier stark vereinfacht werden: Anstelle der ursprünglich vorgesehenen luftigtransparenten Gebäudehaut ist ein massiver Stahlbetonkörper mit vorgeblendeten Acrylglasplatten getreten. Eingänge vom Südtiroler Platz und vom Lendkai führen in das verglaste Erdgeschoss, das neben einem Museumsshop und einem Café auch einen Veranstaltungsraum enthält.

Die von der Außenhaut stützenfrei bis zu 60 Meter überspannte Ausstellungsfläche ist in zwei Ebenen unterteilt, zu denen lange Laufbänder (*travelator*) führen. Die obere der beiden, ein bis zu acht Meter hoher Raum, sollte von 16 trichterförmigen Tageslichtöffnungen (*nozzles*) beleuchtet werden, die wegen zu hohen Lichteinfalls geschlossen wurden – bis auf eine, die auf den Uhrtum (003 A) gerichtet ist. Wie abgeschnittene Öffnungen aus einem Organ ragen die nun funktionslosen *nozzles* aus dem Kunsthaus heraus, das als Herz die Grazer Kunst- und Kulturszene lebendig halten soll. Parallel zum Fluss wurde seitlich der zweiten

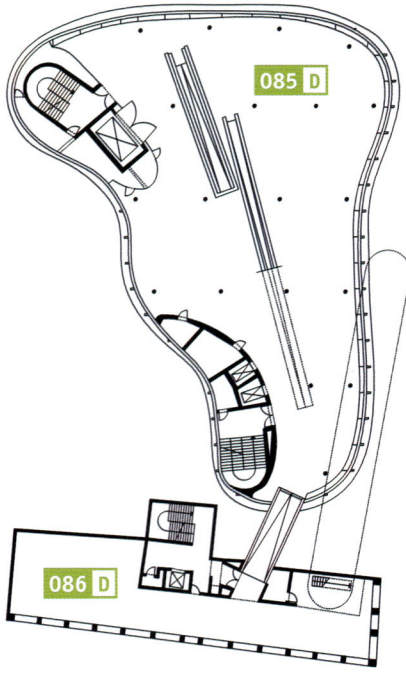

Ausstellungsebene ein gläserner Riegel (*needle*) angedockt, der eine grandiose Aussicht auf die Altstadt bietet und den formalen Bezug zum Quader des Eisernen Hauses herstellt. Leuchtstoffröhren hinter der Acrylglasfassade lassen das Gebäude mittels einer von realities:united konzipierten Installation nachts in den Stadtraum strahlen. Das Kunsthaus hat sich zwar sowohl in das Stadtbild eingefügt als auch die Akzeptanz der Grazer gefunden, birgt jedoch Schwierigkeiten in der Bespielung. Colin Fournier sprach von einer Blackbox, die Unerwartetes beinhalte und zulasse – Fluch und Segen zugleich. Denn so sehr das architektonische Konzept des White Cube für die Museumstypologie als einfallslos gilt, so nutzerfreundlich ist es doch. Vielleicht meinten Cook und Fournier auch dies mit ihrer Bezeichnung *friendly alien*: sonderbare Nutzerfreundlichkeit. *SW*

D

Eisernes Haus

Südtiroler Platz 2
Josef Benedikt Withalm d. J.,
Markus Zechner
1848, 2003

»We are not amused«, würde Queen Elisabeth II. wohl sagen, wenn sie wüsste, dass bereits vor dem Bau des berühmten Londoner Kristallpalastes in Graz das Eiserne Haus existierte. Als eines der ersten kontinentaleuropäischen Gusseisenhäuser wird von 1847 bis 1848 anstelle von fünf Bürgerhäusern nach Plänen von Josef Benedikt Withalm die industrielle Innovation gebaute Wirklichkeit. Es ist jedoch der Architekt selbst, der seinen ursprünglichen Entwurf aufgrund von Sicherheitsbedenken schließlich entschärft, sodass das Sockelgeschoss doch gemauert wird und nur die Obergeschosse eine zarte, ebenso romantisch-historisierende wie moderne Eisen-Glas-Konstruktion erhalten. Eine asphaltierte, begehbare Aussichtsterrasse für das darunter gelegene Café Meran schließt den rechteckigen Bau ab. Bereits drei Jahre später wird das Flachdach aber wegen aufgetretener Risse durch ein für Graz klassisches Ziegelwalmdach ersetzt. Als Warenhaus mit großzügigen Schaufenstern konzipiert, erlebt das Eiserne Haus im Laufe der Zeit häufige Besitzer- und Nutzungswechsel und ist dadurch zahlreichen Veränderungen und Umgestaltungen unterworfen, die vom anfangs so avantgardistischen Bauwerk nicht mehr viel erkennen lassen: offen, leicht und transparent erscheint nun verschlossen, plump und trist. Erst 2003, mit dem direkten Anbau des Kunsthauses, wird im Kulturhauptstadtjahr Withalms mittlerweile unter Denkmalschutz stehendes Gebäude – oder das, was davon übrig ist – durch Markus Zechner einer Schönheitskorrektur unterzogen und so weit wie möglich in den Ursprungszustand rückgeführt. Während seither die beiden Obergeschosse der *Camera Austria* dienen, deren Einbauten die wiedergewonnene Transparenz etwas konterkarieren, lässt das 2015 im Erdgeschoss eingezogene Kunsthauscafé die ursprüngliche Funktion wieder aufleben. *AM*

Vincenz Reim, Das Haus von Eisen in Gratz, um 1846

![Grand Hotel Wiesler exterior photograph]

Grand Hotel Wiesler

Grieskai 8
Josef Strohmeier, Marcel Kammerer
1871, 1894, 1909, 1937, 1950, 1986

087 D

Die Geschichte des Hotelkomplexes beginnt 1871 mit einem umgebauten Gasthof, der sich 1895 unter Stadtbaumeister Josef Strohmeier auf den Grieskai 4 bis 6 erweitert. 1902 wird Marcel Kammerer, ein Mitarbeiter und Schüler Otto Wagners, für einige Umgestaltungen des Hotels beauftragt, worauf 1909 ein Anbau am Grieskai 8 folgt. Letzterer macht das Hotel zum fortschrittlichsten Gebäude der Grazer Jahrhundertwende mit integriertem »Vacuum-Cleaner«, Zentralheizung, Bädern, Telefon und dem ersten Lift der Stadt. Die Fassadengestaltung ist durch Glatt-, Rau- und Kammputze charakterisiert, welche die unterschiedlichen Funktionen der Geschosse von außen ablesbar machen. Die durchgehenden polygonalen Erker zur Belichtung der Gästezimmer-Schreibtische und die markant gestaltete Konsole mit darunter liegender Inschrift setzen die Ecke zur Igelgasse besonders in Szene. Das Herzstück des Neubaus bildet der Große Festsaal, in dem mit den sichtbaren Eisenbetonunterzügen zum ersten Mal in Graz in repräsentativen Räumen die Konstruktion als Gestaltungselement eingesetzt wird. Vorbild ist hier Josef Hoffmanns Speisesaal im Sanatorium Purkersdorf von 1905. Zur exklusiven Ausstattung zählt das von Leopold Forstner entworfene, 1981 wieder freigelegte Glassteinmosaik *Der Frühling*, das die ganze Südseite des Raums einnimmt. Im Zweiten Weltkrieg schwer beschädigt und im Erdgeschossbereich 1937 und 1950 umgebaut, wird das ursprüngliche Erscheinungsbild bei einer Gesamtrenovierung 1986 wiederhergestellt. *MS*

Zanklhof
Feuerbachgasse 16
Hans Pruckner
1908

 **088 D**

Wo einst mit Farben und Lacken gehandelt wurde, erinnern noch heute die womöglich schönsten Werbetafeln von Graz daran. Das Wohn- und Geschäftshaus der Familie Zankl wird von 1907 bis 1908 am Kreuzungspunkt von vier Straßen errichtet, wobei die ehemaligen Geschäftsräume im Erd- und ersten Obergeschoss heute der Stadtbibliothek dienen. Architekt Hans Pruckner plant den Zanklhof als annähernd rechteckigen Block, der an drei Seiten freisteht. Während die Eingangsbereiche und Treppenhäuser schon sehr an Secessionismus denken lassen, bildet sich äußerlich noch klar der altdeutsche Stil mit Elementen der Neogotik ab. Erhalten sind jedoch nur die Süd- und Ostfassade, an denen aufwendige Holzvertäfelungen und vergoldete Schriftzüge an den Erfolg der vormaligen Firma erinnern. Pittoreske Aufbauten wie Erker und Treppengiebel, wechselnde Fensterformen und -bekrönungen und ein gequaderter Sockel über zwei Geschosse zeichnen die späthistoristische Fassade. Bauplastik in Form von Fratzen, Muschelwerk, verzierten Parapetfeldern und verschiedenen Fensterumrahmungen komplettiert dieses Bild einer großbürgerlichen Fantasie vom deutschen Mittelalter. Mit der undurchsichtigen Firmenbezeichnung »A. Zankl Söhne«, die sich auch am Haus wiederfindet, musste die eigentliche Gründerin der Farbenfabrik, Anna Zankl, verbergen, dass eine Frau an der Spitze eines damals international erfolgreichen Großunternehmens stand. *AM*

![Zanklhof, Feuerbachgasse 16, Graz – späthistoristische Fassade mit Giebeln, Erkerturm und der Aufschrift ZANKL HOF sowie A. ZANKL SÖHNE im Erdgeschoss](image)

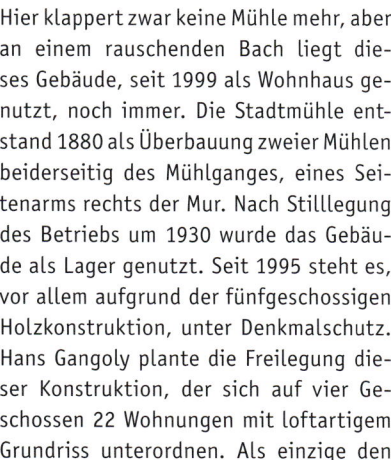

Wohngebäude
(ehem. Stadtmühle)

Orpheumgasse 16
Hans Gangoly
1999

089 D

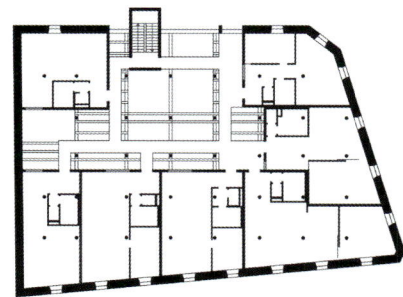

Hier klappert zwar keine Mühle mehr, aber an einem rauschenden Bach liegt dieses Gebäude, seit 1999 als Wohnhaus genutzt, noch immer. Die Stadtmühle entstand 1880 als Überbauung zweier Mühlen beiderseitig des Mühlganges, eines Seitenarms rechts der Mur. Nach Stilllegung des Betriebs um 1930 wurde das Gebäude als Lager genutzt. Seit 1995 steht es, vor allem aufgrund der fünfgeschossigen Holzkonstruktion, unter Denkmalschutz. Hans Gangoly plante die Freilegung dieser Konstruktion, der sich auf vier Geschossen 22 Wohnungen mit loftartigem Grundriss unterordnen. Als einzige den Wohnraum definierende Zonen sind Sanitäreinheiten eingestellt. Eine Metallkonstruktion aus Stegen ist als Wegesystem zwischen der Balken- und Stützenstruktur eingehängt. Sichtbeton, Glas, flächig verwendetes Holz und verzinktes Eisen heben sich als neue Materialien von der historischen Holzkonstruktion ab. Der Innenhof mit verglastem Giebel wird durch natürlichen Lichteinfall zum erweiterten Wohnraum. *SW*

Kirche Mariä Verkündigung der Barmherzigen Brüder

Annenstraße 4
Johann Georg Stengg
1740

090 D

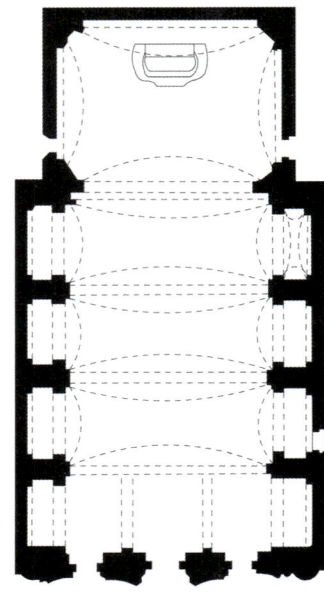

Am nordwestlichen Ende des Südtiroler Platzes unterbricht ein schmaler Vorplatz die Straßenflucht und lenkt den Blick zur nach Süden gerichteten Schaufassade der Barmherzigenkirche. Markant ragt der knapp hinter der geschwungenen Hauptfront emporsteigende Dachreiter hervor und beherrscht die angrenzende Häuserflucht. Im Jahr 1632 war es zur Grundsteinlegung des ersten Kirchenbaus für die 1615 nach Graz gerufenen Barmherzigen Brüder gekommen, welcher 1638 vollendet war. 1735 entwickelte Johann Georg Stengg einen Entwurf zum Neubau des baufällig gewordenen Gotteshauses. Wohl um 1740 fertiggestellt, erfolgte die Weihe der Kirche mit dem Patrozinium Mariä Verkündigung erst 1769. Stenggs dreifach konkav gebogene Fassade – ein Unikum in der österreichischen Barockarchitektur – lehnt sich an Francesco Borrominis Prinzip der »schwingenden Wand« an, die Stengg wohl über deren böhmische Interpretation durch Christoph Dientzenhofer oder Ottavio Broggio kennenlernte. Den Schwung machen nicht nur die Pilaster, sondern auch das verkröpfte Gesims und der Volutengiebel mit. Schlanke, hohe Fensteröffnungen betonen zusammen mit dem Dachreiter, der optisch mit der Fassade verschmilzt, deren Vertikalität. Dem gegenüber zeigt sich das Innere vergleichsweise konservativ im Typus einer vierjochigen Wandpfeilerkirche mit Seitenkapellen und Emporen. Im rechteckigen Chor erhebt sich einer der bedeutendsten Barockaltäre der Steiermark (Josef Schokotnigg zugeschrieben), dessen tänzerische Bewegtheit in Architektur und Figuren an die Dynamik der Fassade anknüpft. Der Kloster- und Spitalskomplex geht auf das 17. Jahrhundert zurück, wurde mehrmals vergrößert und umgestaltet (jüngste Umbau- und Erweiterungsmaßnahmen: 2018–2020), und umschließt die Kirche an der West- und Nordseite. *AW*

Residenz *Zum silbernen Elefanten* ↓

091 D

Südtiroler Platz 13/
Feuerbachgasse 3/
Defreggergasse 7
Georg Hauberrisser d. Ä., Anton Lindner,
Josef Mixner, Josef G. Wolf, Leo Kammel,
Domenig & Wallner
17. Jh., 1836, 1843, 1886, 1954, 2010

Der Ausbau des Bestandgebäudes am Südtiroler Platz bildet zusammen mit dem
ebenfalls vom Architekturbüro Domenig &
Wallner entworfenen Wohngebäude in der
Defreggergasse die Residenz *Zum silbernen*
Elefanten. Namensgebend für den 1688
erstmals erwähnten Gasthof *Elefant* ist eine Sage aus dem 17. Jahrhundert, wonach
ein türkischer Pascha auf einem Elefanten

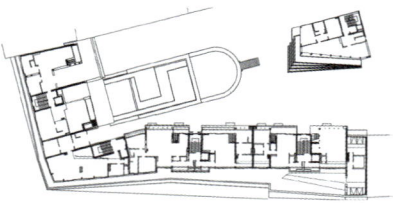

die Stadt besucht habe. Das ursprünglich zweigeschossige Gebäude wurde im
19. Jahrhundert in das Hotel *Zum Elefan-*
ten umgewandelt und dafür in den Jahren
1836, 1843 und 1864 bis 1886 von Georg
Hauberrisser d. Ä., Anton Lindner, Josef
Mixner und Josef G. Wolf mehrfach aufgestockt und erweitert. Aufgrund zweier
Secco-Wandbilder ist der eingeschossige
Speisesaalanbau zur Defreggergasse von
1886/1929 denkmalgeschützt. Von 1950
bis 1954 nach Plänen von Leo Kammel in
ein gesichtsloses Bürogebäude umgewandelt, wurden ab 2007 Wohnungen ausgebaut. Seit 2010 fasst den Innenhof zur
Defreggergasse ein abgetrepptes, sechs-
geschossiges Wohngebäude ein. Umhüllt
mit silbernen Aluminium-Sandwichpanee-
len, setzt sich die zweigeschossige Aufstockung Richtung Südtirolerplatz/Feuer-
bachgasse klar vom Bestandsgebäude
ab. Der stromlinienförmige, dynamisch-
skulpturale Bau in L-Form, den konservative Kritiker als »Tarnkappenbomber« bezeichnen, beherbergt Luxuswohnungen
mit großzügigen Terrassen. *PB*

← Bürgerhaus Südtiroler Platz 092 D

Mariahilferstraße 1/
Südtiroler Platz 6
Joseph Hueber (?),
Georg Hauberisser d. Ä. u. a.
17. Jh., 1. H. 18. Jh., um 1770, 1847, 1887

Dieses spätbarocke Bürgerhaus wurde nicht mit einem Fisheye-Objektiv fotografiert, sondern besitzt tatsächlich eine leicht gebogene Fassade. Es gehört zu einer Gruppe vereinzelter Wohnbauten, die in der frühen Neuzeit im Bereich der damals noch vorwiegend gewerblich genutzten Murvorstadt entstanden. Der dreigeschossige Eckbau mit Schopfwalmgiebel wurde im frühen 17. Jahrhundert errichtet, mehrmals umgebaut, und erhielt sein heutiges Erscheinungsbild um 1770 durch Joseph Hueber oder einen Baumeister seines Umkreises. 1847 gestaltete Georg Hauberrisser d. Ä. das Erdgeschoss neu. Die ebenerdigen Nebenbauten wurden 1887 aufgestockt und das Dach ausgebaut. Die platzseitige Schaufassade besitzt einen asymmetrischen Mittelrisalit, der die Ecklage des Gebäudes betont. Herrschaftlich wirkende Kolossalpilaster und stuckierte Sturz- und Parapetzonen erzeugen eine klare vertikale Orientierung und trennen die Obergeschosse vom Erdgeschossbereich. Dieser ist als Sockelzone ausformuliert und umfasst steinerne Korbbogenportale mit eisernen Läden. An der südlichen, platzseitigen Hausecke schmückt eine lebensgroße, Philipp Jakob Straub zugeschriebene Madonnenstatue von etwa 1770 das erste Obergeschoss. Die Hofzufahrt befindet sich am nördlichen Ende der Hauptfassade und weist ein von Pilastern flankiertes Segmentbogenportal auf. *KW*

Haus der Architektur (ehem. Palais Thinnfeld) → 093 D

Mariahilferstraße 2
Anton Martinelli, ifau + Jesko Fezer
17. Jh., 1701, 1742, 1932, 1950, 1955, 2008

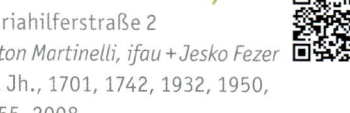

1701 erwarb der Eisenhändler Johann Adam Thien zwei Gasthäuser in der Murvorstadt, ließ diese vereinigen und durch Nebenflügel erweitern. Von 1741 bis 1742 wurde der Haupttrakt, welcher maßgebend für das heutige Erscheinungsbild ist, vom Wiener Architekten Anton Martinelli in ein standesgemäßes Palais für Thiens Sohn, den in den Adelsstand erhobenen Anton Balthasar Thien von Thinnfeld, umgewandelt. Ab 1910 als Kaufhaus genutzt, wurde es ab 1932 im Erdgeschoss mehrfach umgebaut und 1999 der Stadt Graz übergeben, die es bis 2008 renovieren und vom Berliner Büro ifau (Institut für angewandte Urbanistik) und Jesko Fezer für mehrere kulturelle Institutionen umbauen ließ. Mit zweigeschossiger Fassade und Mansarddach präsentiert sich das Stadtpalais mit Korbbogenportal, flachem Mittelrisalit und toskanischen Pilastern im spätbarocken Stil. Die Erdgeschosszone mit den modernen Schaufenstern weist horizontale Nutungen auf, im Obergeschoss hingegen erzielen die großzügigen Fensterflächen zusammen mit den Pilastern einen vertikalen Zug und sind zu einer Einheit verbunden. Zudem wirken die Gauben wie aus dem Obergeschoss fortlaufende Fensterelemente, welche die Dachhaut durchbrechen und einen Übergang der Fassade zum Dach bilden. Ein schwungvoll gestaltetes Korbbogentor mit Ziervasen und schmiedeeisernem Oberlicht führt ins Innere des Gebäudes, wo ifau im Erdgeschoss einen multifunktionalen »Möglichkeitsraum« mit Schiebewänden für das Haus der Architektur einrichtete. *KW*

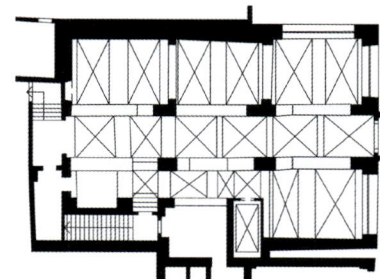

Baukultur und Architekturszene in Graz

Markus Bogensberger

Graz ist bekannt für seine lebhafte Architekturszene und wird sowohl von Besucherinnen und Besuchern als auch von Fachpublikum als Ort mit herausragender Architektur wahrgenommen. Dieser Umstand basiert auf zahlreichen Bemühungen um hochwertige Baukultur in den vergangenen Jahrzehnten.

Günther Domenig und Eilfried Huth, Pavillon für *trigon 67*, Künstlerhaus

Initiativen zur Qualitätssicherung

Einen wesentlichen Schritt zu einem bewussten Umgang mit historischer und in der Folge auch zeitgenössischer Architektur in Graz stellte die Initiative »Rettet die Grazer Altstadt« im Jahr 1972 dar. Der gesetzlich festgeschriebene Schutz der Altstadt und die Begutachtung von Bautätigkeiten in definierten Zonen durch die Altstadtsachverständigenkommission war von entscheidender Bedeutung für eine Förderung von qualitätsvollem Bauen im Stadtzentrum.

Im Jahr 2006 wurden durch den Grazer Gemeinderat unter dem Titel *Grazer Modell* Instrumente zur nachhaltigen Stadtentwicklung und Wahrung der Baukultur beschlossen. Damit wurden qualitätssichernde Maßnahmen über die Altstadt hinaus für das gesamte Stadtgebiet festgeschrieben. Ein wesentliches Element des Grazer Modells war die Einrichtung eines Fachbeirats für Baukultur im Jahr 2011, der mit externen Architekturschaffenden besetzt wird und Projekte außerhalb der Altstadtzonen hinsichtlich städtebaulicher und gestalterischer Kriterien überprüft.

Parallel zu diesen Entwicklungen wurden im Jahr 2009 *Baupolitische Leitsätze des Landes Steiermark* und schließlich auch im Jahr 2017 *Baukulturelle Leitlinien des Bundes* beschlossen. Es existieren somit in den drei Verwaltungsebenen Stadt, Land und Bund Grundlagen, um Maßnahmen, welche die gebaute Lebensumwelt betreffen, anhand baukultureller Maßstäbe zu bewerten.

Dazu ist es allerdings notwendig, den entsprechenden Diskurs lebendig und einen Austausch unter den wesentlichen Beteiligten aufrecht zu halten. Verschiedene Vereine nehmen sich bereits seit Jahrzehnten dieser Aufgabe an. Die Zentralvereinigung der ArchitektInnen Österreichs, die Architekturabteilung des Forum Stadtpark und der Verein BauKultur Steiermark, der aus dem Verein für Heimatschutz hervorgegangen ist, reflektieren in Form von Veranstaltungen, Ausstellungen, Publikationen und der Vergabe von Preisen das heimische Baugeschehen. Eine besondere Rolle kommt hierbei dem Haus der Architektur in Graz zu, das im Jahr 1988 eröffnet wurde.

Architekturszene Graz

Die Achtzigerjahre waren in Graz und der Steiermark geprägt von einer sehr positiven Einstellung gegenüber avancierter Architekturproduktion. Begonnen hat diese Entwicklung bereits Anfang der Sechzigerjahre. In dieser Zeit wurden von politischen Entscheidungsbefugten Architektur und zeitgenössische Kunst als Trägermedien erkannt, um grundlegende gesellschaftliche Erneuerungs- und Transformationsprozesse einzuleiten. Hierbei wurde ein breit gefasster Kunstbegriff zur Anwendung gebracht, der Sparten wie Architektur und Urbanistik oder populäre Bereiche wie Mode und Film umfasste.

Dazu muss erwähnt werden, dass sich die klassische Moderne im konservativ geprägten südlichen Teil Österreichs weder inhaltlich noch formal vor dem Zweiten Weltkrieg manifestieren konnte und dieser Zustand bis in die Fünfzigerjahre hinein andauerte.

Umfangreiche Ausstellungen wie etwa *trigon 67* mit experimenteller Architektur im öffentlichen Raum oder *trigon 69* mit einer Installation von Superstudio führten zu einem heftigen Diskurs und festigten langfristig die Rolle der Architekten und Architektinnen in der kulturellen Landschaft. Getragen von wohlwollender Politik und einer lebendigen jungen Szene an der Architekturfakultät der TU Graz konnten sich zahlreiche Architekturschaffende etablieren. In den Achtzigerjahren wurde unter dem Titel *Modell Steiermark* außerdem ein umfangreiches Förderprogramm für experimentellen sozialen Wohnungsbau gestartet und eine große Anzahl öffentlicher Gebäude durch junge Architekten und Architektinnen errichtet. Unter dem Einfluss der Postmoderne und des Dekonstruktivismus entstand in dieser Zeit bemerkenswerte Architektur, die unter dem Begriff der Grazer Schule viel Beachtung fand.

Haus der Architektur – Plattform für Baukultur

Das Haus der Architektur (HDA) wurde während dieser besonders produktiven Phase des steirischen Architekturgeschehens gegründet. So kam es, dass das HDA von Anfang an als Plattform der wichtigsten mit Architektur befassten Institutionen konzipiert war. Das Forum Stadtpark, die Kammer der ZiviltechnikerInnen für Steiermark und Kärnten, das Land Steiermark, die Stadt Graz, die Technische Universität Graz und die Zentralvereinigung der ArchitektInnen Österreichs, Sektion Steiermark sind seit damals Träger des Hauses. Konstituiert wurde das HDA als gemeinnütziger Verein zur Architekturvermittlung sowie zur Förderung qualitätsvoller Baukultur im Spannungsfeld zwischen kulturellen, gesellschafts- und bildungspolitischen sowie wirtschaftlichen Parametern.

Das HDA konnte bereits von Beginn an auf ein internationales Netzwerk und vielfältige Kontakte zurückgreifen. So wurden etwa Sommerworkshops durchgeführt, die von damals aufstrebenden Persönlichkeiten wie Peter Zumthor, Enric Miralles und Zaha Hadid geleitet wurden. Das Modell des Hauses der Architektur wurde in der Folge von den anderen österreichischen Bundesländern aufgegriffen und in allen Landeshauptstädten wurden vergleichbare Institutionen (wie etwa das Architekturzentrum Wien 1993) geschaffen. Im Jahr 2008 ist das Haus der Architektur von seinem ursprünglichen Standort im Gründerzeitviertel in das Palais Thinnfeld unmittelbar an das neu errichtete Kunsthaus übergesiedelt. Ziel des HDA ist es, als Plattform für alle Bereiche der Architektur, des Städtebaus und der Raumplanung zu fungieren – sowohl im Interesse unterschiedlicher gesellschaftlicher Gruppen als auch unter Miteinbeziehung verwandter Disziplinen. So versteht sich das Haus der Architektur als inhaltliche Schnittstelle und steht mit seinem Programm allen Interessierten offen.

Haus der Architektur, Engelgasse, 2000   Haus der Architektur, Palais Thinnfeld, 2018

Mariahilferstraße in Richtung Norden
mit Mariahilferkirche im Hintergrund

Mariahilferstraße
Rotlichtviertel auf Kreativkurs

Früher als Gemeine Landstraße bezeichnet, bildet die Mariahilferstraße das Herzstück der sogenannten Murvorstadt, einer ursprünglich verrufenen Armeleutegegend jenseits der Mur und der Stadtmauern. Der leicht gebogene Straßenzug, der den Südtiroler Platz mit dem Lendplatz verbindet, entstand vermutlich um 1600 und erfuhr ab 2003 nach der Eröffnung des Kunsthauses (085 D) einen kreativen Aufschwung durch die Ansiedelung mehrerer Designershops. Beginnend im Süden, wo sich östlich das Kunsthaus und das Haus der Architektur (093 D) befinden, reihen sich Läden und Lokalitäten aneinander. Bis 1891 fand hier noch ein Bauernmarkt am »Minoritenplätzl« statt, der dann aber auf den Lendplatz verlegt wurde. Heutzutage dient der durchgehend gepflasterte Platz vor der Mariahilferkirche (094 D), der 1994 vom Büro Team A Graz neu gestaltet wurde und seither zusammen mit der Mariahilferstraße und der Kosakengasse eine Fußgängerzone bildet, eher als Veranstaltungsort oder »Freiluftgalerie«. So finden hier jährlich der *Lendwirbel* als Kunst- und Musikfestival, der *Wonderlend*-Weihnachtsmarkt und eine Fotoausstellung statt. Erheben sich im Westen die Mariahilferkirche und das Kloster der Minoriten, die sich 1515 hier niederließen, ist der Platz zur Mur und zur Altstadt hin offen. Den Minoriten folgten im 17. und 18. Jahrhundert einige Adelige, die hier ihre Stadtpalais errichteten, wie das Palais Thinnfeld im Süden (093 D) und das Spätrenaissance-Palais Wert von Wertlsberg, Mariahilferhaus genannt, im Norden (Nr. 20, 22). Dazwischen reihen sich an der lebhaften Straßenflucht zwei- bis fünfgeschossige Bürgerhäuser. Da der Straßenzug auf der Verbindung zwischen Wien und Triest lag, dienten viele Gebäude aufgrund der zahlreichen Durchreisenden schon ab dem 17. Jahrhundert als Gaststätten, die ihre spätbarocken Fassaden bewahrt haben. Besonders hervorzuheben sind darunter das Haus Nr. 4, das ehemalige Gasthaus *Goldener Löwe*, Nr. 11, dessen Portal eine Sandsteingruppe der Heiligen Familie ziert, und Nr. 12, der ehemalige Gasthof *Zur Sonne*, der heute das Restaurant *Capperi* beherbergt. Dagegen weisen das *Café Centraal* (Nr. 10) eine klassizistische Gliederung mit secessionistischen Ornamenten und das Gasthaus *Sterz im Mohrenwirt* (Nr. 14, 16) eine Biedermeierfassade auf. War die Gegend um die Mariahilferstraße bis Ende der Neunzigerjahre noch ein Rotlichtviertel, gilt sie heute als familiäre Kreativmeile von Graz und Beispiel einer »sanften« Gentrifizierung. Somit verbindet die Straße nicht nur Plätze miteinander, sondern auch kreative Köpfe. *SK*

Mariahilferkirche und Minoritenkloster

094 D

Mariahilferplatz 3

Giovanni Pietro de Pomis, Pietro Valnegro, Joachim Carlone, Joseph Hueber, Robert Mikovics, Günter Mohr

1636, 1732, 1744, 1769, 1881, 2010

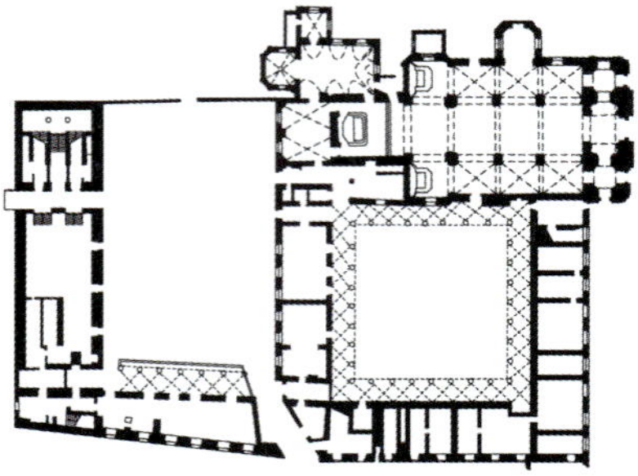

Die Aufspaltung des Minoritenordens in Franziskaner und Minoriten zwang letztere dazu, das ehemalige Domizil an der Murbrücke 1515 zu verlassen und Obdach in der Murvorstadt zu suchen. Dankenswerterweise schenkte Johann Seyfried von Eggenberg den Mönchen ein Grundstück, auf dem ab 1607 ein von Erzherzog Ferdinand, seiner Frau Maria Anna und Johann Ulrich von Eggenberg finanzierter Neubau einer Kirche samt Kloster entstand. Die wohl aus städtebaulichen Gründen gewestete Mariahilferkirche entwarf Giovanni Pietro de Pomis und wurde vermutlich 1636 von dessen Polier Pietro Valnegro fertiggestellt. Historische Ansichten zeigen eine turmlose, an Fassaden Palladios orientierte Ostfront mit Dreiecksgiebel, die Joseph Hueber von 1742 bis 1744 zu einer Doppelturmfassade erweiterte. Diese tritt aus der Straßenflucht hervor, übernimmt im Zentrum das palladianische Portikusmotiv, das in der Mitte effektvoll gesprengt wird, und lässt aus den leicht zurückversetzten, nur von Pilastern eingefassten Seitenachsen die zweigeschossigen Türme mit Zwiebelhauben emporsteigen. Der entsprechend der Renaissance gegliederte dreischiffige Innenraum hat heute eher ein schlichtes Erscheinungsbild. So wurde der ursprüngliche Stuckdekor ebenso wie die Kuppel, die das Presbyterium überdeckte, 1769 entfernt und musste einer Rokokodekoration weichen, die wiederum 1881 der historistischen Neugestaltung durch Robert Mikovics zum Opfer fiel. Das tonnengewölbte Mittelschiff wird von kreuzgratgewölbten Seitenschiffen eingefasst, von Pfeilerarkaden getragen und mündet in einen langen Mönchschor. Das südlich angrenzende, dreigeschossige Klostergebäude, das ebenfalls de Pomis zugeschrieben wird, ist um zwei Innenhöfe mit toskanischen Säulenarkaden angeordnet. Im westlichen Trakt des zweiten Hofs befindet sich das Herzstück des Klosters, das Sommerrefektorium, der heutige Minoritensaal, der ab 1691 von Joachim Carlone errichtet und dessen Innenausstattung 1732 fertiggestellt wurde. Hier gelangt man von einem zweiläufigen Treppenhaus in einen Festsaal, der mit Fresken und Akanthusstuck an der Decke verziert und an den Wänden mit Stuccolustro verkleidet ist. Heute wird der Saal allerdings nicht mehr als Speisesaal genutzt, sondern bietet Platz für Konzerte und Kulturveranstaltungen. Im übrigen Teil des Klosters ist das *Kulturzentrum bei den Minoriten* untergebracht, welches sich mit zeitgenössischer Kunst, Musik und Literatur beschäftigt und dessen Innenräume 2010 von Günter Mohr umgestaltet worden sind. *SK*

Nürnberger Häuser ↙↓

095 D

Lendkai 29, 31, 33
Josef Petz
1904 (Nr. 31, 33), 1906 (Nr. 29)

D

Mit der guten Architektur ist es ganz einfach: Man nehme von allen Epochen nur das Beste. In einer Zeit, als der Secessionismus schon die Straßen schmückt, malt Josef Petz 1904 und 1906 ein beispielhaft altdeutsches Gemälde in die Häuserzeile am Lendkai. Petz greift im Sinne des deutschnationalistischen Bauherren Leopold Böhm diesen Stil auf, der eine politisch instrumentalisierte Reminiszenz an die kulturelle und wirtschaftliche Blütezeit Nürnbergs zur Dürerzeit darstellt. Gemäß dem vorherrschenden Eklektizismus vermischen sich Neogotik und Neorenaissance mit Elementen aus weiteren Stilepochen und ergeben ein lebhaftes Fassadenbild: Flacherker, Türmchen und Treppengiebel, Spitzerker, Dekor-Fachwerk und Schopfwalmgiebel. Hinter dieser späthistoristischen Schale verbirgt die Zinshausgruppe detailreiche Jugendstil-Kerne. Die teilverglasten Tore lassen einen Hauch davon durchschimmern. *AM*

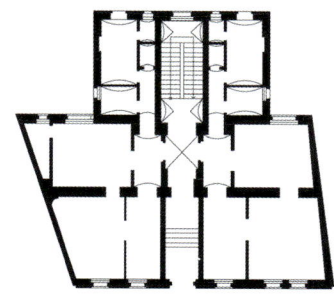

Lendplatz mit Pestsäule in Richtung Süden

Lendplatz
Wort und Spiele

Ist es wirklich so »Blendend« im »Wonderlend« am rechten Murufer? Hat sich inmitten der Stadt wahre »Lendliebe« entwickelt oder ist es doch viel »Lendwirbel« um nichts? Als Zentrum des ehemaligen Arbeiterviertels entsteht auf einstigem Auengebiet, geformt von mehreren Ausläufern der bis zum 19. Jahrhundert unregulierten Mur, ein Platz, dessen Name sich vom »Anlenden« der Schiffe ableitet. Aufgrund der billigen Baugründe in der sogenannten Murvorstadt verkommt das Viertel rund um den Lendplatz im 17. Jahrhundert zu einer Armen- und Gaunergegend, die man zu meiden sucht. Eine Pestsäule von 1680 im Südbereich des Platzes erinnert an die Seuche, die im gleichen Jahrhundert in Graz rund 3.000 Menschen das Leben kostet. Durch seine Größe und verkehrstechnisch günstige Lage entwickelt sich der Lendplatz seit Ende des 18. Jahrhunderts zu einem wichtigen Marktplatz, was 1923 den Bau einer Markthalle erwirkt und Gastgewerbe sowie Handwerker anzieht. Spätestens seit die Keplerstraße, den Freiraum teilend, neben der bestehenden Nord-Süd-Route 1875 auch die Ost-West-Verbindung zum Bahnhof eröffnet, gilt der Lendplatz als einer der wichtigsten Verkehrsknotenpunkte in Graz. Folgerichtig in den 1880er-Jahren als Standort für die Hauptfeuerwache gewählt, wird diese von 1968 bis 1974 durch die Werkgruppe Graz neu errichtet. Mit Ende des 19. Jahrhunderts drängen durch den Bevölkerungszuwachs immer mehr Bürger aus der beengten Innenstadt in die Vorstadt, was eine gestalterische Aufwertung nach sich zieht. Der schlechte Ruf hängt dem Viertel allerdings noch bis Anfang des 21. Jahrhunderts nach. Ende der 1990er-Jahre kommt es durch Architekt Norbert Müller zu wesentlichen Umgestaltungsarbeiten am Lendplatz: Der Fokus soll vom Verkehr zurück auf den ländlichen Marktplatzcharakter gelegt werden. Nach der Jahrtausendwende sind es unter anderem Architekturbüros wie PENTAPLAN mit dem Neubau des Stadthauses *Urban* oder INNOCAD mit ihrer *Rose am Lend*, die wesentliche und auch kontextuell bedachte Beiträge zum architektonischen Wandel liefern. Unsensible Bauspekulationsprojekte haben dem Lendplatz jedoch in den vergangenen 20 Jahren seinen historischen Charakter gekostet. Insgesamt stellt er heute ein eher unstimmiges Konglomerat dar, das sich aus teilweise original erhaltenen Häusern des 17. bis 19. Jahrhunderts, Nachkriegsbauten und Eingriffen aus den jüngsten Jahren zusammensetzt. Trotz des gesamtkonzeptionellen Nachholbedarfs entwickelt sich der Bezirk um den Lendplatz seit den frühen 2010er-Jahren »wortspielend« zu einem kulturellen Zentrum von Graz. *AM*

Lendplatz in Richtung Süden, 1906

Prinzessin Veranda

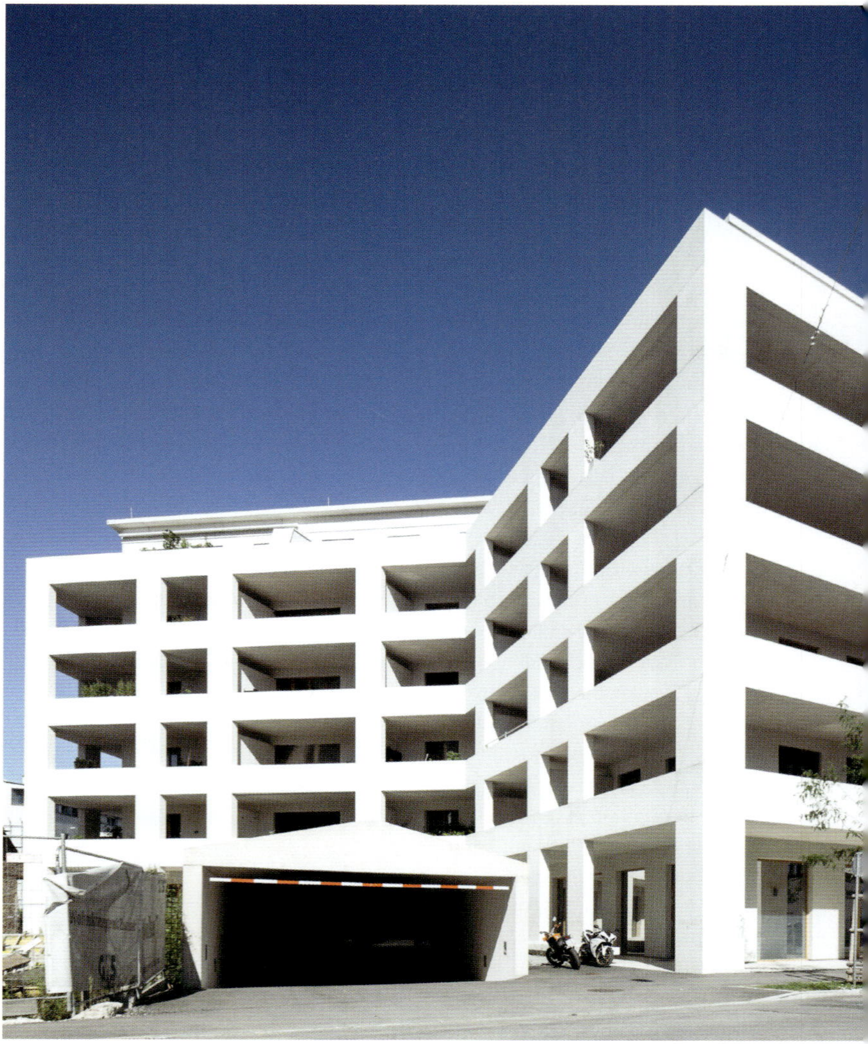

Eine Mischung aus Gewerbe- und Wohngebiet bestimmt das wenig vornehme Umfeld der *Prinzessin Veranda*. Im Gelände eines ehemaligen Tischlereibetriebs erkannte das Büro PENTAPLAN das große Potenzial des zentrumsnahen Grundstücks und entschied sich 2010, wie schon zuvor häufig erfolgreich praktiziert, mit seiner eigenen Bauträgergesellschaft ein Wohnungsbauprojekt zu entwickeln. Nach zweijähriger Bauzeit konnten 2017 die ersten Eigentümer einziehen. Die unregelmäßige Grundrissfigur des Gebäudes ergab sich aus der Form des Grundstücks, das die Planer voll ausnutzen wollten, andererseits aber von den Straßen abrückten, um eine Baumreihe als Puffer pflanzen zu können. Großzügig dimensionierte Loggien von 280 Zentimeter Tiefe (als Veranden bezeichnet, geben sie der Prinzessin den fachterminologisch nicht ganz exakten, aber hübschen Namen) ziehen sich um alle Geschosse und bieten eine attraktive Erweiterung des unterschiedlich großen Wohnraums oder eine geschützte Galerie für die Geschäftsflächen im Erdgeschoss. Mit weißem Ortbeton schufen die Architekten eine scharf gezeichnete, bis in die Details minimalistisch klare Fassade. In stimmiger Ergänzung dazu bestehen die hohen Fenstertüren wie die Loggienböden aus Lärchenholz. Das rhythmische Raster querrechteckiger und quadratischer tiefer Öffnungen paraphrasiert das unweit gelegene AVL-Parkhaus,

dessen raue Erscheinung hier in eine schweigsame und in Form wie Material veredelte Monumentalität à la Aldo Rossi übersetzt ist. Apropos Rossi: Man darf auch einen Bezug zu den von italienischen Renaissancebaumeistern geschaffenen Arkadenhöfen in der Grazer Altstadt herstellen, die hier gewissermaßen nach außen gestülpt wurden. Zwei Erschließungskerne mit skulpturalen Treppen führen zu den großzügig dimensionierten Wohnungen. Über einen sechseckigen Innenhof mit ovaler Öffnung zum Himmel und umlaufenden Laubengängen, die in die Küchen der Wohnungen führen, gelangt Licht in die inneren Bereiche des Baus. Unwillkürlich denkt man in diesem abstrakten Panopticon an die metaphysischen Gemälde von Giorgio de Chirico, die auch für Rossi als Inspirationsquelle dienten. Ob sich die Prinzessin in ihrem Umfeld wohl fühlen oder gar akzeptiert werden wird, muss sich erst zeigen. Als Schönste im ganzen Land darf sie sich jetzt schon betrachten. *AW*

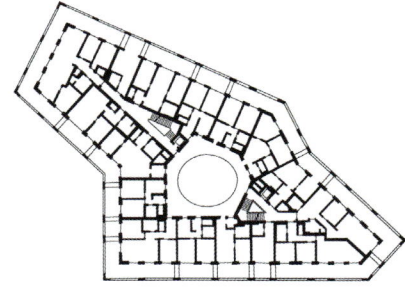

trennende Leitplanke und aufgeständerte Rasenflächen, welche den Straßenlärm abschotten, sind einige von vielen ironischen Elementen. Es gibt aber auch ganz ernsthafte Architektur bei diesem Projekt: So wurde das Eingangsgebäude um ein Geschoss erhöht, um der Funktion als Hauptgebäude gerecht zu werden. Bei genauerem Hinsehen entpuppt sich dieses aber als Potemkinsches Dorf. *CB*

Hans-List-Platz ↑ `097 D`
Hans-List-Platz 1
Purpur. Architektur, ILA
2005

Kunst und Architektur mit Augenzwinkern: Der Vorplatz des AVL Headquarters, einem auf Mess- und Prüftechnik sowie die Entwicklung von Verbrennungsmotoren spezialisierten Unternehmens, wurde von 2004 bis 2005 nach einem Wettbewerb neu gestaltet. Christian Tödtling vom Büro Purpur.Architektur und Christian Rieger (auch unter dem Namen ILA bekannt) spielen mit ihrem Entwurf auf geistreiche Weise mit der für Graz so wichtigen Automobilbranche. Zunächst sticht einem die gehirnförmige Skulptur *The Brain* ins Auge, die das Zentrum des Sinnierens über die nächsten Innovationen der Firma bildet. Das Gegenstück zum skulpturalen Brunnen bildet *The Cloud* im Innenhof des Areals. Geböschte Curbs als Randsteine, eine den öffentlichen Raum vom Wohngebiet

Lazaristenkirche/Pfarrkirche `098 D`
zur Schmerzhaften Mutter ↓→

Mariengasse 24
Friedrich von Schmidt
1863, 1950er-Jahre

Mitte des 19. Jahrhunderts ließen sich auf dem weitläufigen Areal zwischen den heutigen Straßenzügen Mariengasse, Keplerstraße, Gabelsbergstraße und Kleiststraße die Orden der Barmherzigen Schwestern und der Lazaristen nieder. Beide waren vom Heiligen Vinzenz von Paul im 17. Jahrhundert in Frankreich gegründet worden und hatten sich auf die Krankenpflege und Armenseelsorge spezialisiert. Der Ort in einem sich rasch entwickelnden Arbeiter- und Industriegebiet war nicht zufällig gewählt, sah sich die katholische Kirche doch angesichts der Verelendung des Proletariats mit neuen Herausforderungen konfrontiert. Das soziale Engagement hält bis heute an; so ist das bekannteste Projekt der

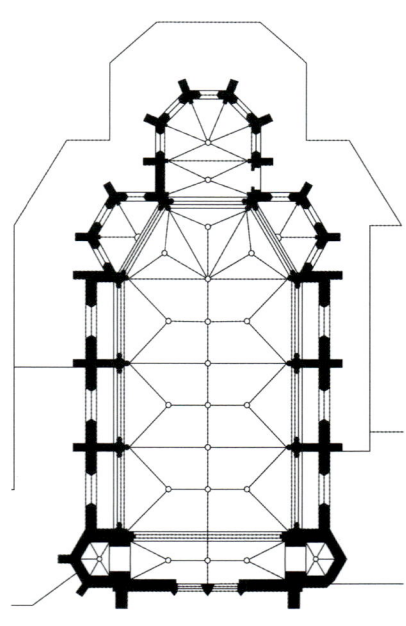

Grazer Lazaristen das *VinziDorf*, eine Containersiedlung für Obdachlose. Für die von 1860 bis 1863 erbaute Klosterkirche der Lazaristen lieferte der frisch gebackene Wiener Akademieprofessor für mittelalterliche Baukunst Friedrich Schmidt die Pläne, der später geadelte Schöpfer des Wiener Rathauses. Als begeisterter Vertreter und Initiator der Neogotik war er vor allem im sakralen Sektor tätig. Der aufgrund der Orientierung des Ordens an den Armen schlicht gehaltene Backsteinbau knüpft an die spätgotische Bettelordensarchitektur an: Flankiert von einem schlanken Sechseckturm, konzentriert sich bei der weitgehend flach gehaltene Westfassade alles auf das große Maßwerkfenster in der Mitte, an dessen Basis ein Portalpaar zum Eintreten einlädt.

Im Inneren des hellen und intim wirkenden Gotteshauses erzeugt Schmidt – passend zur karitativen Mission der Auftraggeber – eine geradezu modern anmutende Nähe zwischen Presbyterium und einschiffigem Laienraum. Wandpfeiler gliedern die drei Joche des Langhauses und bilden seichte Nischen, die im Chor fast unmerklich in drei Polygonalkapellen übergehen und eine zentralräumliche Wirkung erzielen. Zur einheitlichen Erscheinung trägt auch die großteils original erhaltene Gesamtausstattung des österreichischen Bildhauers Jakob Gschiel bei. Im Zweiten Weltkrieg an der Fassade stark beschädigt, wurde die seit 1939 als Pfarrkirche dienende Marienkirche in den Fünfzigerjahren originalgetreu wiederhergestellt. *AW*

Rondo

Marienplatz 1
Markus Pernthaler
2008

099 D

Auffällig und fremdartig präsentiert sich das *Rondo* mit seiner durchscheinenden Hülle aus Polycarbonat-Stegplatten. Dennoch fügt es sich auf dem Gelände der ehemaligen Marienmühle durch seine dynamische Bumerangform und die um ein Geschoss ansteigende Nordwest-Ecke harmonisch in die Umgebung ein. Die vorgespannte Hüllmembran und die davorgesetzte Bepflanzung verleihen den Zugängen eine gewisse Exklusivität, die zu Wohnungen, Büros und Ateliers über dem halböffentlichen Erdgeschoss führen. Die großzügig dimensionierten Fensterflächen und Balkone der Wohnungen sind in den begrünten Innenhof gerichtet, den nach wie vor der Mühlgang durchfließt. Ursprünglich eine alte Parkanlage, steht darin ein Pavillon von Herbert Eichholzer und Viktor Badl von 1936. Auch den zur Straße gerichteten Räumen wird durch Begrünung zwischen tragender Konstruktion und Membran ein angenehmes Raumklima zuteil. Markus Pernthaler gelang mit dem ab 2003 geplanten und von 2005 bis 2008 errichteten *Rondo* die Verknüpfung von urbaner Aufwertung und Schaffung von Erholungsräumen innerhalb der Stadt. *EP*

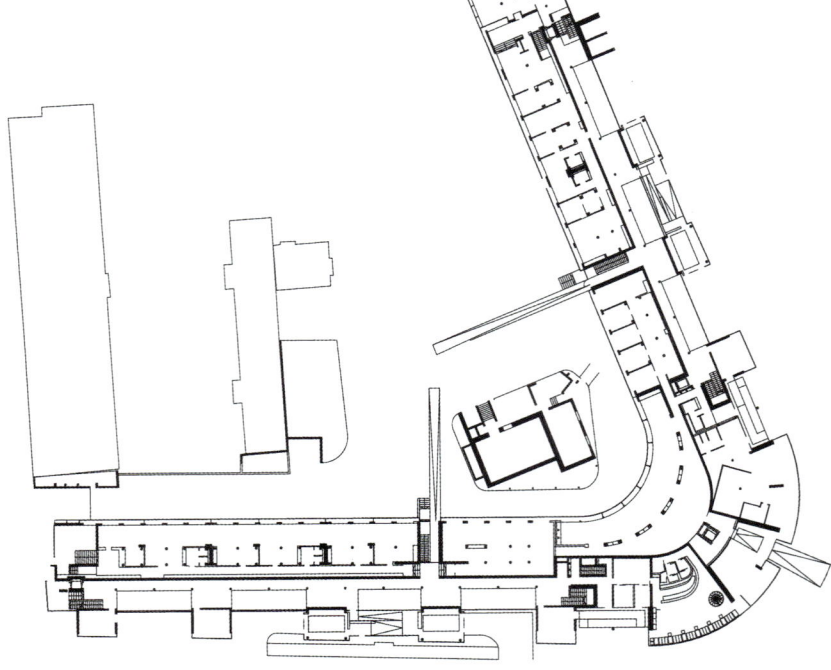

Büro- und Wohnturm *Johannes* 100 D

Mühlgasse 64/Keplerstraße 69
Markus Perthaler
2011

Das dreigeschossige Bestandsobjekt am Mühlgang wurde von 2009 bis 2011 nach Plänen von Markus Perthaler für den Bauherrn, die Johannes Objekterrichtungs- und Verwaltungsgesellschaft mbH, umgebaut. Perthaler ließ das Gebäude auf tortenstückförmigem Grundriss entkernen und aufstocken. *Johannes* beinhaltet in den unteren Geschossen Geschäfte und Büros sowie in den oberen ostseitig ausgerichtete Wohnungen. Die platzseitig mit korrodiertem Streckmetall umschlossene Fassade zeigt ihre innenliegenden Strukturen erst nachts. Als Kontrast zum liegenden Volumen des *Rondo* bildet der Turm das vertikale Element des Marienplatzes. Die beiden Gebäude unterscheiden sich auch in ihrer Haptik: Die weichen, sanften Formen des *Rondo* kontrastieren mit der stählernen beziehungsweise steinernen, scharfkantigen Fassade des Turms *Johannes*. Die Platzgestaltung wurde vom Schweizer Künstlerteam Vogel ausgeführt. Streifenartige Elemente mit Jahreszahlen erzählen die Geschichte des Platzes und entschleunigen ihn durch geschwungene Formen. *CB*

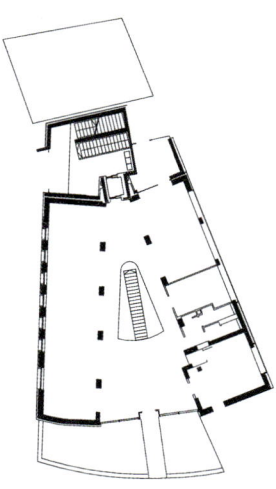

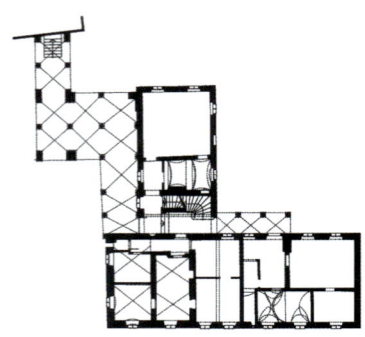

Mühl- oder Minoritenschlössl `101 D`
Mühlgasse 43
Josef Strohmeier und Johann P.
Hadt, Otto Kuhlmann, Thomas
Klietmann u. a.
um 1650/1675, 1898, 1914, 1961, 2016

Am Rande des Volksgartens steht ein kleines Schloss mit einer romantisch-pittoresken Ausstrahlung. Land- und Hofrechtsbesitzer Zacharias von Gabelhofen ließ das Mühlschlössl, dessen Name von der unmittelbaren Nähe zum Mühlgang herrührt, im dritten Viertel des 17. Jahrhunderts als ländlichen Edelsitz errichten. Der zweigeschossige, ursprünglich T-förmige Baukörper mit Kapelle wurde 1898 von Josef Strohmeier und Johann P. Hadt im Sinne der »erfundenen Tradition« des Historismus durch einen einachsigen Anbau mit Erdgeschosslauben, einem quadratischen Kapellenturm mit oktogonaler Laterne und Zwiebelhelm sowie Renaissance- und Barockdekor an der Fassade ergänzt. In den Obergeschossen weist die schlichte Fassade putzfaschengerahmte, mit flachem Volutendekor und geschweiften

Parapeten versehene Fenster auf. Seit 1904 dient das Mühlschlössl als Pfarrhof der evangelischen Pfarrgemeinde und ist durch den 1914 erbauten Arkadengang von Otto Kuhlmann mit der im Südwesten errichteten evangelischen Kreuzkirche (102 D) verbunden. Von 1955 bis 1961 musste das Bauwerk nach einem schweren Bombentreffer im Zweiten Weltkrieg zur Hälfte rekonstruiert werden. Durch Thomas Klietmann wurden 2016 Modernisierungen im Inneren vorgenommen. *AK*

Evangelische Kreuzkirche ↓ `102 D`
Mühlgasse 43
Otto Kuhlmann
1914, 1946

»Glaube, Liebe, Hoffnung« – von diesen drei nicht verlassen, tituliert Otto Kuhlmann ebenso seinen Entwurf. Der Berliner Professor setzt sich im Wettbewerb gegen einige weitere erfahrene österreichische und deutsche Architekten des evangelischen Kirchenbaus durch. Die deutschnational fundierte »Los-von-Rom«-Bewegung findet um die Jahrhundertwende vom 19. zum

20. Jahrhundert besonderen Anklang in der Bevölkerung. Nationale Konflikte und die Ablehnung der römisch-katholischen Vormachtstellung tragen zu einem regelrechten Übertrittstrend zur evangelischen Kirche bei. Dieser erfordert den Neubau von Gotteshäusern. Im Falle der 1914 fertiggestellten Kreuzkirche, die ihren Namen 1917 erhält, können 1904 durch einen privaten Nachlass das barocke Mühlschlössl (101 D) und der daran anschließende Bauplatz am Rande des Volksgartens erworben werden. Es gilt, eine direkte und harmonische Verbindung zum historischen Bestand herzustellen. Deutscher Tradition geschuldete Forderungen erfüllt Otto Kuhlmann durch einen Längsbau, der an mittelalterliche Formen erinnert, wobei er auf Dekorelemente beinahe restlos verzichtet. Vierjochige Langseiten fassen mit zweistufigen Strebepfeilern den in drei Schiffe unterteilten Innenraum. Dem mächtigen, in das Hauptschiff einschneidenden Kirchenturm ist eine offene Vorhalle mit steil ansteigendem Giebeldach vorgesetzt. Ein neobarocker Zwiebelturmhelm wird nach Zerstörungen im Zweiten Weltkrieg 1946 durch ein flaches Zeltdach ersetzt. Im Innenraum dominieren Stilzitate des Neobarock und der Neorenaissance. Zum Ausdruck kommt dies besonders an den Emporenbrüstungen und im Altarraum durch die Vergoldung des Dekors und eine hochwertige Schablonenmalerei. Dem historischen Mühlschlössl nicht nur angebaut, sondern auch stilistisch angepasst, entspricht die Kreuzkirche einem reduzierten späthistoristischen Entwurfsgedanken. *AM*

↗ Kammer für Arbeiter und Angestellte (ehem. Hotel International und Kammersäle)

103 D

Hans-Resel-Gasse 6/
Strauchergasse 32, 34/
Hanuschgasse 1, 3
Hubert Johann Gessner, Ernst Reicher
1930, 1951, 1962

Als Prestigebau für eine selbstbewusst auftretende Arbeiterbewegung verströmt das Gebäude der Kammer für Arbeiter und Angestellte noch immer den sozialdemokratischen Kampfgeist der Zwischenkriegsjahre. Wegen akuten Platzbedarfs entschied die Arbeiterkammer, das Ensemble der Arbeiterbewegung mittels Saalanbau und Bibliothek zu erweitern. Zeitgleich beschloss die Genossenschaft »Volkshaus«, ein Restaurant-Hotel mit Kaffeehaus und »Volkskeller« zu realisieren. Die Bauaufgabe wurde Hubert Johann Gessner anvertraut, dem bekannten Architekten des Roten Wien, und von 1929 bis 1930 umgesetzt. Gessner fügte die eigenständigen Funktionen in einem Gebäude zusammen, nur ein mächtiger Schornstein markiert die innere Trennung. Das auf Seiten der Hans-Resel-Gasse gelegene ehemalige Hotel International wurde bereits vier Jahre später in einen Verwaltungsbau umgewandelt; heute werden die Räume von der steiermärkischen Volkshochschule mitgenutzt. Der Schüler Otto Wagners hielt sich an Motive des Internationalen Stils, um der fortschrittsgewandten Sozialdemokratie Ausdruck zu verleihen. Charakteristisch sind die zu beiden Seiten auskragenden Eckrondelle mit krönendem Fahnenmast, die die horizontalen Linien der Gesimsbänder dynamisch um die Ecke führen. Anstelle waagerecht gesprosster Schiebefenster sind zur Hanuschgasse zweigeschossige hochformatige Fenster eingesetzt, die auf die dahinterliegenden Säle hinweisen. 1951 nach Kriegsschäden wiederaufgebaut, wurde 1962 die Inneneinrichtung des Kammersaalgebäudes dem Zeitgeist entsprechend von Ernst Reicher umgestaltet. Sehenswert sind auch die Fresken von Alfred Wickenburg im großen Saal. *DW*

D

Europaplatz in Richtung Westen mit Hauptbahnhof im Hintergrund

Europaplatz
Ringen um Aufmerksamkeit

Ein notorisches Dilemma der Grazer Architektur zeigt sich im Erscheinungsbild des Europaplatzes: Unstimmigkeit und Spannung werden durch Mangel an räumlichem Zusammenspiel einzelner Bauten und Gestaltungselemente erzeugt. Während sich einzelne Solisten des vollgestellten Platzes in den Vordergrund drängen, hält sich das elegante Hauptgebäude aus den 1950er-Jahren vornehm im Hintergrund. Dies war jedoch nicht immer so. Bereits 1825 sprach sich Erzherzog Johann für den Bau einer Eisenbahnverbindung zwischen Donau und Adria (Wien – Triest) aus, von der auch Graz profitieren sollte. 1844 wurde der Südbahnhof (seit 1913 Hauptbahnhof) eröffnet, welcher die Industrialisierung der Steiermark einläutete. Heute queren etwa 40.000 Personen täglich den Hauptbahnhof und seinen Vorplatz. Trotz anfangs deutlich niedrigerer Nutzerfrequenz konzipierte Franz Heigl die Gesamtanlage des Bahnhofsplatzes mit teilweiser Randbebauung bereits bei seiner Entstehung von 1843 bis 1847 so geräumig, dass er seinen Passanten heute noch genügend Platz bietet. Eine städtebauliche Wechselbeziehung zwischen Bahnhof und Stadtzentrum wird über die unbebaute, östliche Platzseite geschaffen, welche die in Nord-Süd-Richtung verlaufende Hauptverkehrsachse Bahnhofgürtel direkt tangiert. Während das Bahnhofsgebäude als Schwelle zwischen westlich liegender Eisenbahngleise und Platz dient, begrenzen das Postamt an der Nordseite und das Hotel *Daniel* (104 D) an der Südseite den Raum an den übrigen zwei Seiten. Zwei Jahre nachdem das von Wilhelm von Flattich stammende, historische Bahnhofsgebäude im Zweiten Weltkrieg bombardiert worden war, entwickelte Wilhelm Aduatz im Zuge eines Wettbewerbs für den Neubau des Bahnhofs einen den Vorgängerbau respektierenden Entwurf, der die gründerzeitliche Raumstruktur aufgriff. 1956 erhob sich die zentrale, großflächig verglaste Empfangshalle über drei Geschosse und steht heute mit ihrer einst den Platz dominierenden Bahnhofsuhr unter Denkmalschutz. Ein dreigeschossiger Süd- und zweigeschossiger Nordtrakt knüpfen an die zentrale Haupthalle an. 1996 schloss die Architektengruppe Team A Graz die nordöstliche Ecke des Europaplatzes mit ihrer Randbebauung *Bahnhof City* ab, deren Raum unter der schrägen Spiegelfassade beim Betreten des Platzes an ein Eingangstor erinnert. Anlässlich der Ernennung zur Kulturhauptstadt im Jahr 2003 folgten weitere Veränderungen: Das Architektenduo Zechner & Zechner erweiterte die zentrale Empfangshalle beidseitig um einen gläsernen, den bestehenden Längstrakten vorgesetzten Kubus, welcher die Gebäudetiefe des Mitteltraktes übernimmt. Den Innenwänden der Ankunftshalle verlieh Peter Kogler mit seiner großflächigen, textilen Tapete aus moluskenartigen Formen ein barockes Gepräge. Zudem veränderte sich der Platzcharakter von 2012 bis 2015 im Zuge des Projekts *Hauptbahnhof 2020* durch die Errichtung der unterirdischen Bahn (Kreuzung Annenstraße/Bahnhofgürtel), der wellenförmigen Bahnsteigüberdachung im Westen und des *Golden Eye* im Osten. Anstatt als städtebauliches Bindeglied zu fungieren, dominiert letzteres nun als kreisförmige Überdachung den Europaplatz und verstellt leider die Sicht auf die Hauptfassade der Bahnhofshalle. Während das Material Beton die Freiraum- und Platzgestaltung prägt, lockern längliche Pflanzeninseln seine harte Atmosphäre auf. *AN*

Hotel *Daniel*

Europaplatz 1
Georg Lippert, Josef Heinzle,
Stephan Simony, Werner Aisslinger
1955, 2005, 2014

Nähert man sich über die ansteigende Annenstraße dem Hauptbahnhof, so wächst langsam am Horizont die farbenfrohe Fassade des Hotels *Daniel* empor. Während die in der Altstadt liegende Franziskanerkirche (040 A) den Anfang jener historisch wichtigsten Handelsstraße markiert, bildet die Schmalseite des quaderförmigen Hotels das Ende dieser Achse. Nachdem das von August Gunolt 1887 für Alois Daniel errichtete, neobarocke Bahnhofshotel im Zweiten Weltkrieg zerstört worden war, beauftragte die Österreichische Hotelbetriebsgesellschaft die Wiener Architekten Georg Lippert, Josef Heinzle und Stephan Simony mit der Planung eines Neubaus. 1955 fertiggestellt, richtet sich der siebengeschossige Bau mit seiner Längsseite samt Haupteingang zum Europaplatz. Rote, orthogonale Fugen teilen die grüne Putzfassade in ein Raster, das von der einheitlichen Fensteranordnung und den wellenförmig profilierten Brüstungsmauern dominiert wird. Nur die schmale Schauseite zur Annenstraße hebt sich in der Gestaltung ab. Während weiße Stahlbalustraden mit Scherengitterornament die farbintensiven Loggienfronten schmücken, prägen im Erdgeschoss rote Umrahmungen die großflächig verglaste Front. Auch zum Europaplatz öffnet sich das Sockelgeschoss in Form einer von Messing umrahmten Glasfassade. Im Zuge der Modernisierungen in den Achtzigerjahren büßte der Nachkriegsbau die Eleganz der Fünfzigerjahre ein – es bleiben Terrazzo- und Holzböden und die geschwungenen Treppen als Relikte. 2005 reagierte der Berliner Designer Werner Aisslinger auf diesen Identitätsverlust: Im Retrostil seiner Entstehungszeit baute er das Gebäude in ein Designhotel um. Neben der Neugestaltung der nun loftartigen Lobby wurden auch die einzelnen Loggien mit Pastellfarben ausgemalt und ziehen nachts mithilfe einer Lichtinstallation bereits von weitem Blicke auf sich. Im Jahr 2014 setzte Aisslinger einen verglasten *LoftCube* auf das Flachdach und bietet somit einen Panoramablick über die Stadt. *AN*

Helmut-List-Halle ↓

Waagner-Biro-Straße 98 a
Markus Pernthaler Architekten
2003

Mit dem Umbau einer Industriehalle aus der Mitte des 19. Jahrhundert gelang Markus Pernthaler in nur 13 Monaten Planungs- und Bauzeit eine der besten Konzerthallen Österreichs. Initiiert wurde die Helmut-List-Halle von den Organisationen *Kulturhauptstadt 2003*, *steirischer herbst* und *Styriarte* gemeinsam mit der AVL-List GmbH, einem von Hans List gegründeten Unternehmen für Automotorenentwicklung. Die Halle bildet das erste Projekt zur Aufwertung und Umnutzung des ehemaligen Industriegebiets im Grazer Westen. Problematisch waren die von der benachbarten Bahntrasse ausgehenden Eigenschwingungen des Gebäudes, die durch eine Lagerung auf Gummiplatten relativiert werden konnten. Das Gebäude ist in drei Teile gegliedert: in das Foyer, in den an der südlichen Außenfassade mit Photovoltaik-Paneelen verkleideten Veranstaltungssaal in der Mitte und in den Backstagebereich. Seitliche schmale Baukörper aus Beton beinhalten die Verwaltung. Der mehrschalig aufgebaute

Konzertsaal selbst wurde mit Fichtenholz getäfelt. Verstellbare Klangelemente aus Holz und großflächige Stahlgeflechte sorgen je nach Anforderung für eine optimale Akustik. Prägend für das Foyer sind die Stahlträger der Dachkonstruktion des vorherigen Industriegebäudes. Eine Außenfassade aus Glas komplettiert die Restrukturierung der Halle. *EP*

Science Tower →

Waagner-Biro-Straße 100
Markus Pernthaler Architekten
2017

Als Wahrzeichen für die *Smart City Graz* fungiert der von 2015 bis 2017 hochgezogene, 60 Meter hohe Turm von Markus Pernthaler Architekten. Zwölfgeschossig bietet der Bau Raum für Forschung und Wissenschaft und beherbergt Grazer Unternehmen und universitäre Einrichtungen. Ein annähernd runder Grundriss wird, gestützt durch einen Betonkern, von einer doppelschaligen Fassade ummantelt. Diese weitet sich nach oben hin auf und lässt den öffentlich zugänglichen Dachgarten erahnen. Ab dem dritten Geschoss wird die innenliegende Metallfassade von einer Lärchenholzfassade

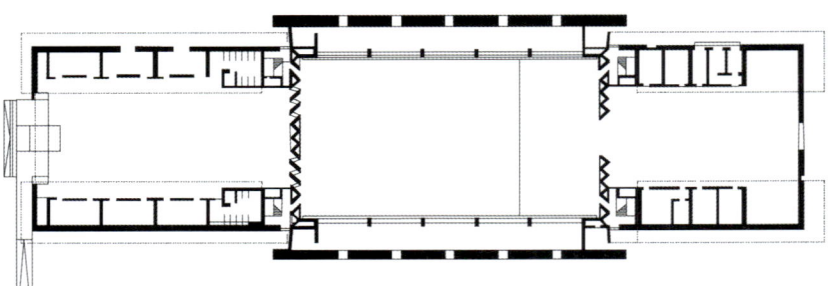

abgelöst. Einzigartig für dieses Projekt sind die technischen Innovationen: Neben der Nutzung von Geothermie feiert vor allem der Einsatz der Grätzel-Technologie in dieser Größenordnung weltweit Premiere. In Kombination mit fahrbaren Sonnenschutzelementen können diese Photovoltaik-Paneele entlang der Fassade dem Sonnenstand folgen. Lichtenergie wird in direkt nutzbaren elektrischen Strom umgewandelt. Energieautark, abfallfrei und innovativ: Der *Science Tower* ist aus gutem Grund das Markenzeichen der *Smart City*. *PB*

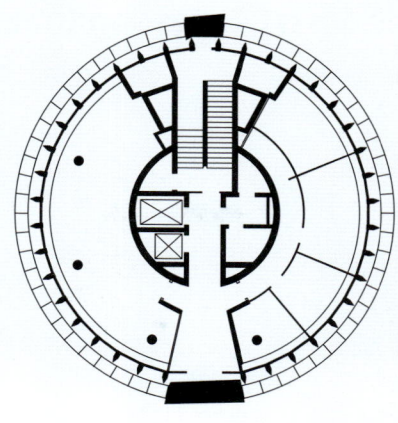

D

Die Smart Cities von Graz

Christian Kühn

Es war kein glücklicher Tag für die Grazer Stadtplanung, als im Juli 2012 die Ergebnisse einer Volksbefragung bekannt gegeben wurden: 67 Prozent der Teilnehmenden hatten sich gegen den Vorschlag der Stadtregierung ausgesprochen, die Reininghaus-Gründe, ein Entwicklungsgebiet mit 52 Hektar Fläche auf dem Areal einer ehemaligen Brauerei, anzukaufen. Dass Politiker bei wichtigen Stadtentwicklungsfragen lieber zum Plebiszit greifen, als für ihre Entscheidung bei den nächsten Wahlen den Kopf hinzuhalten, ist in Österreich nicht selten. Im konkreten Fall war die Entscheidung tatsächlich nicht einfach zu treffen, da sie von der Einschätzung abhing, wie stark Graz in den nächsten Jahren wachsen würde. Inzwischen gilt es als sicher, dass die Stadtbevölkerung um 4.000 bis 6.000 Einwohner pro Jahr – und damit prozentuell stärker als Wien – zunimmt,

vor allem durch Zuzug aus so genannten strukturschwachen Regionen.
Was die Stadt 2012 mit einem Kaufvertrag hätte bekommen können, nämlich Gestaltungshoheit, musste sie schließlich, nachdem das Areal abschnittsweise verkauft worden war, über städtebauliche Verträge mit den Eigentümern aushandeln. Solche Verträge sind nach österreichischem Recht immer ein Balanceakt. Die teilweise Abschöpfung widmungsbedingter Wertsteigerungen darf nicht wie eine Steuer erscheinen, sondern muss sich grundsätzlich auf Kostenbeiträge für technische und soziale Infrastruktur beschränken. Bei weiterer Auslegung der Rechtslage kann in diesen Verträgen aber auch die Qualität öffentlicher Räume oder die Durchführung von qualitätssichernden Prozessen, etwa Architekturwettbewerben, vereinbart werden, wie das in diesem Fall auch geschehen ist.

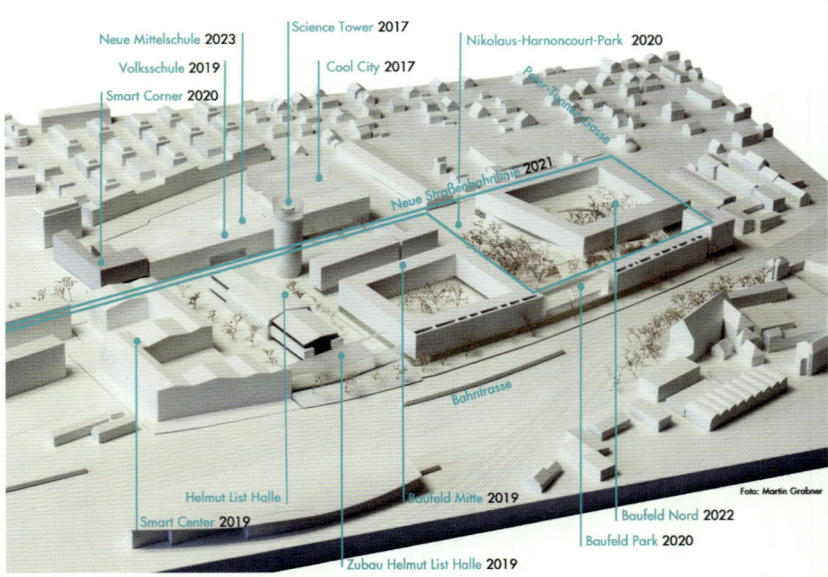

Neue Mittelschule **2023**
Volksschule **2019**
Smart Corner **2020**
Science Tower **2017**
Cool City **2017**
Nikolaus-Harnoncourt-Park **2020**
Neue Straßenbahnlinie **2021**
Helmut List Halle
Smart Center **2019**
Zubau Helmut List Halle **2019**
Baufeld Mitte **2019**
Baufeld Park **2020**
Baufeld Nord **2022**
Bahntrasse
Foto: Martin Grabner

Smart City Graz, Modell, 2018

Graz hat sich 2011 mit dem Fachbeirat für Baukultur eine Institution geschaffen, die eine Qualitätssicherung auf mehreren Ebenen erlaubt, vom Städtebau bis zum Einzelobjekt. Auf der Ebene der Objektplanung kann die Vorlage beim Fachbeirat unterbleiben, wenn ein Architekturwettbewerb durchgeführt wird. In diesen Fällen ist in der Regel ein Mitglied des Beirats Mitglied in der Jury. Auch Wirtschaftsvertreter, die dem Beirat gegenüber anfangs skeptisch waren, akzeptieren ihn heute als wichtiges Instrument, um Planungssicherheit herzustellen.

Inzwischen ist die Planung der Reininghaus-Gründe weit fortgeschritten, die Realisierung hat begonnen. Die Architekturwettbewerbe für die meisten Quartiere sind abgeschlossen, auch für den zentralen Stadtpark und eine verbindende Grünzone. Der lukrative Drang in die Höhe ist bei manchen Wettbewerbsergebnissen nicht zu übersehen. Ob dieser Urbanisierungsschub nach oben zu rechtfertigen ist, wird erst die Qualität der ausgeführten Bauten und Freiräume zeigen.

Schon fertiggestellt ist ein Turm in einem anderen nahe gelegenen Entwicklungsgebiet, dem Waagner-Biro-Areal, das sich als *Smart City Graz* positioniert. Auch dieses Areal ist ein ehemaliges Industriegebiet, woran die Helmut-List-Halle erinnert, eine vom Architekten Markus Pernthaler 2003 im Kontext des Kulturhauptstadtjahres für Großveranstaltungen umgebaute Industriehalle. Von Pernthaler stammt auch der Turm, der neben der List-Halle stehend an einen Campanile neben einer Basilika erinnert. Ob der Turm zum Symbol einer Smart City taugt, hängt davon ab, was man unter *smart* versteht. Als Bürohaus ist der Turm jedenfalls alles andere als schlau, sondern aufgrund seines geringen Durchmessers schlicht

Markus Pernthaler, *Science Tower*, 2017, Helmut-List-Halle, 2003

unwirtschaftlich. Wenn mit Smart City technologische Innovation gemeint ist, lässt sich der Turm als gut gestalteter und effektiver Werbeträger dafür rechtfertigen. Die äußere Schicht der Doppelfassade besteht aus extrem dünnen Glasscheiben, die teilweise mit neuartigen, elektrochemisch arbeitenden Solarzellen kombiniert sind. Im obersten Geschoss, umgeben von einer leichten Stahlkonstruktion, die dem Turm wie eine Krone aufgesetzt ist, befinden sich Stahlbetontröge, in denen mit Nutzpflanzen experimentiert werden soll.

Bauherr des Turms war der steirische Unternehmer Hans Höllwart, dessen Firma SFL im Anlagen- und Fassadenbau tätig ist und den Turm als Vorzeigeprojekt nutzen möchte. Ende 2017 musste die Firma, die unter anderem die Murinsel, die Hülle des Kunsthauses Graz und die Fassade des Wiener *Uniqa Towers* ausgeführt hat, Insolvenz anmelden. Der Turm wurde damit auch zu einem Symbol für das unternehmerische Risiko, dem Innovatoren in Übergangszeiten ausgesetzt sind. Dass die öffentliche Hand dieses Projekt mitgetragen hat, sollte aber nicht unerwähnt bleiben: *Smart City Graz* erhielt Förderungen in der Höhe von 4,2 Millionen Euro, die aus dem größten österreichischen Förderungstopf zum Thema, dem beim Klima- und Energiefonds angesiedelten Programm *Smart Cities Demo* stammen.

Die *Smart City Graz* besteht aber nicht allein aus der List-Halle und dem *Science Tower*. Mit dem Bau einer neuen Schule wird 2019 begonnen, mehrere Wohnblocks und Bauten für gemischte Nutzung kommen dazu. Hier wird sich zeigen, wie *smart* diese City wirklich ist. In Bezug auf öffentliche Bauten hat Graz zwar in den vergangenen 20 Jahren einen hohen Standard vorzuweisen; der Wohnungsbau kommt aber bei weitem nicht an dieses Niveau heran. Die Zeiten, als die Steiermark das Nonplusultra des österreichischen Wohnungsbaus darstellte, sind leider vorbei, man denke etwa an die Terrassenhaussiedlung St. Peter und generell an die Ambition und Resultate des Modells Steiermark, das ab den frühen Achtzigerjahren die Entwicklung prägte.

Grundsätzlich ist die Stadt aber auf dem richtigen Weg. Sie setzt auf die Verdichtung möglichst im Bestand oder auf Brachflächen, auf Nutzungsdurchmischung und attraktive öffentliche Räume. Ziel ist die energieeffiziente, ressourcenschonende und emissionsarme Stadt. Niemand wird etwas gegen diese Ziele einzuwenden haben. Dass ihre Erreichung aber einen radikalen Wandel unserer Lebensweise und unserer Wohnvorstellungen, also nicht nur technische, sondern auch soziale Innovation erfordert, wird dabei immer klarer.

Reininghaus-Gründe von Süden, Luftbild, 2018

Wohnanlage Alte Poststraße 107 D

Dreierschützengasse 28–40
Szyszkowitz-Kowalski
1984

Schon ein Blick auf das facettenreiche Äußere der ab 1981 geplanten und von 1982 bis 1984 ausgeführten Wohnanlage Alte Poststraße legt nahe, dass es sich hier um keinen gewöhnlichen Wohnungsbau handelt. Dabei fungiert die hohe Variation an Formen und Materialien, ohnehin ein Markenzeichen von Karla Kowalski und Michael Szyszkowitz, hier nur als architektonische Ausdrucksweise des experimentellen Partizipationsprozesses, der dieser ersten unter den ab 1981 im Rahmen des Modells Steiermark entwickelten Anlagen zugrunde liegt. Die intensive Beteiligung der Wohnungswerber bewirkte nicht nur eine Vielzahl an individuellen Grundrissen, sondern auch großzügige Freibereiche. Der viergeschossige Baukörper entwickelt sich um einen Innenhof, unter dem sich die Tiefgarage befindet. Zusammen mit den Privatgärten dient der Hof als Begegnungs- und Aufenthaltszone, von dem aus sich auch die Erschließung der Geschosswohnungen über Freitreppen in alle Richtungen ausbreitet. Der braune gefärbte Putz und die gekrümmten Dachflächen sorgen gemeinsam mit der zerklüfteten Form der Baukörper für einen individualistischen Kontrast zur uniformen, wenig anspruchsvollen Bebauung der Nachbarschaft. *CHP*

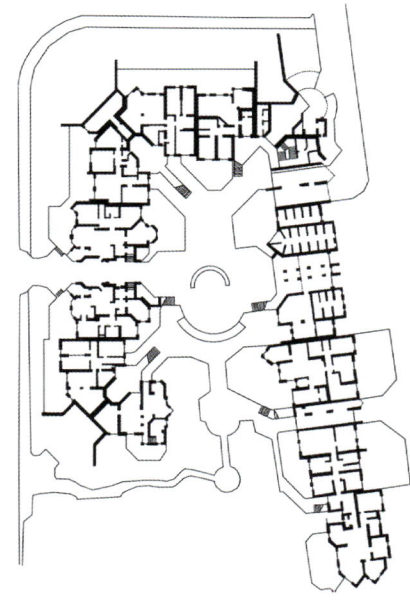

Die Grazer Schule und das Modell Steiermark

Anselm Wagner

Wiewohl Graz aus allen Epochen seit dem Spätmittelalter bedeutsame Bauwerke besitzt, verdankt es seinen Ruf in der Welt der Architektur vor allem einer Generation von Architekten, die zwischen den 1970er- und 1990er-Jahren als Grazer Schule international für Furore sorgte. Gemeinsam ist den »Grazer Schülern«, dass sie mit Ausnahme von Karla Kowalski allesamt an der Technischen Hochschule Graz (seit 1972 TU) studierten und die meisten von ihnen auch in Graz ein Büro unterhielten. Davon abgesehen gibt es kaum einen gemeinsamen Nenner, von einem gemeinsamen Programm oder Manifest ganz zu schweigen. Einigkeit ist nur *ex negativo* herstellbar; so lehnten fast alle »Grazer Schüler« die zu dieser Zeit in Wien vorherrschende Stilrichtung der Postmoderne und natürlich auch den Begriff *Grazer Schule* ab. »Keiner wollte dazugehören, aber jeder wollte dabei sein«, brachte es Eilfried Huth einmal auf den Punkt. Denn schließlich war die Grazer Schule in den Achtzigerjahren zu einer äußerst erfolgreichen Marke aufgestiegen, die mithalf, den Dekonstruktivismus – den man als Begriff natürlich auch ablehnte – international durchzusetzen.

Strukturalistische Anfänge

Erfunden wurde der Begriff *Grazer Schule* 1967 vom Wiener Architekturkritiker Friedrich Achleitner, der sie damals auf eine Gruppe von Grazer Architekturstudenten rund um ihren theoretischen Kopf Bernhard Hafner bezog. Ein strukturalistischer, ins

Städtebauliche und Kollektive ausgreifender Ansatz war das Kennzeichen der Gruppe, deren Entwürfe im Kontext der internationalen Architekturavantgarde von Archigram bis Yona Friedman angesiedelt waren. Dass ein Student und kein Professor als Kopf der Schule fungierte, lag nicht zuletzt im System der autonomen, von den Studierenden selbst verwalteten Zeichensäle begründet, die bis heute ein Alleinstellungsmerkmal der Architekturfakultät der TU Graz darstellen. Als Folge einer – von einigen Zeitzeugen bestrittenen, anderen beschworenen – »Zeichensaalrevolution« sollen sich die Studenten praktisch selbst unterrichtet, zumindest aber mit Zeitschriften über das internationale Architekturgeschehen gemeinsam informiert haben. Der Impuls des »Dagegenseins« – gegen die Professoren, gegen das reaktionäre Nachkriegs-Graz, gegen die Wiener Szene, oft auch gegen die eigenen Studienkollegen – war wohl der wichtigste revolutionäre Anteil dabei und wurde von den »Grazer Schülern« soweit verinnerlicht, dass er später zu einem stilprägenden Merkmal werden konnte. Zum Kreis rund um Bernhard Hafner gehörten unter anderen Konrad Frey, Heidulf Gerngross und Helmut Richter, aber auch der ältere Friedrich St. Florian, der bereits 1958 diplomiert hatte, wurde anfangs hinzugezählt (während dessen Studienkollege Raimund Abraham, der wie St. Florian später in den USA Karriere machte, erst 2012 posthum in den Kontext der Grazer Schule gestellt wurde). Zur Zeit dieser ersten, rein studentischen Grazer Schule waren bereits einige weitere Studienkollegen von St. Florian und Abraham als Architekten tätig: Allen voran die Büropartnerschaft von Günther Domenig und Eilfried Huth sowie die Werkgruppe Graz, bestehend aus Eugen Gross, Friedrich Groß-Rannsbach, Werner Hollomey und Hermann Pichler. Domenig/Huth und die Werkgruppe reüssierten parallel zur Grazer Schule mit den Entwürfen für Megastrukturen, wie Domenig/Huth mit der Bebauung Ragnitz (1967–1969), die sogar den *Grand Prix International d'Urbanisme et d'Architecture* in Cannes gewann, und

die Werkgruppe mit der ab 1965 geplanten Terrassenhaussiedlung in Graz-St. Peter (221 K), die sie von 1972 bis 1978 realisieren konnte.

(De-)Konstruktiver Expressionismus

Aber weder der theoretische noch der praktische Strukturalismus sollte zum Markenzeichen der Grazer Schule werden, sondern ein daraus abgeleiteter, im Gegensatz zu diesem aber höchst subjektiver und skulpturaler Architekturbegriff, mit dem Domenig nach der Trennung von Huth für Aufsehen sorgte: mit seiner Mensa der Schulschwestern in

Eckhart Schuster im Architekturzeichensaal 3, TH Graz, 1962

Bernhard Hafner, Stadtausschnitt, 1966

Eilfried Huth, Eschensiedlung, Deutschlandsberg/Steiermark, 1972–1975

Graz (2001) und vor allem mit seiner Filiale der Zentralsparkasse in Wien (1979, S. 15). Unter dem Eindruck vor allem dieser beiden Bauten, die im besten Sinne des Wortes beispiellos waren (während der Strukturalismus eine breite internationale Strömung repräsentierte), definierte Friedrich Achleitner 1981 die Grazer Schule komplett um. Es herrsche, schrieb er nun, »generell ein starker ästhetischer Subjektivismus, expressiv in Formen- und Gebärdensprache, individualistisch selbst dort, wo es sich scheinbar um kollektive Planungsprozesse handelt.« Rezeptionsgeschichtlich war es diese Definition und die sie bezeichnende Richtung, die sich schließlich in der allgemeinen Wahrnehmung als Grazer Schule durchsetzte, während die strukturalistischen Anfänge der Sechzigerjahre allmählich in Vergessenheit gerieten und erst im vergangenen Jahrzehnt wiederentdeckt wurden.

Domenig war es auch, der das Widerständische am stärksten in seiner Entwurfsarbeit kultivierte, was ihn neben Coop Himmelb(l)au zum bekanntesten dekonstruktivistischen Architekten Österreichs

machte. Am plausibelsten erscheint dieser Ansatz beim Dokumentationszentrum am ehemaligen Nürnberger Reichsparteitagsgelände, das Domenig 2001 fertigstellte. Eine riesige, über 100 Meter lange Lanze aus Stahl schlitzt hier das massig-dumpfe Nazigemäuer auf und dient zugleich als quer durch das gesamte Gebäude verlaufende Erschließung der Ausstellungsräume. Domenig, der damit nicht zuletzt seine Herkunft aus einem nationalsozialistischen Elternhaus aufarbeitete, lieferte damit auch eine Begründung für den meist aggressiv-brachialen, zumindest aber distanzierten Umgang mit historischem Bestand, der die Grazer Schule auszeichnet: Das Alte steht in der seit Mitte des 19. Jahrhunderts vom Deutschnationalismus verseuchten ehemaligen »Stadt der Volkserhebung« generell unter Faschismusverdacht, wird als belastet und belastend empfunden und ihm kann, wenn überhaupt, nur durch große Gesten wie symbolische Kastrationen, Häutungen und Schlachtungen der braune Ungeist ausgetrieben werden. Deshalb hat die klassizistische Version der Postmoderne in Graz nie eine Rolle gespielt, während im Dekonstruktivismus das ideale Instrument für den Exorzismus gefunden schien.

Domenigs Nürnberger Dokumentationszentrum verweist auch auf ein weiteres Charakteristikum der Grazer Schule, das praktisch von all ihren Mitgliedern geteilt wird: die zentrale Bedeutung, die man der Erschließung beimisst. Während sich moderne und zeitgenössische Bauten häufig dadurch auszeichnen, dass man nur mit Mühe den Eingang findet, wird dieser bei Gebäuden der Grazer Schule immer übergroß in Szene gesetzt. Treppen, Rampen, Brücken, Aufzüge und Korridore werden

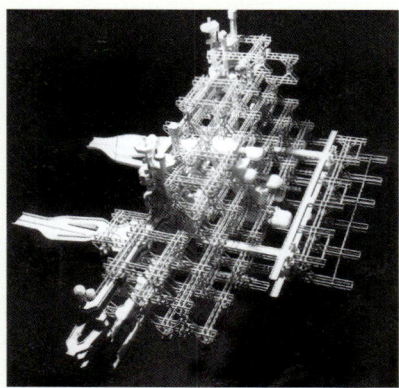

Günther Domenig und Eilfried Huth, Bebauung Ragnitz, 1967–1969

D

nicht bloß als funktionale Notwendigkeiten, sondern als skulpturale Möglichkeiten gesehen, die oft die Außenerscheinung eines Gebäudes ganz wesentlich bestimmen. Damit hängt auch der maschinenhafte, industrielle und die Konstruktion hervorkehrende Charakter dieser Bauten zusammen, ihr »konstruktiver Expressionismus« (Marie-Hélène Contal), sowie die Bevorzugung der Materialien Stahl und Glas.

Günther Domenig, Dokumentationszentrum am ehemaligen Reichsparteitagsgelände in Nürnberg, 2001

Experiment Partizipation

Anders als die Neue Vorarlberger Bauschule verdankt die Grazer Schule ihren Erfolg nicht so sehr privaten Bauträgern als vielmehr der öffentlichen Hand. Die Initiative kam von oben: Die steirische Volkspartei, die sich hier wohl den liberalen Reformer Erzherzog Johann zum Vorbild nahm und außerdem dem sozialistischen Reformkanzler Bruno Kreisky in Wien etwas entgegensetzen wollte, initiierte in den Siebzigerjahren ein breites gesellschaftliches Erneuerungsprogramm, das *Modell Steiermark*. Darin inkludiert war auch ein Arbeitskreis *Neues Wohnen*, der sich der Demokratisierung und qualitativen Verbesserung des geförderten Wohnbaus widmete. Zu den Eckpfeilern gehörten die Durchführung von Wettbewerben, die Beteiligung der zukünftigen Bewohner am Planungsprozess und die Betrauung der beauftragten Architekten mit der Ausführungsplanung und oft auch der Bauaufsicht. Den Anstoß dazu hatte die Terrassenhaussiedlung der Werkgruppe Graz und die Eschensiedlung in Deutschlandsberg von Eilfried Huth gegeben, die beide 1972 begonnen worden waren. Der 1980 vom Wohnbaulandesrat zum Landeshauptmann aufgestiegene ÖVP-Politiker Josef Krainer installierte den Wiener Architekten und Architekturkritiker Wolfdieter Dreibholz, der als Assistent am Institut für Kunstgeschichte der TH nach Graz gekommen war, als neuen Leiter der Hochbauabteilung, der das Modell Steiermark bei insgesamt 32 ausgewählten Wohnbauvorhaben (davon acht in Graz) umsetzte und dafür, aber auch für die übrigen Bauprojekte des Landes vor allem die jungen Vertreter der Grazer Schule zum Zug kommen ließ.

Schul-Echo

Die experimentierfreudigen, sehr unterschiedlichen Ergebnisse des »steirischen Architekturwunders« riefen ein starkes internationales Echo hervor. Der renommierte britische Architekturkritiker Peter Blundell Jones etwa, ein Scharoun-Spezialist und Liebhaber organischen Bauens, veröffentlichte zahlreiche Artikel über die Grazer Architekturszene im *Architectural Review* und *Architectural Journal*. Im Auftrag des Grazer Hauses der Architektur publizierte er dann 1998 die Monografie *Dialogues in Time: New Graz Architecture*, die bis heute umfassendste und beste Darstellung der Grazer Architektur des späten 20. Jahrhunderts. Die Architekten rührten aber auch selbst kräftig die Werbetrommel: Ab 1984 schickte etwa das Forum Stadtpark eine internationale Wanderausstellung mit dem Titel *Architektur-Investitionen. Grazer »Schule«. 13 Standpunkte* auf Reisen. Die kanonische Zwölfzahl meidend, kamen die 13 Standpunkte aber auch so einer Kanonisierung der Grazer Schule gleich, die nun ein Gruppenbild mit Dame bot, zu dem Günther Domenig, Hermann Eisenköck, Konrad Frey, Volker Giencke, Ernst Giselbrecht, Bernhard Hafner, Eilfried Huth, Klaus Kada, Gerhard Kreutzer/Günther Krisper, Fritz Matscher/Irmfried Windbichler, Helmut Richter/Heidulf Gerngross, Michael Szyszkowitz/Karla Kowalski und Heinz Wondra zählten. Nicht zuletzt aufgrund der überregionalen Anerkennung der Grazer Schule wurden außergewöhnlich viele ihrer Protagonisten auf renommierte Lehrstühle in Deutschland und Österreich berufen, sodass die »Schüler« nun selbst schulbildend wirken konnten: Eilfried Huth an die Universität der Künste Berlin, Michael

Szyszkowitz an die TU Braunschweig, Karla Kowalski an die Universität Stuttgart, Klaus Kada an die RWTH Aachen, Hubert Rieß an die Bauhaus-Universität Weimar, Volker Giencke an die Universität Innsbruck und Manfred Wolff-Plottegg und Helmut Richter an die TU Wien. Einzig Günther Domenig erhielt einen Lehrstuhl an seiner Stammuniversität, der TU Graz, wo er von 1980 bis 2000 lehrte.

»Die Grazer Schule hat jetzt Ferien«

Die aufsehenerregenden Wohnbauten des Modells Steiermark stießen zwar bei den Bewohnern auf großes Wohlwollen, aber auf nur wenig Gegenliebe bei den Wohnbaugenossenschaften. Bauliche Mängel bei den oft sehr experimentellen Projekten boten sich als Zielscheibe der Kritik. Als die ÖVP bei den Landtagswahlen 1991 ihre absolute Mehrheit verlor, musste sie das Wohnbauressort an die FPÖ abgeben. Mit dem kolportierten Ausspruch »Die Grazer Schule hat jetzt Ferien« beendete der neue Wohnbau-Landesrat Michael Schmid, seines Zeichens selbst Architekt, das Wohnbauprogramm Modell Steiermark. 1993 gelangte aber selbst ein wohlwollender Beobachter wie Friedrich Achleitner zu der Auffassung, dass die Grazer Schule Geschichte sei. Geblieben ist eine Vielzahl spektakulärer, manchmal schwieriger, aber immer herausfordernder Bauten, die unverwechselbar ein Grazer Phänomen darstellen.

Ausstellungskatalog Forum Stadtpark, Graz 1984, Cover

E

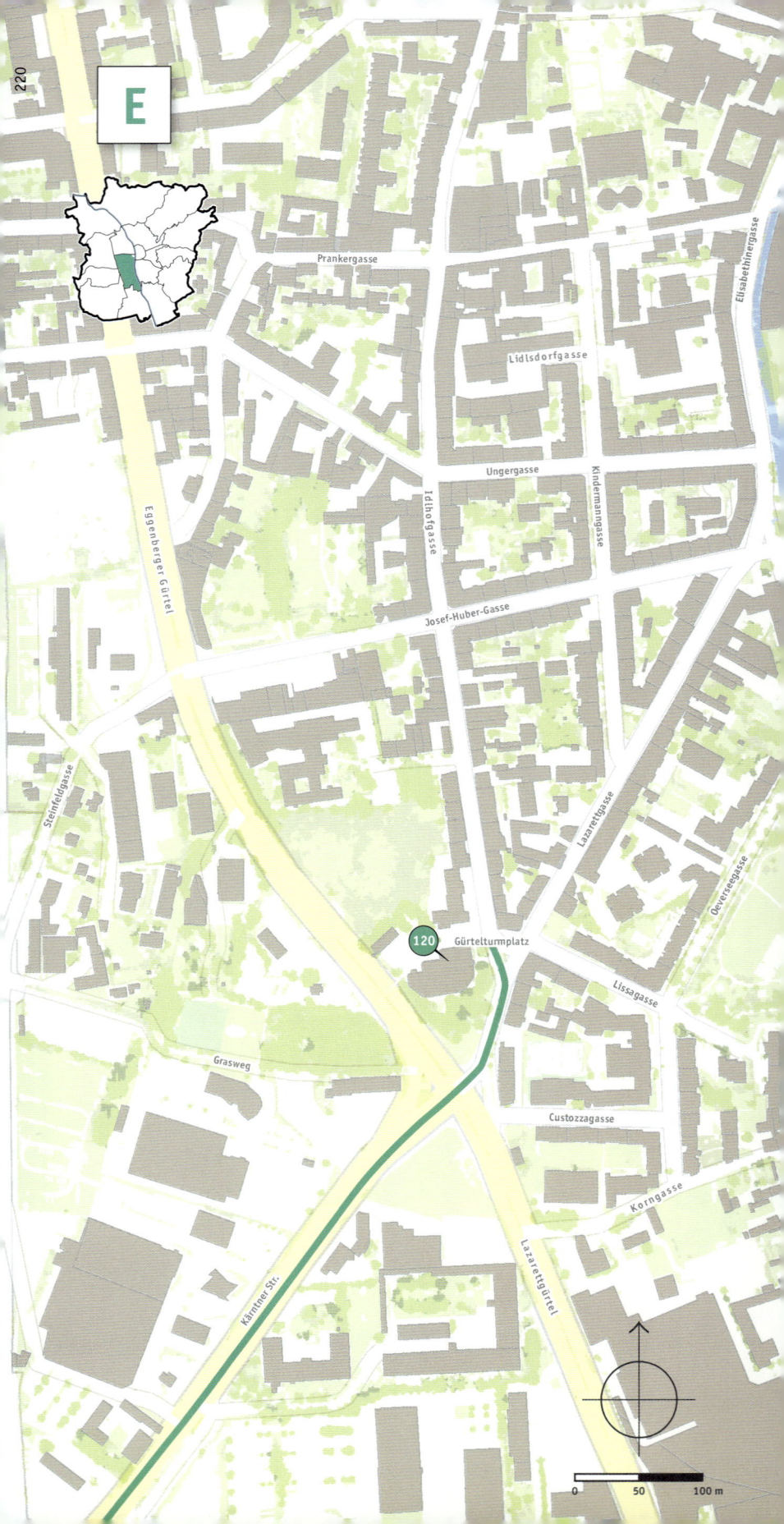

E

Prankergasse

Lidlsdorfgasse

Ungergasse

Idlhofgasse

Kindermanngasse

Elisabethinergasse

Eggenberger Gürtel

Josef-Huber-Gasse

Steinfeldgasse

Lazarettgasse

Oeversergasse

120 Gürtelturmplatz

Lissagasse

Grasweg

Custozzagasse

Korngasse

Kärntner Str.

Lazarettgürtel

0   50   100 m

E

Dominikanergasse

108

Kernstockgasse

109 St.-Andräplatz

110

Grenadiergasse

Feuerbachgasse

Belgiergasse

Griesgasse

Nikolaigasse

113 Nikolaiplatz

Entenplatz

Schiffgasse

Dreihackengasse

Granatengasse

Sterngasse

Storchgasse

Rösselmühlgasse

Brückenkopfgasse

Radetzkybrücke

111

112

Pflastergasse

Griesplatz

Reichengasse

Kleegasse

Rosenkranzgasse

Grieskai

Ägydigasse

Albert-Schweitzer-Gasse

Bethlehemgasse

Zweiglgasse

Augartenbrücke

114

David-Herzog-Platz

Dorothee-Sölle-Weg

Stadlgasse

Köstenbaumgasse

Karlauerstraße

Rankengasse

Lagergasse

Brückengasse

Hermann-Bahr-Gasse

Augartensteg

115

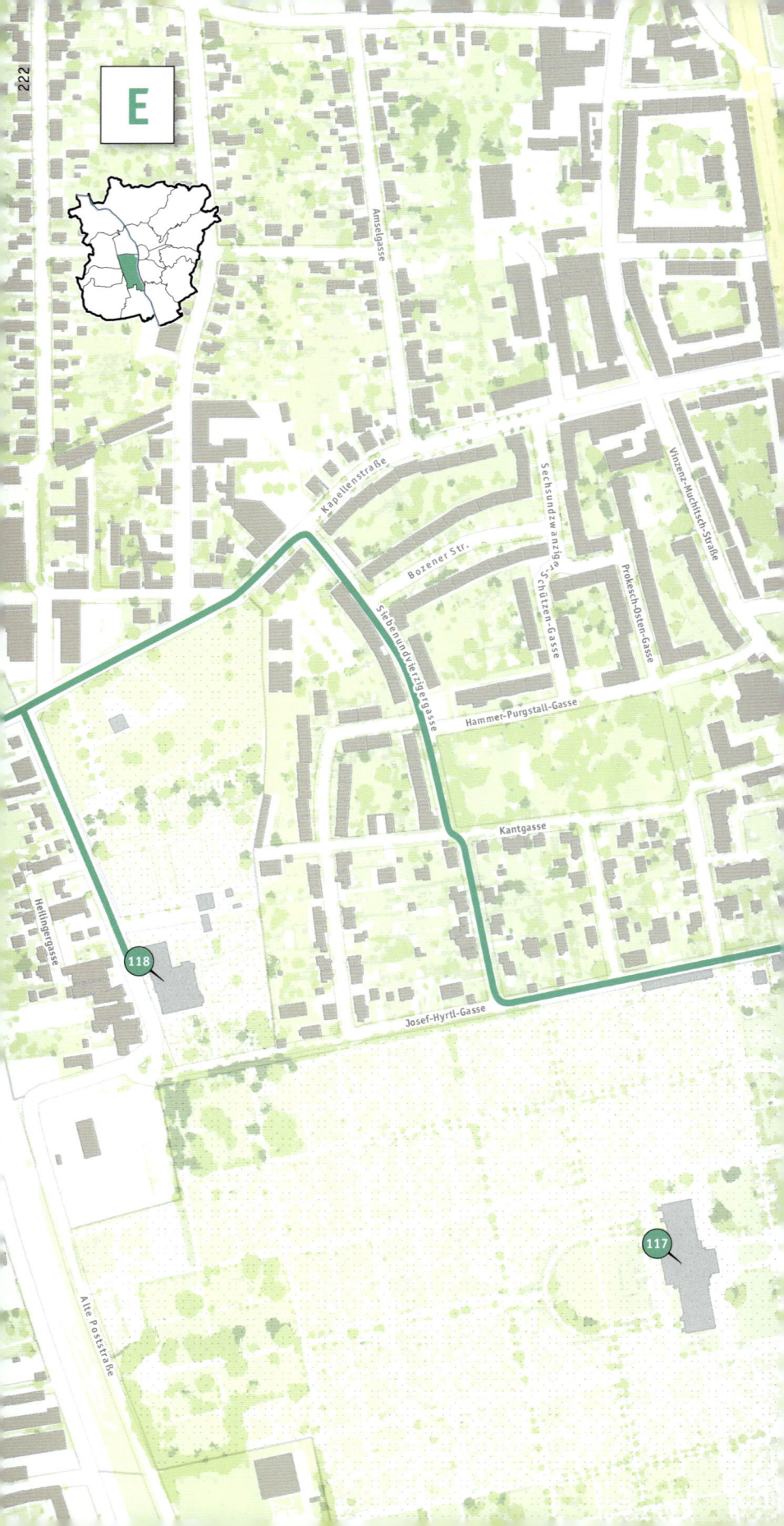

E

Mauergasse

Großmarktstraße

Lagergasse

Auf der Tändelwiese

Dr.-Schlossar-Park

Hermann-Löns-Gasse

Fasangartengasse

Reiherstadlgasse

116

Dornschneidergasse

Herrgottwiesgasse

Puchstraße

Triester Straße

Schröderhofweg

Lauzilgasse

E

0   50   100 m

E

119

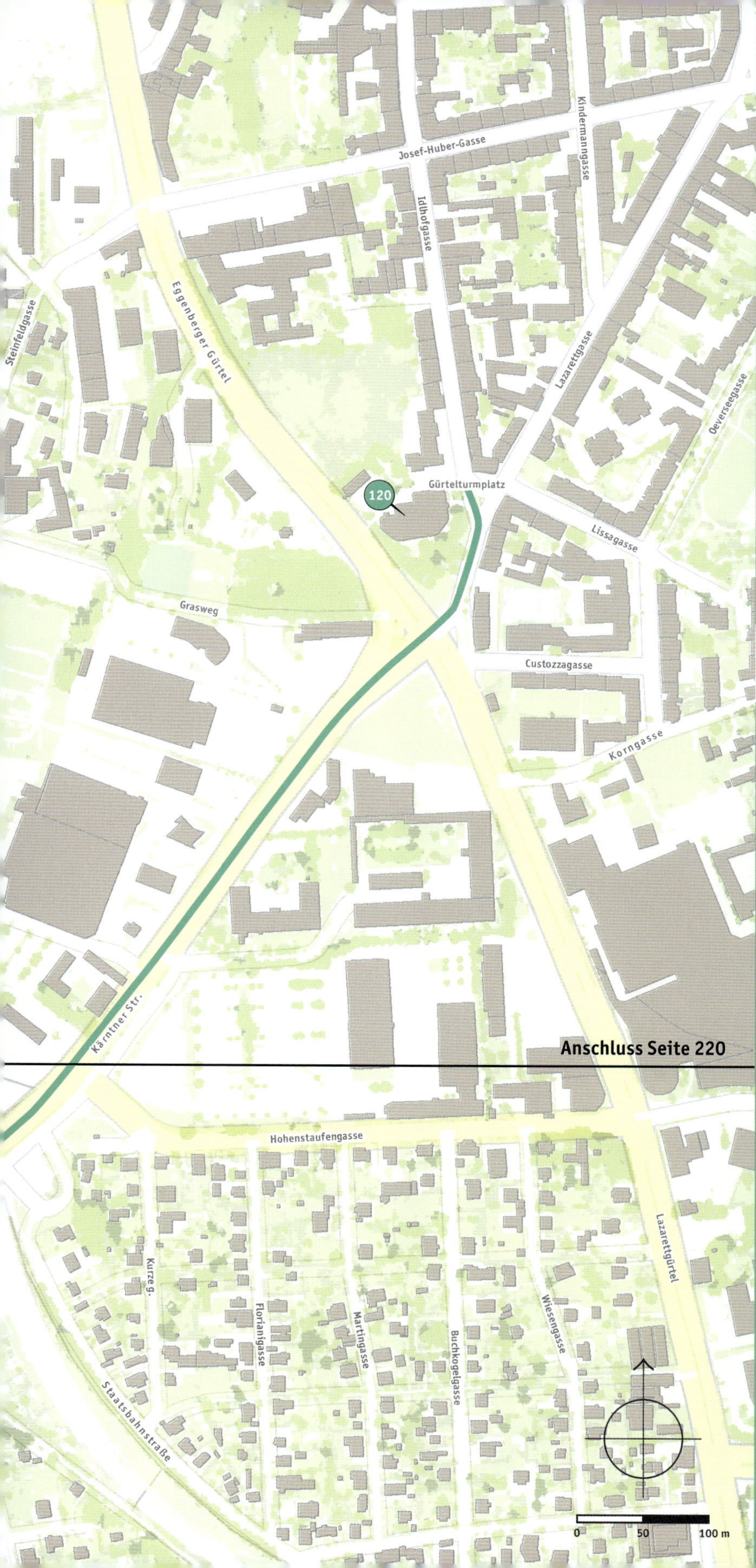

Steinfeldgasse

Eggenberger Gürtel

Josef-Huber-Gasse

Idlhofgasse

Kindermanngasse

Lazarettgasse

Oeverseegasse

Gürtelturmplatz

120

Lissagasse

Grasweg

Custozzagasse

E

Korngasse

Kärntner Str.

Anschluss Seite 220

Hohenstaufengasse

Lazarettgürtel

Kurze g.

Florianigasse

Martingasse

Buchkogelgasse

Wiesengasse

Staatsbahnstraße

0 50 100 m

Ehem. Bürgerspitalkirche zum Heiligen Geist

Dominikanergasse 8
Joseph Carlone u. a.
um 1478, vor 1611, 1637, 1728

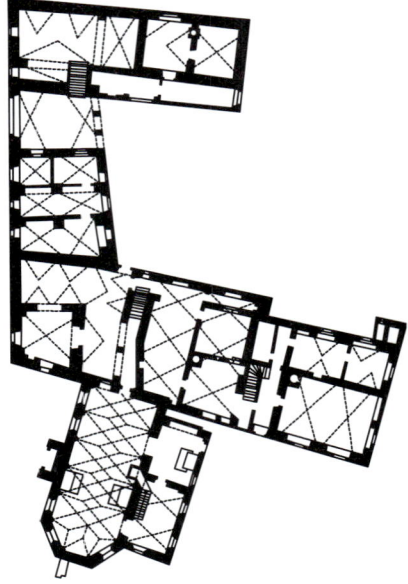

Lag die Krankenversorgung im Mittelalter und der frühen Neuzeit meist in den Händen der Klöster, so gab es daneben auch in Eigeninitiative der Bürger errichtete sogenannte Bürgerspitäler, die ursprünglich der Aufnahme erkrankter Reisender dienten (so leitet sich *Hospital* vom lat. *hospes*, »der Fremde«, »der Gast«, ab). Später nahmen die Spitäler auch einheimische verarmte Kranke, Behinderte, Witwen und Waisen auf. Erhalten wurden diese Anstalten über Spenden meist in Form von Naturalien oder Grundstücken, was im Fall des seit dem frühen 14. Jahrhundert urkundlich nachgewiesenen Grazer Bürgerspitals dazu führte, dass es im Laufe der Jahrhunderte zum größten Grundbesitzer der Murvorstadt anwuchs. Der Antrieb für diese Stiftungen war nicht rein altruistischer Natur, sondern beruhte auf einem religiösen Tauschhandel, mussten die Begünstigten

doch versprechen, für das Seelenheil ihrer Wohltäter eifrig zu beten. Eine diesem Zweck dienende Kapelle wurde dem Grazer Bürgerspital bereits 1315 gestiftet, der heutige Bau aber wohl erst um 1478 errichtet. An der Südostecke der U-förmigen, im 19. und 20. Jahrhundert teilweise abgebrochenen Spitalanlage angedockt, macht sich der von außen unscheinbare spätgotische Bau nur durch einen schlanken Dachreiter bemerkbar, der 1728 nach einem Brand von Joseph Carlone erneuert worden ist. Ins Innere gelangt man durch den Hof über einen niedrigen Vorraum, der ursprünglich zur Straße hin geöffnet war. Die einschiffige, fünfjochige Halle mit Polygonalchor kann als jüngere Schwester der Leechkirche (143 G) bezeichnet werden, die ebenfalls zu einem Hospital gehörte. Ein rautenförmiges Netzrippengewölbe überspielt die Jochgrenzen und vereinheitlicht den Raum, der vor allem durch seine erstklassige Barockausstattung beeindruckt. Der 1738 geweihte Hochaltar stellt eine verkleinerte Variante des Hochaltars von St. Ägydius dar; die ungewöhnliche kastenförmige Kanzel mit der titelgebenden Geisttaube unter dem Schalldeckel zitiert die Bundeslade der Israeliten. Nördlich schließt die vor 1611 errichtete, 1636/1637 umgebaute Marienkapelle an. Seit Auflösung der Bürgerspitalstiftung befindet sich die Kirche im Besitz der Stadt. *AW*

St. Andräkirche

109 E

Kernstockgasse 9
*Archangelo Carlone, Johann Georg
Stengg, August Ortwein*
1627, 1670, 1717, 1740, 1876

Als die Dominikaner 1586 wegen der Verlegung der Stadtpfarre in ihre Klosterkirche (029 A) ihr Domizil in der Innenstadt verlassen mussten, wurde das Dominikanerkloster in die Murvorstadt umgesiedelt. Die gotische Pfarrkirche von St. Andrä war dem Orden allerdings zu klein, weshalb er 1616 bei Archangelo Carlone einen über eine internationale Spendenaktion finanzierten Neubau in Auftrag gab, der 1627 fertiggestellt wurde. Bewusst wählte man den Typus einer spätmittelalterlichen Staffelhallenkirche mit langem Mönchschor, um die ehemalige Klosterkirche in der Herrengasse zu zitieren. Die wie Kreuzarme wirkenden Seitenkapellen kamen erst 1670 und 1717 hinzu. Fiel der Bau zuerst in seiner Außenerscheinung nur durch den schlanken achteckigen Turm ins Auge, der 1740 durch Johann Georg Stengg eine Zwiebelhaube erhielt, wurde die zurückhaltende Fassade im 18. Jahrhundert einer Barockisierung unterzogen und 1876 durch August Ortwein wieder auf Renaissanceformen zurückgeführt. Zu diesem Zeitpunkt war St. Andrä schon längst wieder eine

Weltpriesterpfarrkirche geworden, da das Dominikanerkloster 1783 aufgehoben und in den Münzgraben verlegt worden war. Im Inneren werden die drei Schiffe durch oktogonale Pfeiler in fünf Joche unterteilt, die in den Seitenschiffen ein Kreuzgratgewölbe, im Mittelschiff ein Stichkappengewölbe besitzen. Der Dekor erfuhr ebenfalls im 18. Jahrhundert eine Erneuerung. Das Einzigartige an St. Andrä sind jedoch die dutzenden zeitgenössischen Kunstwerke, die ab 1999 vom heutigen Bischof von Innsbruck und damaligen Pfarrer Hermann Glettler in Auftrag gegeben worden sind. So ziehen sich 50 assoziationsreiche Alltagsbegriffe in verschiedenen Farben und Schrifttypen über die Außenfassade der Kirche, von »Blaues Wunder« bis »E-mail for you« – eine Arbeit mit dem Titel *gegen wart* von

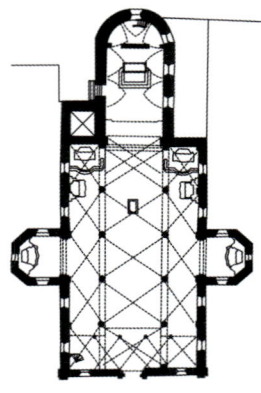

Gustav Troger (2011). Auch im Inneren sind die Kunstwerke integrative Bestandteile des Raums. Otto Zitko überzog etwa 2003 Wände und Decke der Andreaskapelle mit einer gelb-orangen »Raumzeichnung«, die den exaltierten Schwung des Barockaltars ins Gestische übersetzt. Jedes Kirchenfenster wurde von jemand anderem gestaltet; die Liste liest sich wie ein Who's who der österreichischen Kunstszene. St. Andrä dient nicht bloß als Ausstellungsraum, sondern schafft einen intensiven, durchaus provozierenden Dialog zwischen Kunst und Kirche. *SK*

Studentenheim *Greenbox* (ehem. Große Dominikanerkaserne)

110 E

Grenadiergasse 14
Machné Architekten (2019) u. a.
1812, 1945, 2016, 2019

1945 wurde die imposante Kasernenanlage aus dem frühen 19. Jahrhundert zu einem Landesschülerheim umfunktioniert. Dabei fügte man das längliche Hauptgebäude mit dem vorgesetzten Offiziersgebäude zum heutigen L-förmigen Komplex zusammen und stellte die kriegsbeschädigte Fassade in vereinfachter Form wieder her. Beherrschendes Motiv sind die Arkadenreihen, die seit der Renaissance die Grazer Architektur prägen. Erst im Zuge der Sanierung 2016 wurden diese Anfang des 20. Jahrhunderts verglasten Bögen, die von einfachen Putzbändern gerahmt werden, wieder geöffnet. Durch eine damit einhergehende, umfassende Revitalisierung beherbergt der Komplex heute an die 200 Studenten. Der langgezogene Hof vor dem Gebäude ist von einem von 2018 bis 2019 errichteten, auf wuchtigen Betonstützen gelagerten viergeschossigen Volumen überbaut. Mit der Idee, durch diese Aufständerung den Blick von der Straße zum historischen Gebäude weiter zu gewähren, gewann der Innsbrucker Hans-Peter Machné bereits 2005 den EU-weit ausgeschriebenen Wettbewerb für ein Haus des Verkehrs, das jedoch nie realisiert wurde. Machné hatte mit seiner schwebend wirkenden Blob-Architektur den Zukunftsvisionen im Verkehrsbereich Ausdruck zu verleihen versucht. Nach einer Überarbeitung wird das Projekt nun als Wohnungsbau für etwa 30 Privatwohnungen und weitere 90 Studentenheimplätze umgesetzt. Ob die *Greenbox* mit ihrer Massivität das denkmalgeschützte Ensemble in den Hintergrund drängen oder mit ihm zusammenspielen wird, bleibt abzuwarten. *PK*

E

Rendering, 2017

Telekom Tower
(ehem. Fernmeldehochhaus)
Ägydigasse 6
PPA Architects
1960, 2008

111 E

Nicht nur die Nationalitäten der Bewohner am Griesplatz, sondern auch seine Gebäudetypen ergeben einen bunten Mix. Eindeutiger Platzhirsch ist das 1960 erbaute Fernmeldehochhaus, das mit seinen 18 Geschossen nicht nur die benachbarte Welsche Kirche (112 E) in den Schatten stellt, sondern auch weit über die Dachlandschaft des Viertels hinauswächst.

Während die Südfassade noch durch vertikale Betonelemente und horizontale Fensterbänder aus der Entstehungszeit gerastert wird, verpassten PPA Architects der Nordfassade 2008 ein neues Gesicht: Um eine verbesserte Energieeffizienz zu erreichen, wurde die Fassadenfläche mit dunkel und hell gefärbten Wärmeschutzgläsern verkleidet. Die senkrecht gezogenen Wellen symbolisieren Datenströme und nehmen so inhaltlichen Bezug auf den *Telekom Tower*. Die Oberfläche weist je nach Lichteinfall, Betrachterposition, Wetter und Umgebungsreflexion eine andere Erscheinung auf. *AN*

![Telekom Tower building photograph]

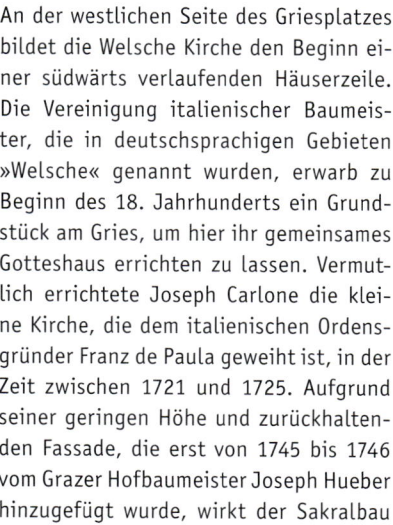

Welsche Kirche zum Heiligen Franz de Paula

112 E

Griesplatz 30
Joseph Carlone (?), Joseph Hueber
1725, 1746, 1838/1841

An der westlichen Seite des Griesplatzes bildet die Welsche Kirche den Beginn einer südwärts verlaufenden Häuserzeile. Die Vereinigung italienischer Baumeister, die in deutschsprachigen Gebieten »Welsche« genannt wurden, erwarb zu Beginn des 18. Jahrhunderts ein Grundstück am Gries, um hier ihr gemeinsames Gotteshaus errichten zu lassen. Vermutlich errichtete Joseph Carlone die kleine Kirche, die dem italienischen Ordensgründer Franz de Paula geweiht ist, in der Zeit zwischen 1721 und 1725. Aufgrund seiner geringen Höhe und zurückhaltenden Fassade, die erst von 1745 bis 1746 vom Grazer Hofbaumeister Joseph Hueber hinzugefügt wurde, wirkt der Sakralbau unscheinbar und sticht kaum aus der Häuserzeile hervor. Flankiert von korinthischen Pilastern und Sandsteinfiguren der Allegorien von Glaube und Hoffnung und bekrönt von der Allegorie der Liebe am 1838 nochmals veränderten Giebelturm, sitzt in einer Rundbogennische das rechteckige Eingangsportal von 1838/1841. Das Innere des rechteckigen Saalbaus mit eingezogenem Chor überrascht mit einer überbordenden Fülle von Malerei, Skulptur und vor allem hochqualitativem Stuck, der Carlo Federigo Formentini zugeschrieben wird. Der Begriff des *theatrum sacrum* wurde hier wörtlich verstanden, denn ein stuckierter Vorhang hebt sich über dem Altarraum, der dadurch, effektvoll über Seitenfenster und von oben über eine Trompenkuppel beleuchtet, einer Bühne gleicht. Die Seitenaltäre stammen aus der Klarissenkirche, was kaum auffällt, da sie das Raumbild dieses Juwels des italienischen Spätbarock vollenden. *KW*

Bürogebäude Nikolaiplatz/NIK `113` E
Nikolaiplatz 5
Bramberger architects/
Atelier Thomas Pucher
2010

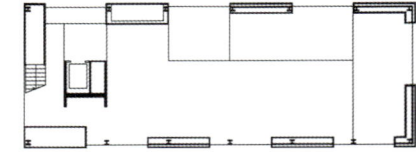

Wie löst man eine städtebaulich undefinierte Situation? Das Architekturbüro von Alfred Bramberger und das Atelier Thomas Pucher antworten darauf mit ihrem fast möbelartigen Bürogebäude in ihrer ganz eigenen Weise. Aufgrund der darunterliegenden Tiefgarage wurde das von 2009 bis 2010 ausgeführte, 2007 bei einem Wettbewerb prämierte Projekt in Leichtbauweise ausgeführt. So konnten dem Bauplatz statt der normalerweise möglichen zwei gleich viereinhalb Geschosse abgewonnen werden. Durch die Stahlrahmenstruktur und das Spiel zwischen offenen und geschlossenen Fassadenelementen ergibt sich eine schachbrettartige Struktur, die den Baukörper wie ein Regal umgibt. Golden glänzende, unterschiedlich tiefe Kuben ergeben im Inneren Stau- und Nebenräume. Dazwischen sitzen raumhohe, fix verglaste Fensterflächen, die zur Betonung der angestrebten Leichtigkeit auch über Eck

geführt werden. Während die vier unteren Geschosse für Büros und Ateliers sehr flexibel genutzt werden können, beinhaltet das fünfte Geschoss ein Penthouse mit einer großzügigen Dachterrasse. Durch die Einfachheit und Klarheit der Fassade wirkt der Solitär wie eine minimalistische Skulptur und trennt als raumbildendes Element den Enten- vom Nikolaiplatz. *CB*

Synagoge → `114` E
David-Herzog-Platz 1
Ingrid und Jörg Mayr
2000

Substanzielle Spuren jüdischen Lebens findet man nur wenige in Graz. Das Judentum blieb hier stets eine kleine Konfession, für die im Jahr 1892 die Synagoge nach dem Plan Max Katschers gebaut wurde – die erste Synagoge der Stadt. Der kubische Baukörper mit zentraler, oktogonaler Kuppel und vorgelagertem, von überwölbten Türmen flankiertem Risalit wurde in Sichtziegelmauerwerk im neoromanischen Stil mit byzantinischen Anklängen erbaut. Im Novemberpogrom 1938 wurde die Synagoge unter Beteiligung zahlloser Bürger vom Grazer Bürgermeister Julius Kaspar selbst in Brand gesetzt und zerstört. 1983 entdeckte der Künstler Fedo Ertl die Ziegel der ehemaligen Gebetsstätte in der Ummauerung einer Garage in der Maiffredygasse/Alberstraße. 15 Jahre später beschloss das Grazer Stadtparlament schließlich einstimmig den Wiederaufbau, der 2000 vollendet werden konnte. Mit dem neuen Entwurf zitiert das Architektenpaar Ingrid und Jörg Mayr den Vorgängerbau in Dimension, Struktur und Materialität. Geometrische Grundkörper wie Würfel und Kugel sowie das Sichtziegelmauerwerk prägen das äußere Erscheinungsbild. Für die Mauern wurden rund 9.600 Ziegel des Vorgängerbaus verwendet, welche im Zuge eines Projektes mehrerer Grazer Schulen gereinigt worden waren. Geöffnet wird der Kubus durch die filigrane Kuppel und orthogonale, vorgelagerte Verglasungen. Zwölf auf die Stämme Israels verweisende Stahlsäulen tragen die gläserne Kuppel und formen, paarweise in Bögen verzweigt, im Zentrum den Davidstern. In den Mittelpunkt des Zentralraums rückt die gläserne Bima; der Toraschrein verbirgt sich dahinter in einer erhöht liegenden Wandnische an der Ostwand. Die Bankreihen der Männer im Erdgeschoss und die der Frauen auf der Empore fassen den Zentralraum. *KH*

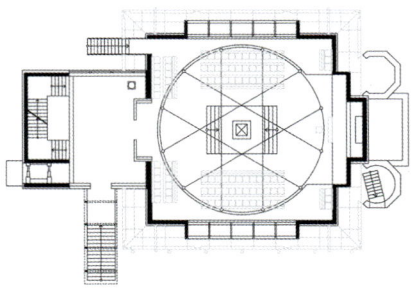

Synagoge vor 1938

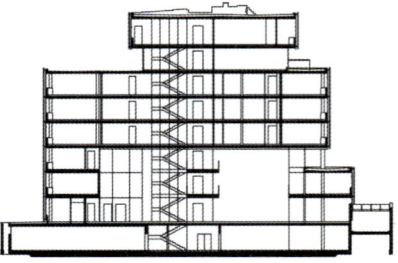

Bezirksgericht Graz West ↑ `115` E
Grieskai 88
Arkan Zeytinoglu Architects
2006

Sieger des 2000 entschiedenen Wettbewerbs für den Neubau des Bezirksgerichts
Graz West war das Wiener Architekturbüro
Arkan Zeytinoglu Architects. Als achtge-
schossiger Solitär komplettiert das von
2005 bis 2006 errichtete Gebäude die Neugestaltung des Grieskais. Goldene Lamellen dienen als Sonnen-, Sicht- und Blendschutz. Im geöffneten Zustand assoziiert
man das Gebäude mit einem goldenen Kä-
fig für die potenziellen Verurteilten; werden die Lamellen jedoch geschlossen,
wirkt das Bauwerk monolithisch und un-
durchdringbar. Das Gericht wird durch
eine dreigeschossige Eingangshalle erschlossen; darüber befindet sich ein zweigeschossiges Atrium mit Stegen und Brücken, die zu den Verhandlungssälen und
Büroräumen führen. *CB*

Fliesen Leeb →  `116` E
Puchstraße 20
Leeb Condak Architekten
1999

So sehr man sich gegen diesen schon etwas abgegriffenen Vergleich wehrt, kommt
man doch nicht umhin, im Ausstellungs-
und Verkaufsgebäude des Fliesenhänd-
lers Leeb inmitten industrieller Architektur die von Robert Venturi und Denise

Scott Brown definierten beiden Zeichen-
typen, derer sich Architektur bedienen
kann, zu sehen. Dabei ist der von 1998 bis
1999 ausgeführte und vom Wiener Büro
von Peter Leeb, Sohn des Firmengründers,
und Christina Condak geplante Bau irgendwo zwischen *duck* und *decorated shed* ein-
zuordnen. Das eine: Bauten, die durch ihre Form selbst zum Symbol werden (*duck*),
das andere: Bauten, die erklärende Zeichen
benötigen (*decorated shed*). An der *decorated duck* namens Leeb sind diese Zeichen
die Fliesen. Sie machen die Nutzung zum
Thema des Bauwerks und kehren das Innere nach außen: Die gewellten horizontalen
Fassadenschichten werden zum Materialla-
ger. Sowohl außen sind die Wellen mit Fliesen versehen als auch innen, wo zwischen
Schienen Paneele mit Fliesen zur Ausstellung angebracht sind. Zwischen den Wellen
umlaufen Lichtbänder den würfelförmigen
Bau, die der Stahlbetonkonstruktion die
Massivität nehmen. *SW*

Kirche Hl. Kyrill und Method  `117` E
**(ehem. Pfarrkirche Zum
gekreuzigten Heiland)** →
Triester Straße 164
Carl Lauzil
1898

»Sparsam« wäre wohl nicht das erste At-
tribut, das einem beim Anblick der Kirche
am Zentralfriedhof in den Sinn kommt. Architekt Carl Lauzil wählt aber nicht zuletzt
aus wirtschaftlichen Gründen die italienische Backsteingotik für die Hochbauten
des neu zu errichtenden Zentralfriedhofs,
die mit weniger Steinmetz- und Bildhauer-
arbeiten auskommt. Außerdem hebt sich
die Formensprache vom lokal üblichen katholischen Kirchenbauvokabular ab, denn
die Kirche ist nicht als Kirche, sondern als

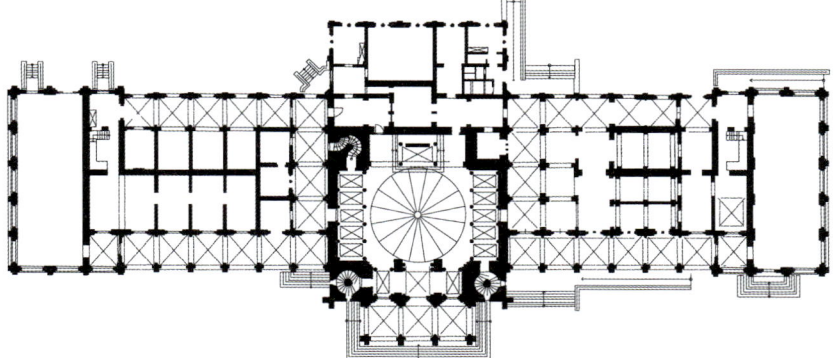

überkonfessionelle Aussegnungshalle geplant. Erheblicher Bevölkerungsanstieg, das Streben nach Hygiene, aber auch der antiklerikale Liberalismus führen in Graz wie in vielen anderen Städten zur Idee der Auflassung von Pfarrfriedhöfen und deren Verlegung an einen allen Konfessionen offenstehenden Ort an der Peripherie. Das dreiachsige Hauptportal mit neogotischen Spitzbögen, Wimpergen und Fialen stellt eine Wiederholung des Friedhofeingangs dar. Weniger gotisch als vielmehr byzantinisch wirkt hingegen die Überhöhung des quadratischen Zentralbaus mit einer polygonalen Kuppel, die an der Eingangsfassade von ebenfalls überkuppelten Türmen flankiert wird. Mit den zu beiden Seiten anschließenden Aufbahrungsräumen erstreckt sich der Bau über eine Länge von insgesamt 103 Metern. 1886 wird mit der Errichtung der Hochbauten am Zentralfriedhof begonnen, überschattet von einem lange anhaltenden Kulturkampf wegen der Weigerung der katholischen Kirche, ihre Friedhöfe aufzulassen. Der Streit endet 1894 in einem Kompromiss: Die Stadtpfarre Zum Heiligen Blut übernimmt das Areal des Zentralfriedhofs, muss sich aber verpflichten, auch Andersgläubige hier zu bestatten. So wird aus der überkonfessionellen, italienisch-gotisch-byzantinischen Aussegnungshalle eine katholische Heilandskirche, deren Titel reichlich protestantisch klingt und die 1895 ihre erste Weihe erhält. 1918 folgt der Wechsel des Patroziniums in Kirche Zum gekreuzigten Heiland. Von 1939 bis 1996 dient sie als selbstständige Pfarrkirche und wird nach Auflösung der Pfarrgemeinde wiederum umbenannt. Die jetzige Kirche ist den Heiligen Kyrill und Method gewidmet und steht heute der serbisch-orthodoxen Gemeinde zur Verfügung, für die der byzantinisierende Zentralbau wie geschaffen scheint. Eine lange Geschichte für ein vergleichsweise junges Gotteshaus, das eigentlich gar keines sein wollte. *AM*

Krematorium  `118` `E`
Alte Poststraße 345
Erich Boltenstern
1932, 1967

Jahrelang hatte sich der vom Klerus beeinflusste Grazer Gemeinderat dem Bau
einer Feuerbestattungshalle widersetzt,
bekämpfte die katholische Kirche doch
die Einäscherung mit Exkommunikation.
Ohne den sozialdemokratisch geführten
Kulturkampf des Arbeiter-Feuerbestat-
tungsvereins *Die Flamme* wäre eine Errichtung ausgeschlossen gewesen. Erst
mit der 1932 erfolgten Realisierung des
Wettbewerbsbeitrags des Wiener Architekten Erich Boltenstern stand das fünfte Krematorium Österreichs symbolhaft
für den errungenen Sieg des Vereins.
Boltenstern erzeugt eine durchaus sakrale Feierlichkeit durch strenge Axialität und den Rückgriff auf archaische Ty-
pologien. Ein gerader Weg führt vom Vorplatz des Urnenfriedhofs durch einen
ummauerten Ehrenhof zu einem tem-
pelartigen Gebäude, dessen symmetrische Eingangsfront sich aus einem an-
tikisierenden Antentempel, einer flach
gedeckten Säulenhalle auf einem Podest
zwischen zwei Mauerzungen und einer
dahinter aufragenden Giebelwand zusammensetzt. Diese analytisch-moderne Zerlegung des klassischen Portikusmotivs
orientiert sich am skandinavischen Neoklassizismus und versucht sich denkbar
weit vom katholischen Formenrepertoire
zu entfernen. Die zwei schwarzen Säulen des Portikus aus schwedischem Gra-
nit, für Boltenstern Symbol der Ewigkeit,

flankieren das rechteckige Portal zum
Zeremoniensaal. Dort erhellen je drei
hoch sitzende Rundfenster pro Längsseite mit dem vom Glasmaler Wolfgang
Opitz 1991 geschaffenen *Lebenszyklus in
sechs Stationen* den schlicht gehaltenen
Verabschiedungsraum. In der Mittelachse öffnet sich hinter einem vergoldeten
Schiebetor ein kleinerer Raum, der, spie-
gelbildlich zur Säulenhalle, dem Opistho-
dom eines antiken Tempels entspricht.
Dort steht der Katafalk, umrahmt von einem Lebensbaum-Mosaik an der Rückwand. Dahinter befindet sich die eigentliche Verbrennungsanlage. Von 1961 bis
1967 erweitert, schließt sich straßenseitig ein weiterer Innenhof mit L-förmigem,
offenem Korridor mit Aufbahrungskojen
an. Zur anderen Seite trennen Mauerni-
schengräber die Anlage vom fein gestalteten Urnenhain ab. *DW*

Space One `119` `E`
(ehem. Roche Diagnostics) ↘
Kratkystraße 2
Ernst Giselbrecht
2003

Die ehemalige Grazer Firmenniederlas-
sung von Roche Diagnostics, die sich am
Rand des neuen Stadtentwicklungsge-
biets Reininghaus befindet, wurde von
Ernst Giselbrecht ab 2000 geplant, von
2001 bis 2003 errichtet und beherbergt
nun das Technologiezentrum *Space One*.
Untergebracht sind verschiedene Unternehmen und Startups mit dem Bran-
chenschwerpunkt Technologie. Zwei lange, dreigeschossige Gebäudeflügel öffnen sich trichterförmig nach Norden und
leiten wie mit einer forcierten Zentral-
perspektive unmissverständlich zum Eingang, der sich an der Schnittstelle befindet. Diese scheinbar expressive Geste
ist funktionell begründet, denn von dieser zentralen Stelle können alle Gebäudetrakte leicht erreicht werden. Eine vorge-
hängte Fassade aus Aluminium und Glas,
kombiniert mit außenliegenden verstell-
baren Paneelen, sorgt für die optimale Belichtung und Beschattung der Büros und Labore. Die Bereiche Produktion
und Lagerung befinden sich in vier kammartigen Gebäuden, die an den östlichen
Trakt anschließen. *EP*

Max Tower (ehem. Gürtelturm) ↑ 120 E

Gürtelturmplatz 1
Günther Krisper, Helmut Kaut,
Fritz Reischl, 360GRAD
1975, 2016

E

Der ehemalige Gürtelturm dient als modernes Stadttor und liegt an der Kreuzung stark befahrener Ausfallstraßen. Die heute noch überraschend zeitgemäße Formensprache des von Günther Krisper, Helmut Kaut und Fritz Reischl geplanten und von 1972 bis 1975 für die Wiener Städtische Wechselseitige Versicherungsanstalt errichteten Bürohochhauses verleiht dem Turm durch die durchgängigen Fensterbänder und abgerundeten Ecken eine Dynamik, die dem Verkehrsgeschehen an diesem Ort entspricht. Über den abgetreppten, der Grundstücksform folgenden Sockelgeschossen ragt ein Büroturm mit angeschlossenem Erschließungsturm auf, der sich durch seine Materialität klar vom restlichen Bauwerk abhebt. Im Jahr 2016 wurde die Generalsanierung des Gebäudes durch das Büro 360GRAD durchgeführt, wobei die wohl augenscheinlichste Änderung die Ersetzung der grauen Aluminiumfassade durch weiße Aluminiumpaneele darstellt. Außerdem wurde eine energetische Sanierung (Sonnenschutzverglasung, Bauteilaktivierung) vorgenommen. Die ursprüngliche Bezeichnung *Gürtelturm* bezog sich auf die markante städtebauliche Lage am Eggenberger Gürtel. Der heutige Name *Max Tower* bezieht sich auf den Sohn des Investors. Das lässt tief blicken. *JL*

F

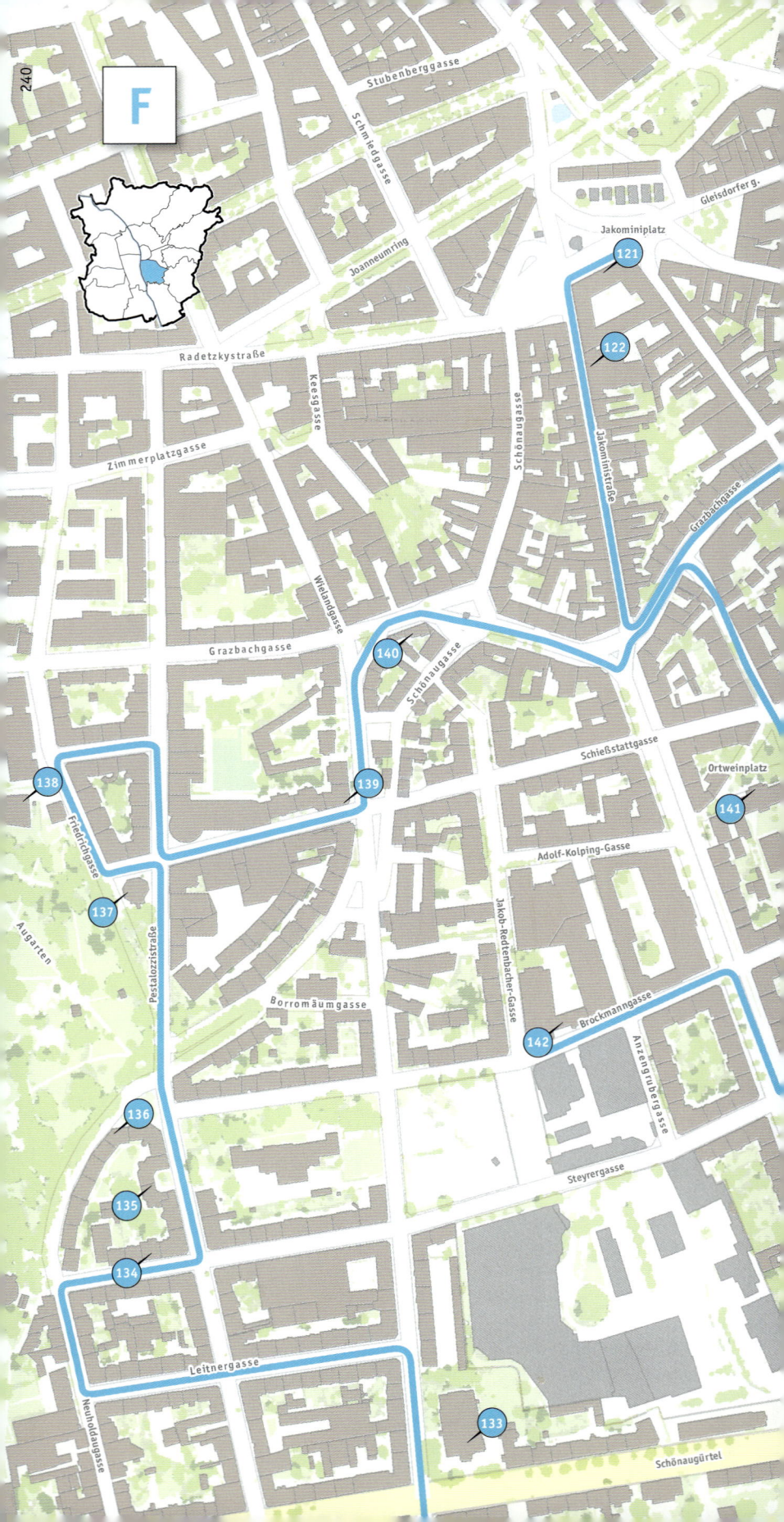

Girardigasse

Kaiser-Josef-Platz

Gladisstraße

Schlögelgasse

Mandellstraße

Reitschulgasse

Dietrichsteinplatz

Schörgelgasse

Münzgrabenstr.

Kopernikusgasse

Kronesgasse

Schießstattgasse

Brockmanngasse

Stremayrgasse

Kastellfeldgasse

Steyrergasse

Klosterwiesgasse

Maygasse

Brockmanngasse

Steyrergasse

Winkelgasse

Karl-Maria-von-Weber-Gasse

Arndtgasse

Münzgrabenstraße

123

124

Conrad-von-Hötzendorf-Straße

Jakominigürtel

F

0   50   100 m

F

Messeplatz

129

131

130

Fröhlichgasse

Pomisgasse

Draisgasse

Raiffeisenstraße

Trattenweg

gangweg

Neuholdaugasse

Kasernstraße

Dr.-Plochl-Straße

sse

132

0   50   100 m

Jakominiplatz in Richtung Westen

Jakominiplatz
Wo Graz Times Square sein will

Sowohl städtebaulich als auch physisch zählt der Jakominiplatz zu den markantesten Plätzen von Graz. Fünf Straßen münden hier unregelmäßig ineinander und spannen einen Raum auf, der heute den bedeutendsten Knotenpunkt des öffentlichen Verkehrs bildet. Lärmend, geschäftig, überfüllt und chaotisch erscheint der Platz gegenwärtig, da er versucht, eine Drehscheibe für Straßenbahnen, Busse, Taxis, Radfahrer und Fußgänger gleichermaßen zu sein. Zu Beginn des 19. Jahrhunderts noch wegen seiner Größe und guten Luft sehr geschätzt, wurde der *Jako* im Laufe der Zeit in seiner Gestalt grob überformt, sodass er heute mehr Verkehrsknotenpunkt als Platz zu sein scheint. Drei Jahre nach der Stadtöffnung durch Kaiser Joseph II. 1782 gründete Caspar Andreas Edler von Jacomini entlang der ursprünglichen Stadtbefestigung am Eisernen Tor die *Josefsstadt*, die nach seinem Tod zur *Jakominivorstadt* wurde. Binnen kurzer Zeit entstanden jene teils sehr niedrigen Bauten im josephinisch-klassizistischen Plattenstil, welche das Erscheinungsbild des Platzes noch heute zum großen Teil prägen. Eines der prominentesten Bauwerke unter ihnen ist die Alte Post (121 F), das ehemalige Wohnhaus Jacominis. Monumental scheint sich der dreigeschossige Baublock geradezu in den Platz zu schieben. Keineswegs weniger auffallend ist das Dorotheum, ein viergeschossiges Volumen mit Waschbetonplattenfassade und Blechmansardendach, das manche für das hässlichste Gebäude der Stadt halten. 1970 rückte es an die Stelle des Englischen Hauses, eines 1908 errichteten Jugendstilkaufhauses, soll aber in absehbarer Zeit ein Facelifting erhalten. Der wesentlichste Eingriff in die Gestalt des Platzes war jedoch der Abbruch des Hotels *Steirerhof* im Jahr 1989. Der plastische, markante

Jakominiplatz, 1911

Nachfolgebau von Adolf Krischanitz reflektiert zwar die Höhenverhältnisse der umliegenden Bauten, bezieht sich jedoch vor allem auf sich selbst. Neben der Heterogenität der Bebauung tragen auch die überdimensionalen Reklamen vor den Geschäften und à la Times Square auf den Dächern der niedrigen Bebauung zur visuellen Konfusion bei. Auch die Neugestaltung von 1995 bis 1996 durch Ingrid und Jörg Mayr, Johannes Fiedler und Jördis Tornquist trug eher noch zur Steigerung der allgemeinen Unübersichtlichkeit bei. Nach dem Konzept »Platz für Menschen« von Erich Edegger aus dem Jahr 1986 sollten die innerstädtischen öffentlichen Flächen eine angemessene, fußgängerfreundliche Gestaltung bekommen. Auf Grundlage dieses Konzeptes versuchte das Quartett den Platz mit drei raumbezogenen Komponenten zu einem Ganzen zu fassen – Wände, Boden und Decke. Eine Baumreihe bildet die Wände, der einheitliche Belag den Boden und 43 grellgelbe Lichtmasten die Decke. Letztere stellen das prägendste Element dar, denn an der Spitze verzweigt sich jeder Pfahl zu je fünf Leuchten, die den Platz nachts wie eine Lichterkette überspannen. Ohne Zweifel, der Jakominiplatz ist kein Erholungsraum für die Sinne, sondern ein Ort der Reizüberflutung. Der Wille zur Großstadt ist unübersehbar. *KH*

F

Alte Post (ehem. Neuhof) 121 F

Jakominiplatz 16
Josef Benedikt Withalm d. Ä.
1787, 1946, 2004

Ursprünglich als Prachtbau der Herrschaft Neuhof für Caspar Andreas von Jacomini errichtet, gelang Josef Benedikt Withalm d. Ä. 1787 mit dieser an drei Seiten freistehenden Anlage der bedeutendste Platenstilbau des Jakominiviertels. Seinen heutigen Namen Alte Post erhielt die monumentale Vierflügelanlage mit dem Einzug des Postoberamts 1830. Die schlichte klassizistische Schauseite, deren Mitte von einem flachen Risalit mit Attika und Frontispiz betont wird, dominiert bis heute den Jakominiplatz. Durch das bogenförmig verdachte Portal mit den geschmückten Holztorflügeln gelangt man in den großräumigen Innenhof, der an drei Seiten von ursprünglich offenen Pfeilerarkaden umrahmt wird und heute als Gastgarten dient. Die südliche Hoffassade zitiert mit dem flachen Mittelrisalit und der mit Dreiecksgiebel besetzten Attika die Motive der Außenfront. Der im Zweiten Weltkrieg zerstörte Südwestflügel wurde ab 1946 wieder aufgebaut. Im Zuge mehrmaliger Umbauten wurde der Erdgeschossbereich entlang des Jakominiplatzes seit den Fünfzigerjahren in eine Geschäftszone umgewandelt. Zuletzt 2004 renoviert, scheiterte der Versuch, mittels vorgesetzter Fixverglasung im Parterre das historische Fassadenbild zu erhalten. *PK*

Wilder Mann ↓ 122 F

Jakoministraße 3–5
*Franz Staerk, Wilhelm Jonser,
LOVE architecture*
1908, 1967, 2017

Der »wilde Mann«, Namensgeber des ehemaligen Gasthauses und Hotels, hängt im Foyer als Wandbild und posiert im Innenhof als Steinfigur. Das von 1907 bis 1908

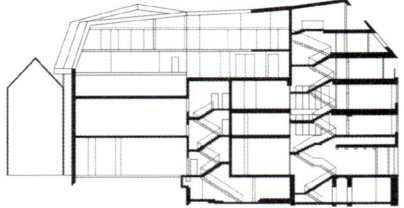

von Franz Staerk errichtete Gebäude wurde nach Bombenschäden und Verwahrlosung von 1965 bis 1967 nach Plänen von Wilhelm Jonser im Stil der Nachkriegsmoderne umgestaltet. Die bis auf das Sockelgeschoss glatte Fassade verzieren Fenster mit vergoldeten Sprossen, wobei besonders die zwei großen Saalfenster im Seitenrisalit hervorstechen. Gerahmt werden die Fenster mit Kunststein, der auch im Eingangsbereich Verwendung findet. Den Abschluss der Straßenfassade bildet ein weißes, filigranes Balkongeländer. Nach achtjähriger Planungsphase wurde 2017 die Renovierung mit einer Dachaufstockung aus Brettsperrholz, entworfen von LOVE architecture, fertiggestellt. Die Architekten greifen die filigranen Geländer des Bestands auf und schaffen eine skulptural wirkende, gefaltete Dachlandschaft. Trotz des großen Volumens ist diese durch Rücksprünge straßenseitig fast nicht erkennbar und brachte dem Architekturbüro den *Holzbaupreis Steiermark 2017* ein. *JL*

Münzgrabenkirche (Pfarrkirche Zum unbefleckten Herzen Mariens)

123 F

Münzgrabenstraße 61
Georg Lippert, Max Ehrenberger, Franz Kohlberger, Ferdinand Certov
1954, 1960, 2010

Im Stil einer abstrahierten Romanik knüpfte die von 1952 bis 1954 erbaute Münzgrabenkirche sehr rückwärtsgewandt an den Sakralbau der Zwischenkriegszeit an, dessen moderne Vertreter Gefallen an der blockhaften Einfachheit des romanischen Baustils gefunden hatten. Im Zuge eines 1946 ausgeschriebenen Wettbewerbs planten Georg Lippert, Max Ehrenberger und Franz Kohlberger das 1960 geweihte Gotteshaus, welches seinen im Zweiten Weltkrieg zerstörten barocken Vorgängerbau für das Dominikanerkloster ersetzen sollte. Über einem Sockel hebt sich die gesamte Klosteranlage vom Straßenniveau ab. Betreten wird das axialsymmetrische, einschiffige

123 F

Langhaus über eine Vorhalle mit Dreiecksgiebel, die sich zur Straßenseite
über drei hohe Rundbögen öffnet. Während Wandpfeiler beidseitig dreiachsige
Emporen mit Durchgängen tragen, trennt
ein beinahe raumhoher Triumphbogen
das fünfjochige Kirchenschiff vom deutlich abgehobenen Presbyterium. Durch
die Erhöhung und das riesige Hochaltar-
fresko von Johannes Troyer dominiert der
Chorbereich ganz im Sinne der tridenti-
nischen Liturgie. 2010 wurde der Altarraum von Ferdinand Certov näher an die

Gemeinde gerückt. Bereits 1997 hatten
die von Fritz Panzer und Gunter Damisch
entworfenen Glasfenster mit vielfarbigen
Darstellungen abstrakter biblischer Symbole einen zeitgenössischen Kontrapunkt
zum traditionalistischen Gesamtkonzept
gesetzt. Ein sich verjüngender Glockenturm flankiert die Nordseite und beherbergt die Glockenturmkapelle, die in ein
ovales, 1960 hinzugebautes Peristyl, das
Rosarium, mündet. Feine Säulen tragen
die mit Holzlamellen verkleidete Überdachung des umlaufenden Wandelgangs,

F

der an seinen Außenwänden über Reliefs von Franz Barwig d. J. Geheimnisse des freudenreichen, schmerzhaften und glorreichen Rosenkranzes erzählt und beidseitig zur nördlich gelegenen Fatimakapelle führt. Trotz der bodenhohen Verglasungen in den massiven Mauern wird der Raum als spirituelle Ruheoase mitten im regen Stadtleben empfunden. Es ist die Spannung zwischen Monumentalität und Regression, Historismus und Sachlichkeit, welche die gesamte Kirchenanlage so interessant macht. *AN*

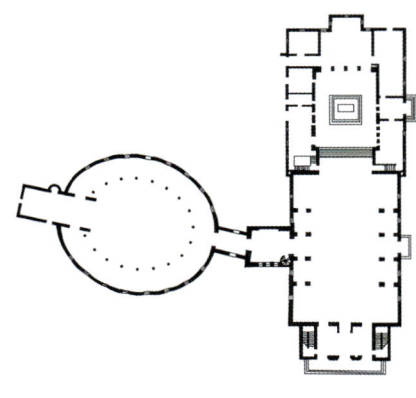

Wohnanlage Messequartier

Münzgrabenstraße 84 a–c,
101 a+b, 103 a+b, 105 a+b,
107 a-c
Markus Pernthaler Architekten
2017

Im Jahr 2004 beschloss die Grazer Messe den im Areal befindlichen Vergnügungspark aufzugeben, was zum Freiwerden eines geeigneten Bauplatzes für einen multifunktionalen Neubau der Wohngruppe Ennstal/Neue Heimat im östlichen Bereich führte. Mit ihrem Entwurf der zweifach geknickten, kammartigen Bebauung gewannen Markus Pernthaler Architekten den 2006 ausgeschriebenen Wettbewerb. Die vier Riegel wurden in drei Bauabschnitten (2007–2011, 2008–2012 und 2013–2017) ausgeführt. Im Bereich Moserhofgasse viergeschossig, erweitert sich der Komplex zu einem zehngeschossigen Gebäude. Um die Grünflächen freizuspielen und die einzelnen Höfe miteinander zu verbinden, ist der westliche Teil der Baukörper aufgeständert. Das größte Passivhausprojekt der Steiermark im Jahr 2010 beinhaltet mittlerweile einen Nutzungsmix: von Generationenwohnen über einen Kindergarten und ein Fitnessstudio bis hin zum öffentlichen Café von *Jugend am Werk*. In der Materialität der Fassaden spiegelt sich die Vielfalt dieser Funktionen wider: Angepasst an den Grünraum ist der Sockelbereich grün verputzt, die Laubengänge hingegen umhüllt ein goldschimmerndes Lochblech. Die Wohnungen werden im Bereich der »Knickstellen« vertikal erschlossen und sind jeweils nach Süden beziehungsweise Südosten ausgerichtet. An der Südseite geben die Balkone der Fassade ihre Struktur und lockern die Enge zwischen den Riegeln spielerisch auf. *CB*

Wohnanlage Sandgasse

Sandgasse 17, 19, 21
Szyszkowitz-Kowalski
1991

125 F

Die L-förmige Bebauung der Wohnanlage Sandgasse umfasst einen kleinen öffentlichen Park und schließt diesen zur Straße. Basierend auf dem Vorschlag des Architektenduos Michael Szyszkowitz und Karla Kowalski zur Entwicklung dieses Gebiets wurde die Wohnanlage von 1990 bis 1991 realisiert. Sowohl in der Orientierung als auch in der Struktur divergieren die abgewinkelten Riegel auffallend. Während der dreigeschossige straßenseitige Baukörper in seiner Kontur einer Reihenhausgliederung ähnelt, mutet der nach Westen orientierte Querriegel ungleich dichter an. Die architektonische Ausformulierung von sich sukzessiv überlappenden Übergängen zwischen öffentlichem, halböffentlichem und privatem Raum ist elementares Prinzip des Büros Szyszkowitz-Kowalski. Schwellenbereiche werden bewusst zu Lebensräumen und intensivieren somit die Wechselwirkungen zwischen Bewohner und Wohnumwelt. In diesem Sinne wurde der Wohnanlage ein Laubengang als vielschichtiger, räumlicher Filter aus Glas und Stahl vorgeblendet. Die filigrane Konstruktion aus Erschließungsgängen, Treppen und Brücken prägt das Erscheinungsbild der hauptsächlich aus Maisonettewohnungen bestehenden Anlage. *KH*

F

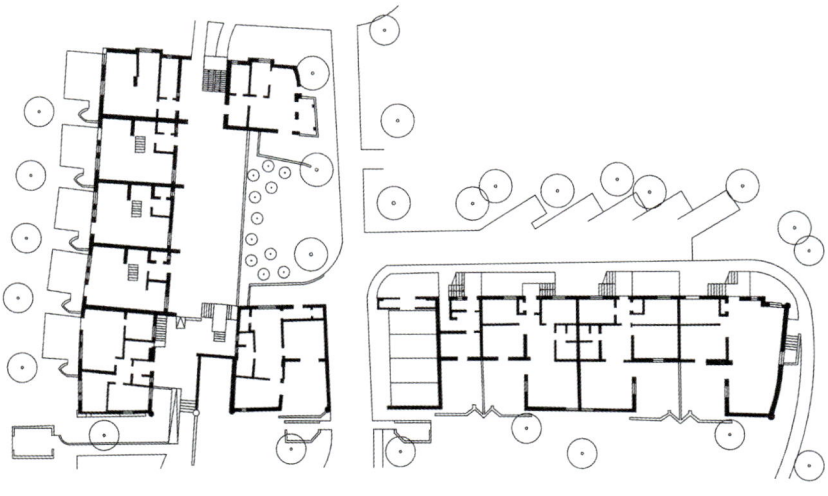

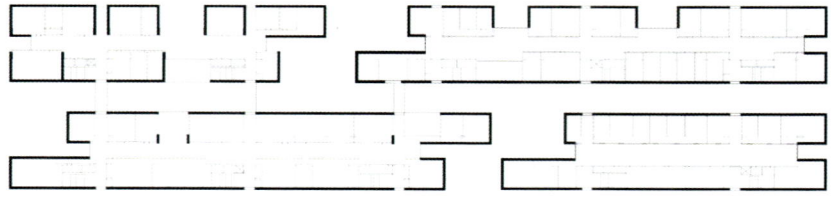

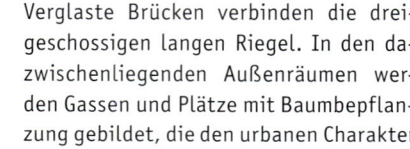

**Informationstechnische
Institute der Technischen
Universität Graz** ↑
Inffeldgasse 16
Riegler Riewe
2000

126 F

Wie eine kleine kompakte Stadt wirkt die
Gruppe der acht parallel gestaffelten,
paarweise zusammengefassten Gebäude der Informationstechnischen Institute am Campus der Technischen Universität in der Inffeldgasse. Der von 1997 bis
2000 nach Plänen von Florian Riegler und
Roger Riewe errichtete Gebäudekomplex
signalisiert nicht nur die Abkehr vom Expressionismus der Grazer Schule, sondern
liefert auch eine Neuinterpretation des
für letztere nicht unwesentlichen Strukturalismus. Unregelmäßig versetzte, ver-
schiedenformatige Fensterbänder übertragen das Prinzip des Grundrisses in
den Aufriss und verleihen den minimalistischen Sichtbetonkörpern skulpturale
Qualität. Tragende Längsinnenwände und
eine Stützenreihe im Fassadenbereich
machen tragende Querwände verzicht-
bar und erlauben eine hohe Nutzungs-
flexibilität sowie ein auf allen Ebenen
vernetztes, offenes Campusgelände. Im
südlichen Bereich des Areals sind die Büros, im nördlichen Seminarräume Biblio-
theken und Nebenräume untergebracht.

Verglaste Brücken verbinden die dreigeschossigen langen Riegel. In den dazwischenliegenden Außenräumen werden Gassen und Plätze mit Baumbepflanzung gebildet, die den urbanen Charakter
unterstreichen. *EP*

**Elektrotechnische Institute der
Technischen Universität Graz** ↓
Inffeldgasse 18
*Hubert Hoffmann,
Ignaz Gallowitsch*
1972

127 F

Eines der ersten Bauwerke am Campus der
Technischen Universität Graz in den Inffeld-
gründen war das von 1964 bis 1972 errichtete Elektrotechnische Institutsgebäude
mit dazugehöriger Versuchshalle. Hubert
Hoffmann, Bauhaus-Schüler und Professor
für Städtebau an der TU Graz, und Ignaz

Gallowitsch verwendeten eine außenliegende Stahlrahmenkonstruktion als Tragwerk für das Hochspannungsgebäude, das heutige Nikola-Tesla-Labor. Die gefalteten Blechelemente als Verkleidung nehmen die Diagonalen der Stahlkonstruktion auf und ermöglichen durch ihre schirmende Wirkung störungsfreie Messungen im Inneren der Halle. In Richtung Osten erstrecken sich Instituts- und Werkstatträume, die in einem Stahlbetonbau mit Waschbetonfassade untergebracht sind. Auch heute noch gilt das Prüflabor als eines der weltweit führenden im Bereich der Hochspannungstechnik. *JL*

Wohnanlage Neufeldweg 128 F
Neufeldweg 44, 44 a–e
Günther Domenig, Manfred Partl
1988

Die Wohnanlage Neufeldweg folgt einem räumlichen geometrischen Stahlbetonraster, in das sich Volumina, Balkone und Treppensysteme unterschiedlicher Form und Dimension einfügen. Offensichtlich stand hier der Strukturalismus der Sechzigerjahre mit seiner Trennung von Primär- und Sekundärstruktur Pate, der in vielen Projekten der Grazer Schule der Sechziger- und Siebzigerjahre auftaucht. Realisiert wurden die von Günther Domenig und Manfred Partl geplanten 32 Wohnungen von 1986 bis 1988 im Zuge des Projekts Modell Steiermark, das rund zwei Dutzend Wohnbauvorhaben mit Partizipation der Eigentümer hervorbrachte.

Da die Planung weniger auf die gegenwärtigen Bedürfnissen der Wohnungsinhaber fokussiert war als auf einen generationsbedingten langfristigen Wandel, wurde Wert auf die nachträglich mögliche Veränderbarkeit, Teilbarkeit und Erweiterbarkeit der zweigeschossigen Wohneinheiten gelegt. Der ausdehnbare Charakter des Gefüges wird auch durch die Verwendung leichter industrieller Materialien wie Wellblech und Faserplatten unterstrichen. Tatsächlich sind die Wände aber kaum reversibel, sodass die Trennung von der Primärstruktur aus Stahlbeton mehr eine formale Geste bleibt. Durch den Versatz der einzelnen Gebäudeglieder entstehen zu den Wohnungen gehörende intime Freiräume wie Balkone, Terrassen und Höfe sowie Gemeinschaftsflächen. Entlang des schmalen Grundstücks schafft die raffinierte Struktur so nicht unbedingt Flexibilität, dafür aber differenzierte, durchgrünte Raumsituationen von hoher Qualität. *KH*

F

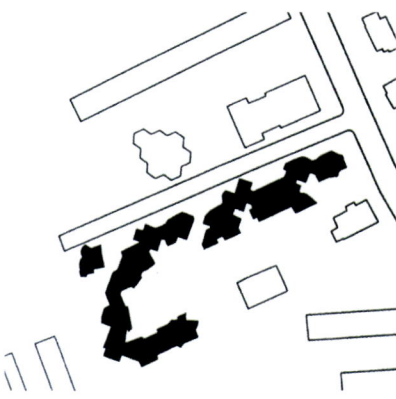

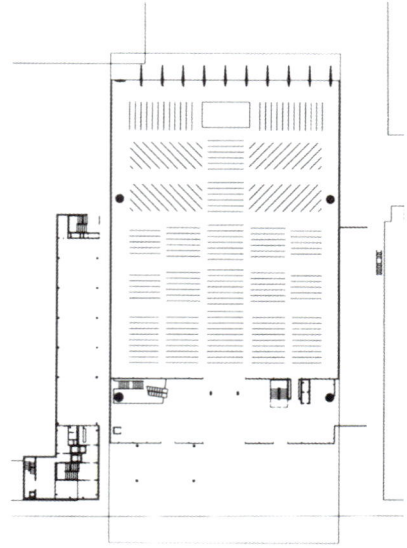

Stadthalle ↑ ↗
Messeplatz 1
Klaus Kada
2002

129 F

Ein Flachdach, getragen an vier Punkten: So wenig kann vielfältige Nutzung ermöglichen. Klaus Kada gelang es 1998 mit seinem Wettbewerbsentwurf für die Stadthalle, trotz des großen Maßstabs einen öffentlichen Raum der Begegnung von hoher architektonischer Qualität zu schaffen. Das simple, eindrucksvolle statische System (Tragwerksplanung: Johann Birner) besteht aus vier Stahlbetonpfeilern, die zwei Hauptträger aus Stahlfachwerk stützen. Diese spannen mit Nebenträgern ein 150 × 70 Meter

großes Dach auf, das gemeinsam mit unbeweglichen und variablen Außen- und Innenwänden differenzierte Raumsituationen schafft. Die Überdachung kragt 45 Meter in den Straßenraum und überdeckt einen großzügigen Platz. Durch die Auskragung wird auch die starke Längsachse der Verkehrsader gebrochen und entschleunigt. Zwei weitere Baukörper komplettieren die Anlage: der neungeschossige Tagungs- und Büroturm im Nordwesten sowie der sich straßenseitig unter das Dach schiebende Plenarsaal. Die Stadthalle als architektonisches Signet mit ihrer räumlichen Kombination unterschiedlicher Bauvolumen setzt an der südlichen Stadteinfahrt ein für die Grazer Schule signifikantes Zeichen. *KH*

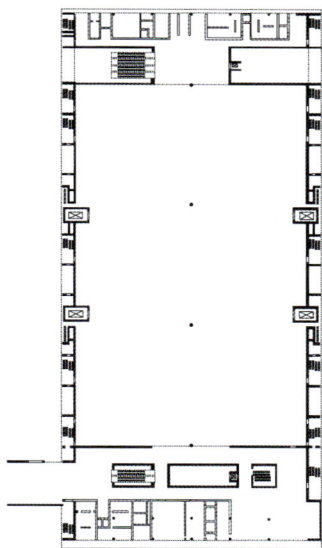

↙ ↑ **Messehalle A**   **130** F
Messeplatz 1
Riegler Riewe
2008

Styria Media Center   **131** F
Gadollaplatz 1
Architektur Consult
2014

F

Im Jahr 2003 gewann das Büro Riegler Riewe den Wettbewerb für einen multifunktionalen Neubau. Die von 2006 bis 2008 realisierte Messehalle, leicht aus der Gebäudeflucht der Stadthalle geschwenkt, hebt sich als eigenständiger kubischer Block von der Umgebung ab. Ausgeführt wurde die Halle als zweigeschossiger Massivbau mit doppelter Fassade, in der Technikeinheiten, Fluchttreppen und Reinigungsgänge situiert sind. Erschlossen wird das Bauwerk durch einen niedrigen Eingangsbereich, in dem sich Boxen für die Kassen und Garderoben befinden. An den Lichthöfen führen Lifttürme, offene Treppenhäuser und Rolltreppen in das Obergeschoss. Um eine Einheitlichkeit der Räume zu erzielen, sind die Böden in einem leuchtenden Grün gehalten, während die Wände der Funktionsräume von schwarzem Eternit umgeben sind. Der Messebau wird von dicht gewebten Niro-Streckmetallfeldern umhüllt, die, diagonal gekantet, der Fassade Steifigkeit verleihen und ihr zudem ein strukturelles Muster geben. Durch die einzelnen Fassadenfelder ergibt sich eine Haptik, die einen klaren Kontrast zur gläsernen Front der Stadthalle bildet. Bei Nacht wird die beleuchtete Hülle transparent und die dahinterliegenden Funktionen offenbaren sich. *CB*

Der Hauptsitz der Styria Media Group befindet sich in prominenter Lage: gegenüber der Stadthalle von Klaus Kada und der Messehalle von Riegler Riewe. Besticht die Stadthalle mit einem statischen Bravourstück und die Messehalle mit raffinierter Reduktion, setzt das vom Büro Architektur Consult (Herfried Peyker, Hermann Eisenköck) 2011 geplante und von 2013 bis 2014 errichtete Medienhaus auf den optischen Effekt. Angewandt wird dieser auf eine klassisch moderne Bürohochhaustypologie: In den zwei Sockelgeschossen, deren Hakenform den nordwestlich angrenzenden Park umschließt, befinden sich öffentliche Funktionen wie Empfang und Restaurant. Im Turm, der bumerangförmig über dem Sockel aufragt, sind mit über 1.200 Arbeitsplätzen die Büroflächen der Konzernzentrale gestapelt. Eine Fuge in Form eines verglasten Geschosses trennt Sockel und Turm. In der Betrachtung ist die Perspektive entscheidend: Je nach Standort erscheint das Media Center als schmaler Turm oder als flache Scheibe. Lamellen an der Fassade lassen das Gebäude in der Schrägansicht plastisch wirken und es entsteht ein markanter Schwarzweißeffekt, der jedoch bei frontalem Blick auf das Gebäude verschwindet. *PB*

gliedern die von Stütze zu Stütze rei-
chenden, unterschiedlich hohen Fensterflächen, was auf die ehemaligen Ge-
schosshöhen zurückzuführen ist. Das
untere Gesimsband verbindet die Halle
mit den anknüpfenden Flachbauten. Im
Zweiten Weltkrieg beschädigt, übernahmen 1946 Lettner & Söhne die Räumlichkeiten und stellten bis 1998 Seifenpro-
dukte aller Art her. Die einst wesentlich
größere, inzwischen denkmalgeschützte Anlage wurde von 2001 bis 2003 aber-
mals umgebaut und fungiert seitdem als
Veranstaltungszentrum mit beliebter
Industrieatmosphäre. *DW*

Seifenfabrik
Veranstaltungszentrum
(ehem. Poudrette-Fabrik)

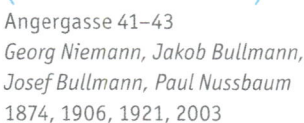

132 F

Angergasse 41–43
Georg Niemann, Jakob Bullmann,
Josef Bullmann, Paul Nussbaum
1874, 1906, 1921, 2003

Hinter dem Wohlgeruch und Sauberkeit
suggerierenden Namen dieses bedeutendsten Grazer Industriedenkmals ver-
barg sich ursprünglich so ziemlich das
Gegenteil: Fäkalien. Mit der Genehmi-
gung einer Poudrette-Fabrik (franz. »Fä-
kaldünger«) begann der allmähliche Verzicht der Stadt Graz, menschliche Exkre-
mente über die Mur wegschwemmen zu
müssen. Von der 1874 fertiggestellten
Anlage des Architekten Georg Niemann
zeugen der 47,5 Meter hohe Schornstein
und Teile der Fachwerkhallen. Baumeister
war der spätere Eigentümer der kurzzeitig
genannten Podewils'schen Fäkalextrakt-
fabrik, Jakob Bullmann. Mit der Über-
nahme durch die Aktiengesellschaft für
chemische Industrie führte die Produktion von Leim, Knochenmehl und Ammo-
niak zu baulichen Erweiterungen. Neben
dem 1906 erbauten Wohnhaus mit Kanzlei entstand in den Jahren 1917 bis 1921
die dominierende Extraktionshalle mit
secessionistischen Stilelementen. Josef
Bullmann – Sohn von Jakob Bullmann und
ebenfalls ein bedeutender Grazer Baumeister – schuf zusammen mit Ingenieur
Paul Nussbaum einen bemerkenswerten
Sichtziegelbau mit Eisenbetontragwerk
und einem von geschwungenen Giebeln eingefassten Mansarddach. Lisenen

Pfarrkirche St. Josef
(sog. Jubiläumskirche) →

133 F

Schönaugürtel 41
Hans Pascher
1908

Am Höhepunkt der »Los-von-Rom«-Be-
wegung sorgt der Bau der katholischen
Pfarrkirche St. Josef für Kontroversen in
der Grazer Gesellschaft. Entgegen den
ursprünglichen Plänen erfolgt die Grundsteinlegung nicht im Jubiläumsjahr 1900,
in dem die Diözese den Sieg der Gegenreformation in der Steiermark im Jahr 1600
feiert, sondern, durch anhaltende politische Konflikte innerhalb der Kirche ver-
zögert, erst 1903. Möglicherweise entscheidet sich die Pfarre aufgrund dieser
Spannungen gegen den deutschnational
vereinnahmten und auch von Protestanten bevorzugten Stil der bis dahin üblichen Gotik. Bis 1908 wird nach Plänen des
Architekten Hans Pascher eine dreischiffige Basilika im Stil der zweifellos katholischen Florentiner Frührenaissance errichtet. Filippo Brunelleschis Kirchen
Santo Spirito und San Lorenzo in Florenz
stellen deutliche Vorbilder dar. Dem Gürtel zugewandt, gliedert sich der seitlich gelegene Turm in die Schaufassade
ein. Nischenfiguren an der Stirnseite, eine dem Hauptportal vorangestellte offene Vorhalle und durch Pilaster gegliederte Längsseiten zitieren den Stil der Renaissance. Im Inneren erheben sich acht auf
Stylobaten errichtete purpurrote Steinsäulen das Mittelschiff über die niedrigeren Seitenschiffe. Aus dem Hauptschiff erstreckt sich nach Norden ein klar

F

abgesetzter Chorraum mit flachen Sakristeibauten zu beiden Seiten. Zwischen den Hochwänden des Mittelschiffs überspannt eine flache Kassettendecke den Kirchenraum, während an den Seiten ein klassisches Kreuzgewölbe die Rundbogenarkaden verbindet. Hinsichtlich der politischen Konflikte um die Jahrhundertwende bezeichnet Maximilian Liebmann die Errichtung der sogenannten Jubiläumskirche sehr treffend als »steinerne Kampfansage« der katholischen Kirche an ihre Widersacher. *AM*

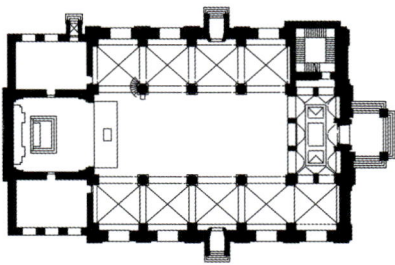

Der Grazer Gründerzeitblock
Worüber wir reden, wenn wir heute von der Schönheit der Stadt sprechen

Sophia Walk

Ohne einen Baustil zu bezeichnen, ist der Begriff Gründerzeit längst zu einer viel verwendeten Benennung einer architektonischen Stilepoche geworden. Dabei ist die architekturgeschichtliche Entsprechung der Gründerzeit der Historismus, der auch zusammenfasst, was stilpluralistisch auseinanderdriftet – ein Rückgriff auf architektonische und baukünstlerische Merkmale vergangener Epochen. Renate Wagner-Rieger unterteilte für Österreich den Historismus in drei Phasen: den romantischen (1830–1860), den strengen (1850–1880) und den Späthistorismus (1880–1914). Architekturgeschichtlich fallen die Anfänge der Gründerzeit in die Epoche des Biedermeier beziehungsweise Spätklassizismus und reichen in die Zeit des Jugendstils hinein. Ihren Höhepunkt erreicht sie im Späthistorismus Ende des 19. Jahrhunderts.

Eine Typologie erobert Graz

Neben repräsentativen Einzelobjekten öffentlicher Bauten hat diese Phase vor allem eine neue Typologie hervorgebracht: die Blockrandbebauung, den sogenannten Gründerzeitblock. Er steht auch für ein erweitertes Verständnis von Stadt, von der Verbindung von öffentlichem, urbanem Raum mit privatem Wohnraum sowie für einen städtebaulichen Maßstabssprung. Mit dieser Zeit eng verknüpft ist die Stadterweiterung, bringt doch die Industrialisierung massiven Zuzug mit sich. In Graz bedeutet diese Erweiterung weniger einen rücksichtslosen Stadtumbau der mittelalterlichen Strukturen, sondern vielmehr sowohl den Ausbau einstiger Vorstädte (St. Leonhard und Geidorf im Osten sowie Lend und Gries als ehemalige Murvorstädte im Westen) als auch die Entstehung neuer Stadtteile (Jakomini). Bis Anfang des 19. Jahrhunderts determinierten die Renaissance-Befestigungsanlagen das Stadtgebiet. Dann wird mit deren Schleifung begonnen. An dieser Stelle, am Glacis, kann das Palais Kees als erstes Wohngebäude der Gründerzeit in Graz bezeichnet werden. Es entsteht von 1842 bis 1843 nach Plänen von Georg Lindner und Georg Hauberisser d. Ä. und wird zum architektonischen Vorbild für die wachsenden Vorstädte. Durch den erstarkenden Kapitalismus treten Mitglieder des wohlhabenden Großbürgertums zunehmend als Bauherren auf. Johann Christoph Kees, Bauherr des Palais, ist ein solcher für die Gründerzeit typischer Hausbesitzer. In den 1830er-Jahren erwirbt er Grundstücke am Kleinen Glacis und lässt mehrere Baublöcke errichten: Die ersten mehrgeschossigen Zinshäuser entstehen, wobei der Bauherr meist die Beletage bewohnt und die anderen Wohnungen vermietet.

Als Architektur in der Stadt noch städtebaulich gedacht war

Dass die Stadterweiterung mit städtebaulicher Weitsicht geplant wird, hat Graz allen voran Landesbaudirektor Martin Ritter von Kink zu verdanken – er sorgt für die Öffnung der Stadt bei gleichzeitiger Anknüpfung der erweiterten und neu entstehenden Vororte an den Stadtkern. Auf Kink gehen zwischen 1853 und 1867 die gesamtheitliche Planung und die Schaffung einheitlicher Ensembles zurück. Was beim Gang durch die gründerzeitlichen Viertel nicht auffällt, sind die großzügigen, begrünten Innenhöfe, die hinter den drei- bis sechsgeschossigen Blockrandbebauungen liegen. Dies wird vor allem im Vergleich mit Blockrändern in Wien und Berlin deutlich. Graz konnte von den Erfahrungen und fehlgeleiteten Entwicklungen anderer Städte lernen und behielt die Grünflächen, wie man sie aus der Biedermeierzeit kannte, bei – anders als in Wien oder Berlin, wo man die Grundstücksausnutzung bevorzugte. Allerdings sind die meisten Innenhöfe als Privatgärten

F

Gründerzeitblöcke im Bezirk Geidorf, Luftbild, 2018

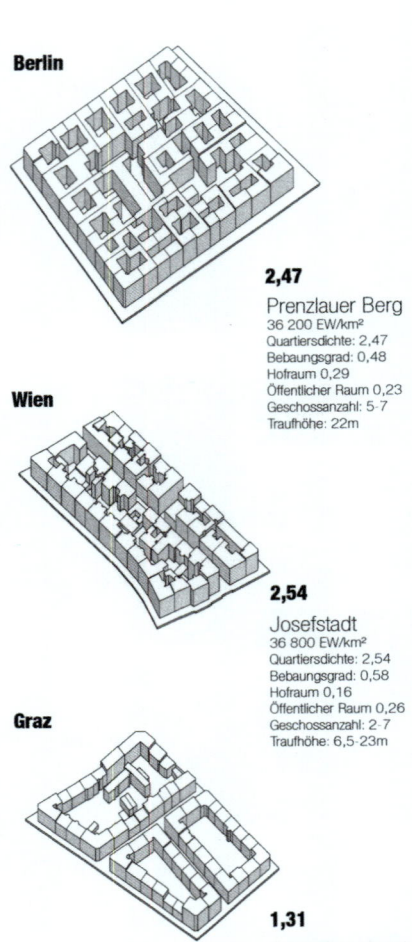

Berlin

2,47
Prenzlauer Berg
36 200 EW/km²
Quartiersdichte: 2,47
Bebauungsgrad: 0,48
Hofraum 0,29
Öffentlicher Raum 0,23
Geschossanzahl: 5-7
Traufhöhe: 22m

Wien

2,54
Josefstadt
36 800 EW/km²
Quartiersdichte: 2,54
Bebauungsgrad: 0,58
Hofraum 0,16
Öffentlicher Raum 0,26
Geschossanzahl: 2-7
Traufhöhe: 6,5-23m

Graz

1,31
Sankt Leonhard
25 500 EW/km²
Quartiersdichte: 1,31
Bebauungsgrad: 0,42
Hofraum 0,34
Öffentlicher Raum 0,24
Geschossanzahl: 1-5
Traufhöhe: 6-18,5m

Vergleich der Dichte der
Gründerzeitblöcke in
Berlin, Wien und Graz,
nach Ida Pirstinger, 2014

abgeteilt und kommen so nur den Bewohnern des Erdgeschosses oder Hochparterres zugute. Die Nutzung der Grünflächen als Gemeinschaftsgärten wäre ein – allerdings schwer duchsetzbarer – Schritt in die Zukunft.

So städtisch diese Blöcke auch gedacht waren, so wenig urbanes Leben spielt sich heute beispielsweise im Bezirk St. Leonhard ab. Geringere Dichte, also weniger bebauter, bewohnter, genutzter Raum, bedeutet eben auch weniger Menschen. Dadurch, dass die Innenhöfe als grüne Lungen der Stadt erhalten bleiben müssen und nicht bebaut werden dürfen, bleibt hinsichtlich städtischer Nachverdichtung nur mehr der Ausbau der Dachgeschosse übrig, die ursprünglich vor allem Unterprivilegierten als Wohnraum dienten. Dies beeinträchtigt aber die historische Dachlandschaft, sind diese Aufbauten doch teilweise sehr massiv, mit wenig Rücksicht auf die sogenannte fünfte Ansicht der Gebäude umgesetzt.

Vorne hui

Zu den Besonderheiten gründerzeitlicher Blockrandbauten in Graz gehören Vorgärten, vielerorts mit schmiedeeisernen Zäunen versehen. Sie weisen keinen Nutz-, sondern rein ästhetischen Wert für den Straßenraum auf und sind zugleich eine Pufferzone zwischen öffentlichem und privatem Raum, indem sie den Hauseingang von der Straße abrücken.

Straßenfassade eines Gründerzeitblocks, Naglergasse 55

Die repräsentativen Straßenfassaden unterscheiden sich in ihrer Ausgestaltung von den meist ungegliederten Hoffassaden. Diese Unterscheidung hing auch mit der Grundrissorganisation der Wohnungen zusammen: Wohnräume waren zur Straße orientiert, Küche und Nebenräume hingegen zum Hof. In den ersten Gründerzeitblöcken lagen die Toiletten (Badezimmer gab es erst ab Ende des 19. Jahrhunderts) im Treppenhaus, meist auf Halbgeschossen, zusammengefasst für Wohnungen von zwei Etagen. Zunächst gab es zum Innenhof lediglich kleine Wirtschaftsbalkone, die kaum Aufenthaltscharakter hatten. Dies änderte sich

Grazer Stockfenster

Innenhoffassade Naglergasse 55

ab dem späten 20. Jahrhundert, als Balkone vergrößert und manchmal wie Wintergärten vor die Hoffassaden gesetzt wurden. Auch eine Umkehrung der Nutzung vollzog sich: Badezimmer und Küchen sind nun häufig straßenseitig orientiert, Wohn- und Schlafräume zur ruhigeren Hofseite. Für die Wohngrundrisse charakteristisch sind auch Dienstbotenzimmer. Einen »Diener« – wie die Nutzung dieser Räume im Grundriss oft tituliert war – oder eine Köchin zu haben war in der Gesellschaft des 19. Jahrhunderts bis in die unteren Mittelschichten üblich. Heute meist als Abstellräume genutzt, waren diese auch Mädchenzimmer genannten Räume meist klein und ohne Außenfenster oder lagen sogar im Treppenhaus. Ein weiteres Charakteristikum stellt das Grazer Stockfenster dar, bei dem die Doppelfenster zu einem Kasten gefügt sind und die Innenflügel sich nach innen, die Außenflügel nach außen öffnen (im Gegensatz zum Wiener Stockfenster, wo beide Flügelebenen nach innen aufgehen). Die äußeren Flügel konnten ausgehängt und durch Fensterläden ersetzt werden, die im Sommer als Sonnenschutz dienten. Diese Form des Kastenfensters gibt es seit der Renaissance, zum Beispiel am Palais Lenghaimb, findet aber hauptsächlich im Historismus seine Verbreitung.

Von nie dagewesener Großzügigkeit

Für die Bauordnungen von 1856 (provisorisch) und 1867 (gesetzlich) war bereits der Gubernialerlass von 1840 ausschlaggebend, in dem angeordnet wurde: »daß im Pomorio [=vor den Stadtmauern] von Grätz keine Häuser mit bloßem Erdgeschosse erbaut werden dürfen, daß sie in geschlossenen Reihen ohne Unterbrechung aneinander gebaut, die Fußboden der ebenerdigen Wohnungen um 1–1½ Schuh [=31,6–47,4 cm] über den höchsten Punct des Trottoirniveaus erhöht, (...) die Zimmer nicht unter 10 Fuß [=316 cm] hoch«. Die niedrigen Biedermeierwohnungen sind damit bis zum Wohnungsbau der Moderne, der nur noch Höhen zwischen 220 und 250 Zentimeter vorschreibt, Geschichte. In den Bauordnungen klingen bereits Anfänge erster städtebaulicher Planungen an – darauf,

dass etwa im Erscheinungsbild der Stadt auf geradlinige, großzügige Straßenverläufe mit (Eck-)Erkerausbildungen der Bauten als *points de vue* zu achten sei. In der plastisch durchgeformten Fassadengestaltung der Blockrandbebauungen orientiert sich der Historismus in Graz hauptsächlich an der Neorenaissance, aber auch neobarocke und negotische Elemente kommen vor. Die Ausgestaltung der Fassaden spiegelt zumeist auch eine politische Haltung wider: Das liberale Bildungsbürgertum greift die Formensprache der italienischen Renaissance auf, deutschnational Gesinnte bevorzugen den altdeutschen Stil (»Nürnberger« Häuser).

Gebrochene und wiederentdeckte Nutzerfreundlichkeit

Gründerzeitblöcke erfreuen sich keinesfalls immer ungebrochener Beliebtheit. Ab den 1920er-Jahren polemisieren nahezu alle – von den Heimatschützern bis zu den Funktionalisten – gegen den Gründerzeitblock. Das Zinshaus wird als »Zinskaserne« verunglimpft, es kommt zur »Abfassadierung« (in Deutschland »Entstuckung« oder »Entdekorierung«) der Ornamente. Noch bis in die Fünfzigerjahre werden die Fassaden mit staatlicher Unterstützung abgeräumt, die Stuckdekorationen als gesundheitsgefährdende Schmutzfänger gesehen. Zur Wiederentdeckung des Gründerzeitblocks kommt es erst durch die 68er-Generation, als Studierende in den nun billigen, verwahrlosten Substandardhäusern Wohngemeinschaften gründen. Wie sehr die Wohnbauten der Gründerzeit heute wieder das Verständnis, den Anspruch und die Erwartungen an das Wohnen beeinflussen, lässt sich an der Beliebtheit des Wohnens im nunmehr hochpreisigen »Altbau« ablesen. Dabei sind die Grundrisse des Gründerzeitblocks weniger in baulicher Hinsicht flexibel, als vielmehr in der Nutzung: Arztpraxen, Büros, studentische Wohngemeinschaften und Familien finden darin ideale Bedingungen. Und nach wie vor ist die Urbanität, die Kink, Kees und Co. ein Anliegen waren, abzulesen: Erdgeschosszonen für Handel und Gastronomie, Obergeschosse für Wohn- und Büroraum.

Schillerstraße 37, Vorgarten

Das Bild der Stadt

Bezieht man die Schönheit einer Stadt wie Graz auf deren pittoresken, aus Spätmittelalter und früher Neuzeit stammenden Altstadtkern oder auf zeitgenössische objekthafte Architektur, ist dies zu kurz gegriffen. Die mit städtebaulicher Weitsicht geplante Architektur, die in der zweiten Hälfte des 19. Jahrhunderts entstanden ist, ist in ihrer Geschlossenheit und ihrem gleichzeitig hohen Grünraumanteil einzigartig und trägt in noch viel höherem Maße zur Lebensqualität und Schönheit der Stadt bei.

Würden wir nach einer zukunftsfähigen Stadt- oder Gebäudetypologie gefragt, welche würden wir nennen? Diese Frage wurde im Sommer 2018 im Lissabonner *Centro Cultural de Belém CCB* in der Ausstellung *Paris Haussmann Modelo de Cidade* gestellt. Eine fast schon rhetorische Frage, denn wer würde heute darauf nicht antworten: der Gründerzeitblock?

Wohnhaus Steyrergasse ↓

134 F

Steyrergasse 152
Josef Temmel
1905

Die wiederholte Verwendung des Hufeisenbogens ganz nach Art nouveau wird an der Fassade des von 1904 bis 1905 errichteten Miethauses für Kleinwohnungen zum zentralen Thema. Die Blattranken und Putzbögen, welche sich um die Fensterpaare ziehen, überspielen die einfache Geometrie der Lochfassade. Dass hier Mädchenköpfe anstelle von Blüten aus den Ranken wachsen, mag aus genderpolitischer Perspektive heute nicht mehr ganz korrekt erscheinen, soll aber dem lebensreformerischen Aufbruch zurück zur – weiblich konnotierten – Natur Ausdruck verleihen. Als Trennlinie zwischen drittem und viertem Geschoss strömt das wallende Haar der beiden weiblichen Masken quer über die Fassade. Obwohl die historistische Dreizonigkeit von Sockel-, Haupt- und Dachgeschoss ablesbar ist, strahlt die Fassade durch Verzicht auf Fensterverdachungen, Pilaster und Gesimse Modernität aus. *MS*

Bauten Neuholdau →

135 F

Pestalozzistraße 52–58
Rudolf Wurzinger, Carl Weigmann
1914

Das straßenbildprägende Wohngebäude nimmt bis auf ein Bauwerk an der Ecke zur Steyrergasse eine komplette Blocklänge südöstlich des Augartens ein. 1913/1914 von den beiden Stadtbaumeistern Rudolf Wurzinger und Carl Weigmann für die Gemeinnützige Bau- und Wohnungsgenossenschaft Steiermark errichtet, umfasst der durch Glattputz einheitlich gestaltete Bau einen vier- bis fünfgeschossigen Komplex, der von vier Treppenhäusern erschlossen wird. Abweichend von der klassischen Blockrandbebauung der Gründerzeit entsteht durch Zurücktreten des Bauvolumens ein begrünter Ehrenhof, der eine öffentliche Funktion der Anlage vermuten lässt. Breite Abschrägungen und große Abrundungen der Ecken in den Obergeschossen verleihen zusammen mit dem Mansarddach dem Baukörper einen dynamischen Schwung. Der Effekt wird durch korbbogenförmige Erker und durchgehende Gesimse im ersten Obergeschoss und

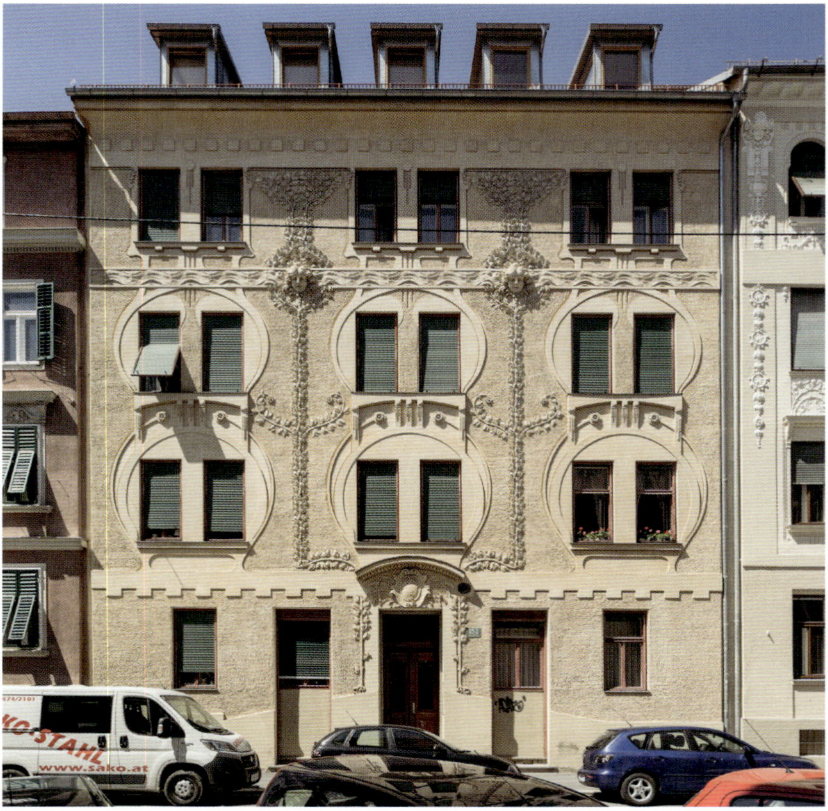

vor allem unter der Traufe verstärkt. Der Dekor beschränkt sich auf neoklassizistischen Schmuck der Portale und Fensterüberdachungen der Gauben, während abstrahierte dorische Kolossalpilaster im zweiten und dritten Obergeschoss die Flächigkeit der sonst glatten Fassade betonen. Ein ebenso herrschaftliches wie traditionelles Bauwerk, das aber fast alle Elemente der Tradition modern überformt. *MS*

Genossenschaftliche Wohnanlage ↓
136 F

Neuholdaugasse 3, 5, 7, 9
Hans Häupl, Josef Michl
1932

Dem Straßenverlauf der Neuholdaugasse folgend, erzeugt die sechsgeschossige Wohnanlage der Gemeinnützigen Bau- und Wohnungsgenossenschaft Steiermark eine ausdrucksstarke städtebauliche Kante gegenüber dem Augarten. Von Stadtbaumeister Josef Michl in den Jahren 1929 bis 1932 erbaut, zitiert Entwerfer Hans Häupl kubistische Formen des Gemeindewohnbaus des Roten Wien. Der satte Farbanstrich der Putzfassade – ockerrotes Sockelgeschoss und hellgelbe Hauptfassade – lässt die waagerecht gesprossten Kastenfenster in Weiß hervortreten. Geschickt ist die Setzung des Sohlbankmotivs der viergeschossigen Dreieckserker an der Abrundung, um über das unrhythmische Fassadenbild hinwegzutäuschen. Vier expressiv gestaltete Eingangsportale erzeugen durch starke horizontale Gliederung und konische Türlaibungen eine soghafte Wirkung auf die fein gestalteten Holztüren mit Oberlicht. *DW*

Museum der Wahrnehmung `137` F
(ehem. Städtisches Volksbad)
Friedrichgasse 41
Stadtbauamt, Michael Kocher,
ppag architects
1905, 1998, 1999

Hygiene als Religion der Moderne – hier wird sie architektonisch fassbar. 1905 öffnet das zweite städtische Bad seine Wannen und Duschen. Am Rande des Augartens bezeichnet der Solitär in städtebaulicher Lage, Form und Aufputz seine Funktion als Naherholungs- oder besser: Naherfrischungsort. Stilistisch bedient sich das planende Stadtbauamt am Wiener Secessionismus, wobei von der ursprünglich repräsentativen Fassade, deren Aufmachung durch barocke Elemente wie Medaillons über den Fenstern noch verstärkt wurde, nur noch der Kammputz im Sockel existiert. Durch die Funktion des Bauwerks als Reinigungsstätte lässt die oktogonale Grundform symbolische Verknüpfungen zu mittelalterlichen Taufkapellen vermuten und erscheint als Tempel der Reinheit und Hygiene. Der zentral gesetzte, unbekleidete Kamin markiert hingegen die Aufwertung fortschrittlicher Technik. Nach dem Einzug des Museums der Wahrnehmung 1996 wird zwei Jahre später der Innenraum durch Michael Kocher den Ansprüchen des Museums entsprechend umgebaut, wobei die kleinen Nasszellen einem offenen Grundriss weichen müssen. Im Untergeschoss folgt 1999 die Installation eines Samadhi-Bads – ein Floatingbecken zur Tiefenentspannung – durch ppag architects. Diese Einrichtung stellt eine Reminiszenz an die ursprüngliche Funktion des Gebäudes dar. An einem Ort, an dem einst vermutlich nicht jeder unbedingt wahrgenommen werden wollte, wird heute genau dieses Empfinden erforscht. *AM*

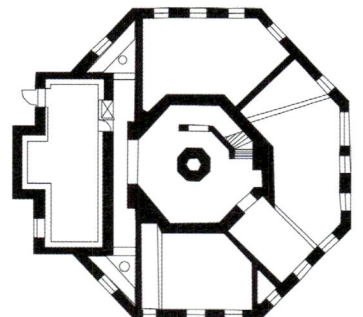

Das Volksbad in der Zwischenkriegszeit

Kindermuseum *FRida & freD* → `138` F
Friedrichgasse 34
Fasch & Fuchs
2003

Das im Kulturhauptstadtjahr 2003 eröffnete und von Hemma Fasch und Jakob Fuchs 2002 geplante Kindermuseum befindet sich am Rand des Augartens, in unmittelbarer Nachbarschaft des Marienschlössls.

← **Wohnhausgruppe Wielandgasse**
Schießstattgasse 54–58 /
Wielandgasse 32–34
Wilhelm Burgstaller, Alois Zauner
1912

Durch Absenken des Grundstücks liegt das plastische Volumen wie ein schräger Findling in der Parklandschaft und wird zu einem Teil davon. Das verglaste Erdgeschoss erlaubt die Kommunikation von Innen- und Außenraum. Der Entdeckergeist der Kinder wird durch die Ausstellungen, aber auch durch den abwechslungsreichen und spannenden Aufbau des Museums geweckt. Verschiedene Ebenen mit Fenstern in kindgerechter Höhe, verbunden durch Rampen, Treppen und Brücken, und multifunktionale Möbel laden die kleinen Besucher zum Erforschen des einem Laboratorium gleichenden Museums ein. Lichtbänder an den Gebäudeseiten und nach Norden gerichtete Sheddächer mit vertikaler Verglasung belichten die Ausstellungsebenen, die durch die Auflösung von Wand- und Deckenübergängen sowie flexible Schiebeelemente ineinander verschmelzen. *EP*

Lineare Geometrien und geschwungene Formen zeigen an diesem Miethausensemble die formale Vielseitigkeit des Jugendstils. Zur Gebäudegruppe gehören neben dem hervorstechenden Eckhaus zwei Bauten in der Schießstattgasse und eines in der Wielandgasse. Die Anlage wurde von Wilhelm Burgstaller und Alois Zauner entworfen und auf Eigenkosten von 1911 bis 1912 realisiert. Die Häuser in der Wielandgasse besitzen eine ähnliche, durch ovale Erker und Balkone strukturierte Formensprache, deren Plastizität den Baukörper skulptural erscheinen lässt. Typisch für den Jugendstil wird die Fläche als Ornament eingesetzt und zeichnet sich durch ein Wechselspiel von schlichten Rauputz- und aufwendigen Stuckpartien aus. Das großflächige Rankenmotiv in der gekehlten Traufe kann als gemaltes Kranzgesims verstanden werden. Die Gebäude der Schießstattgasse 56 bis 58 rücken aus der Flucht des dominierenden Eckhauses zurück und sind durch eine geometrische secessionistische Gestaltung gekennzeichnet. Der östliche Bau nimmt mittels eines hervortretenden Seitenarms in Form und Höhe Bezug auf das Eckhaus. Im Gegensatz zu den organisch anmutenden Bauten der Wielandgasse wirken die beiden Gebäude linearer und rasterförmiger, da neben ihren polygonalen Erkern auch die quadratischen Sprossen in den Oberlichten gänzlich erhalten sind. Obwohl aus einem Guss entstanden, weist jeder Bau individuell gestaltete Portale auf, was die detailreichen Ausformungen der Obergeschosse unterstreicht. *MS*

F

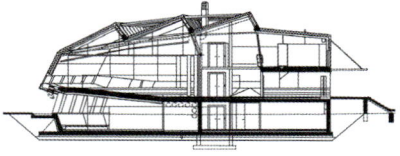

Golden Nugget 140 F

Grazbachgasse 65 a
INNOCAD
2005

Modeschule Graz 141 F

Ortweinplatz 1
Jakob Bullmann, Carl Lauzil,
Adolf Ritter von Inffeld,
Adolph-Herbert Kelz
1877, 1885, 1933, 1998

Mit einer Ergänzung der historischen Grazer Blockrandbebauung scheinen viele Architekten überfordert zu sein. Das Büro INNOCAD (Martin Lesjak, Peter Schwaiger) hingegen hat dieses Problem 2005 mit dem *Golden Nugget* vorbildhaft gelöst. Trotz unterschiedlicher Traufhöhen der Nachbargebäude werden durch Fassadenstruktur und Variation der Innenräume präzise Übergänge zu diesen möglich. In dem sechsgeschossigen Stahlbetonskelettbau befinden sich hinter einer goldenen Fassade aus Rhombusschindeln in TECU® Gold neben Apartments das Büro der Architekten von INNOCAD, welche die Fassadenfläche gleichsam als Visitenkarte nutzen. Durch eine kluge Verschränkung mit dem an der rückwärtigen Schönaugasse liegenden eingeschossigen Altbestand ergibt sich eine flexible Gestaltung der Wohnungen, wobei jede sowohl zum geschäftigen Stadtleben der Grazbachgasse als auch zur ruhigen Hofseite ausgerichtet ist. *EP*

Die Modeschule am Ortweinplatz gilt als Hauptwerk des steiermärkischen Werkbundes, standen Lehre und Werkbundziele doch stets im befruchtenden Austausch. Unter der Leitung des Architekten August Ortwein wurde 1876 die k. k. Staatsgewerbeschule zur Förderung der kunstgewerblichen Arbeit als Antwort auf die Umwälzungen der Industrialisierung gegründet. An die Stelle der Vorgängerbauten von Jakob Bullmann von 1877 und Carl Lauzil von 1885 trat 1933 der heute sichtbare Bau. Die damalige Bundeslehranstalt für das Baufach und Kunstgewerbe entwarf ihr Direktor, das Werkbundmitglied Adolf Ritter von Inffeld, der bei Otto Wagner studiert hatte, aber auch im Heimatschutz aktiv war. Ihm gelang ein harmonischer Fassadenübergang vom dreigeschossigen Neubau zum umgebauten Trakt an der Brockmanngasse von Carl Lauzil. Im Grundriss wählte Inffeld das »Raum-Gangtrakt-Prinzip«. Die monumentale Außenerscheinung verdankt sich der großzügigen Baumassenverteilung und den streng kubisch behauenen Fassadenelementen aus Sandstein, deren Ornamentierung sich im Wesentlichen auf die Dachgeschosszone beschränkt. Im Mittelrisalit sitzen

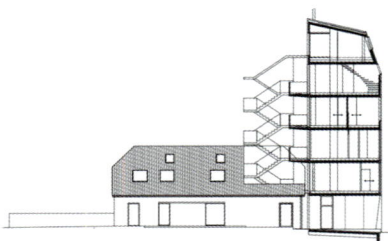

die drei Eingangstore tief zwischen vier Kunststeinpfeilern, auf denen ein breiter Sturzbalken ruht. Über diesem klassizistischen Motiv überraschen expressionistisch wirkende sechseckige Fenster. Pilasterartige Wandvorlagen führen den Blick bis unter die expressiv gestaltete Traufe mit Zickzackmuster. Zwei Spitzgauben schließen den vertikalen Blickverlauf ab. Auch die regelmäßig gereihten Kastenfenster mit kleinteiliger Sprossenverglasung zwischen fein genuteten Fassadenflächen sprechen für die sorgfältige Detailarbeit, die den Schülern täglich ein Vorbild bot. Im Innenhof hat Adolph-Herbert Kelz 1998 dem Südflügel einen Trakt mit Klassenräumen vorgeblendet, hinter dessen Glasfassade sinniger Weise textile Elemente die Gebäudehaut bilden. Um die räumliche Wirkung des Hofs beizubehalten, wurde die neue Turnhalle im Boden versenkt. *DW*

Österreichische Nationalbank, Zweiganstalt Süd (ehem. Postautogarage)
142 F
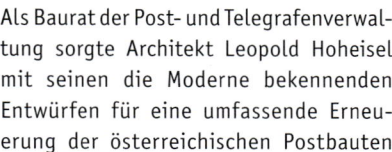
Brockmanngasse 84
Leopold Hoheisel
1932, 2002

Als Baurat der Post- und Telegrafenverwaltung sorgte Architekt Leopold Hoheisel mit seinen die Moderne bekennenden Entwürfen für eine umfassende Erneuerung der österreichischen Postbauten der Zwischenkriegsjahre. Vorbildhaft für den Otto-Wagner-Schüler waren die zu jener Zeit richtungsweisenden Gebäude der bayerischen Postbauschule, die auf hohem Niveau Funktionalität und ästhetische Qualität zusammenbrachten. Die ehemalige Postautogarage von 1932 kennzeichnet die Fügung nach außen sichtbarer Funktionen zu einem harmonischen Bauensemble. Den einst U-förmigen Grundriss mit Hauptfront zur Brockmanngasse flankierten zweigeschossige Flachbauten, die den gründerzeitlichen Blockrand umschlossen. Das dreigeschossige Hauptgebäude und die ein Geschoss niedrigere Einfahrt durchstößt ein abgerundeter Treppenturm mit vertikalem Fensterband. Ebenso verweist die markante Inszenierung der Zufahrt zu den ehemaligen Garagen und Werkstätten mittels Dreieckserker auf eine bewusst eingesetzte Formenvielfalt. Zarte Zitate des Werkbundstils finden sich in den zickzackgemusterten Putzflächen zwischen Sohlbänken und Fenstern. Auf Seiten der Jakob-Redtenbacher-Gasse wurde der horizontal gegliederte Flügel im Jahr 2002 neu aufgebaut und durch eine rückspringende Aufstockung für die Österreichische Nationalbank erweitert. Der neue Nutzer veranlasste im selben Jahr den Abriss des gegenüberliegenden Pendants, an dessen Stelle der Neubau jede maßstäbliche Achtung vor dem Bestand vermissen lässt. *DW*

F

G

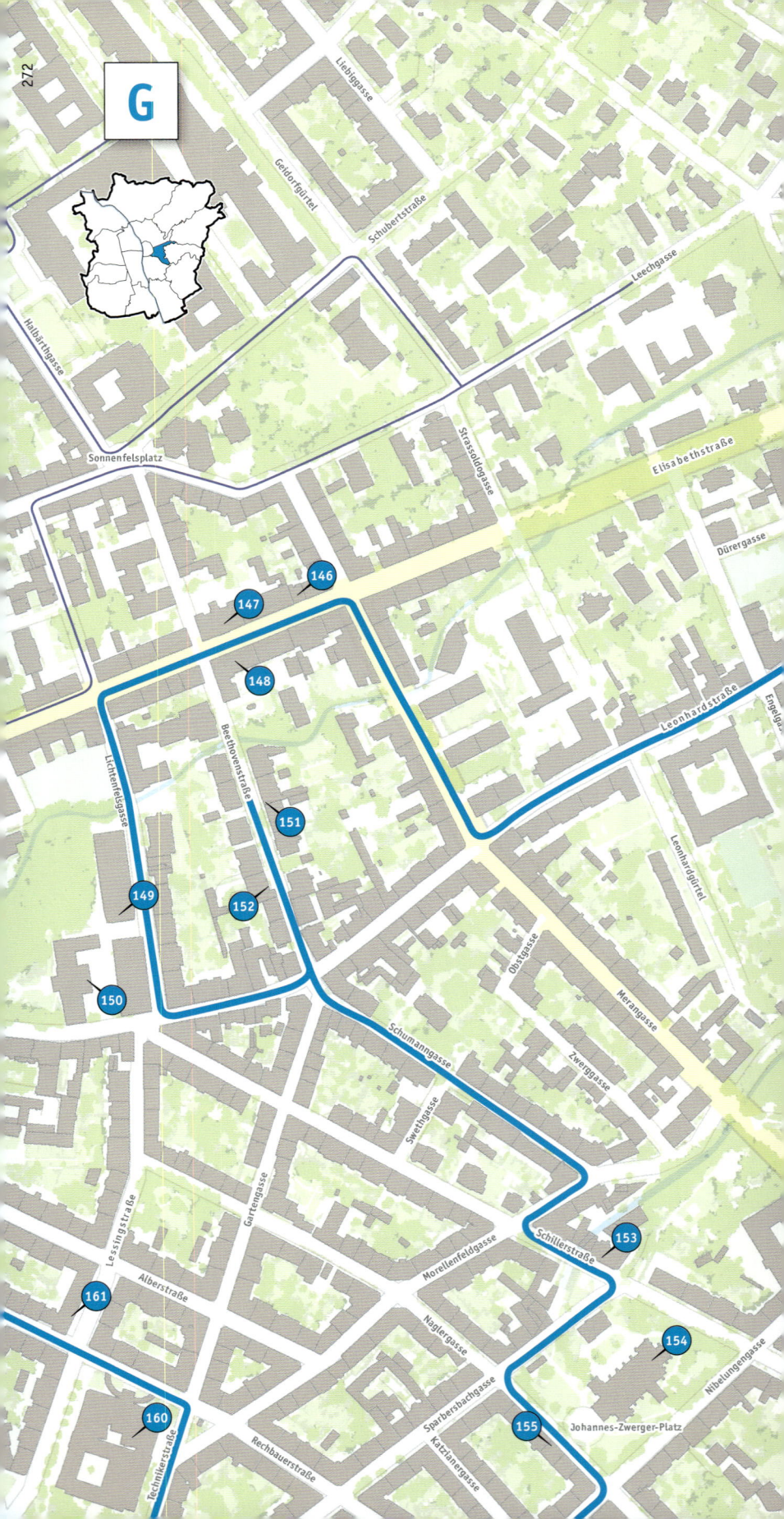

G

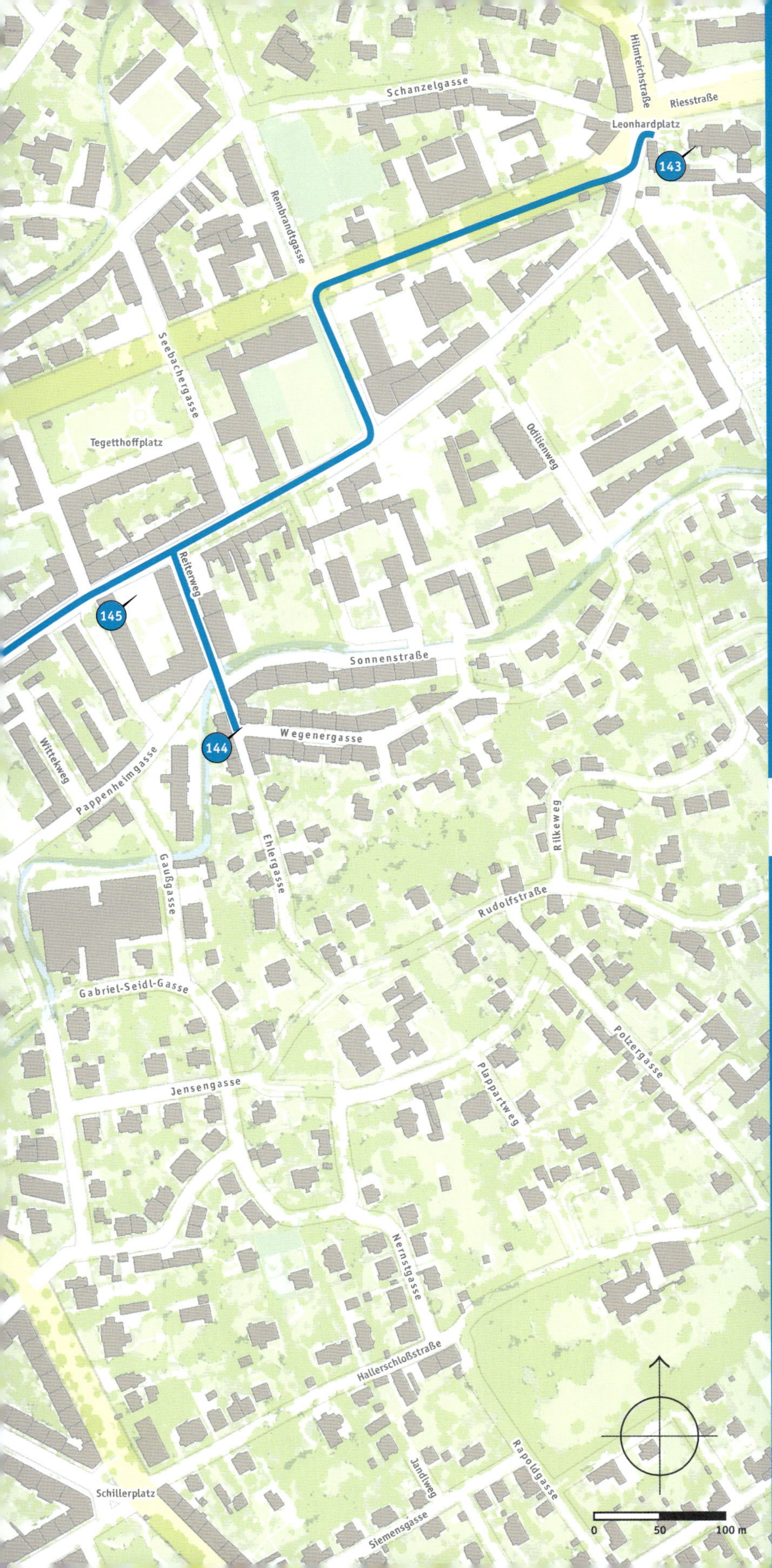

G

Schanzelgasse

Hilmteichstraße

Riesstraße

Leonhardplatz

143

Rembrandtgasse

Oeltienweg

Seebachergasse

Tegetthoffplatz

Reiterweg

145

Sonnenstraße

Wegenergasse

144

Wittekweg

Pappenheimgasse

Ehlergasse

Rilkeweg

Rudolfstraße

Gaußgasse

Polzergasse

Gabriel-Seidl-Gasse

Jensengasse

Plappartweg

Nernstgasse

Hallerschloßstraße

Schillerplatz

Jandlweg

Rapoldgasse

Siemensgasse

0   50   100 m

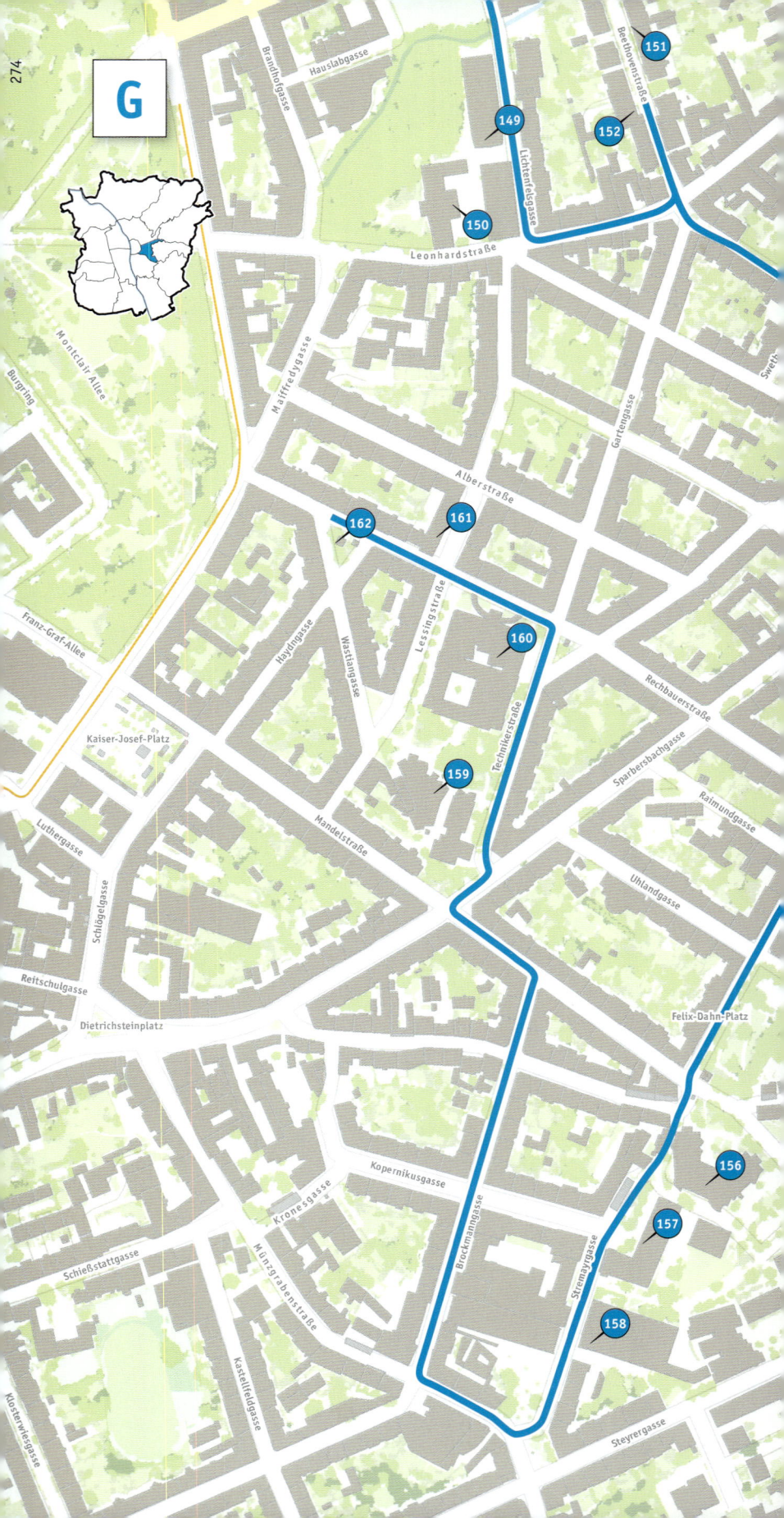

G

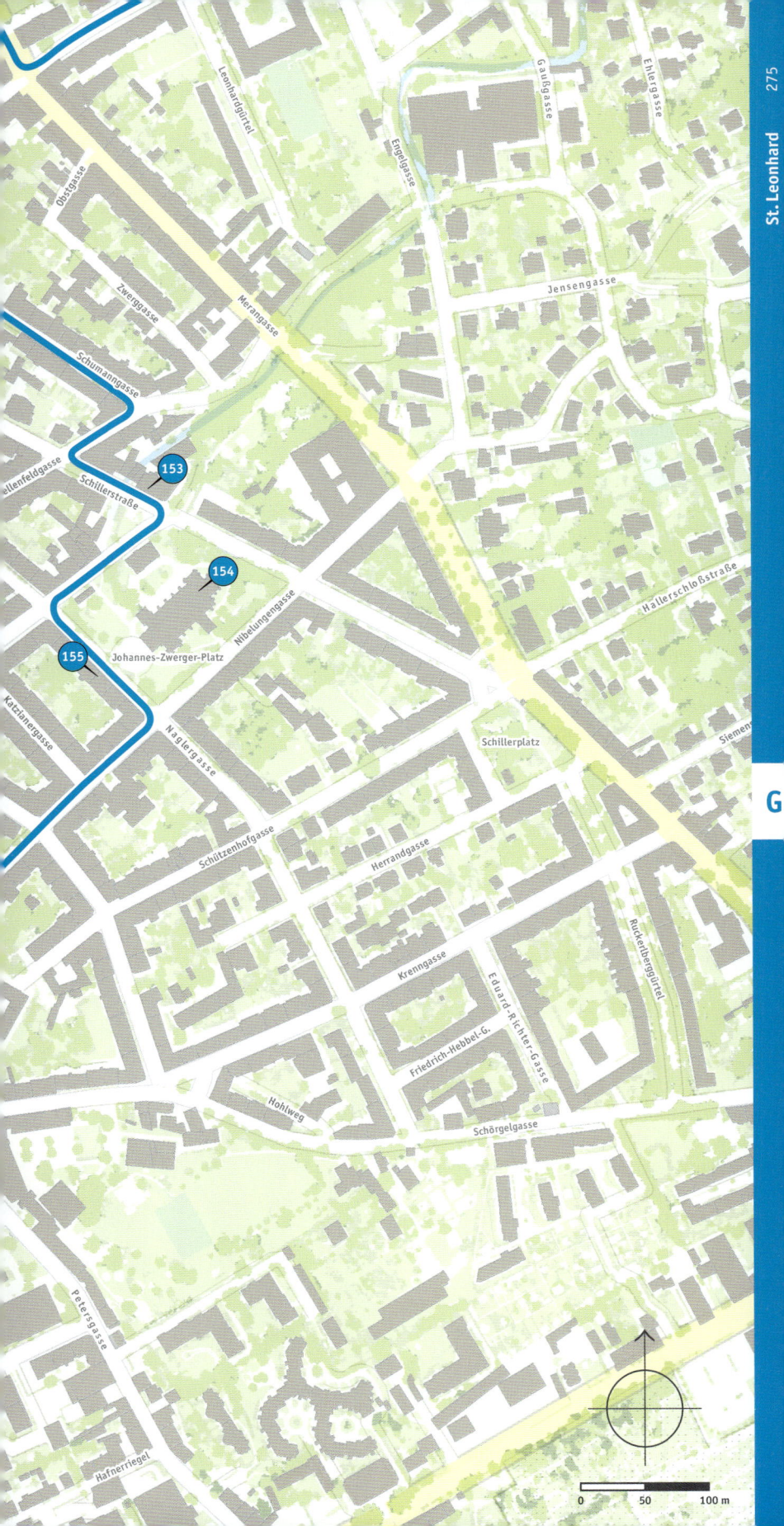

G

Pfarrkirche St. Leonhard

143 G

Leonhardplatz 12
Johann Georg und Johann Joseph
Stengg, Karl Lebwohl u. a.
1433, 2. Hälfte 15. Jh., 1535,
1618, 1712, 1747, 1776, 1962

Zusammen mit dem Pfarrhof und mehreren Nebengebäuden bildet die St. Leonhardkirche ein geschlossenes vorstädtisches Ensemble. Den Kern der Kirche stellt eine 1433 erbaute Kapelle dar, die nach einem Vorstoß der Türken 1535 wiederhergestellt und neu geweiht wurde. Das äußere Erscheinungsbild dominiert der 1618 erhöhte Turm, dessen barocke Zwiebelhaube 1747 nach Plänen von Johann Georg Stengg hinzugefügt wurde. Dessen Sohn Johann Joseph setzte dem spätgotischen Bau 1776 eine pilastergegliederte barocke Westfassade mit Ziergiebel vor. Aufgrund der Regotisierung im 19. Jahrhundert erscheint der Innenraum aber bis auf die elliptische Taufkapelle von 1712 und die geschwungene Westempore im Wesentlichen gotisch. Ein aus der zweiten Hälfte des 15. Jahrhunderts stammendes Stichkappengewölbe mit Sternrippen überspannt die vierjochige Halle und mündet in gebündelten Wanddiensten. Diese Ausformung im Typus der Kapelle kann als Zitat der Leechkirche (163 H) gedeutet werden. Besondere Aufmerksamkeit verdient das Presbyterium: Der ursprüngliche Chorabschluss wurde von 1959 bis 1962 geöffnet und um einen oktogonalen Raum erweitert. Mit einer feingliedrigen, in die Höhe strebenden Betonstruktur, die im holzverschalten Zeltdach hinter einer Kupferrosette zusammenläuft, entwarf Karl Lebwohl eine Neuinterpretation der Gotik. Intensiv leuchtendes Antikbuntglas im Betonmaßwerk übersteigert das gotische Thema diaphaner Wände. Den Übergang von Alt zu Neu bewerkstelligte Lebwohl durch das Verschmelzen der Wanddienste mit deren zeitgenössischer Version. *AS*

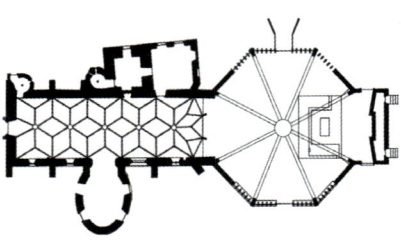

Bachmann-Kolonie

Sonnenstraße 2–12/
Wegenergasse 1–20
Adolf Ritter von Inffeld,
Josef Gartlgruber
1913

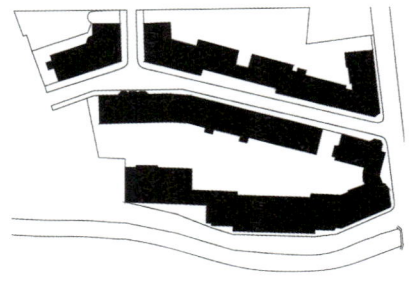

Um die Individualität jedes Bewohners auszudrücken, wird in diesem Siedlungsensemble auf architektonische Gleichförmigkeit verzichtet. Drei blockrandähnliche Häuserzeilen umfassend, ergibt sich mit punktueller Durchbrechung der Gebäudereihen entlang von malerisch geschwungenen Straßenzügen ein Gegenkonzept zur Gründerzeit, das sich auf die städtebaulichen Grundsätze von Camillo Sitte bezieht. Die ehemaligen Fuchsengründe wurden 1909 vom Juristen Heinrich Bachmann erworben und das Ensemble nach ihm benannt. Gemäß dem Konzept der Gartenstadt war auch die Anbindung durch die Straßenbahn in die Innenstadt ein bedeutender Faktor für den Standort am Leonhardbach. Verdichtetes Wohnen in begrünter Lage stellte das Leitmotiv für die 80 Wohnungen umfassende, von 1910 bis 1913 nach Plänen des Otto-Wagner-Schülers Adolf Ritter von Inffeld errichtete Siedlung dar. Inffeld, der nicht nur Proponent der Moderne und Werkbundmitglied, sondern auch Aktivist des Vereins für Heimatschutz war, kombinierte spätsecessionistische mit traditionellen Fassadenmotiven, um das idyllische Bild einer quasi gewachsenen, altertümlichen Kleinstadt zu erzeugen. Zur Bewerbung der großen Naturnähe der Siedlung machte sich Bachmann für die klingenden Namen Sonnenstraße an der Nordseite zum Leonhardbach und Blumengasse an der Südseite (seit 1930 Wegenergasse) stark. In der Sonnenstraße, deren Bauten ab 1912/1913 Baumeister Josef Gartlgruber errichtete, wurde die kleinteilige Charakteristik der Wegenergasse aufgrund einer höheren, mehr Rendite versprechenden Bebauung nicht mehr erreicht. *MS*

Reiterkaserne, Kunstuniversität Graz

145 G

Leonhardstraße 82–84
Georg Lindner, Josef Hohensinn
1842, 1964, 2007

Die 1841/1842 von Georg Lindner im Auftrag von Josef und Maria Kober erbaute »Kober'sche Cavallerie Caserne« umfasste U-förmig einen Gasthof an der Leonhardstraße, der zwischen 1870 und 1900 abgerissen wurde. Bis 1918 als Kavalleriekaserne und später für ein Artillerieregiment genutzt, baute man die Anlage von 1963 bis 1964 für Wohnungen um. Der jüngste Umbau erfolgte von 2005 bis 2007 durch Josef Hohensinn, der hier für die Universität für Musik und darstellende Kunst das Institut für Musikpädagogik sowie ein Café und Wohnungen unterbrachte und entlang der Leonhardstraße einen vierten Flügel hinzufügte. Der freistehende dreigeschossige Neubau mit Penthouse ist nach hinten versetzt, schafft damit einen Vorplatz und unterstreicht die Eingangssituation. In den Obergeschossen durch eine textil anmutende Streckmetallverkleidung der Fassade sehr geschlossen, aber leicht wirkend, erlaubt der Bau durch ein verglastes Erdgeschoss, einen verglasten Gang zum Westflügel und die Platzierung der Tiefgaragenzufahrt im Nordosten eine Sichtbeziehung zum Innenhof. Im Zuge der Revitalisierung wurden vorhandene Strukturen bereinigt, das alte Gewölbe freigelegt, die Arkadengänge geöffnet und an den Längsseiten des Innenhofs eine Isolierglasfassade mit Holzrahmen angebracht, um Büroräume zu schaffen. Das Dach der Büros dient als Zugang und Terrasse für die Wohnungen im ersten Obergeschoss. Während die Stützen im Innenhof einen Bezug zu den Arkaden herstellen, blieben andere Bereiche wie der Südtrakt wegen des Denkmalschutzes weitgehend unverändert. *CB*

G

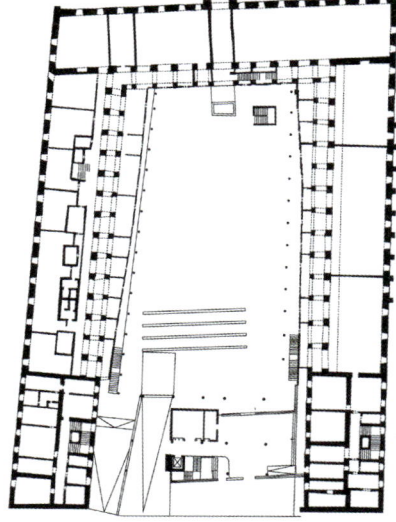

Elisabethstraße nach Westen, rechts vorne das Palais Prokesch-Osten

Elisabethstraße
Geradewegs in die Gründerzeit!

Als linear angelegter Straßenzug markiert die Elisabethstraße den Einzug der Gründerzeit in Graz. Beispiellos lässt sich die Vielfalt historistischen Repräsentationswillens entlang der 1.478 Meter langen Geometerstraße ablesen, die die Bezirke St. Leonhard und Geidorf trennt. 1834 erwarb Joseph Claudius Pittoni Ritter von Dannenfeldt die Breunerhofgründe am Rande des Glacis. Unter Zusage, das Glacis und St. Leonhard mit einer Straße direkt zu verbinden, erhielt Pittoni 1841 die Bewilligung, die Breunerhofgründe in mehrere Grundstücke aufzuteilen. Zunächst Pittonigasse genannt, wurde die Straße 1854 anlässlich der Hochzeit von Kaiser Franz Joseph I. und Elisabeth von Bayern nach der Kaiserin umbenannt, der man sogar eine Bildnissäule widmete, die von 1856 bis 1876 an der Einmündung ins Glacis aufgestellt war. Für die erste Bebauung bis 1850 am Beginn der Elisabethstraße war der bereits für die Parzellierung zuständige Baumeister Georg Lindner verantwortlich. Mit den Miethäusern Nummer 4 bis 14 verfolgte er ein zurückhaltendes Fassadenbild, welches bis heute einen Eindruck für die zur Bauzeit geplante Erscheinung des gesamten Straßenzugs vermittelt. Bis zur Strassoldogasse zeichnet sich die Elisabethstraße durch eine geschlossene Blockrandbebauung aus. Grazer Industrielle, kraft ihres wirtschaftlichen Erfolgs in den Geldadel aufgestiegen, ließen sich hier in der zweiten Jahrhunderthälfte gerne in protzigen neobarocken Palais nieder. Vom innerstädtischen Adel weitgehend belächelt, vermittelten sie ihren neuen gesellschaftlichen Rang über die vorstädtischen Residenzen. Stadtauswärts, wo der überwölbte Kroisbach die Straße schneidet, geht die Bauform in eine spätgründerzeitliche Villenbebauung entlang einer Platanenallee über. In diesem Bereich ist die bauliche Homogenität der Ausfallstraße durch mehrere unsensible Eingriffe des 20. Jahrhunderts beeinträchtigt. Obwohl der Straßenzug durch die gute Erhaltung und stilistische Durchformung eine beispielhafte Straßenanlage der Gründerzeit darstellt, hat sie heute aufgrund der starken Verkehrsbelastung ein eher negatives Image. Die direkte Verbindung nach St. Leonhard und die breite Straßenführung stellten bereits zur Bauzeit die Weichen für die sich ab den Sechzigerjahren bemerkbar machende Lärm- und Geruchsbelästigung. 1963 verengte man sogar die Gehsteige, um noch mehr Platz für die Autos zu schaffen. Abends regiert jedoch das in großen Trauben flanierende Partyvolk, das die zahlreichen Clubs und Bars der Elisabethstraße und des angrenzenden Univiertels besucht. Tags wie nachts braucht die Bewohnerschaft also gute Nerven oder Schallschutzfenster. *MS*

G

Wohnhaus Elisabethstraße ↓ 146 G

Elisabethstraße 35
Andrea Stadler, August Kleindienst
1852, 1907

Der historische Kern des Wohnhauses wurde von 1851 bis 1852 von Baumeister Andrea Stadler errichtet und erhielt 1907 nach Plänen von Stadtmaurermeister August Kleindienst eine Jugendstilfassade. Durch die Portalachse mit darüberliegendem, historistischem Polygonalerker ist die vierachsige Fassade asymmetrisch gestaltet. Neben floralen Ranken im Parapetbereich bekrönen filigrane Blumenbänder die Fenster des ersten Obergeschosses. Auffallend ist die wellenförmige Attika mit fein gehaltener Stuckmusterung und lorbeerbekröntem Aufsatz über dem Erker. Neben dem Stuckdekor ist die Fassadenoberfläche besonders durch flächige Putztexturen in kräftigem Blau differenziert. Obwohl sich die Fassade von der restlichen Bebauung der Straße unterscheidet, wurden historistische Bauteile wie der Erker übernommen und die typischen Fensterüberdachungen im floral-geometrischen System des Jugendstils neu interpretiert. *MS*

![Ehem. Palais Kottulinsky - Foto der Fassade]

Ehem. Palais Kottulinsky ↑

147 **G**

Elisabethstraße 29
Georg Hauberrisser d. Ä.,
August Gunolt, Georg Hönel
1854, 1892

Residieren in der gründerzeitlich angelegten Elisabethstraße ist *en vogue* im 19. Jahrhundert. Joseph Graf Kottulinsky lässt bereits 1854 ein repräsentatives Stadtpalais von Georg Hauberrisser dem Älteren in den Formen des romantischen Historismus errichten. Kottulinskys Sohn Adalbert – verheiratet mit Theodora, geborene Mayr-Melnhof, deren ehemaliges Grazer Stadtpalais direkt gegenüber liegt (148 G) – bestellt 1892 August Gunolt und Georg Hönel, um die Erscheinung des Gebäudes seinen Vorstellungen anzupassen. Die beiden Architekten erhalten zwar die Grundmauern und den Grundriss des Gebäudes, für Stil und Schmuck orientieren sie sich jedoch, kennzeichnend späthistoristisch für Stadtvillen, an barocken Palästen und gestalten ein reich verziertes, neobarockes Fassadenbild. Atypisch

ohne Portal, lässt die Schauseite zur Elisabethstraße keinen gestalterischen Aufwand vermissen. Ein zentraler Mittelrisalit wird zusätzlich durch einen Balkon, einen markanten Frontispiz und aufwändigen Schmuck wie Schmiedeeisengitter, eine Wappenkartusche sowie Putten und Vasen über dem Giebel betont. Die Sockelzone ist durch die alle drei Schauseiten umlaufende Putznutung klar vom Hauptgeschoss getrennt, welches wiederum durchgehend mit (Doppel-)Pilastern gegliedert und mit einer imposanten Attikabalustrade abgeschlossen wird. Ein bemerkenswertes barockes Schmiedeeisentor öffnet sich zum Innenhof und der Eingangszone, akzentuiert mit einem zentral vorgestellten Altan. Besonders prunkvoll erscheinen auch die zweigeschossigen Arkaden, deren Sprossenfenster im Obergeschoss über der offenen Zone im Erdgeschoss auf toskanischen Säulen liegen. Seit 2011 erfreut sich die Grazer Universität nach einer Restaurierung an den prächtig geschmückten Neorokoko-Innenräumen. *AM*

G

Literaturhaus
(ehem. Palais Mayr-Melnhof)

148 G

Elisabethstraße 30
Franz Hauberrisser, August Gunolt,
Riegler Riewe
1852, 1895, 2003

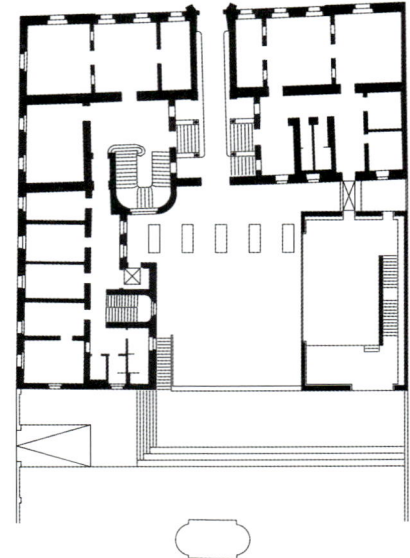

Literatur, Kultur und Stuckatur sind hier geballt zu finden. Im Jahr 1852 errichtet Franz Hauberrisser an der neu angelegten Elisabethstraße ein repräsentatives Miethaus für den Kaffeesieder Josef Strohmeyer. Das zweigeschossige Palais geht über an die Familie Mayr-Melnhof, die August Gunolt mit der Umgestaltung von 1894/1895 beauftragen. Neben der Neuerrichtung des Flügels entlang der Beethovenstraße ist es vor allem die bemerkenswert gestaltete Fassadenornamentik in neobarocken Formen, die das Bild des Stadtpalais verändern. In Höhe und Schmuck klar dem Hauptgeschoss unterworfen, erscheint das Sockelgeschoss mit Horizontalnutung sehr schlicht. An der durch Pilaster gegliederten Beletage wiederum finden sich vertiefte Putzfelder, verdachte Fenster sowie aufwendige Reliefs und Stuckverzierungen. Seichte Risalite akzentuieren die Ecken und ein neobarockes Portal an der Elisabethstraße führt in das großzügige Vestibül, das als Verteiler und Durchgang dient. Bis Ende der 1990er-Jahre führt dieser direkt in den Garten, jedoch wird mit dem Einzug des Literaturhauses, welches das von 1966 bis 2000 hier untergebrachte Kulturhaus ablöst, ein Wettbewerb zur Erweiterung ausgeschrieben, den Florian Riegler und Roger Riewe im Jahr 2000 mit einer klaren Antithese zur Grazer Schule gewinnen können. Minimalistisch, schlicht und streng orthogonal liegt der Kubus aus Stahlbeton und Glas unaufdringlich hinter dem Altbestand am Garten. Auf Straßenhöhe eröffnet sich hinter dem Vestibül, wie ein Innenhof, die Terrasse des neu errichteten Cafés. Vom Garten führt eine breite Treppenanlage zum abgesenkten Veranstaltungsraum des Literaturhauses. Im Obergeschoss des Gebäudes verbirgt sich das Archiv. Wissenschaftskultur in den aus dem 19. Jahrhundert wunderbar erhaltenen Räumlichkeiten des Franz-Nabl-Instituts für Literaturforschung trifft auf zeitgenössische literarische Kultur im Beton-Pavillon und studentische Tanz- und Trinkkultur im straßenseitigen Untergeschoss – ein gemeinschaftliches Stadtpalais. *AM*

**MUMUTH,
Kunstuniversität Graz**
Lichtenfelsgasse 14
UNStudio
2008

149 G

mit tänzerischem Schwung um ihre Achse dreht und nicht nur die drei Geschossebenen vereint, sondern auch noch ein Drittel der gesamten Konstruktion trägt. *CB*

G

»From Blob to Box« lautet die Entwurfsidee des niederländischen Architekturbüros UNStudio. Bereits 1998 lobte die Kunstuniversität Graz einen Wettbewerb für ein Haus für Musik und Musiktheater aus. Ben van Berkel, Caroline Bos und Hannes Pfau schufen eine Kombination aus Ausbildungsstätte bei Tag und Musiktheater bei Nacht. Von einer rechteckigen Architektur und vertikalen Betonung im Norden wandelt sich das von 2006 bis 2008 errichtete MUMUTH nach Süden zu einem nach außen gewölbten Volumen. Umhüllt wird das dreigeschossige Gebäude von einem Edelstahlnetzwerk, das es bei Tag schwer und blechern wirken lässt. Dahinter befindet sich eine Glasfassade mit notenähnlichen Symbolen, die sich in der Wandvertäfelung des Saals wiederholen. Bei Nacht wirft sich das Gebäude in eine festliche Robe: LED-Lichtbalken lassen den Solitär in den Farben Rot, Grün und Blau erstrahlen. Das Herzstück des Gebäudes bildet der 31 × 16 Meter große, auberginefarbige Konzertsaal, der mit 108 höhenverstellbaren Podesten ausgestattet ist und Platz für 450 Besucher bietet. Aus den Längsseiten des Saals bildet sich der »Twist« heraus, eine Treppe aus Stahlbeton, die sich

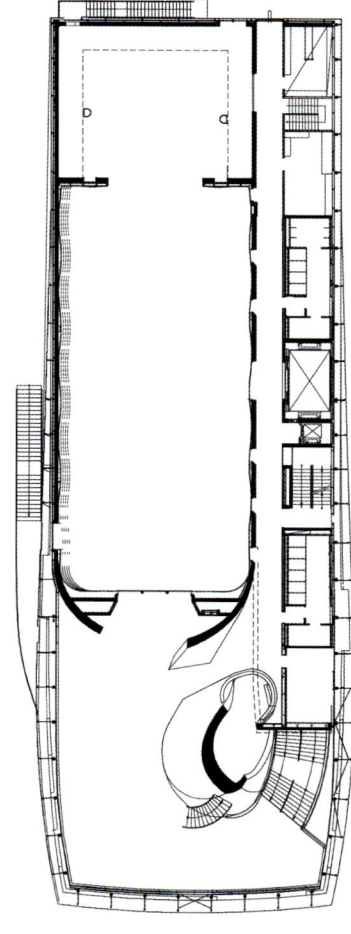

G

Conrad Kreuzer, Palais Meran, 1843

Kunstuniversität Graz (ehem. Palais Meran)

Leonhardstraße 15
Georg Hauberrisser d. Ä. (?),
Ignaz Eduard Holub,
balloon architekten
1844, 1850, 1880, 1986, 2014

150 G

Erzherzog Johann, der jüngere Bruder von Kaiser Franz I., ließ sich dieses Palais sowie das eingeschossige Stallgebäude in den Jahren 1841 bis 1844 nahe dem heutigen Stadtpark im spätklassizistischen Stil errichten. Die zurückhaltende Fassadengestaltung ist es, die noch heute von der bürgernahen Einstellung zeugt, die dem Erzherzog bereits zu Lebzeiten zu großer Popularität verhalf. Benannt wurde der längliche Bau mit dem dominanten Mittelkubus nach Johanns Sohn, Graf Franz von Meran. Ob der Entwurf der schlichten Außengestalt entlang des Vorplatzes und der monumentalen Gartenfassade von Georg Hauberrisser d. Ä. stammt, ist unklar; er wird jedoch als ausführender Baumeister genannt. Entsprechend dem kaiserlichen

Stand des Bauherren ist die repräsentative Schauseite im Westen mit einem dominanten Giebelrisalit ausgeführt, der ursprünglich mit Akroteren geschmückt war und aus dem ein Altan hervortritt. Der im Norden senkrecht zum Hauptgebäude stehende Flügel wurde erst 1880 angebaut. Bemerkenswert ist der Kontrast zwischen der klassizistischen Fassade und der romantisch-historistischen Innenausstattung. Der mit ockergelbem Stuckmarmor verkleidete Florentiner Saal wurde mit seinen umlaufenden Rundbogenarkaden 1850 als Festsaal des Palais fertiggestellt. Seit 1963 ist das Gebäude der Sitz der Universität für Musik und darstellende Kunst Graz. Im Zuge einer Generalsanierung 1986 durch Ignaz Eduard Holub wurden in den zentralen Lichthof Sanitärbereiche eingebaut und die ursprünglich offenen Arkaden im Florentiner Saal mussten geschlossen werden. Durch das Einsetzen von Spiegeln wurde jedoch versucht, die Durchlässigkeit des Raums zu bewahren. Das ehemalige Stallgebäude an der Lichtenfelsgasse wird seit 1986 vom Institut für Schauspiel als *Theater im Palais* genutzt. Im Zuge einer Sanierung von 2011 bis 2014 erweiterte das Architekturbüro balloon das Foyer, welches mit seiner goldfarbenen Lochblechumrahmung das historische Gebäude verhüllt. Nach der mit diesem Umbau einhergehenden Neugestaltung des Vorplatzes verbindet die nun etwas kahle Betonplattenfläche das Palais mit dem *Theater im Palais* sowie dem MUMUTH (149 G) zu einem Ensemble. *PK*

Wohnhäuser Beethovenstraße 151 G

Beethovenstraße 15, 17, 19
Carl Follius
1862, 1864

Bis Mitte des 19. Jahrhunderts verdoppelt sich die Bevölkerung in Graz innerhalb weniger Jahre. Anstatt die städtebauliche Entwicklung dem Zufall zu überlassen, sichert sich die Stadtverwaltung mit neuen Bauordnungen 1856 und 1857 direkten Einfluss darauf. Geradlinige Straßenzüge, mehr Grünraum – Lebensqualität wird gefordert. »Geschmacklose Verzierungen« gilt es zu vermeiden. Die Beethovenstraße gehört zu jenen Ensembles, bei denen versucht wird, der Blockrandbebauung mit Mietzinshäusern das noble Flair eines Villenviertels zu verleihen. Einheitlich zieren schmale Vorgärten, vom öffentlichen Raum durch Gitterzäune getrennt, den Straßenzug. An den Park des Literaturhauses (148 G) anschließend, errichtet Carl Follius zwischen 1861 und 1864 die ersten drei zweigeschossigen Häuser (Nr. 15, 17, 19) an der Ostseite der Straße. Während die beiden äußeren Häuser (Nr. 15, 19) jeweils leicht abgesetzte Seitenrisalite erhalten, tritt bei Hausnummer 17 ein Mittelrisalit hervor. Gemein sind den Häusern die Formen des frühen und romantischen Historismus, feingliedrige Ornamentik, das durchlaufende Friesband und zentrale Balkone über den Eingangsportalen. Die niedrigen Palais mit ihren Ziergärten erzeugen inmitten des urbanen Raums vornehme und erfrischende Vorstadtgefühle. *AM*

G

Wohnhäuser Beethovenstraße ↓

152 G

Beethovenstraße 23/25, 26
Jakob Bullmann
1864, 1868

Als einer der erfolgreichsten Baumeister zur Mitte des 19. Jahrhunderts zeichnet Jakob Bullmann, und in weiterer Folge auch sein Sohn Josef, für einen großen Teil der Grazer Gründerzeitbauten verantwortlich. So kommt es auch, dass Bullmann Senior die Miethäuser Beethovenstraße 23/25 und 26 plant, die durch ihre gegenüberliegenden Eckrisalite das südliche Portal dieser Straße bilden. An der einheitlichen Fassadenornamentik im Stil des romantischen Historismus und am Hochparterre des Doppelhauses 23/25 sind die neue Bauordnung, der Einfluss der Stadtverwaltung und damit der Übergang vom Biedermeier zur Gründerzeit besonders gut erkennbar. Mittelalterlich inspirierte Lisenen auf Konsolen und Konsolkranzgesimse akzentuieren die turmartigen Risalite des dreigeschossigen Miethauses. Anders als der Großteil der Bauten der Beethovenstraße wird das Doppelhaus seitlich an Nord- und Südfassade erschlossen. Als Teil des Ensembles entsteht jenseits der Straße der durch Pilaster und Lisenen auffällig gegliederte, zweigeschossige Miethausbau Nr. 26 mit gotisierenden Motiven und einem reizvollen gusseisernen Eckbalkon. Im Vergleich zum größeren Gebäudekomplex gegenüber nähert Bullmann dieses Haus mehr der von Carl Follius begonnenen vorstadtartigen Palaisstraße an. *AM*

Wohnhäuser mit Mansarden →

153 G

Schillerstraße 27, 29
*Wolfgang Alkier, Franz Ludwig
Herzog, Michael Kadletz*
1916, 1949, 2009

Nur zwei der vier von Baumeister Wolfgang Alkier geplanten Wohnhäuser mit dominantem Mansarddach wurden von 1914 bis 1916 erbaut. Der homogene Baublock blieb unvollendet, da einer Umleitung des Leonhardbachs nicht stattgegeben wurde. Der reduziert eingesetzte secessionistische Dekor an der Fassade verstärkt die vertikale Gliederung gegenüber der wellenförmigen Bewegung in der Horizontalen. Ornament und Baustruktur verschmelzen hierbei zu einem plastischen Relief ohne Nullebene. Nach einem Bombentreffer im Zweiten Weltkrieg wurde das Haus Nr. 27 von Franz Ludwig Herzog wiederhergestellt. Anstelle des zurückversetzten Verbindungsbaus stellte Stadtbaumeister Erwin Franz von 1967 bis 1968 ein elfgeschossiges Wohnhochhaus fern jeglicher Maßstäblichkeit zwischen die beiden Gebäude (Nr. 27a). Ein behutsamer Umgang mit der Bausubstanz zeigt sich hingegen beim 2009 durchgeführten Dachausbau bei Haus Nr. 29 von Michael Kadletz, der die Sparrenzwischenräume zwar großflächig verglaste, aber mittels außenliegenden, durchgehenden Sonnenschutzlamellen die Integrität des Dachkörpers bewahren konnte. *DW*

**Wolfgang Alkier, Fassadenplan
Schillerstraße 27 und 29, 1914** ↘

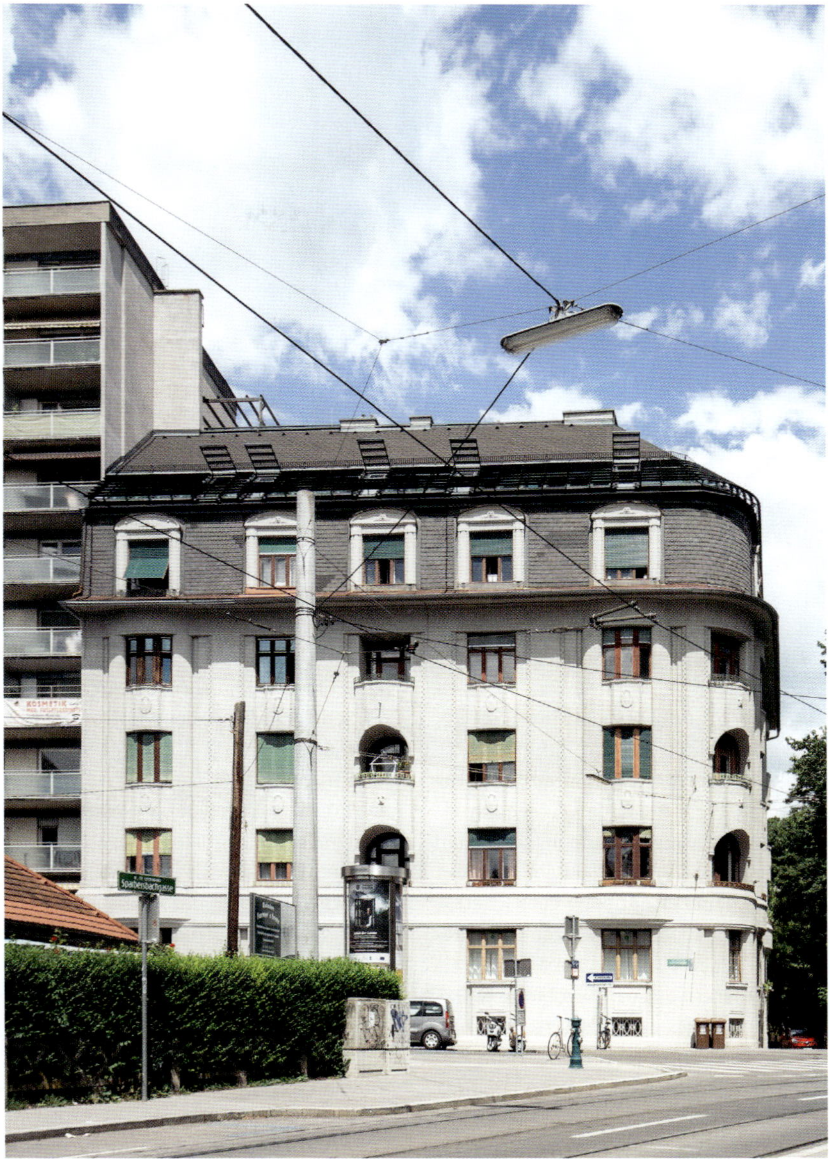
Sparbersbachgasse

Project für die Verbauung der Ecke: Merellenfeld - Schiller - Sparbersbachgasse

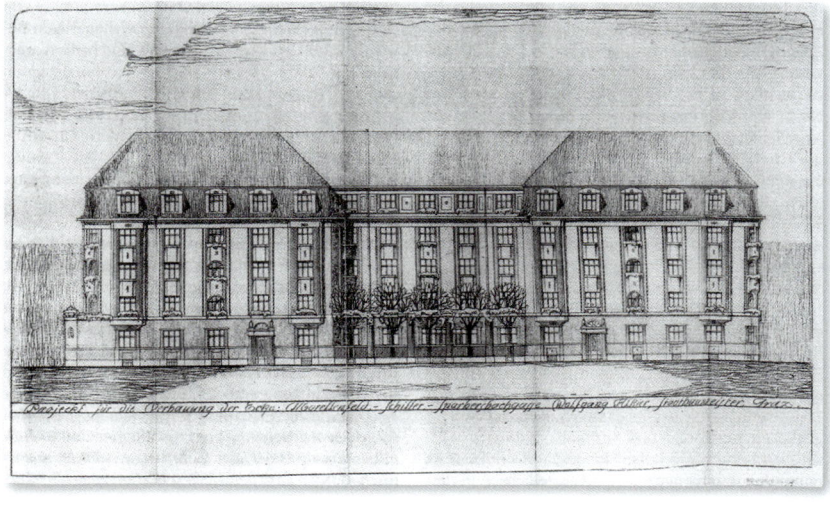

Herz-Jesu-Kirche und Pfarrhof `154` `G`
Sparbersbachgasse 58
Georg Hauberrisser d. J.,
Heinrich Tritthart
1891, 1991

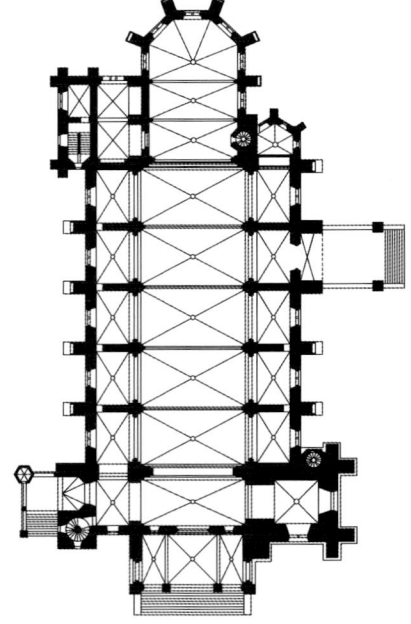

Wer sein Herz an die Backsteingotik verloren hat, der findet es in diesem Gotteshaus wieder. Georg Hauberrisser der Jüngere schenkt das seine dem Entwurf eines Meisterwerks, das man auch ohne Lokalpatriotismus als das schönste neogotische Bauwerk Österreichs bezeichnen darf. Die Ursprünge der Verehrung des Herzens Jesu liegen in den Schriften deutscher Mystiker des Mittelalters, doch erst in der Barockzeit wird dieser Kult gefördert und im 19. Jahrhundert schließlich populär. Tirol nimmt hierfür die Vorreiterrolle ein, womit auch die Tatsache nicht überrascht, dass der aus Südtirol stammende Fürstbischof der Diözese Graz-Seckau, Johannes Zwerger, 1875 den Vorschlag zum Bau einer Herz-Jesu-Kirche einbringt. Da der Grazer Gemeinderat nicht dafür aufkommen will, beordert Zwerger den christlichen Kunstverein mit der »Erbauung einer monumentalen Kirche im östlichen Teil der Stadt«. 728.943 Gulden – umgerechnet knapp 10 Millionen Euro – betragen die endgültigen Baukosten und jeder einzelne Kreuzer stammt von den zahlreichen Förderern aus der Bevölkerung. Damit kann bereits 1887 Österreichs dritthöchstem Kirchturm in 109,6 Meter Höhe das Kreuz aufgesetzt werden und Graz 1891 die Weihe seines größten Sakralbaus feiern. Als Senke billig gekauft, nutzt der findige Architekt die Niveauunterschiede des umgebenden Parks, um eine Unterkirche einzubetten, auf der sich die Oberkirche erhebt. Stilistisch entscheidet man sich für die norddeutsche Backsteingotik, wobei die Schmuck- und Gliederungselemente aus Sandstein, die Stützelemente im Sockel aus grauem Kalkstein ausgeführt sind und für ein klar konturiertes Erscheinungsbild sorgen. Im Sinne einer romantisch-pittoresken Interpretation der Gotik lässt Hauberrisser die Westfront des Gebäudes sich stufenweise und asymmetrisch aus der Senke in die Vertikale entwickeln: Von der kleinen Fiale an der nördlichen Außentreppe über den Erker beim Zwischenpodest und

den schlanken Nordturm bis zum mächtigen Südturm wächst der reich, aber nicht überladen verzierte Bau organisch aus der Parklandschaft, zu der er sich über eine breite Freitreppe im Westen und eine Brücke im Süden öffnet. Die bauplastischen Details besitzen eine außerordentliche Qualität; besonders hervorzuheben sind die ausdrucksstarken Kupfer- und Schmiedeeisenarbeiten der Gebrüder Kerl, wie die zu Drachen geformten Wasserspeier oder die floralen Beschläge der Kirchenportale. Im ungewöhnlich hellen Inneren kann der Blick ungehindert durch den einschiffigen, hier nun an französischen Kathedralen angelehnten Wandpfeilerraum mit Seitenkapellen bis zum Hochaltarziborium und den schlanken Glasfenstern im Chor streifen. Die komplett erhaltene, hochwertige plastische und malerische Ausstattung wird 1991 im Zuge einer Restaurierung durch ein neues Altarraumpodest von Heinrich Tritthart und einen Volksaltar samt Ambo von Gustav Troger ergänzt. An der nordwestlichen Grenze des Grundstücks gelegen, entwirft Hauberrisser einen Pfarrhof, der sich mit seinen Treppengiebeln und steilen Dächern an norddeutschen Bürgerhäusern orientiert und zusammen mit Kirche und Park das auch städtebaulich wichtigste Ensemble des Bezirks St. Leonhard bildet. *AM*

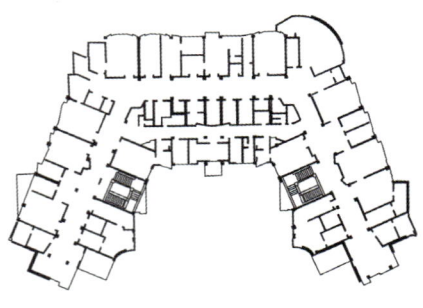

Schneidersalon Bernschütz ↑ `155` G

Naglergasse 42
Karl Hütter
1958

Institute für Biotechnologie und Biochemie der Technischen Universität Graz ↑↓ `156` G

Petersgasse 10–12
Szyszkowitz-Kowalski
1991

Ein Drittel des Parterres eines historistischen Wohnhauses gestaltete Karl Hütter 1958 für Josef Bernschütz, den damals jüngsten Schneidermeister Österreichs, zu einem Salon um. Auf einem Natursteinsockel ruhend, umrahmt der mit rotbraunen Mosaikfliesen verkleidete Fassadenabschnitt die fast raumhohe, von schmalen Messingprofilen gerahmte Glasfront. Aus dieser entwickelt sich ein rückspringendes Eingangsportal, das vom Straßenniveau über drei Stufen betreten werden kann. Welch kongeniale Feinfühligkeit Schneider und Architekt besaßen, zeigt sich in der Eleganz des Innenraums, der von Hütter und Bernschütz gemeinsam gestaltet wurde. Auch nach dem Tod des Schneiders ist dort noch alles original im besten Zustand erhalten, vom Nierentisch über die Tulpenluster bis zum Verkaufspult aus Kunstleder. Die zukünftige Nutzung und damit Erhaltung des denkmalgeschützten Kleinods der Nachkriegsmoderne sind allerdings ungewiss. *AN*

Verspielt und selbstständig, trotzdem funktional und kontextuell: So könnte eine kurze Beschreibung des Neubaus des Institutsgebäudes lauten, dessen Wettbewerb das Architektenpaar Karla Kowalski und Michael Szyszkowitz 1983 für sich entscheiden konnte. Der Grundriss nimmt Anleihen an einem dreiflügeligen Barockschloss. Anstelle eines Ehrenhofs entsteht ein Vorplatz, der sich der Petersgasse zuwendet und als Erweiterung des dahinterliegenden Felix-Dahn-Platzes gedacht war. Da dieser zur Straße von dichtem und hohem Baumbewuchs abgeschlossen wird, lässt sich die gut gemeinte Geste in der Praxis nur schwer erkennen. In seinen Dimensionen passt sich das Gebäude an die bestehende Gründerzeitbebauung an und nimmt eine vermittelnde Position zwischen dieser und dem an der Rückseite befindlichen Chemiegebäude von Karl Raimund Lorenz ein. Auffällig ist

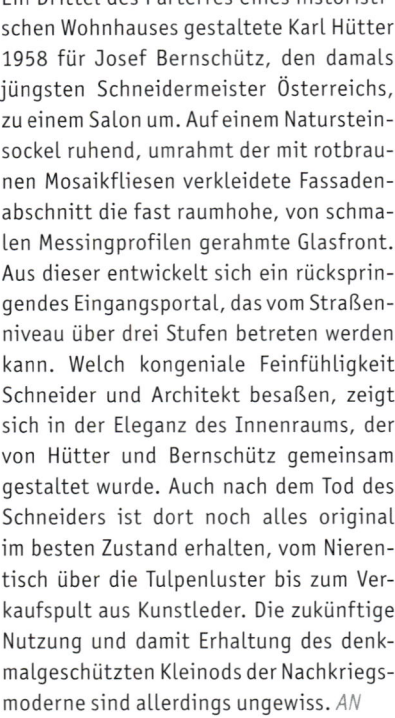

die ausgeprägte Ornamentik der Fassade. Das Zusammenspiel aus Beton und Verglasung in hoher Formenvielfalt und reliefartiger Schichtung erzeugt ein starkes, tektonisches Erscheinungsbild. Bei all dieser Extrovertiertheit ist es umso verwunderlicher, dass die Raumordnung im Sinne der Nutzerfreundlichkeit durchaus praktisch, wenn nicht sogar konventionell gehalten ist. *CHP*

Biomedizinische Technik der Technischen Universität Graz (ehem. Chemisches Institut) ↓
157 G

Stremayrgasse 16
Karl Raimund Lorenz,
Gangoly & Kristiner
1962, 2015

Nicht nur die steigende Studierendenzahl, sondern auch der zügige Fortschritt der Technik verlangten in den Nachkriegsjahren den Ausbau der Technischen Hochschule. Karl Raimund Lorenz, der selbst an der Architekturfakultät als Professor für Gebäudelehre und Entwerfen tätig war, wurde 1955 mit der Planung eines Gebäudes für das Chemische Institut beauftragt. 1962 fertiggestellt, bildet es mit seinem traditionellen, rustizierten Naturstein-Sockelgeschoss den visuellen Abschluss der gründerzeitlichen Kopernikusgasse. Gleichzeitig ist das Institutsgebäude auf seiner Rückseite Teil der ringsum angeordneten, aufgelockerten Bebauung am Universitätsgelände Schörgelhof. Somit weist der sechsgeschossige Stahlbetonbau auf den Übergang in die ehemalige Stadtrandzone hin. In der Formensprache lehnt sich Lorenz mit Elementen wie dem einfachen geometrischen Körper, dem Flachdach und dem gerasterten Erscheinungsbild an die Klassische Moderne an. Jedoch besitzen der inszenierte Eingang mit monumentaler Freitreppe und die Vertikalität der vorspringenden Fassadenstruktur auch traditionelle Züge. Im Zuge einer Revitalisierung im Jahr 2015 entwickelten Hans Gangoly und Irene Kristiner unter Berücksichtigung des Denkmalschutzes nicht nur eine völlig neue Raumstruktur, sondern steigerten auch wesentlich die Gebäudeeffizienz. Aus den Decken des funktionalistischen Gebäudes und seiner Hörsaal-»Hüfte« entwickelt sich eine Pergola, durch deren kreisrunde Löcher Licht in den überdachten Raum fällt. Die unregelmäßig angeordneten Stützen stehen in Kontrast zur strikten Orthogonalität der Natursteinfassade. Besonders bemerkenswert ist der Blick auf die Grazer Dachlandschaft von der anstelle eines Technikraums errichteten Mensa im rückspringenden Dachgeschoss. *AN*

G

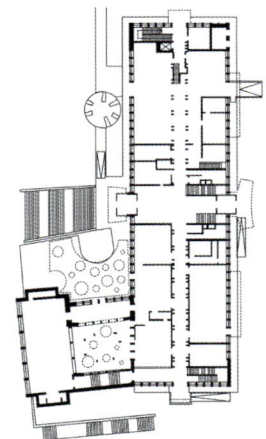

Wasserbaulaboratorium der Technischen Universität Graz ↓  158 G
Stremayrgasse 10
Karl Raimund Lorenz, Lorle und Wilhelm Andreas Herdey
1965

Institutsgebäude Lessingstraße der Technischen Universität Graz → 159 G
Lessingstraße 25
Günther Domenig und Hermann Eisenköck, Gerhard Wallner
1993, 2010, 2016

Das von 1961 bis 1965 nach Plänen von Karl Raimund Lorenz, Lorle und Wilhelm Andreas Herdey errichtete Wasserbaulaboratorium ist ein Beispiel für die regionalistische Nachkriegsmoderne in Graz und verknüpft traditionelle Elemente wie einen Rustikasockel mit der Skelettbauweise des Bauhauses. Als Verbindungselement zum benachbarten, ebenfalls von Lorenz entworfenen Chemiegebäude dient eine Steinquadermauer mit einem eingeschnittenen Treppenaufgang zum Campusgelände. Die Fassade des dreigeschossigen Stahlbetonskelettbaus ist klar strukturiert: Schwarze Eternitparapete fassen jeweils zwei Fenster zusammen und betonen die horizontale Ausrichtung des Rasters. Im Zentrum des Universitätsbaus liegt die Laborhalle, umgeben von kleineren Laboratorien und Institutsräumen. Letztere sind mit flachen Pultdächern gedeckt und erlauben einen Blick auf die Quersheds der Versuchshalle. Diese nutzt das starke Gefälle des Bauplatzes und ermöglicht so die Simulation großer Wasserkraftwerksbauten. *JL*

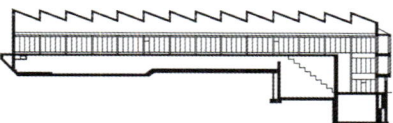

Anwohnerproteste und Konzeptänderungen kennzeichnen den Weg, den der Erweiterungsbau der Technischen Universität vom Wettbewerb 1983 bis zur Fertigstellung 1993 gehen musste. Ursprünglich an anderer Stelle und deutlich größer geplant, musste Günther Domenig, zu dieser Zeit Professor für Gebäudelehre und Entwerfen an der TU, den Bau nun in die Parkanlage der »Alten Technik« integrieren, ohne in den Baumbestand einzugreifen. Über einem Sockelgeschoss mit Werkstätten entwickeln sich, aufgeständert und in den Park ragend, vier mit Nirosta-Elementen verkleidete Bürogeschosse, zum Teil um 40 Grad gedreht und sich gegenseitig durchdringend. Der plastisch ausgeformte Hörsaal, 2016 von Domenigs letztem Büropartner Gerhard Wallner mit einem grauen Wärmeputz versehen, sitzt als eigenständiges Objekt neben der Haupterschließung, wendet sich der Parkanlage zu und fungiert als formales Bindeglied zwischen dieser und dem Bürotrakt. Eine weit in den Park ragende Rampe, eher eine Geste als ein Teil der Erschließung, wurde 2010 abgetragen. Das Innere ist von der Funktionalität der zweihüftigen Geschossriegel geprägt. Die Aufenthaltszone an den Schnittpunkten der Durchdringung

sorgt für zweifelhafte akustische und klimatische Verhältnisse, die sich über den Luftraum über alle Geschosse erstrecken. Ursprünglich als neues Gebäude der Architekturfakultät gedacht, weigerten sich Domenigs Kollegen nach der Fertigstellung, hier einzuziehen. So bezog der Doyen der Grazer Schule allein mit seinem Institut das Dachgeschoss. *CHP*

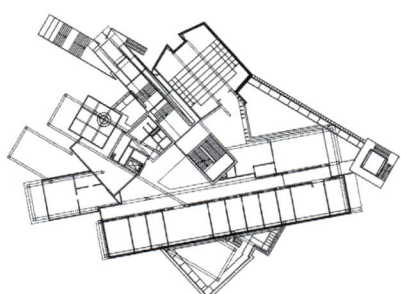

G

Temporäre Architektur

Sophia Walk

In einem Architekturführer temporäre Bauwerke zu behandeln, scheint zunächst abwegig, können die Leser doch nicht mehr zu diesen Objekten geführt werden, wie zu den rund 250 Bauten und Plätzen, die in diesem Buch beschrieben werden. Dabei bestimmt ephemeres Bauen unsere Städte auf eine nicht offensichtliche Art, und qualitätsvolle temporäre Bauten wirken viel länger nach, als sie im Stadtraum zu sehen sind. Nicht bestehende Bauten können ein Testfeld sein: Was als permanentes Bauwerk nicht geplant würde, darf als Episode für einen bestimmten Zeitraum bestehen. Dann bewegt sich temporäre Architektur in ihrer Einordnung auf das Kunstobjekt zu. Unterscheidet sie sich dann nur noch durch ihre Benutzbarkeit, Begehbarkeit? Wie kann diese Architektur zum Verständnis einer Stadt beitragen? Als die »Mutter« temporärer Architektur in Graz kann das Ausstellungsgebäude für die Dreiländerbiennale *trigon'67* von Günther Domenig und Eilfried Huth bezeichnet werden (S. 186). Der Eingangspavillon aus Gerüststangen und halbtransparenten Kunststoffplanen diente 1967 im Park des Künstlerhauses als Eingang zur Ausstellung *ambiente/environment*. Der sogenannte Transformator warf Fragen der Raumwahrnehmung auf, indem er den Ausstellungsraum des Künstlerhauses erweiterte und somit auch die Sichtweise auf diesen veränderte.

Transegrity

Bei temporärer Architektur verschwimmen nicht nur die Grenzen des Bestehenden und Vergehenden, sondern auch die Trennungen von Architektur und Kunst, Bauwerk und Objekt. Hier spielt der *steirische herbst* eine bedeutende Rolle, besitzt er doch kein festes Festivalzentrum, sondern bewegt sich von Jahr zu Jahr mit architektonischen Interventionen durch die Stadt. Durch das Bespielen von Leerständen wird auch ein Kommentar zum jeweiligen Ort abgegeben. Im 50. Jubiläumsjahr, 2017, lud der *steirische herbst* in das Palais Attems, sein administratives Quartier. Die österreichische Architektengruppe Studio Magic entwarf zu diesem Anlass die Installation *Transegrity*, die den Eingangsbereich zum Festivalzentrum markierte. Zwischen Palais und Dreifaltigkeitskirche wurde am Schlossbergplatz eine Holzkonstruktion in Form einer sich auflösenden Panzersperre gespannt. Diese Installation war nicht nur ein Beitrag zu Entgrenzungen von architektonischen, sondern auch von politischen Räumen. Studio Magic wandelte Begrenzungen in Durchgänge und feste Verschraubungen in Öffnungen. Der Name der Installation *Transegrity* erinnerte an das englische Kunstwort *Tensegrity*, eine Verschmelzung der Wörter *tension* (»Spannung«) und *integrity*

(»Zusammenhalt«). Letzteres verbindet mit dem Präfix *trans* für »hinüber«, »hindurch« das Aufheben und Infragestellen von Grenzen und somit das Motiv einer aufgehobenen Sperre, das in dieser Installation einen Eingang schuf. Im Innenhof des Palais Attems blähte sich eine aufblasbare Konstruktion aus transparentem Kunststoff des Architekten Thomas Herzig auf, die zum temporären Veranstaltungsort wurde.

Twist

Unter dem Titel *break it till you make it* ging es in einem Masterstudio des Instituts für Architektur und Medien der TU Graz im Sommer 2018 um Entwurf, Planung, Fertigung und Errichtung eines konkreten architektonischen Objekts. Der Pavillon *Twist* ist der Prototyp für einen Infostand des Tourismusverbands für die Region Murau. Auf 15 Quadratmetern

G

Thomas Herzig, Palais Attems, *steirischer herbst*, 2017

Studio Magic, Installation *Transegrity*, Palais Attems, *steirischer herbst*, 2017

sollen Touristen vor Witterung geschützt sein, Sitzmöglichkeiten finden und Informationen über die Region Murau erhalten. Die Studierenden untersuchten Auswirkungen, Möglichkeiten und Wechselwirkungen von digitaler Fabrikation auf den Entwurfs- und Bauprozess. Durch Verdrehung der vertikalen Holzlamellen erzielte man sowohl die Aussteifung des Tragwerks als auch eine Varianz in der Fassadenwirkung. *Twist* wurde auf dem Campus der Alten Technik aufgestellt und von Studierenden, Lehrenden und Besuchern genutzt.

Oase

In der Radetzkystraße unweit des Jakominiplatzes wuchsen von 2015 bis 2016 Bananen, Papayas und Ananas. Über einer eingeschossigen Bebauung zwischen zwei Feuermauern wurde durch die Abwärme zweier Kühlanlagen eine Membran aus ETFE-Folie aufgeblasen. Das Klima, das so entstand, sorgte dafür, dass tropische Pflanzen wachsen konnten. Das Institut für Kunst im öffentlichen Raum

Steiermark hatte das Projekt in Auftrag gegeben. Architekt und Künstler Markus Jeschaunig, Mitglied von *breathe. austria*, wies mit *Oase No 8* auf nicht ausgeschöpfte Energiepotenziale im urbanen Raum hin.

Wenn das Reversible zu unserer gebauten Umwelt gehört

So sehr der gebauten Architektur das Andauernde, das Permanente innewohnt, können uns doch auch die verschwindenden Bauten zum Nachdenken anregen: Darüber, was möglich ist, wenn das Dauerhafte vernachlässigt werden kann. Über Orte, die genauso vorübergehen wie die Festivals, für die sie gedacht sind. Über Bauten, die durch ihre Umsetzung angehenden Architekten wichtiges Handwerkszeug für alle Leistungsphasen mit auf den Weg geben. Und über flüchtige Oasen, die dazu anregen, über städtische Ökologie nachzudenken – drei Grazer Antworten auf die Frage, wie temporäre Architektur durch ihre Flüchtigkeit dauerhaft sein kann.

Pavillon Twist, Campus Alte Technik, 2018

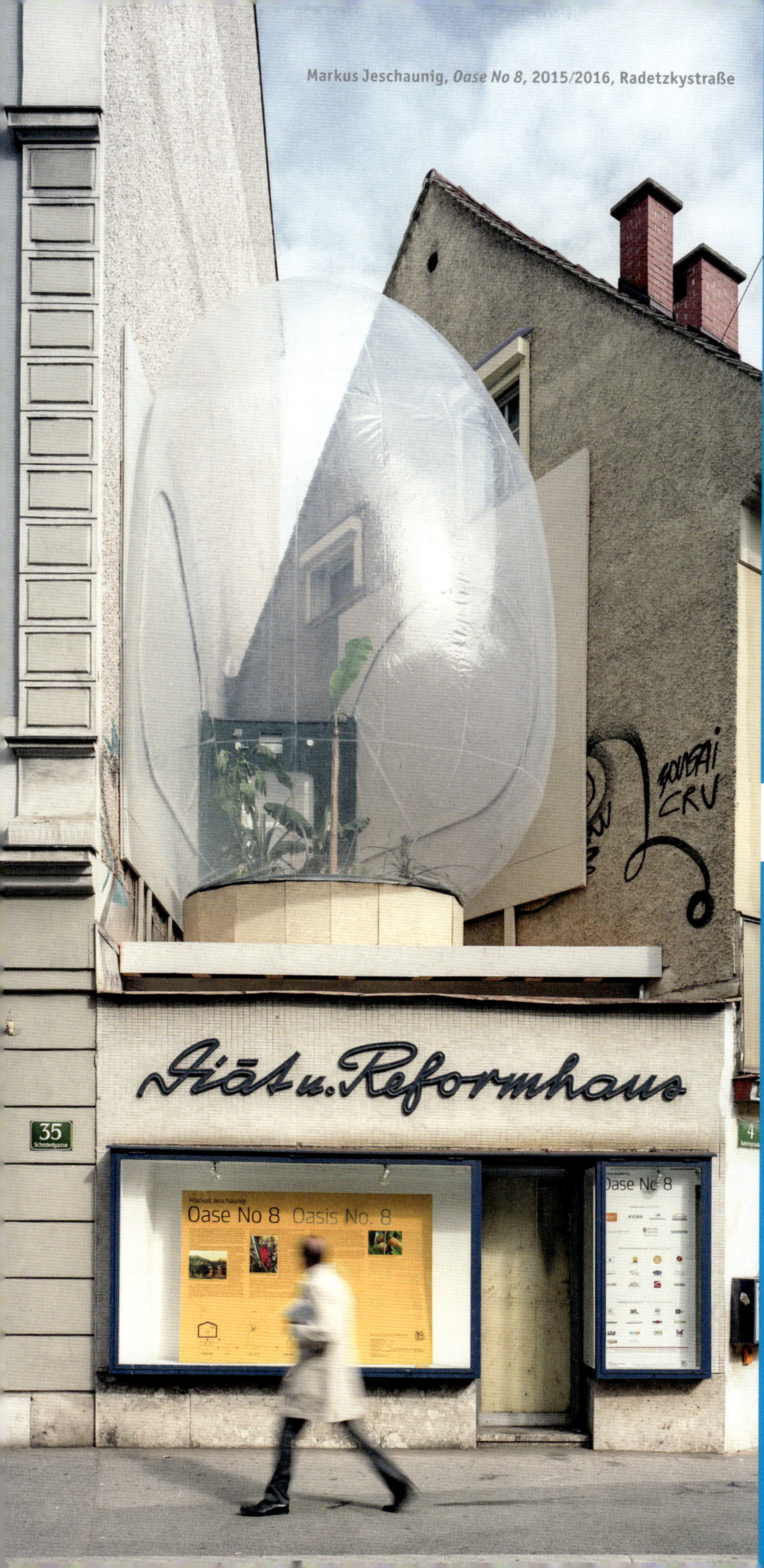

G

Diät u. Reformhaus

35
Schmiedgasse

Markus Jeschaunig
Oase No 8 Oasis No. 8

Oase No 8

Alte Technik

Rechbauerstraße 12

Johann Wist, Peter Hellweger,
Peter Lechner, Susanne Weigelt,
Barbara Paar, Josef Fekonja
1888, 1948, 1988, 1998

160 G

»Hallo, jetzt komme ich!«, scheint die prunkvolle Steinfassade des Mittelrisalits der Alten Technik mit ihren Kolossalsäulen und zahlreichen Statuen und Reliefs auszurufen. Das Hauptgebäude der kleinen Schwester der Grazer Universität – die einstige k. k. Technische Hochschule – entwarf Johann Wist, Professor für Hochbau an der von Erzherzog Johann 1811 gegründeten Bildungsanstalt. Das Gebäude wurde von 1884 bis 1888 errichtet und in Anwesenheit Kaiser Franz Josephs I. eröffnet. Der Vierflügelbau mit turmartigen Eckrisaliten und überkuppeltem Mittelrisalit an der nördlichen Hauptfassade geht typologisch auf den frühneuzeitlichen Schlossbau zurück. Dementsprechend gibt es eine zweiarmige Auffahrtsrampe, eine breite Freitreppe, ein dreiteiliges Eingangsportal, ein großzügiges Foyer mit Bögen und Säulen und eine prunkvolle Festtreppe in der Art des Barock. Die Aula als repräsentatives Herzstück der Anlage befindet sich direkt über dem Eingang: mit hohen Fenstertüren und Ornamentgrotesken an der Decke. Außen thronen über dem alles bekrönenden Giebel auf der Attikabalustrade Skulpturen der Austria als Universitätspatronin, flankiert von Kunst und Wissenschaft. Daneben erheben sich die vier »Evangelisten« der Technik: Schinkel, Stephenson, Redtenbacher und Liebig. Zu beiden Seiten der Aula-Fenster befinden sich als Grundsäulen der Technischen Hochschule die antiken Vorväter Euklid und Archimedes; darüber als Profilbüsten in Medaillons zwei Heroen der Wissenschaft: Gauß und – der damals noch äußerst umstrittene – Darwin. 1948 kommt es im südlicheren der beiden Innenhöfe zum Einbau eines eingeschossigen Labortrakts. Später hinterlässt die Grazer Schule am Stammhaus der sich bald über viele Gebäude erstreckenden TU ihre Spuren: An der Ostseite fügt Peter Hellweger 1988 eine ebenso futuristische wie postmodernironische Stahl-Wellblechkonstruktion als

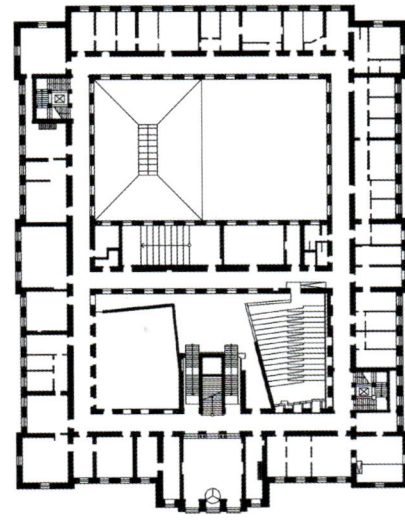

Fahrradüberdachung an und 1998 wird der gesamte nördliche Innenhof mit einem Glasdach überdeckt, das die beiden »eingepflanzten« Hörsäle im Untergeschoss zusammenfasst. Mit der klaren Absetzung vom Altbestand durch die Verwendung von Beton, Stahl und Glas sowie eine gemäßigt dekonstruktivistische Formgebung gelingt den Architekten Weigelt, Paar, Fekonja und Lechner trotz der enormen Verdichtung eine durchaus harmonische Einfügung. *AM*

G

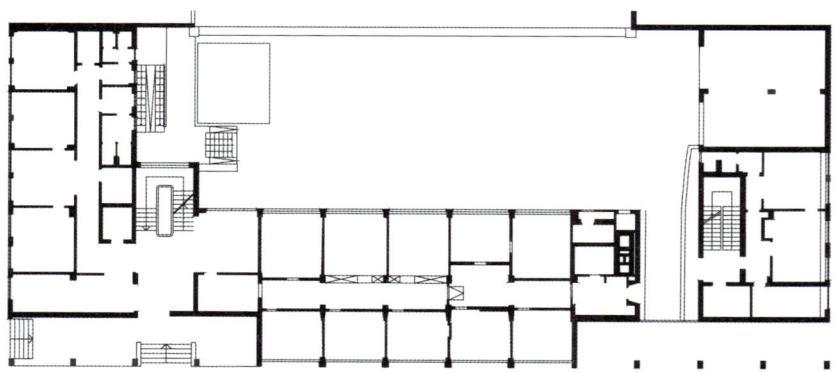

Versicherungsanstalt für Eisenbahnen und Bergbau
Lessingsstraße 20
Wilhelm Aduatz, Franz Jakubecky, Rudolf Taurer
1952, 1968

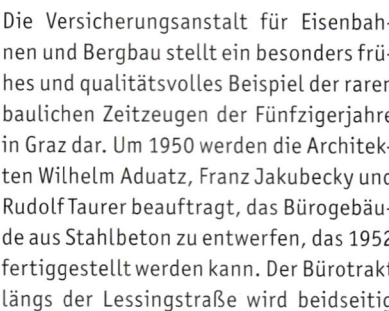
161 G

Die Versicherungsanstalt für Eisenbahnen und Bergbau stellt ein besonders frühes und qualitätsvolles Beispiel der raren baulichen Zeitzeugen der Fünfzigerjahre in Graz dar. Um 1950 werden die Architekten Wilhelm Aduatz, Franz Jakubecky und Rudolf Taurer beauftragt, das Bürogebäude aus Stahlbeton zu entwerfen, das 1952 fertiggestellt werden kann. Der Bürotrakt längs der Lessingstraße wird beidseitig über rückspringende, kleinere Nebenflügel an seine gründerzeitlichen Nachbarn angebunden. Stützpfeiler tragen vor dem zurückgesetzten Erdgeschoss vier Obergeschosse, deren plastische Oberfläche horizontale Fensterbänder mit feinen Stützen und gerillten Brüstungsmauern prägen. Die Anschlussflügel ordnen sich mit ihren schlichten Putzfassaden jenen des Haupttraktes unter. 1968 wird der Verwaltungsbau um ein rückversetztes Dachgeschoss von Taurer erhöht. Den typischen Designqualitäten der Fünfzigerjahre begegnet man im Inneren vor allem im Treppenhaus mit seiner dreiläufigen Treppe, deren Brüstungsmauern Handläufe aus Stahlrohr tragen. *AN*

SWiS Wohnungsservice (ehem. Kiosk der Stadtbücherei)

162 G

Rechbauerstraße 4 a
Friedrich Moser
1957

Ein Hauch von Le Corbusier in Graz: Die Architektur des ehemaligen Kiosks der Stadtbücherei von Friedrich Moser lehnt sich mit seiner Materialität und poetisch-knappen Formensprache an die funktionalistische Architekturlehre jenes prägenden Architekten der Moderne an. Drei sich kreuzende Straßenzüge ergeben das dreieckige Grundstück, dessen Größe der charakteristischen Randbebauung dieser Gegend nicht genügte. Daher sah sich Friedrich Moser 1957 gezwungen, einen freistehenden Betonpavillon zu errichten, dessen Maßstab dem der ihn umgebenden Gründerzeitbauten deutlich unterlegen ist. Mit einer Seitenlänge von nur sechs Metern ist das großflächig verglaste Erdgeschoss in Form eines Quaders über Stützmauern à la Maison Domino vom Boden abgehoben. Der darauf ruhende, etwas kleinere und vollkommen geschlossene Kubus für den Bücherspeicher verleiht dem Bau mit seinem einschwingenden Dach ein markantes Erscheinungsbild. Darin die Inspirationsquelle für die Elbphilharmonie, zumindest aber für das *Atlas House* von Monadnock zu erkennen, ist ein beliebter Insiderwitz. Im Inneren ermöglicht eine schmale, steile Treppe mit rotem Geländer aus schrägen Stützen den Aufgang. Seitdem die Filiale der Stadtbücherei zu klein geworden ist, wird der Pavillon vom Studentischen Wohnungsservice SWiS genutzt. Leider wich das ursprüngliche Farbkonzept einer banalen Tünche.*AN*

G

H

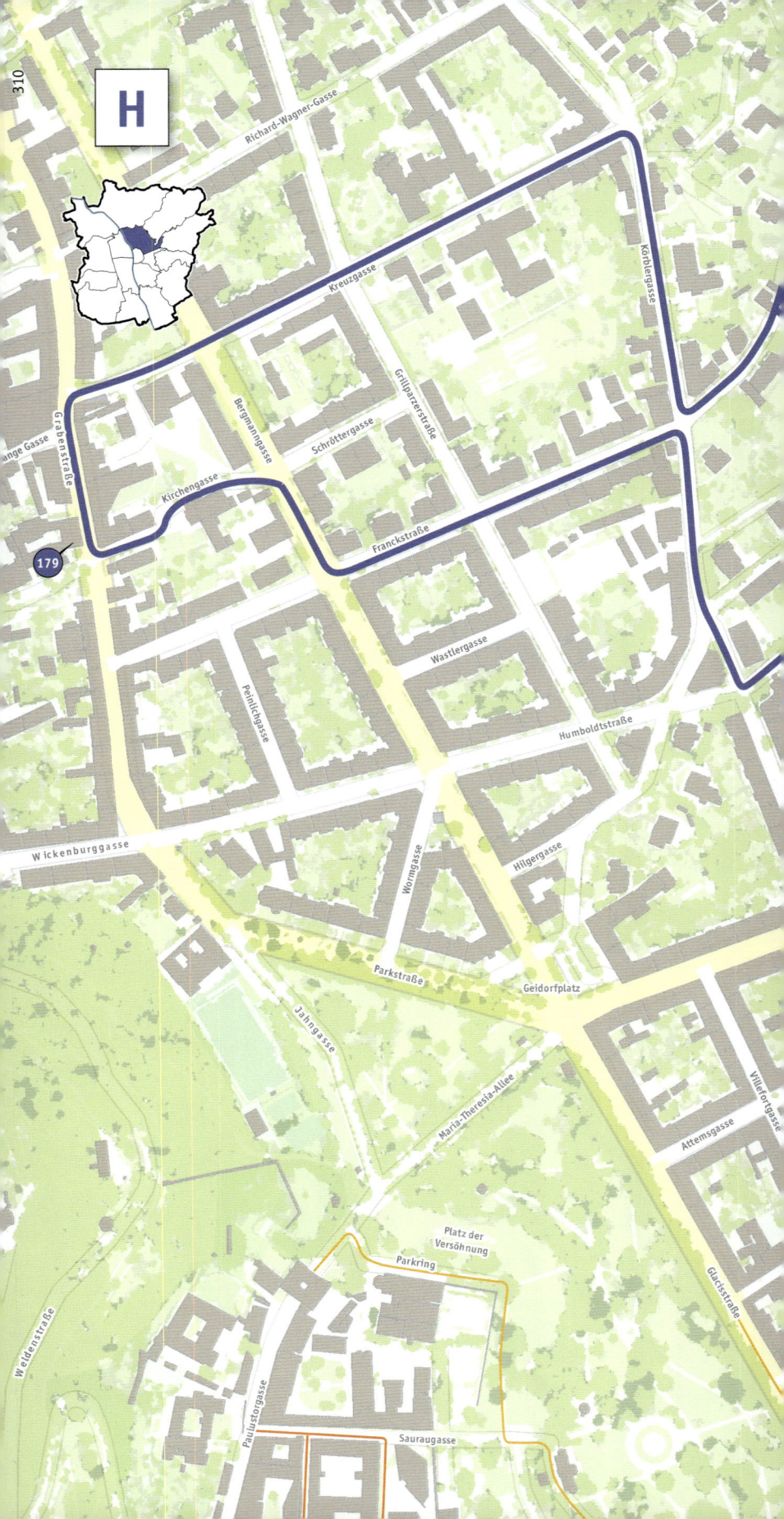

H

179

Richard-Wagner-Gasse

Kreuzgasse

Köhlergasse

Grabenstraße

Lange Gasse

Bergmanngasse

Kirchengasse

Schröttergasse

Grillparzerstraße

Franckstraße

Peinlichgasse

Wastlergasse

Humboldtstraße

Wickenburggasse

Wormgasse

Hilgergasse

Parkstraße

Geidorfplatz

Jahngasse

Maria-Theresia-Allee

Attemsgasse

Villefortgasse

Platz der
Versöhnung

Parkring

Glacisstraße

Weldenstraße

Paulustorgasse

Sauraugasse

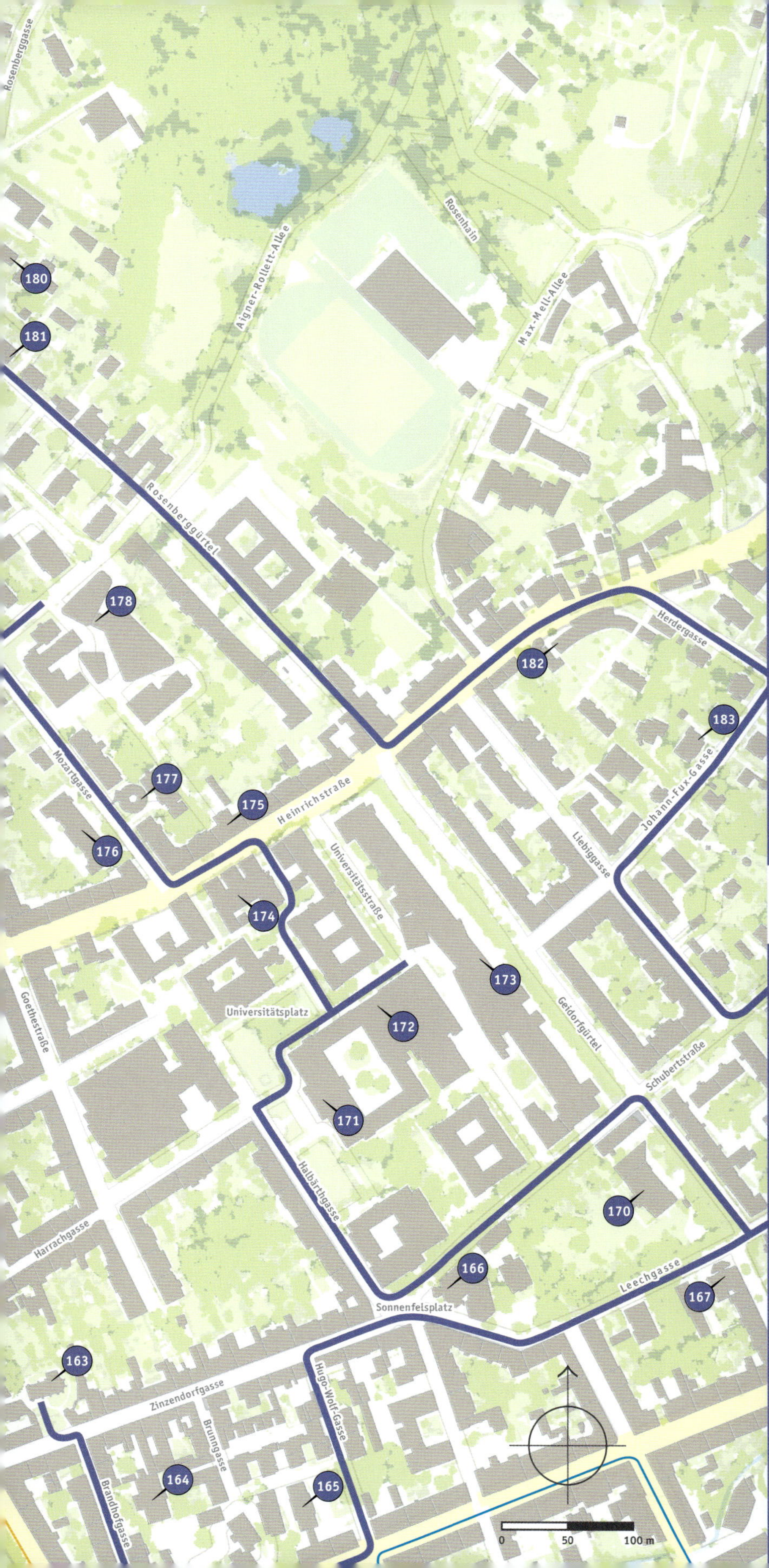

Rosenberggasse

Aigner-Rollett-Allee

Rosenhain

Max-Mell-Allee

180

181

Rosenberggürtel

178

Herdergasse

182

183

Mozartgasse

177

175

Heinrichstraße

Johann-Fux-Gasse

Liebiggasse

176

Universitätsstraße

174

173

Universitätsplatz

172

Geidorfgürtel

Schubertstraße

Goethestraße

171

Halbärthgasse

H

170

Harrachgasse

166

Leechgasse

Sonnenfelsplatz

167

163

Hugo-Wolf-Gasse

Zinzendorfgasse

Brunngasse

Brandhofgasse

164

165

0   50   100 m

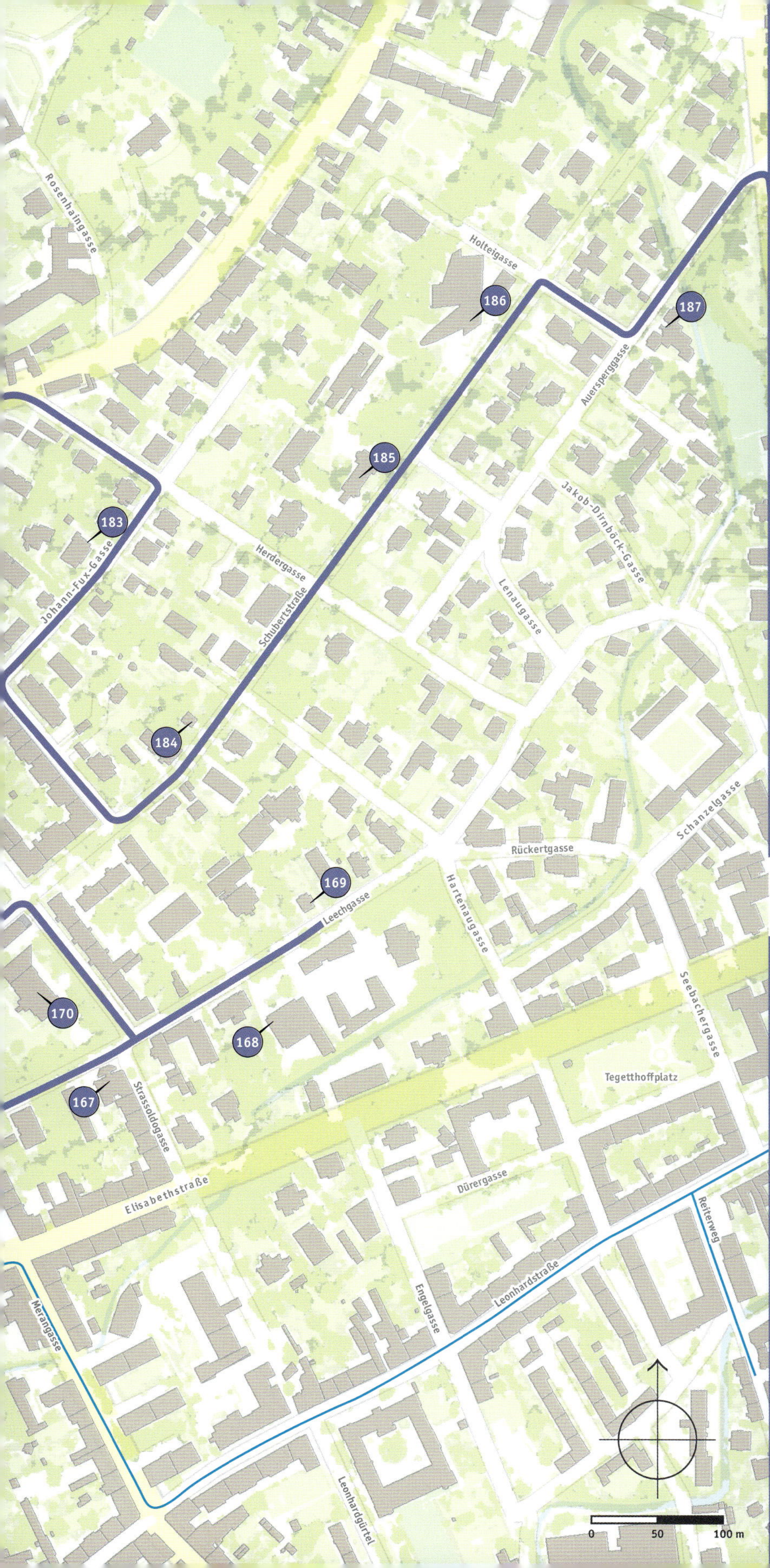

H

Rosenhaingasse

Holteigasse

186

187

Auerspergasse

185

Jakob-Dirnböck-Gasse

183

Johann-Fux-Gasse

Herdergasse

Schubertstraße

Lenaugasse

184

Schanzelgasse

Rückertgasse

169

Leechgasse

Hartenaugasse

Seebachergasse

170

Tegetthoffplatz

168

167

Strassoldogasse

Elisabethstraße

Dürergasse

Reiterweg

Merangasse

Engelgasse

Leonhardstraße

Leonhardgürtel

0   50   100 m

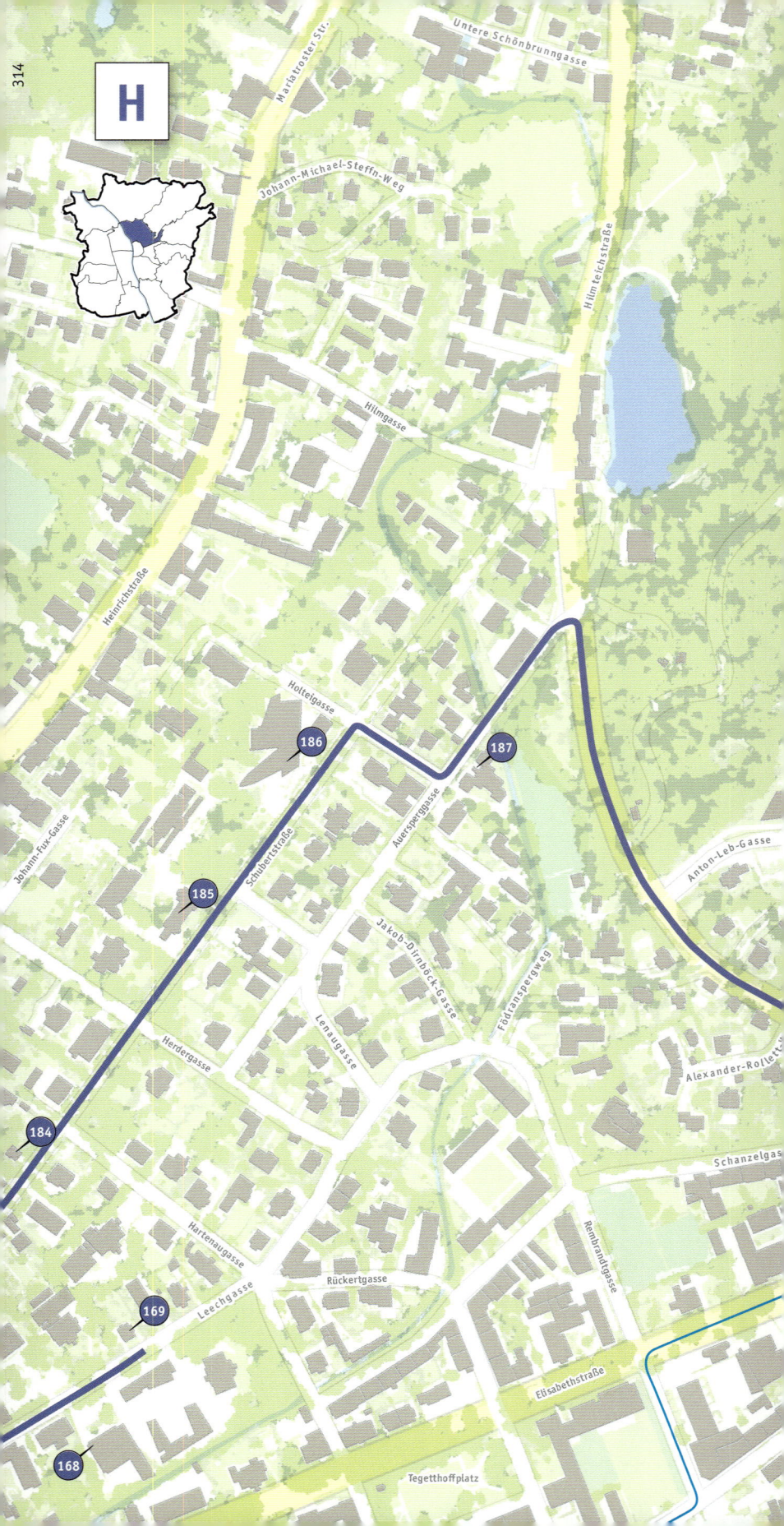

H

Untere Schönbrunngasse

Mariatroste Str.

Johann-Michael-Steffn-Weg

Hilmteichstraße

Hilmgasse

Heinrichstraße

Holteigasse

186

187

Johann-Fux-Gasse

Auerspergasse

Anton-Leb-Gasse

185

Schubertstraße

Jakob-Dirnböck-Gasse

Födranspergweg

Alexander-Rollett

Herdergasse

Lenaugasse

Schanzelgas

184

Rembrandtgasse

Hartenaugasse

Rückertgasse

169

Leechgasse

Elisabethstraße

168

Tegetthoffplatz

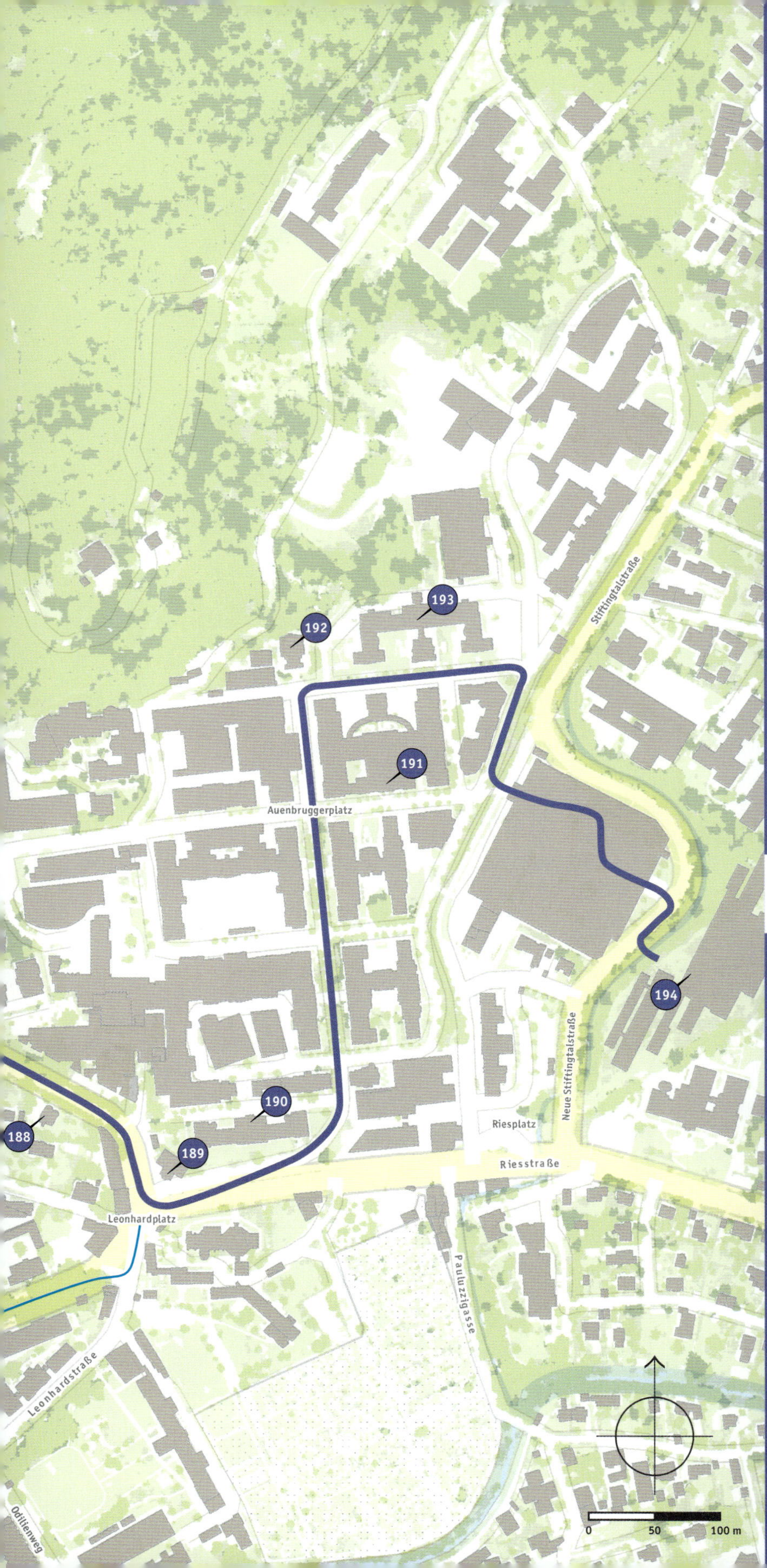

H

193
192
191
Auenbruggerplatz
194
Stiftingtalstraße
Neue Stiftingtalstraße
190
188
189
Leonhardplatz
Riesplatz
Riesstraße
Leonhardstraße
Pauluzzigasse
Oeltlienweg

0 50 100 m

Leechkirche Mariä Himmelfahrt

Zinzendorfgasse 3
Jörg und Ingrid Mayr u. a.
1293, 1505, 1663, 1884, 1993

In der Gründerzeit ihrer Fernwirkung beraubt, umzingeln seither Zinshäuser die ursprünglich freistehende Leechkirche. Der Vorgängerbau – eine der Heiligen Kunigunde geweihte Rotunde – war 1250 im Krieg gegen die Ungarn zerstört worden. Zwischen 1275 und 1293 wurde schließlich die heute einzige erhaltene hochgotische Kirche der Stadt von den Deutschordensrittern neu errichtet. An deren Wirken erinnern heute noch einige Grabsteine an den von zwölf Strebepfeilern gegliederten Außenmauern. Die von 1502 bis 1505 hinzugefügte und 1884 erneuerte Doppelturmfassade verweist auf die Unabhängigkeit des Ordens, der direkt dem Papst unterstellt ist. Im Tympanon des vielfach profilierten Westportals thront eine 1283/1293 im Zackenstil gestaltete Madonna mit Kind; die 1500 hinzugemalten Engel deuten mit der Inschrift »Virgo. Dei. Cella. 1500« auf Maria als Tempel Gottes hin. Im Inneren öffnet sich eine von hohen Glasflächen hell erleuchtete, einschiffige Halle ohne Trennung von Langhaus und Chor. Die Kirche diente nämlich nur dem Chorgebet der wenigen ansässigen Ordensbrüder.

Ein Kreuzrippengewölbe überspannt drei Joche und mündet in schlanken, gebündelten Wanddiensten mit vegetabilen Kapitellen. Obwohl die Nordfenster nach einem Sturm 1500 aus Sicherheitsgründen zugemauert wurden, sorgen die sieben verbliebenen hohen Maßwerkfenster für eine immer noch große Lichtfülle. Sowohl in der fein gestalteten Bauplastik als auch in der lichtdurchfluteten Halle wird die Pariser Sainte-Chapelle als Vorbild vermutet. Bemerkenswert sind vor allem die 105 original erhaltenen, um 1335/1337 in einer wohl oberrheinischen Werkstatt vollendeten Glasmalereien, die von 1502 bis 1505 in den Chorfenstern neu zusammengestellt wurden. 1663 wurde die Kirche im Norden um eine barocke Sakristei erweitert. Der um 1780 eingefügte josephinische Hochaltar umrahmt eine spätgotische Statue der Madonna als Himmelskönigin. Mit der Gesamtrenovierung von 1990 bis 1993 wurde in der seit 1979 als Universitätskirche dienenden Kapelle ein von Jörg und Ingrid Mayr gestalteter Fußboden mit erhöhtem Chorpodest verlegt. Ein Volksaltar aus schimmerndem Labrador-Gestein von Karl Prantl bildet seither das liturgische Zentrum. In den Boden eingefräste Linien verweisen auf die ausgegrabenen Fundamente des romanischen Rundbaus und visualisieren so die Vorgeschichte der ältesten Kirche von Graz. *AS*

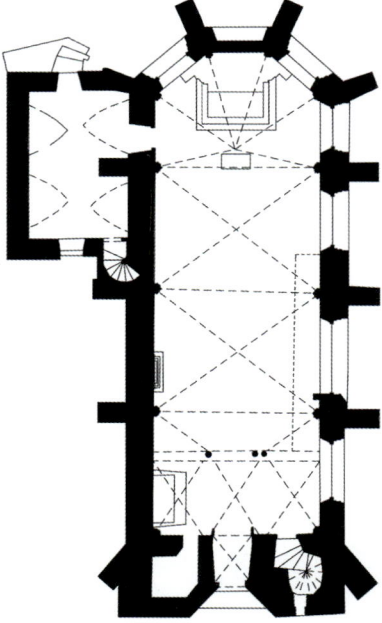

Ehem. Palais Apfaltrern →
Brandhofgasse 5
Johann de Colle
1874

Repräsentativ und prunkvoll soll es sein, was Baron Otto von Apfaltrern wünscht, und der aus Udine stammende Stadtbaumeister Johann de Colle kommt dem Begehr mit einem von 1873 bis 1874 errichteten prächtigen Palais nach. Besonders opulent verziert de Colle die streng historistische, aus der Straßenflucht zurückversetzte Neorenaissance-Fassade und stellt dieser einen markanten, dreiachsigen Altan voran, der ein standesgemäßes Vorfahren erlaubt. Schwere Rustika und französisch inspirierte Doppelsäulen im Erdgeschoss sowie Doppelpilaster und -säulen im Obergeschoss zielen auf maximale Wirkung. Foyer und Treppenhaus in satten Stuccolustro-Farbtönen erinnern an einen römischen Palazzo. Seit 2013 dient das Bauwerk als Teil der Universität Graz dem Wegener Center für Klima im Globalen Wandel. Den Klimawandel stets im Auge, kann man dem feierlichen Glanz des Palais offenbar nur wenig abgewinnen. Ungeschickte Ein- und Umbauten trüben das Erscheinungsbild. Repräsentativ und prunkvoll war einmal. *AM*

Elisabethhochhaus ↙↓
Hugo-Wolf-Gasse 10
Friedrich Zotter,
Karl Raimund Lorenz,
Otto Szlavik, Fritz Ullrich
1966

Modernisierung der Stadt oder doch Zerstörung des historischen Kerns – diese Debatte löste die über zehn Jahre andauernde Planung des ersten, von 1964 bis 1966 schlussendlich realisierten Grazer Hochhauses mitten in einem Gründerzeitviertel aus. Während Protagonisten des modernen Bauens versuchten, Graz mittels Errichtung von Hochhäusern an das internationale Baugeschehen anzuknüpfen und somit zu einer Großstadt zu entwickeln, kämpfte der Verein für Heimatschutz um den Erhalt des traditionellen Erscheinungsbildes. Nicht so sehr der Bautypus

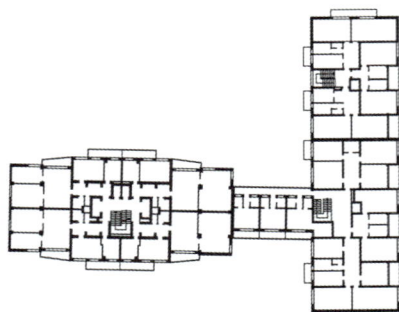

Karl Raimund Lorenz, Elisabethhochhaus, 1955

Hochhaus, sondern viel mehr sein Standort war letzterem ein Dorn im Auge. Als 25-geschossiges, 77 Meter hohes Wohngebäude entzieht es nicht nur den deutlich niedrigeren historischen Bauten Sonnenlicht, sondern dominiert auch als Fremdkörper seine gesamte Umgebung, die ursprünglich nur von den Türmen der naheliegenden Leechkirche geprägt wurde. Die Architekten Zotter, Lorenz, Szlavik und Ullrich bemühten sich, den Charakter der Elisabethstraße bestmöglich zu erhalten: Ein fünfgeschossiger Block, den ein schmaler Trakt mit dem zurückgesetzten Stahlbetongiganten verbindet, reiht sich in die dort vorhandene Randbebauung ein, sodass man das Hochhaus von den umliegenden Straßenzügen aus leicht übersieht. Eine Vielzahl an Balkonen gliedert die kleinteilig gerasterte, axialsymmetrische Gebäudehaut und dämpft somit die Massivität des Wohnturms. Zusätzlich weisen die Schmalseiten eine niedrigere Breite als der mittlere Kern auf. Im Bereich dieser Abstufung verleihen abgeschrägte Balkone den Längsseiten ein konvexes Erscheinungsbild, das mit seiner Oberflächenstruktur den gestalterischen Anspruch der Entwerfer erfüllt. Das geplante elegant gewellte Flugdach als oberer Gebäudeabschluss fiel leider Einsparungen zum Opfer. *AN*

Verwaltung. Über dem Erdgeschoss erheben sich zwei gegeneinander verschobene sechseckige Baukörper. Das Grundsystem der Konstruktion bilden aus gleichseitigen Dreiecken zusammengesetzte Module. Außenliegende Stützen ermöglichen eine freie Grundrissgestaltung im Inneren, sowohl für den Großraum der Mensa als auch für die kleinteiligen Wohneinheiten in den Türmen. Um sechseckige Kerne sind die Zimmer angeordnet, die durch zwei zentrale, verglaste Treppentürme erschlossen werden. Die Architekten entschieden sich, das von ihnen für das Studentenwohnheim Hafnerriegel (1961–1964) patentierte System einer hinterlüfteten Plattenfassade auch an diesem Gebäudekomplex anzuwenden. Die paarweise angeordneten, außenliegenden Stützen unterteilen die Fassade mit ihren ausgeformten Fensterbänken. Im Zuge der jüngsten Renovierung von 2017 bis 2018 wurde die äußere Erscheinung erhalten, während die Raumeinteilung im Inneren heutigen Ansprüchen angepasst wurde. Die Werkgruppe Graz verstand es, durch die gewählte Form auf die städtebauliche Situation am Kreuzungspunkt dreier Straßen zu reagieren und einen Übergang zwischen Blockrand- und Villengebiet herzustellen. *JL*

Studentenhaus mit Mensa   166 H

Schubertstraße 2–4
Werkgruppe Graz
1967, 2018

H

Am heutigen Sonnenfelsplatz, dem seit 2011 ersten *Shared Space* der Stadt, liegt das von der Werkgruppe Graz 1962 entworfene und von 1963 bis 1967 errichtete Studentenwohnheim mit Mensa und

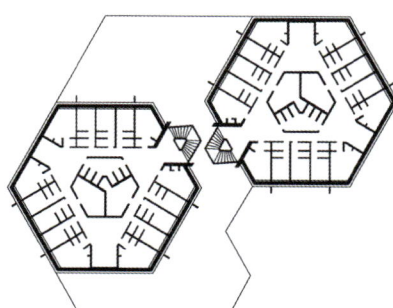

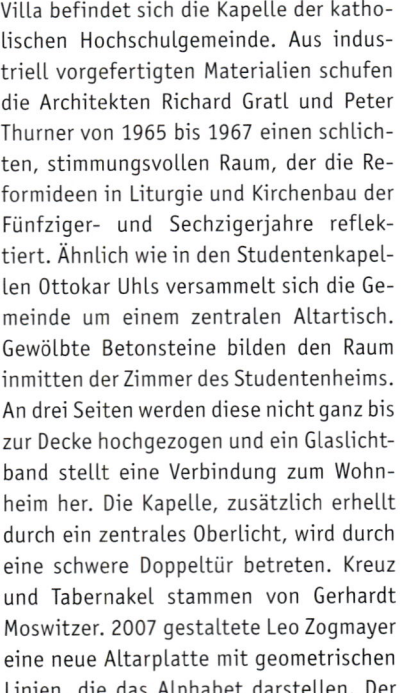

Studentenkapelle Hl. Josef

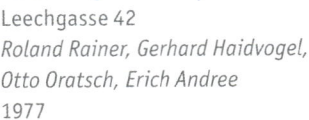

Leechgasse 24
Richard Gratl, Peter Thurner
1967

Versteckt im zweiten Obergeschoss einer zum Studentenwohnheim umgebauten Villa befindet sich die Kapelle der katholischen Hochschulgemeinde. Aus industriell vorgefertigten Materialien schufen die Architekten Richard Gratl und Peter Thurner von 1965 bis 1967 einen schlichten, stimmungsvollen Raum, der die Reformideen in Liturgie und Kirchenbau der Fünfziger- und Sechzigerjahre reflektiert. Ähnlich wie in den Studentenkapellen Ottokar Uhls versammelt sich die Gemeinde um einem zentralen Altartisch. Gewölbte Betonsteine bilden den Raum inmitten der Zimmer des Studentenheims. An drei Seiten werden diese nicht ganz bis zur Decke hochgezogen und ein Glaslichtband stellt eine Verbindung zum Wohnheim her. Die Kapelle, zusätzlich erhellt durch ein zentrales Oberlicht, wird durch eine schwere Doppeltür betreten. Kreuz und Tabernakel stammen von Gerhardt Moswitzer. 2007 gestaltete Leo Zogmayer eine neue Altarplatte mit geometrischen Linien, die das Alphabet darstellen. Der Künstler führte das Oberlichtband an der nicht geöffneten vierten Raumseite mit einer bläulichen, von Linien überzogenen Glasplatte fort. An der Eingangstür brachte er eine einfache Aluminiumplatte mit der Inschrift »if you celebrate it« an. *JL*

Allnex-Forschungszentrum (ehem. Vianova-Kunstharz-Forschungszentrum)

Leechgasse 42
Roland Rainer, Gerhard Haidvogel, Otto Oratsch, Erich Andree
1977

Im Kontext aufgelockerter Bebauung schufen die Architekten Roland Rainer, Gerhard Haidvogel, Otto Oratsch und Erich Andree mit dem Entwurf eines von 1974 bis 1977 errichteten fünfgeschossigen Forschungszentrums einen Erweiterungsbau für die Vianova Kunstharz AG (Leechgasse 24), die heute zum Allnex-Konzern gehört. Über einer zurückversetzten Erdgeschosszone gliedern Brüstungsträger und durchlaufende Fensterbänder die Fassade horizontal. Diese vorgefertigten Fassadenelemente, an denen der Kräfteverlauf durch ein plastisches Relief ablesbar wird, entwickelte Roland Rainer für den Bau des ORF-Zentrums in Wien. Zwei Stahlbetonstützen unterbrechen die Horizontalität der Fassade. Im Erdgeschoss sind die Fensterrahmen im Original erhalten, während die Fensterbänder der darüberliegenden Geschosse durch weiße Kunststoffrahmen ersetzt wurden. Eine abgesetzte außenliegende Stahlbetontreppe nimmt die Südwestfassade ein und diente als Fluchttreppe für die ehemaligen chemischen Labore. Die zwei Forschungszentren in der Leechgasse sind die einzigen Spuren, die Roland Rainer in Graz hinterließ. *JL*

Wohnhaus Buchberger ↓ 169 H
Leechgasse 27
Hans Karl Zisser, Volkmar Teppner
1934, 1939

Zu vermuten ist, dass sich die mit einem Zahnarzt verheiratete Bauherrin Anna Buchberger vom nahegelegenen Werkbundhaus (184 H) anregen ließ, sich ein Eigenheim im Stile des gemäßigten Neuen Bauens entwerfen zu lassen. Nach Plänen von Hans Karl Zisser und Volkmar Teppner wurde der zweigeschossige Kubus mit Flachdach von 1932 bis 1934 errichtet und 1938/1939 durch einen westseitigen Anbau erweitert. Die erhöhte Attika fasst die Dachterrasse mit aufgemauertem Zugang und Flugdach ein. Weitere Elemente der Moderne, wie zur Ecke geführte Fensteröffnungen mit waagerechten Sprossen und horizontale Eisenrohrgeländer, treffen auf traditionelle Kastenfenster mit Holzläden in ortstypischen Proportionen. Seit 2016 steht das frisch restaurierte Wohnhaus unter Denkmalschutz. *DW*

Markhof 170 H
Leechgasse 15
*August Sicard von Sicardsburg,
Eduard van der Nüll,
Franz Hauberrisser*
1850, 1868

Umgeben von einem privaten Park, ist der Markhof eines der verborgenen und ältesten Bauwerke des frühen Historismus in Graz. 1845 von den beiden Wiener Ringstraßenarchitekten Sicardsburg und van der Nüll für den Industriellen Carl von Prevenhuber geplant und begonnen, wurde das freistehende Herrenhaus mit Nebengebäuden nach Prevenhubers Tod in veränderter Form von Franz Hauberrisser 1850 fertiggestellt. 1868 im Obergeschoss umgebaut, gelangte die Villa 1883 in den Besitz der namengebenden Emilie von Reininghaus, eine geborene Mautner Edle von Markhof. Die Hauptfassade ist dem westlich gelegenen, nach Vorbild des englischen Landschaftsgartens gestalteten Park zugewandt. Auch die romantisch-historistische Fassadengestaltung mit flachem Mittelrisalit, den Lisenen gliedern, greift auf englische Vorbilder zurück. Vom Geidorfgürtel aus zeigt sich die zurückhaltende Eingangsfront, die durch unregelmäßige Fensterachsen aufgelockert, von Lisenen gerahmt und von einem neogotischen Blendbogenfries nach oben abgeschlossen wird. Ein kaum in Erscheinung tretendes Dach lässt den Bau als »unplastischen« Kubus wirken, in dem noch die schlichte Ästhetik des Biedermeier nachwirkt. *PK*

H

Hauptgebäude der Universität Graz

Universitätsplatz 3
Karl Köchlin, Wilhelm von Rezori
1895

171 **H**

1871 wird ein Wettbewerb für einen Universitätscampus im Pavillonsystem ausgeschrieben. Nach den ersten Institutsbauten zu beiden Seiten des angedachten Hauptgebäudes hängen die auserkorenen Architekten Josef Horky und Karl Stattler nach Jahren der Bauverzögerung Bleistift, Lineal und Zirkel an den Nagel – der eine zu krank, der andere zu alt. Schuld trägt der vorgezogene Bau der k. k. Technischen Hochschule – heute die Alte Technik (160 G) – 900 Meter Luftlinie entfernt. Nach dem Stillstand liegt es an den Wiener Architekten Karl Köchlin und Wilhelm von Rezori: Innerhalb von fünf Jahren erhebt sich bis 1895 ein symmetrischer, vierflügeliger Komplex. Stilistisch betrachtet fügt sich das Hauptgebäude der

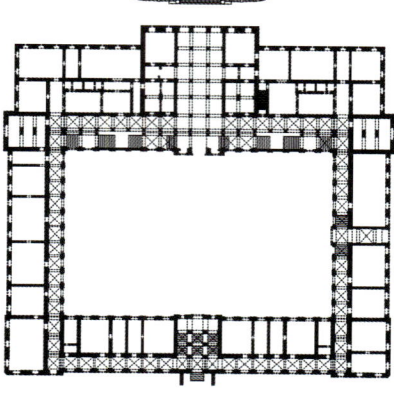

Karl-Franzens-Universität unverkennbar in die damalige Zuordnung der Neorenaissance für öffentliche Bauaufgaben ein. Statt den gesamten Komplex reicher als einen Christbaum zu schmücken – wie in der Spätphase des Historismus so beliebt –, konzentrieren sie sich im Dekor der Fassade sowie in der Gestaltung des Gebäudevolumens besonders auf den Mittelrisalit. Dieser überragt nicht nur seine ebenso zweigeschossigen Flügel, sondern durch die prägnante Überhöhung auch die dreigeschossigen Lehrtrakte dahinter. Reicher Fassadenschmuck unterstreicht zusätzlich die Vorrangstellung der Eingangsfassade: Kolossal geordnete, korinthische Dreiviertelsäulen, große Rundbogenfenster mit balustrierten Loggien und Obergadenöffnungen zeichnen das äußere Schaubild der repräsentativen Aula in der Beletage des ersten Obergeschosses. Von der Vorhalle leiten lange symmetrische Prunktreppen bis vor den Festsaal. Bedeutende Universalgelehrte von Aristoteles bis Leonardo da Vinci, ja sogar der reformierte Theologe Hugo Grotius, werden im Figurenprogramm auf der Attikabalustrade gewürdigt. Über dem rustizierten Sockelgeschoss flankieren die zwei Namensgeber der Universität als Nischenfiguren die Aula: zur Linken Erzherzog Karl II., der 1585/1586 die Jesuitenuniversität am heutigen Freiheitsplatz gründete, und zur Rechten Kaiser Franz I., der, nach der Rückstufung in ein Lyzeum unter Joseph II., 1827 mit der Restitution einer Hochschule begann. *AM*

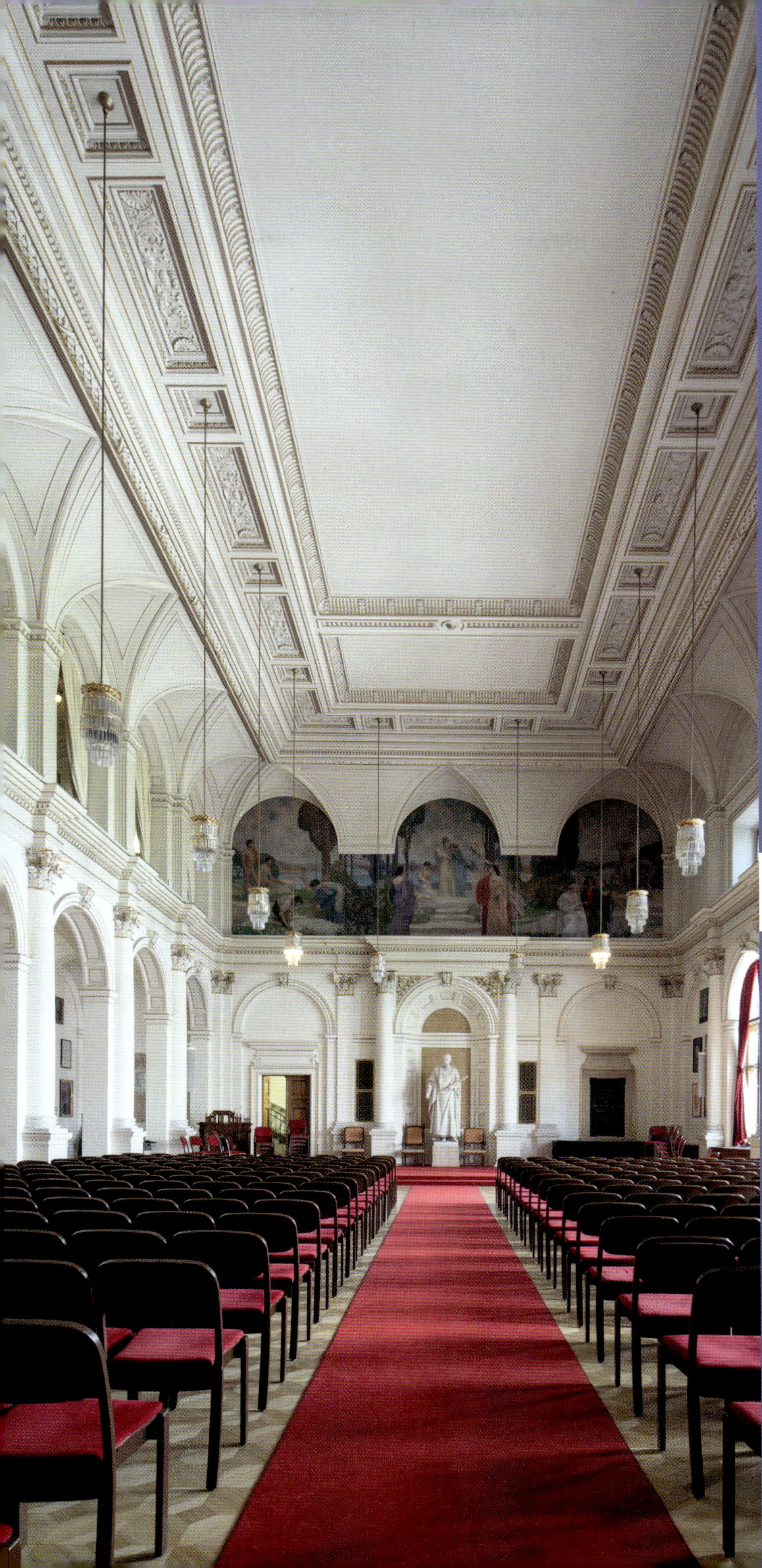

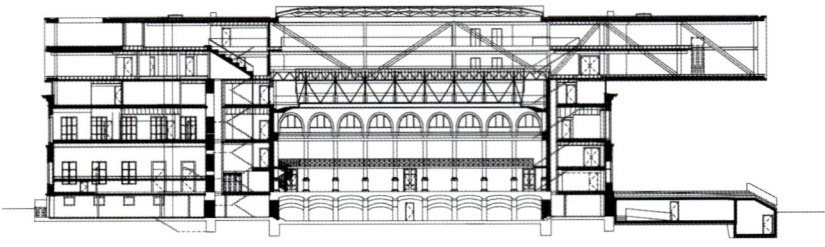

Universitätsbibliothek

172 H

Universitätsplatz 3 a
Wilhelm von Rezori, Günther
Domenig und Hermann Eisenköck,
Atelier Thomas Pucher u. a.
1895, 1914, 1950, 1979, 1996, 2019

Zeitgleich mit dem Hauptgebäude der Universität (171 H) wurde dahinter von 1893 bis 1895 die Universitätsbibliothek nach Plänen von Wilhelm von Rezori errichtet. Nach einer Aufstockung 1914 und einem historisierenden Magazinanbau an der südöstlichen Schmalseite erfolgte von 1964 bis 1979 ein weiterer Anbau an der Nordwestseite durch Felix Erich Hoefer, gefolgt von einem Erweiterungsbau von Günther Domenig und Hermann Eisenköck in den Jahren 1990 bis 1996, sodass der Ursprungsbau schließlich nach außen unsichtbar wurde. Herausragend ist der denkmalgeschützte, späthistoristische Lesesaal mit 128 Sitzplätzen, der als einer der schönsten seiner Art in Österreich gilt. Eingefasst durch eine umlaufende Galerie und ein langgestrecktes Glasdach, wird dessen teilweise noch aus dem 19. Jahrhundert erhalten gebliebene Innenausstattung des Tischlers Anton

Irschik in Tageslicht getaucht. Das Atelier Thomas Pucher konnte 2015 den internationalen Wettbewerb für die Erweiterung der größten Bibliothek der Steiermark für sich entscheiden. Der ursprüngliche Bestand erhält eine Revitalisierung durch die komplette Entfernung der Gebäudestrukturen der Sechziger- und Siebzigerjahre, wodurch ein großzügiger Vorplatz entsteht. Sichtbare Differenzierung zwischen Neubau und Bestand und die Schaffung eines zentralen Platzes als Schnittstelle der universitären Bauten sind Grundelemente des Entwurfs. Ein verglaster Eingangstrakt dient als Foyer und Verbindungselement zum Hauptgebäude der Universität. Ein Hörsaal im Untergeschoss und ein aufgesetzter zweigeschossiger Glaskubus mit Lesebereichen, der über den gesamten Vorplatz bis zur Mauerflucht des Hauptgebäudes ragt, bilden einen Rahmen um den Bestand und den neu entstandenen Außenraum. Auf die Untersicht des Glaskubus wird, entworfen von der Künstlerin Anna Artaker, eine von 1642 stammende perspektivische Darstellung aus dem Lehrbuch *Perspectiva Practica* von Jean Du Breuil aufgebracht, und damit der Vorplatz illusionistisch nach oben erweitert. *PB*

Rendering, 2017

solche Zuordnung, jedoch nehmen die Architekten rein formal Anleihen an dieser Idee, denn ein tatsächliches Ausdehnen der Struktur ist nicht möglich. Im Erdgeschoss lassen die zentrale Durchgängigkeit und das Hindurchziehen der fußläufigen Querverbindungen den Baukörper zu einem integralen Element des Universitätsgeländes und umgebenden Stadtraums werden. Domenig und Eisenköck vereinten in diesem Gebäude nun zwei Fakultäten und schufen Platz für 32 Institute, elf Hörsäle, eine Fakultätsbibliothek, ein EDV-Zentrum und ein Café. *KH*

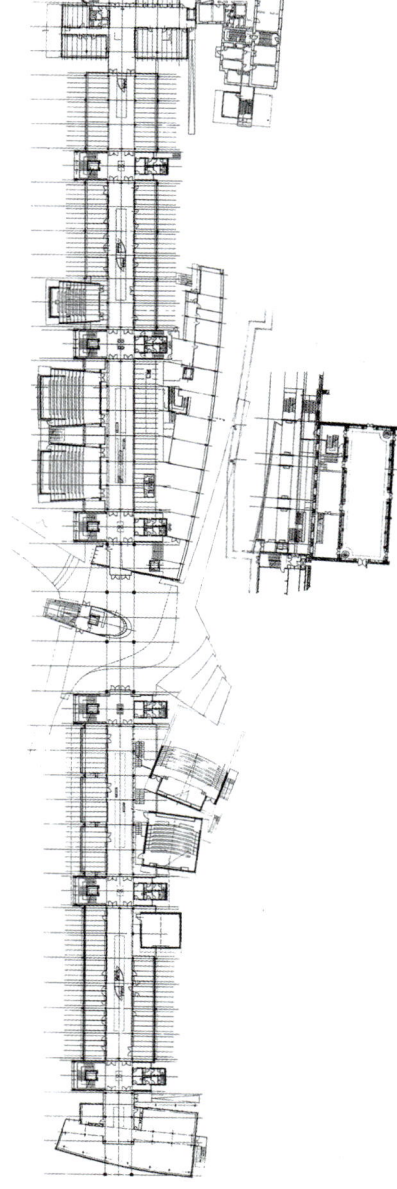

ReSoWi 173 H

Universitätsstraße 15
Günther Domenig,
Hermann Eisenköck
1996

Ohne Zweifel ist das Rechts-, Sozial- und Wirtschaftswissenschaftliche Zentrum eines der imposantesten Bauwerke von Graz. Bereits 1985 gewann das Architektenduo Domenig/Eisenköck den nationalen Wettbewerb; bis zum Baubeginn sollte es aber noch neun Jahre dauern. Der mächtige Riegel wurde 1996 fertiggestellt und erstreckt sich am nordöstlichen Rand des Universitätsviertels über eine Länge von rund 300 Metern. Seine orthogonale Basis bildet ein Rückgrat, das aus den vertikalen Erschließungen, den dazwischenliegenden Funktions- und Seminarbereichen und dem darüber abgehängten »Schwebebalken« besteht. Geknickte und gekrümmte Hörsaaleinbauten durchdringen den langgestreckten Körper in den unteren Geschossen. Die Vielfalt der Elemente, welche durch den »Schwebebalken« zusammengeklammert werden, löst die Massivität des Bauvolumens auf. Das architektonische Prinzip des Strukturalismus beruht auf der baulichen Trennung von Primär- und Sekundärstruktur und der damit verbundenen Flexibilität und Erweiterbarkeit des Gefüges. Entsprechend scheint das ReSoWi prädestiniert für eine

Geistes- und Naturwissenschaftliche Institute der Universität Graz ↓

174 H

Heinrichstraße 36
Wolfgang Kapfhammer,
Johannes Wegan, Gert Kossdorff
1991, 2017

Wachsende Studentenzahlen an den Grazer Universitäten machten ab Mitte der Achtzigerjahre eine Reihe von Neubauten notwendig. Aus einem 1983 ausgelobten Wettbewerb hervorgegangen, zählt das 1991 fertiggestellte Institutsgebäude für Geografie, Anglistik und Mathematik von Kapfhammer, Wegan und Kossdorff zu den größten. Der thematischen Differenz der Institute wird durch drei solitäre Kuben an der Nordseite mit schrägen Fensterbändern und -schlitzen, die jeweils einen

Hörsaal und eine Fachbibliothek beherbergen, Rechnung getragen. An der Südseite, sich mit einem Hof dem Campus öffnend, befindet sich ein dreiflügeliger Bürotrakt, dessen Raumkonzept möglichst flexibel auf sich ändernde Anforderungen der Institute reagieren soll. Das Zentrum bildet ein gebäudehohes, passagenähnliches Atrium, dessen skulpturale Treppe sich nach oben verjüngt und damit den Raum optisch erweitert. Erschließung vollzieht sich hier immer mit Nachdruck auf Bewegung und Kommunikation: Brücken und Aufenthaltszonen in den Galerien verbinden die Gebäudeteile, aber auch die Studierenden der unterschiedlichen Fachrichtungen. 2017 wurde das für den dynamischen Raumbegriff der Grazer Schule emblematische Gebäude behutsam thermisch saniert. *CHP*

Ehem. Wohnhaus Wiesler →

175 H

Heinrichstraße 33
Josef Petz
1906

Eine ungewöhnliche Vermengung von altdeutschem und secessionistischem Formenrepertoire zeigt die Fassade des 1906 fertiggestellten Miethaus Wiesler, das typologisch noch dem Historismus verpflichtet ist. Für Oberingenieur Carl Wiesler und Dr. Fritz Wiesler von Architekt Josef Petz errichtet, fällt zunächst das typisch secessionistische Schachbrettmuster als Fliesenband und Oberlichtgliederung ins Auge, das neben klaren,

H

flächigen Putztexturen für ein modernes Aussehen sorgt. Damit kontrastieren historistische Fensterverdachungen und gotisierende Giebel bei den Erkern und altdeutsches Holzfachwerk in der Traufenzone. In der Durchfahrt und dem separaten Fußgängerdurchgang bleibt die Stahlkonstruktion deutlich ablesbar, wobei wieder altdeutsche Holzdekorationen den konstruktiven Charakter der Stützen und Unterzüge dekorativ betonen. Im Gegensatz zu den Nürnberger Häusern am Lendkai (095 D), die Josef Petz zeitgleich errichtete, verbindet er hier die beiden gegensätzlichen Strömungen und sorgt für eine typisch österreichische »Melange«. *MS*

Ehem. Meerscheinschlössl

176 H

Mozartgasse 3
*Joachim Carlone (?), Andreas
Stengg (?), Johann Bernhard
Fischer von Erlach (?),
Georg Hauberrisser d. Ä.*
1696, 1706, 1844, 1890, 1982

Das zweigeschossige Lustschloss mit H-förmigem Grundriss war nicht für permanente Bewohnung, sondern nur für vorübergehenden Aufenthalt im Sommer gedacht. Im Auftrag von Balthasar Graf Wagensberg begann vermutlich Joachim Carlone von 1689 bis 1696 mit dem Umbau eines Vorgängerschlösschens, den wohl Andreas Stengg 1706 fortsetzte. Dieser fügte dem Bau – welcher seinen Namen Johann Meerschein verdankt, der hier Anfang des 19. Jahrhunderts ein Vergnügungslokal betrieb – einen Keller hinzu und verlieh der Gartenfront ihre raumgreifende Bewegung. In der Forschung wird unter anderem vermutet, dass der äußerst avancierte, aus gegeneinander versetzten Volumina zusammengesetzte Bau, der an die Lustgartenhausentwürfe des Johann Bernhard Fischer von Erlach erinnert, sich zumindest einer Ideenskizze dieses bedeutendsten österreichischen Barockarchitekten verdankt. Um 1890 ließ ein unbekannter Architekt den Mittelrisaliten erhöhen und die Gartenfront überarbeiten. Konkav zu den Eckrisaliten ausschwingende Seitenteile umfassen wie ausgebreitete Arme den sich nach Westen ausbreitenden, in der Gründerzeit durch Blockrandbauten reduzierten Park. Korinthische Kolossalpilaster und hochovale

Fenster geben dem flachen, pavillonartigen Bauwerk einen vertikalen Zug. Das Sandsteinportal, das von schräg gestellten Pilastern flankiert wird, leitet in den zentralen Saal mit illusionistischer Deckenmalerei und klassizistischer Wandverkleidung. Leider verlor die straßenseitige Fassade 1844 durch Georg Hauberrisser den Älteren das barocke Erscheinungsbild, indem ihr ein Querriegel vorgestellt wurde. Seit 1914 steht das ehemalige Meerscheinschlössl der Universität Graz zur Verfügung. Das »Grazer Versailles«, das 1970 abgebrochen werden sollte, konnte von 1979 bis 1982 revitalisiert werden. *ALN*

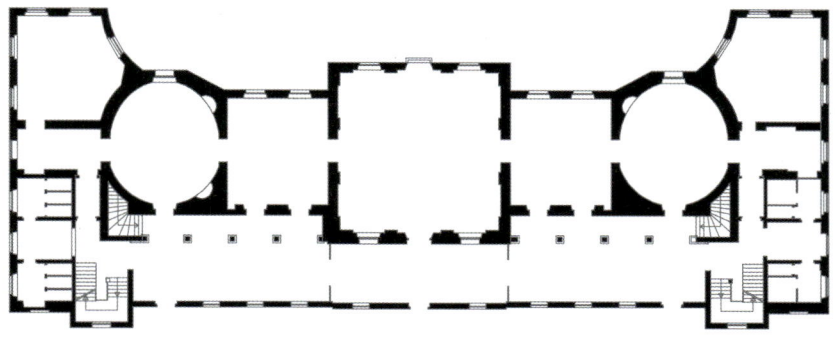

H

Wohnhaus M6 ↑↓

Mozartgasse 6
Volker Giencke
2005

Seit den Achtzigerjahren wird in Graz durch Verdichtung der Innenstadtviertel zentrumsnaher Wohnraum geschaffen. Dieser Prozess macht auch vor den einst am Stadtrand gelegenen gründerzeitlichen Villen mit ihren großzügigen Gartenanlagen nicht Halt. Volker Giencke setzt mit dem von 2004 bis 2005 realisierten Wohngebäude *M6*, der die denkmalgeschützte Villa von 1876 flankiert, auf Kontrast. Aluminium und Stahl dominieren das Erscheinungsbild des südlichen Anbaus, durchbrochen von scheinbar willkürlich gesetzten Einschnitten für Fenster. Durch Mehrschichtigkeit wird mit der Fassadentiefe gespielt. Einzig das bestehende Treppenhaus der Villa wird zum gemeinsamen Nenner. Nördlich davon nimmt ein fünfgeschossiges Gebäude die Dimensionen und weiße Tünchung des gründerzeitlichen Nachbarn auf, das von großen Balkonen und extrovertierten Fensterflächen

geprägt wird. Der runde niedrige Pavillon vor dem dreiteiligen Ensemble erhält die freie Sicht zur Mozartgasse und stellt eine ausnahmsweise ansprechende und altstadttaugliche Version einer Tiefgarageneinfahrt dar. *EP*

Zentrum für Molekulare Biowissenschaften ↓

Humboldtstraße 46–50
Arge Seidel-Thoma-Kummer
2007

Unter einem universitären Neubau für Molekulare Biowissenschaften stellten sich die Architekten Josef H. Seidel, Hermann Thoma und Roland Kummer »Ideenzellen« vor: Die Form des kleinsten Organismus war Inspiration für den Entwurf, mit dem die Ulmer Arbeitsgruppe 2004 den europaweiten Wettbewerb gewann. Der aufgelockerten städtebaulichen Situation angepasst, bespielen die drei biomorphen, von 2005 bis 2007 errichteten Volumen frei das Grundstück und erzeugen sich öffnende und schließende Platzsituationen, welche Nutzer und Besucher ins Innere der

Gebäudegruppe ziehen. Die äußere Fassadenschicht besteht aus geschosshohen, automatisch bewegbaren senkrechten Sonnenschutzlamellen aus semitransparentem Glas. Dahinter ziehen sich im Bereich der Geschossdecken und Fensterbrüstungen in den Farben Gelb, Orange und Rot gehaltene Metallbänder um die von ebenso durchgehenden Fensterbändern belichteten Gebäude. Vertikale Außen- und horizontale Innengliederung sind somit übereinandergelegt und erzeugen ein spannungsvolles, ständig changierendes Fassadenbild. Diese plausible und ablesbare Anordnung setzt sich im Inneren fort: Die rechteckigen Laboreinheiten erstrecken sich entlang der Fassade, die Dunkelbereiche sind im Kern situiert. Außerdem befinden sich Hörsäle, Büros, eine gemeinsame Bibliothek und eine öffentliche Cafeteria im Komplex. Universitätsinterne und externe Arbeit werden in einem Campus vereint, den die Universität Graz und eine private Forschungsgesellschaft nutzen. *CB*

Wohnanlage Grabenschlössl 179 H
Grabenstraße 21
Bernhard Hafner
1825, 1989

Ein 1983 ausgelobter Wettbewerb sah die Erweiterung eines ehemaligen Herrenhauses aus dem frühen 19. Jahrhundert an einer stark befahrenen Einfallsstraße vor. Der Entwurf von Bernhard Hafner nimmt zwar den ursprünglichen Typus des Hofhauses auf, geht aber in Formensprache und Materialität eigene Wege. Auffällig sind drei Turmbauten an der Südseite, texturiert aus roten Fliesen und Metall, die eine formale Verbindung zu den Satteldächern der Gründerzeitbebauung herstellen und durch ihre Zwischenräume für eine ausreichende Belichtung des Komplexes sorgen. Der seit kurzem westlich in der Muchargasse anschließende Neubau versucht Hafners Duktus aufzunehmen, wirkt daneben aber wie eine flächenmaximierungsbedingte schlechte Karikatur. *CHP*

H

![Wohnanlage Grabenschlössl, Fassadenansicht mit roten Fliesen- und Metalltürmen]

Herbert Eichholzer und die Moderne in Graz

Antje Senarclens de Grancy

Herbert Eichholzer (1903–1943)

Die Moderne hat in Graz eine relativ überschaubare Anzahl an Bauten hervorgebracht. Einen prominenten sozialen Wohnungsbau wie im Roten Wien gab es hier ebenso wenig wie eine Siedlerbewegung, die größere Gartenstadt-Siedlungen entwickelt hätte. Das Projekt für ein Hochhaus mit Büros, Geschäften und Wohnungen als Abschluss der Herrengasse zum Jakominiplatz hin reflektierte die internationale Diskussion um diesen Bautyp, blieb jedoch unrealisiert.

Charakteristisch für Graz um 1930 ist eine Multiperspektivität innerhalb des Werks der Architekten, ein heterogenes Nebeneinander von Entwürfen, die an verschiedene Architekturdiskurse der ersten Jahrzehnte des 20. Jahrhunderts anschließen, sowie pragmatische Arbeitsgemeinschaften trotz weltanschaulicher Differenzen zwischen Akteuren aus politisch unterschiedlichen Lagern. Einige der wichtigsten Grazer Architekten waren sowohl

Mitglied der progressiveren Secession Graz als auch des Steiermärkischen Werkbundes, der 1928 mit seinem Musterhaus das Modell einer »Versöhnung« zwischen notwendiger Zweckmäßigkeit und Heimatbezug propagiert hatte, in Abgrenzung zur internationalen Stuttgarter Weissenhofsiedlung und zum großstadtlastigen Österreichischen Werkbund.

Herbert Eichholzer, der heute international bekannteste Grazer Architekt dieser Zeit, war diesbezüglich keine Ausnahme. Auch sein Werk umfasst ein breites Spektrum an architektonischen Ausdrucksformen. Er versuchte jedoch immer, mit seiner Architektur einem modernen Lebensstil, einem veränderten Gesellschaftsbild und neuen Raum- und Funktionsverständnis Rechnung zu tragen. Wenn er »Luft und Licht bis ins letzte Eck« forderte und »die Umgestaltung der Familie, Frauenarbeit, Kindererziehungsheime, Sport, Teilnahme am öffentlichen Leben, soziale Arbeit« als Faktoren einer neuen Architektur betrachtete, befand er sich im Einklang mit internationalen Vertretern des Neuen Bauens.

Eichholzers Leistung liegt weniger in der singulären Originalität seiner Ideen als vielmehr in der Neigung, in einem kulturell konservativen Umfeld seine politischen und künstlerischen Überzeugungen ebenso optimistisch wie hartnäckig gegen viele Widerstände durch- und umzusetzen. Sein Studium hatte er an der Grazer Technischen Hochschule absolviert, wo die Architekturausbildung noch lange am Historismus orientiert blieb und sich in den Zwanzigerjahren erst langsam einer neuen Richtung im Bauen öffnete. Nach weiten Reisen durch Europa und bis in die Türkei und Nordafrika, ersten Erfahrungen mit Stahlfertighäusern in Griechenland und einem Praktikum bei Le Corbusier in Paris arbeitete er in Graz mit verschiedenen Büropartnern zusammen, nicht zuletzt mit Anna-Lülja Simidoff (Praun), die in seinem Atelier an mehreren Architektur- und Möbelentwürfen beteiligt war.

Innerhalb der österreichischen Architektur bildet Eichholzers Nähe zu dem damals schon international bekannten Le Corbusier eine Ausnahme und ist nur mit dem Wiener Ernst Plischke zu vergleichen. Die grundsätzliche Haltung sowie viele Elemente wie Flachdächer und Dachterrassen, markante Beton-Außentreppen und frei stehende Stützen im Innenraum zeigen den Einfluss des schweizerisch-französischen Architekten. Doch nahm Eichholzer auch andere Anregungen auf, so lassen seine späteren Bauten eine Affinität zu Josef Frank erkennen. Seine Freundschaft mit Clemens Holzmeister, dem mächtigen Kulturpolitiker des autoritären Ständestaates, mag heute angesichts des politischen Grabens zwischen beiden erstaunen.

Seit seiner Studienzeit hatte sich Herbert Eichholzer bereits politisch betätigt. Nach dem »Anschluss« Österreichs an Hitler-Deutschland im März 1938 ermöglichte ihm sein Kontakt zu Holzmeister, bei diesem im Exil in Istanbul als Architekt tätig zu sein. Gemeinsam mit Margarete Schütte-Lihotzky gehörte er nach seiner Rückkehr nach Österreich zu den wichtigsten Intellektuellen des österreichischen, speziell des kommunistischen Widerstandes gegen den Nationalsozialismus. Nach Verrat und Verhaftung wurde 1943 das Todesurteil vollstreckt.

Beginnend mit seiner Wiederentdeckung durch Dietrich Ecker in den späten Siebzigerjahren ist Herbert Eichholzer inzwischen eine bekannte Figur: als wichtigster Vertreter der Architekturmoderne in Graz, aber auch aufgrund seiner Widerstandtätigkeit. Das architektonische Werk, das durch seine Hinrichtung gewaltsam vorzeitig beendet wurde, ist heute nur noch fragmentarisch erhalten. In den Nachkriegsjahrzehnten wurden

H

Herbert Eichholzer und Rudolf Nowotny, Haus Pistor und Haus Ferner, Graz-Andritz, 1932/1933, Abriss Haus rechts 2012

Herbert Eichholzer, Haus Albrecher-Leskoschek, 1937, Abriss 2017

einige seiner Bauten so stark verändert, dass sie heute nicht mehr erkennbar sind. Bei der Erhaltung von Bauten der Moderne ist oft der denkmalpflegerische Umgang mit diesen fragilen materiellen Objekten nur ein Aspekt. Vielmehr geht es immer auch darum, überhaupt erst ein Bewusstsein für die Qualität und den gesellschaftlichen Wert dieser Architektur für die Gegenwart zu schaffen. Einer privaten Initiative zur Rettung von Eichholzers Haus Lind ist es zu verdanken, dass diese Villa heute noch seine Architektur fassbar macht. Eines der beiden würfelförmigen Zwillingshäuser Pistor und Ferner am Ulrichsweg, die Eichholzer 1932 gemeinsam mit seinem Studienkollegen Rudolf Nowotny entworfen hatte und die Idee eines seriellen Bauens zum Ausdruck brachten, musste hingegen vor einigen Jahren einem Einfamilienhaus-Neubau weichen.

Mittlerweile ist auch Eichholzers Hauptwerk, das von 1937 bis 1938 errichtete Haus Albrecher-Leskoschek nahe dem Grazer Hilmteich Vergangenheit. Während der NS-Zeit hatte die Villa als Deckadresse und Treffpunkt des Widerstandskreises um Herbert Eichholzer gedient. Die hohe gestalterische Qualität war zwar zum Teil durch Umbauten bereits seit den Sechzigerjahren nicht mehr sichtbar, bis zum Abriss 2017 war jedoch der Wohnraum, der nahezu das ganze Erdgeschoss einnahm und durch Stufen, eine frei stehende Stütze und eine Schiebetür mit großer, runder Glasöffnung ein wohnlich-modernes Lebensgefühl vermittelte, noch großteils unverändert erhalten. Das Haus

musste einem Neubau der Radiologie des Landeskrankenhauses Platz machen, Proteste blieben wirkungslos.

Schon in den Dreißigerjahren zeichnete sich ab, dass es in Graz keine Kontinuität der auf eine internationale Moderne orientierten Richtung geben würde: Rambald Steinbüchel-Rheinwall hatte schon während der Errichtung des Grazer Stadtwerke-Gebäudes ein Büro in Berlin gegründet. Eugen Székely, Poelzig-Schüler und Architekt des im Zweiten Weltkrieg zerstörten ersten Grazer Arbeitsamtes, emigrierte wegen des zunehmend antisemitischen Klimas und der schlechten Auftragslage 1935 nach Palästina. Und Herbert Eichholzer musste 1938 am Tag des »Anschlusses« Österreich verlassen. Zurück blieben vor allem jene Grazer Architekten, die völkisch-nationalsozialistisches Gedankengut längst mit Überzeugung vertreten hatten oder sich zumindest mit dem neuen Regime arrangieren konnten.

Herbert Eichholzer, Haus Albrecher-Leskoschek, 1937, Innenansicht mit Schiebetür

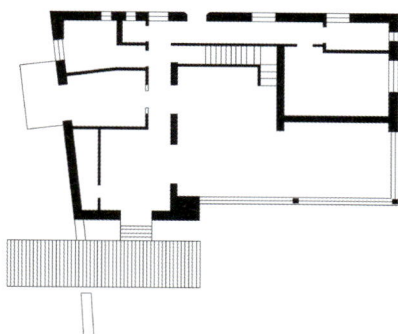

Haus Lind, um 1936

H

Haus Lind

Rosenberggasse 18
Herbert Eichholzer, Viktor Badl,
fiedler.tornquist
1936, 2005

180 H

Ein Kleinod der Moderne ist das von Herbert Eichholzer und Viktor Badl entworfene und für die Bankiersfamilie Lind 1936 erbaute Wohnhaus; lange Zeit fristete das Gebäude ein Schattendasein. Der kubische Baukörper, der sich deutlich von dem in unmittelbarer Nachbarschaft zeitgleich errichteten nationalromantischen Holzhaus Rosenberggasse 16 unterscheidet, fand im Gegensatz zu diesem nicht den Beifall des Stadtbauamtes. Als Teil der Rosenbergsiedlung (181 H) und auf Grundmauern der Maschinenfabrik Ludwig erbaut, lassen die geschlossen gehaltenen Straßen- und Hangfassaden nichts von der weit geöffneten Gartenfront erahnen. Zwei schlanke Stahlbetonstützen rahmen die Dach- und Gartenterrasse, die den dazwischenliegenden Salon umklammern. Das übereck durchgezogene Band aus Schiebe-Verbundfenstern bietet Tageslicht und Großzügigkeit – alles Elemente, die für das prägende Volontariat Herbert Eichholzers bei Le Corbusier in Paris sprechen. Der marode und modifizierte Bau – das Fensterband wurde durch zwei konventionelle Fenster ersetzt – regte bei den Architekten Johannes Fiedler und Jördis Tornquist eine Initiative zum angemessenen Erhalt an. Unter Denkmalschutz gestellt, konnte 2005 mit neuen Eigentümern eine umfassende Restaurierung und Sanierung realisiert und das Haus Lind an zeitgemäße Nutzungsanforderungen angepasst werden. *DW*

Rosenbergsiedlung

181 H

Rosenberggürtel 36, 38, 40,
42, 44, 46
*Herbert Eichholzer, Viktor Badl,
Heinrich Klinger*
1936

Der Begriff Siedlung scheint ambitioniert zu sein, befinden sich am Fuße des Rosenbergs nur drei freistehende Gebäude (u. a. das Haus Lind, 180 H) und sechs Reihenhäuser. Auf dem ehemaligen Areal der Maschinenfabrik Ludwig wurden 1935/1936 Außen- und Zwischenmauern der bestehenden Werkshalle geschickt zu sechs Wohnbauten im Sinne der frühen Moderne ausgebaut. Die drei Reihenhäuser Nr. 42, 44 und 46 von Heinrich Klinger treten weniger ambitioniert in Erscheinung als jene aus der Ateliergemeinschaft von Herbert Eichholzer und Viktor Badl. Eichholzers typisches Bullaugenmotiv in der Eingangstür prägt die im Grundriss gespiegelten Häuser Hohmayr (Nr. 40) und Faisst-Sedlmeier (Nr. 38), das später ein Satteldach mit breiter Gaube erhielt. Daran knüpft das abschließende Haus Sonnhammer (Nr. 36) in kubischer Form an. Zur Straßenseite verschlossen, öffnet sich die Fassade zur Längsseite nach Südosten mit Zugang, breiten Fenstern und Balkon. Die übereck geführte Dachterrasse, ursprünglich ohne Überdachung und nur von horizontalen Bügeln und Eckpfeilern gerahmt, zeigt die Inspiration durch Le Corbusier. Inzwischen sind auch beide Nachbarbauten durch Aufstockungen verfremdet. *DW*

Wohngebäude Heinrichstraße ↗

182 H

Heinrichstraße 62–68
Martin Küng, Peter Reitmayr
2002

Das an die benachbarte Gründerzeitbebauung anschließende, von 2000 bis 2002 nach einem Wettbewerb von 1998 errichtete fünfgeschossige Wohngebäude macht mit einer ausladenden, geschwungenen Geste auf sich aufmerksam und fügt sich gleichzeitig in die städtebauliche Konfiguration ein. Durch das zurückgesetzte Erdgeschoss schaffen Martin Küng und Peter Reitmayr einen elegant integrierten, durch sorgfältige Materialauswahl und hochwertige Details ansprechenden Bereich für die Garageneinfahrt, Treppen und einen Müllraum – alles Elemente, die beim zeitgenössischen Geschosswohnungsbau in der Regel die Straßenfassaden unattraktiv machen. Für hohe Wohnqualität trotz lautem Stadtverkehr auf der Heinrichstraße sorgen straßenseitige Laubengänge mit teilweiser Schallschutzverglasung. Sämtliche Wohnungen sind zum separat erschlossenen, aufgrund der Hangsituation wesentlich höher gelegenen Innenhof ausgerichtet, der eine geschützte Grünoase mit sowohl privaten als auch gemeinschaftlichen Flächen bildet. Am südlichen Ende befinden sich zwei weitere Wohnhäuser, die durch ihre Dimensionierung den Übergang zum angrenzenden Villenviertel markieren. *EP*

Villa Barsuglia/Hermann ↓

Johann-Fux-Gasse 25
Josef Hötzl
1905

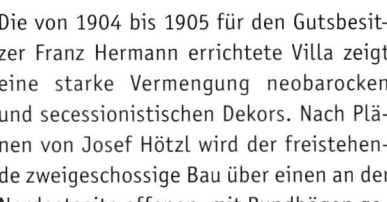

Die von 1904 bis 1905 für den Gutsbesitzer Franz Hermann errichtete Villa zeigt eine starke Vermengung neobarocken und secessionistischen Dekors. Nach Plänen von Josef Hötzl wird der freistehende zweigeschossige Bau über einen an der Nordostseite offenen, mit Rundbögen gestalteten Vorbau erschlossen. Die straßenseitige Fassade wird durch einen Mittelrisalit und flächige Putzstrukturen rhythmisiert, während die große, übereck geführte Loggia mit Steinbrüstungen und eingestellten toskanischen Säulen das erste Obergeschoss prägt und einen Ausblick auf die Stadt bietet. Zusätzlich akzentuiert neobarocker Dekor den markanten Eckpfeiler der Loggia und die Fenster des Mittelrisalits. Das secessionistische, horizontal geführte blauweiße Kachelband um das Gebäude betont neben den unterschiedlichen Putzflächen die Flächigkeit der Fassade und trennt die oberen beiden Geschosse vom Parterre. Glücklicherweise entging die seit 1972 denkmalgeschützte Villa dank internationaler Proteste einem Abriss zugunsten einer Wohnhausanlage mit Tiefgarage. *MS*

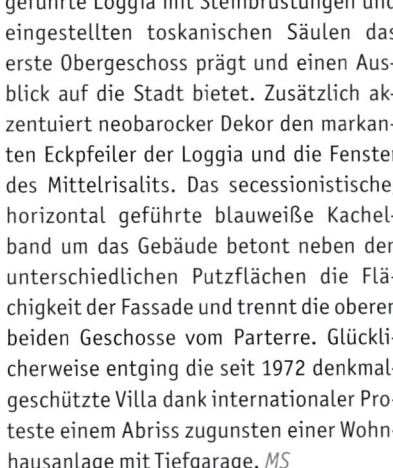

H

Schubertstraße mit Gaslaterne gegen Osten

Schubertstraße
Auf den Spuren der Seufzer

Heimat großer Töchter und Söhne, vor allem großer Künstler: Aufgrund des gestiegenen Einflusses des Bildungsbürgertums wurden in der Gründerzeit Straßen und Plätze gerne nach Persönlichkeiten aus Kunst und Kultur benannt, die den klassischen Bildungskanon verkörperten. Während sich Mozart und Beethoven in Graz mit eher untergeordneten Straßenzügen begnügen müssen, steht Franz Schubert (1797–1828) Pate für eine der schönsten Straßen der Stadt. Zu Lebzeiten Schuberts war das sogenannte Leechfeld zwischen Glacis und Leechwald noch eine landwirtschaftlich genutzte Fläche. Von der biedermeierlichen Zinzendorfgasse führte als Vorgänger der von Rosskastanien gesäumten Schubertstraße ein Fußweg, die »Seufzerallee«, zum Hilmteich. Erst zur Gründerzeit erkannten der Grazer Adel und das Großbürgertum das Potenzial der leicht erhöhten Lage östlich der damaligen Lusthausgasse, der heutigen Herdergasse. Es folgte die Errichtung repräsentativer, späthistorischer Villen in großzügigen Parkanlagen – der Status der Schubertstraße als bevorzugte Wohngegend war erreicht. Die Straße diente ab 1898 als Trasse der ersten elektrisch betriebenen Straßenbahn von Graz, der »roten Tramway«, die von der Zinzendorfgasse bis Mariatrost führte und 1941 stillgelegt wurde. Heute bietet die Schubertstraße einen heterogenen Mix an Funktionen. Im westlichen Teil, vom Sonnenfelsplatz aus, dominiert die Universität mit ihrem lebhaften Treiben und teilweise kolossalen Bauten wie dem ReSoWi (173 H) das Geschehen. Ein Blockrand aus der Gründerzeit bildet den Übergang zu dem auf einer leichten Anhöhe liegenden Villenviertel. Nach dem Werkbundhaus (184 H) zeigt ein zweigeschossiges Bürohaus, 2003 nach Plänen von Ernst Giselbrecht im Garten der Villa Strafella (Nr. 39) fertiggestellt, den Trend, die weitläufigen Gärten zu parzellieren und nachzuverdichten. An der Ecke zur Herdergasse befindet sich die Villa Schorisch (Nr. 45). 1878 von Conrad Lueff geplant, ist sie ein Beispiel für Villenarchitektur im Stil der Neorenaissance. Bemerkenswert sind die Kolonnadenfront und die reiche Stuckzier. Die gegenüber des Instituts für Pflanzenphysiologie (185 H) liegende Villa mit Hausnummer 54 wurde 2010 vom Büro Gangoly & Kristiner durch einen zurückhaltenden und stimmigen Dachausbau ergänzt. In den 1880er-Jahren wurde der Botanische Garten vom Joanneumsviertel in die Schubertstraße verlegt. Aus dieser Zeit stammen die alten Gewächshäuser (Nr. 53), die seit dem Bezug ihrer vielbeachteten, von Volker Giencke geplanten Nachfolger (186 H), leer und – aufgrund ihrer Eisen-Stahl-Konstruktion – unter Denkmalschutz stehen. Apropos Denkmalschutz: Das dafür zuständige Bundesamt hat seine steirische Dependance nebenan in der ehemaligen Villa Hold (Nr. 73), von 1891 bis 1892 durch Friedrich Siegmund im Stil der Neorenaissance erbaut. Die restliche Wegstrecke zum Hilmteich wird bereits vom Geschosswohnungsbau eingenommen. Aktuellstes Beispiel ist ein 2015 fertiggestelltes Projekt des Büros Planorama an Hausnummer 77. Was bleibt, ist die gasbetriebene Straßenbeleuchtung aus dem 19. Jahrhundert und die Hoffnung, dass nicht noch mehr Villen und Gärten einem Neubau weichen müssen und so der Charakter der Schubertstraße verloren geht. Und zu guter Letzt auch die Tatsache, dass sich ausgerechnet hier, für die Öffentlichkeit nicht zugänglich, im Garten von Schubertstraße 35 das älteste Mozartdenkmal der Welt befindet. *CHP*

H

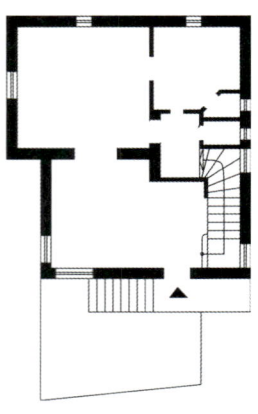

Werkbundhaus ↑↗
Schubertstraße 31
Hans Hönel
1928

184 H

Umringt von großbürgerlichen Stadtvillen, versteckt sich am Hang ein gebautes Manifest der steirischen Moderne. Das 800-jährige Jubiläumsjahr der Stadt Graz 1928 ist Anlass für den Steiermärkischen Werkbund, ein Projekt zu realisieren, welches auf die »maßlose« Sachlichkeit der ein Jahr zuvor eröffneten Weissenhofsiedlung in Stuttgart reagiert. Architekt Hans Hönel entwickelt, in Kooperation mit 15 weiteren Kollegen, die sich der Innenausstattung widmen, auf dem Grundstück seiner Mutter ein Musterhaus im Sinne des »bodenständigen« Neuen Bauens in der Steiermark, das in wenigen Wochen über 3.000 Besucher findet.

Architekt und Raumgestaltern gelingt es mit modernen Elementen, das heimatverbundene Erscheinungsbild zu bewahren. Der kubische Baukörper mit Dachterrasse inklusive »Sonnenbad« statt Steildach geht eine Symbiose mit den herkömmlichen Proportionen der holzgerahmten Fenster ein, welche, leicht nach außen gerückt, zu übereck geführten Öffnungen tendieren. Die horizontal verlaufenden Putzbänder in Weiß auf ziegelrotem Anstrich verleihen dem Erdgeschoss den Charakter eines massiven Sockels. Raffiniert ist der doppelte Zugang vom unteren Straßenniveau und von der höher liegenden Gartenebene zu den zwei Wohngeschossen. Auch wenn der Grundriss beider Stockwerke keine Mies'sche Offenheit besitzt, so erfüllt die durchdachte Konfiguration jegliche Bedürfnisse einer mittelständischen Familie. *DW*

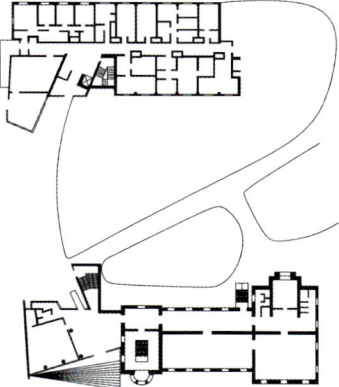

schonen, wurde die Gangbrücke, die Neu- und Anbau im ersten Obergeschoss verbindet, als gekrümmte Stahlkonstruktion ausgeführt. Gleichwohl wird die Wirkung von Kadas leichtfüßigem Entwurf durch das später ergänzte konventionelle Baumarkt-Glashaus grob beeinträchtigt. *KH*

Gewächshäuser im Botanischen Garten der Universität Graz → 186 H
Schubertstraße 59
Volker Giencke
1995

Pflanzenphysiologisches Institut der Universität Graz ↙↑ 185 H
Schubertstraße 51
Wilhelm von Rezori, Klaus Kada
1899, 1998

Ein kongeniales Ensemble aus Neubau, Anbau und Brücke fügt sich an das späthistoristische Gebäude des ursprünglichen Botanischen Instituts, das Wilhelm von Rezori von 1898 bis 1899 im gebietsüblichen Typus einer Villa errichtete. Da der Altbau den zeitgemäßen Anforderungen einer Lehr- und Forschungseinrichtung nicht mehr entsprach, wurde für das Pflanzenphysiologische Institut eine Erweiterung unabdingbar, die man nach einem Wettbewerb von 1992 bis 1998 umsetzte. Unter der Prämisse, den Grünraum weitestgehend zu schonen, schuf Klaus Kada eine in mehrere differenzierte Baukörper gegliederte Struktur. Der zweigeschossige Anbau an der Schubertstraße ist vornehmlich dem Lehrbetrieb und der Administration vorbehalten. Die aus der Gebäudeflucht geschwenkte, gläserne Zäsur markiert den neuen Haupteingang. Wenngleich Kadas Formenvokabular in Kontrast zur expressiven Gestik einiger Protagonisten der Grazer Schule steht, ist ihnen allen das Thema der prominenten Erschließung gemein. Hier wird der Haupteingang von einer raffinierten, sich aus der Wand fächernden Treppe humorvoll inszeniert. Der kompakte, dreigeschossige Neubau im Nordwesten dient vorwiegend Forschungszwecken. Labore sind entlang eines sich nach oben weitenden Mittelgangs angeordnet, damit Tageslicht tief in den Raum dringen kann. Um den imposanten Baumbestand im Park zu

Sie kennen parametrische Architektur? Kein Wunder, in Zeiten, in denen der Computer Rechenaufgaben übernimmt und sich sogenannte Starchitects mit immer spektakuläreren Formen zu übertrumpfen versuchen, akzeptiert man sie als gängige Modeerscheinung. 1982, als ein Ersatz für die veralteten und teilweise einsturzgefährdeten Gewächshäuser aus den 1880er-Jahren im Botanischen Garten der Universität gesucht wurde, war dies noch anders. In Windeseile entstand eine heftige Kontroverse, nicht nur über die wagemutige und experimentelle Form inmitten eines historischen Villenviertels, sondern vor allem über die damit verbundenen Kosten. Dabei ist der Entwurfsgedanke von Volker Giencke relativ pragmatisch: Die drei parabolischen Zylinder sollen bei einer Minimierung des Tragwerks optimale Belichtungsverhältnisse bieten und durch ihre Neigung auf die unterschiedlichen Wachstumstypologien der sensiblen Flora eingehen. Parabelbögen aus einer hochwertigen Aluminiumlegierung tragen die Außenhaut sowie die Brücken- und Rampenkonstruktionen im Inneren und führen zudem das Wasser für Heizung und Kühlung. Wesentlicher Faktor für die Kostenexplosion waren die doppelwandigen Acrylglasscheiben, die trotz einer beachtlichen Anzahl an wiederkehrenden Elementen nicht in Serie gefertigt werden konnten, aber einen bis dato im Gewächshausbau unerreichten Lichteinfall bieten. Wegen technischer Probleme bei der Umsetzung und Baustopps aufgrund von Finanzierungsschwierigkeiten vergingen 13 Jahre, bis die ersten Pflanzen 1995 ihr neues Zuhause beziehen konnten. Dafür ist die Grazer Architekturlandschaft seither um ein exotisches Gewächs reicher. *CHP*

H

186 H

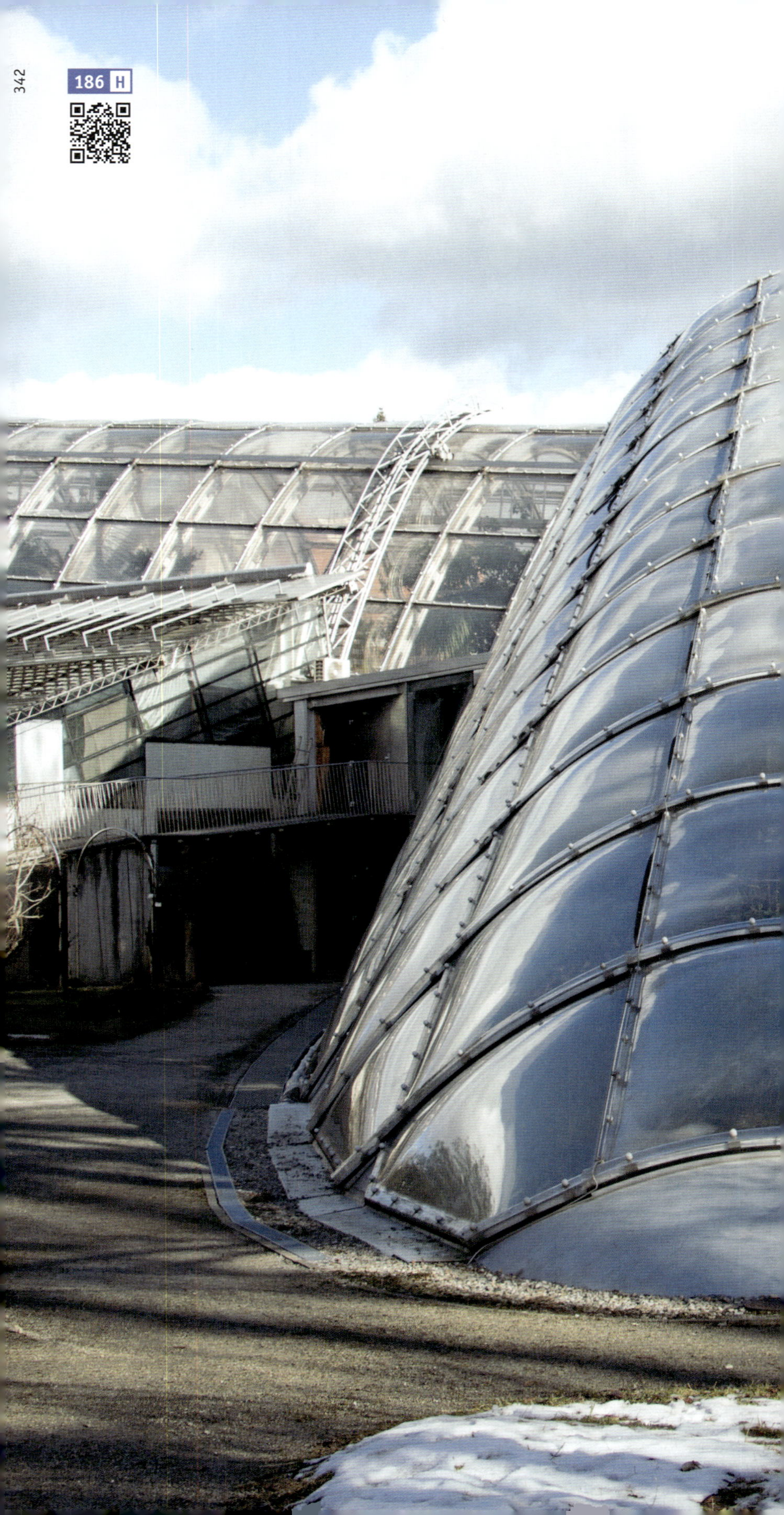

H

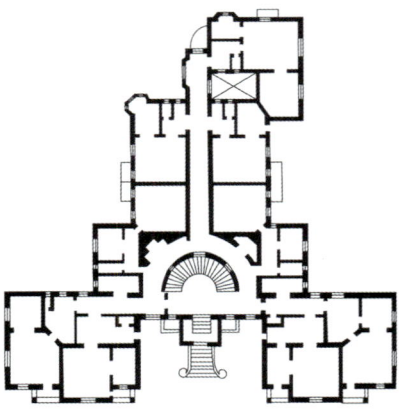

Einküchenhaus Theresienhof 187 H
Auersperggasse 14
Andreas Gißhammer
1915

Mit der Bedingung, ein Wohnheim für ledige Frauen, Witwen und Waisen des Mittelstandes zu errichten, stiftete Namensgeberin Therese von Reininghaus das Grundstück zwischen Hilmteich und Geidorfer Villenviertel. Der Wohnfürsorgeverein beauftragte Baumeister Andreas Gißhammer mit einem Entwurf, der nach Einwänden des Vereins für Heimatschutz in überarbeiteter Form von 1914 bis 1915 realisiert wurde. Finanziert aus dem staatlichen Fond zur Förderung von Kleinwohnungen, entstand das einzige Grazer Einküchenhaus in Anlehnung an die Wohnreform der Frauenrechtlerin und Sozialdemokratin Lily Braun. Das heutige Wohngebäude verfügte über 26 separate Ein- bis Dreizimmerwohnungen mit einer Sanitäreinheit auf jedem der vier Geschosse, die durch eine zentrale Küche im Souterrain dreimal täglich per Speisenaufzug versorgt wurden. Auf Gemeinschaftsbereiche verzichtete man; dafür wurden sämtliche häuslichen Arbeiten vom Personal getätigt sowie Kosten und Tagesabläufe durch eine strikte Hausordnung geregelt. Um der umliegenden Villenbebauung maßstabsgerecht zu begegnen, ist der Bau in vier Teile aufgelöst, betont durch eine differenzierte Dachlandschaft aus Mansard- und Schopfwalmdächern. Zwei identische Baukörper bilden mit dem zurückgesetzten, hauptsächlich ein halbkreisförmiges Treppenhaus beinhaltenden Mitteltrakt einen kleinen Ehrenhof mit Freitreppe zur Straße, was dem Komplex einen herrschaftlichen Anstrich gibt. Der vierte, würfelförmige Baukörper verbirgt sich hinter dem mittigen Erschließungstrakt. Die heimatverbundene Architektur wird durch die secessionistische Oberflächenbehandlung des Putzes und eigenwillige Motive wie die Loggien unter den Dächern aufgebrochen. *DW*

Villa Reimann → 188 H
Hilmteichstraße 7
Adalbert Pasdirek-Coreno,
Franz Schwab
1908, 1925

Die nahezu original erhaltene Villa Reimann wurde von 1907 bis 1908 für den Kaufmann Franz Reimann von Adalbert Pasdirek-Coreno erbaut, einem Wiener Hasenauer-Schüler, der ab 1901 in Graz lebte und mit seinen mediterran angehauchten Flachdachvillen ein wichtiger Pionier der steirischen Moderne war. Polygonale

Risalite und Vorbauten betonen die Vertikalität und fast schon kubistische Wirkung des dreigeschossigen Volumens. Angepasst an den jeweiligen Innenraum sind Fenster unterschiedlicher Größe und Proportion gesetzt. Das Eingangsportal und vereinzelte Fenster werden durch abgewandelte ionische Säulen flankiert und ergeben ein von allen Seiten gleichrangiges Bild ohne Hauptfassade. Eine in die Wand eingeschobene Sonnenuhr bildet neben den akzentuierten Öffnungen die einzige Dekoration der glatten Wände. 1925 erfolgte durch Franz Schwab der Anbau einer Terrasse und die Errichtung eines neuen Dachkörpers mit breitem Überstand. *MS*

H

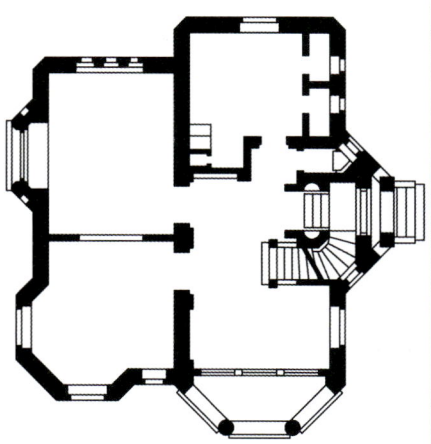

a **Ehem. Pförtnerhaus,**
Adolf Anton Rosmann, 1912 (189 H)
b **Direktionsgebäude,** A. A. Rosmann, 1908
(190 H)
c **Aufnahmegebäude** A. A. Rosmann, 1907
c1 **Eingangszentrum** Croce & Klug, 2003
d **Verwaltung,** Josef Strohmeier und
Johann Paul Hadt, 1898
e **Chirurgie,** A. A. Rosmann, 1909,
Chirurgiehochhaus, Werkgruppe Graz, 1971,
Erweiterung, Markus Pernthaler, 2018
e1 **Radiologie,** Franz Plentner, 1954
f **Blutbank,** A. A. Rosmann, 1912
g **Augenklinik,** A. A. Rosmann, 1908
h **Medizinische Universität,** Riegler Riewe,
2017, 2023 (194 H)
i **Notfallaufnahme**
j **Innere Medizin,** A. A. Rosmann, 1908
k **Hörsaalzentrum,** Croce & Klug, 2001
l **Dermatologie,** A. A. Rosmann, 1909
m **Zahnklinik,** A. A. Rosmann, 1908
n **Zentrum für Medizinische Grundlagen-
forschung,** Croce & Klug mit Ernst Michael
Kopper, 2004

o **Versorgungszentrum,** Ederer + Haghirian,
Helmut Croce, Robert Rohsmann, Ernst
Michael Kopper, 2016
p **Pathologie,** Rudolf Schneider, 1912
q **Technische Betriebe,** A. A. Rosmann, 1910
q1 **Küche,** A. A. Rosmann, 1907
q2 **Verwaltung,** A. A. Rosmann, 1907
r **Frauenklinik,** A. A. Rosmann, 1905,
Markus Pernthaler, 2007 (191 H)
s **Palliativstation,** A. A. Rosmann, 1908
t **Anstaltskirche zum Heiligsten Erlöser,**
Franz Gabrić, 1912 (192 H)
u **Neurologie,** A. A. Rosmann, 1912 (193 H)
v **Strahlentherapie,** Werner Hollomey, 1984
w **HNO-Klinik,** A. A. Rosmann, 1909
x **Kinderklinik, Kinderchirurgie,**
Wolfgang Kapfhammer, Johannes Wegan
und Gert Kossdorff, 1993
y **Psychiatrie,** August Herz, 1914
z **Landesinternat,** Hajdar Kërçiku, 1968

Landeskrankenhaus und Universitätsklinikum
Weiße Stadt der Hygiene

Der Bautypus des Krankenhauses als seuchenhygienische Pavillonanlage entstand Mitte des 19. Jahrhunderts und resultierte aus dem Gedanken der Dezentralisation und Separation von Krankheiten, um sich so der vermeintlichen Luftinfektion zu erwehren. Nach dem Studium zahlreicher europäischer Vorbilder begann Architekt Adolf Anton Rosmann 1890 mit der Planung einer Grazer Krankenhausanlage im Pavillonsystem, die das innerstädtische Allgemeine Krankenhaus im ehemaligen Palais Wildenstein (047 B) ersetzen sollte. 1895/1896 wurde Rosmanns »Generalprojekt II« genehmigt. Als Standort bestimmte der Landesausschuss das abfallende Gelände beim Mauthaus von St. Leonhard an der östlichen Stadtgrenze, welches nach Begradigung einen Bauplatz von acht bis zehn Metern Höhe über Straßenniveau entstehen ließ. Rosmann und sein Kollege Carl Hupfer entwickelten eine Anlage in Nord-Süd-Ausrichtung entlang einer 25 Meter breiten Hauptachse, an deren Ende sich die Anstaltskirche befindet. Entlang dieser Achse reihen sich insgesamt 29 Pavillons, wobei 18 für Behandlungen und die anderen der Infrastruktur dienen. Durch die Nord-Süd-Ausrichtung der Pavillons konnte eine ost-west-gerichtete Belüftung garantiert werden, welche der zeitgemäßen Licht- und Lufttherapie entsprach. Jeder Pavillon unterliegt demselben Typus eines klinischen Pavillons, der auf rechteckigem Grundriss mit markanten Mittel- und Seitenrisaliten basiert. Durch Erschließung und Anordnung der Funktionsräume im Mittelrisalit entspricht der klinische Pavillon dem von Otto Wagner propagierten »Nutzstil«, da die Krankensäle am Ende des längsgerichteten Baus angeordnet und für Ruhe in den Räumen gesorgt werden konnte. Nach

Errichtung der ersten Pavillons 1906 ging man teilweise zur verdichteten Blockbauweise über, da die Errichtung kostenschonender und die Pavillonbauweise, obwohl weiterhin propagiert, aus medizinischer Sicht bereits ab den 1880er-Jahren überholt war. Cremeweiße Wände, flache Dächer und secessionistischer, an Otto Wagner erinnernder Dekor — so tritt das sorgsam durchgeformte und einheitliche Bild des in modernster Eisenzementbauweise errichteten Landeskrankenhauses in Erscheinung. Die stilistische Homogenität ist Rosmann zu verdanken, der bei der Gestaltung oft auf erbitterten Widerstand der Ärzteschaft stieß. Durch die anhaltende Kritik zunehmend verzweifelt, nahm sich der Architekt ein halbes Jahr vor der Eröffnung im Mai 1912 im Rohbau des Nervenklinik-Pavillons das Leben. Nach der Fertigstellung wurde die »weiße Stadt« freilich allseits bewundert und galt als modernstes Krankenhaus Mitteleuropas. Seit Beginn der Dreißigerjahre wurde der Komplex zahlreichen Erweiterungen unterzogen, zu denen neben Verdichtungen der Pavillons ab den Sechzigerjahren auch Neubauten wie das Hochhaus der Kinderklinik, die Chirurgische Klinik, die Kinderchirurgie und die Bau- und Generalisierungsprojekte *LKH 2000* und *LKH 2020* zählen. Mit dem Umbau des Pförtnerhauses (189 H) zu einer Bankfiliale wurde 1971 erstmals ein bestandsgerechter Umbau vorgenommen. Die sich nun allmählich durchsetzende Wertschätzung des Jugendstils führte teilweise zu Rückbauten und seit Mitte der Neunzigerjahre zu einer vorbildlichen Restaurierung der gesamten Anlage, die trotz der zahlreichen Umformungen zu den größten Jugendstilensembles Mitteleuropas zählt. Spät, aber doch, stellte man sie 2009 unter Denkmalschutz. *MS*

H

Landeskrankenhaus von Süden, 2018

H

befindet sich eine Bankfiliale im ehemaligen Pförtnerhaus, die alle Räumlichkeiten des kleinen Pavillons bespielt. Zur Erweiterung der Bank wurden dem Gebäude 1983 zwei Flügelbauten nach Plänen von Emil Bernard angefügt, während ein unterirdischer Anbau von 1996 das Äußere unverändert ließ. Der turmartige Treppenaufgang zeigt sich in gut erhaltenem Dekor des Secessionismus und bietet durch seine besondere Ausformung weiterhin einen attraktiven Zugang in das Landeskrankenhausareal. *MS*

Direktionsgebäude des   190 H
Landeskrankenhauses ↓
Auenbruggerplatz 1
Adolf Anton Rosmann
1908, 1955

Ehem. Pförtnerhaus des   189 H
Landeskrankenhauses ↑
Auenbruggerplatz 1
Adolf Anton Rosmann,
Emil Bernard
1912, 1930, 1971, 1983, 1996

Während seit 2003 das Krankenhausgelände über eine Freitreppe im Südosten erschlossen wird, diente ursprünglich das 1912 fertiggestellte Pförtnerhaus im Südwesten als Hauptzugang. Über eine aus Kunststein gefertigte Doppelwendeltreppe – ein Zitat der Grazer Burg (054 B) – erreicht man das höher liegende Niveau. Zunächst eingeschossig, wurde der Pavillon 1930 für den Ausbau einer Fernsprechanlage aufgestockt. Seit 1971

Bereits von Weitem ersichtlich, thront das von 1906 bis 1908 nach Plänen von Adolf Anton Rosmann errichtete Direktionsgebäude auf dem erhöhten Areal des Landeskrankenhauses. In unmittelbarer Nähe zum Pförtnerhaus führte die ursprüngliche Haupterschließung Besucher und Patienten auf die Direktion zu. Dem Konzept des klinischen Pavillons folgend, wird der streng symmetrische Bau durch erhöhte Mittel- und Seitenrisalite gegliedert und von einem vorkragenden Flachdach abgeschlossen. Die Pavillons der Anlage sind zwar formal gleichrangig gestaltet, dem Direktionsgebäude kommt in seiner repräsentativen Funktion aber eine Sonderstellung zu. Kennzeichnend für die Gestaltung ist die Verwendung

des Lorbeerkranzes im zweiten Obergeschoss, ein beliebtes Motiv des Jugendstils, bildhaft für Erneuerung und Jugend
und ebenso symbolisch für das Gesund-
heitswesen. Der drei- bis viergeschossige Bau besticht durch den reichen formalen Dekor des Secessionismus, dem große
Teile bei Umbauten 1955 zum Opfer fielen,
im Zuge dessen der Haupteingang von der
Südseite an die Nordseite versetzt wurde.
Eine Besonderheit stellen außerdem die
zusätzlichen nordseitigen, aus der Bauzeit stammenden runden Treppenhäuser
in den Ecken der Seitenflügel dar. Zahlreiche Stuckarbeiten und schmiedeeiser-
ne Geländer geben neben meist original
erhaltenen Innentüren und Möblierungen
eine anschauliche Vorstellung eines klinischen Pavillons. *MS*

Universitätsklinik für Frauenheilkunde und Geburtshilfe

191 H

Auenbruggerplatz 1
Adolf Anton Rosmann,
Markus Pernthaler
1905, 1907, 2007

Die Frauenklinik des Landeskrankenhauses
setzt sich aus vier Gebäuden, der Gynäko-
logie, der Geburtsklinik, dem quergestell-
ten septischen Pavillon und einem nördlich situierten Hörsaal zusammen. Östlich
der Hauptachse gelegen, wurde der kleiner
dimensionierte Bau der septischen Abteilung von Adolf Anton Rosmann bereits von
1904 bis 1905 als erster Pavillon der gesamten Anlage errichtet und diente bis zur

Eröffnung des Landeskrankenhauses 1912
als Baukanzlei. Im Zwischenraum der Gy-
näkologie und der Geburtsklinik wurde von
1906 bis 1907 ein halbovaler Verbindungsgang zum Hörsaal an der Nordseite geschaffen, welcher einen Garten halb umschließt und auf der gegenüberliegenden
Seite vom septischen Pavillon begrenzt
ist. Für Aufsehen sorgte die für damalige
Zeiten moderne Ausstattung der Frauenklinik, welche Operationssäle und Perso-
nenaufzüge beinhaltete. Ebenfalls setzte sich der Leiter der Frauenklinik für eine begehbare Brutkammer ein. Die in den
Fünfziger- und Sechzigerjahren erfolgten
Einbauten an der nördlichen Hofseite des
Westpavillons und in der Hofmitte wurden
von 2005 bis 2007 von Markus Pernthaler
entfernt und durch eine neue Geburtsklinik ersetzt. Indem der Anbau die Form des
halbovalen Verbindungsgangs aufnimmt
und bei allen drei Pavillons in der Mittelachse andockt, verbindet das neue Bauvolumen die einzelnen Abteilungen und
macht die Konzeption der originalen Gruppe wieder nachvollziehbar. *MS*

H

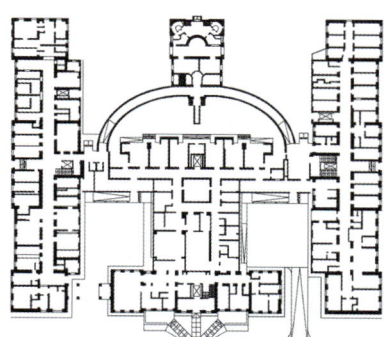

Anstaltskirche zum Heiligsten Erlöser
Auenbruggerplatz 1
Franz Gabrić
1912

192 H

Eine kleine neogotische Kapelle – so sollte sich der ab 1895 geplante Kirchenbau am nördlichen Ende der Hauptachse des Krankenhausgeländes Patienten und Besuchern zeigen. 1908 wurde jedoch im Sinne des »modernen Stils« der neogotische Entwurf verworfen und eine Kuppelkirche auf kreuzförmigem Grundriss nach Plänen von Franz Gabrić vom Landesausschuss bewilligt. Als Vorbild und Anstoß zur Umplanung diente dabei die 1907 eröffnete Wiener Anstaltskirche am Steinhof von Otto Wagner. Auf erhöhtem Terrain erhebt sich der Sakralbau mit zentralem Tambour und einer äußeren Kuppelhöhe von 30 Metern. Mit den neuen

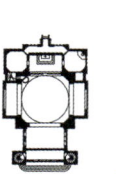

Universitätsklinik für Neurologie ↓

193 H

Auenbruggerplatz 1
*Adolf Anton Rosmann,
Rupert Gruber, Hermann Eisenköck*
1912, 2010

353

Geidorf

technischen Errungenschaften einhergehend wurde die Kirche samt zweischaliger Kuppel im Sinne des Jugendstils aus Eisenbeton gefertigt. Auf die innere Kuppel mit einem lichten Maß von zehn auf zehn Metern wurde wie beim Wiener Vorbild zur besseren Fernwirkung die erhöhte äußere Kuppel aufgesetzt und der Hohlraum mit einer Eisenbetonkonstruktion ausgesteift. Zugunsten des kostenintensiveren Kuppelbaus sparte man dafür beim Innenraum. Die Ausstattung unterliegt den Aspekten von Hygiene und Ökonomie, die man mit abgerundeten Holzkanten zur Verhinderung von Verletzungen oder leicht zu reinigenden Fußböden umsetzte. Der Einsatz neuer Materialien umfasst neben der Eisenbeton-Konstruktion auch ein Vordach aus Glas und Eisen, bei dem die Konstruktion sichtbar ist. In der übrigen Konzeption von Materialien und Details ist die Kirche zum Heiligsten Erlöser jedoch dem späten Historismus verpflichtet und wirkt daher wie ein Vorgängerprojekt zur berühmten Otto-Wagner-Kirche am Steinhof. *MS*

Östlich der Anstaltskirche, am Ende der Hauptallee, liegt der hufeisenförmige Neurologiepavillon, der drei separate Abteilungen beherbergt und von 1910 bis 1912 nach Plänen von Adolf Anton Rosmann errichtet wurde. Um auf die Bedürfnisse der Patienten eingehen zu können, wählte man spezielle Ausstattungen. So wurden die Fenstersprossen ähnlich gestaltet wie bei den restlichen Pavillons, nur sind sie hier aus Eisen, um das Entweichen der Patienten der Wachabteilung zu verhindern. Zur Gewährleistung von Ruhe und Sicherheit versuchte man, den Eindruck einer geschlossenen Abteilung zu kaschieren. Im Zuge der Sanierung durch Rupert Gruber und Hermann Eisenköck von 2000 bis 2010 fielen einer neuen nordseitigen Haupterschließung die historischen zentralen Treppenhäuser zum Opfer. Trotz des leicht veränderten Erscheinungsbildes zeigt der Neurologiepavillon eine detailgetreue Restaurierung der Jugendstilfassaden. Die ursprüngliche Konzeption des Gebäudes mit seiner Außenraumgestaltung wurde nahezu unverändert belassen. *MS*

H

Med Campus Graz
Stiftingtalstraße 24
Riegler Riewe
2017, 2023

194 H

1863 als medizinische Fakultät der Karl-Franzens-Universität gegründet, wurde diese 2004 von ihrer Alma Mater abgespalten und in eine eigenständige Medizinische Universität umgewandelt. Bei einem internationalen Wettbewerb für deren neuen Campus setzte sich 2010 das Projekt von Florian Riegler und Roger Riewe durch. Der in zwei Etappen, 2017 und 2023, fertiggestellte Universitätsbau für 1.200 Studierende ist in scheibenförmige Gebäudetrakte aufgeteilt, die in einem massigen, langgestreckten Komplex zusammengefasst sind. Diese Anordnung ermöglicht eine hohe Auslastung des bebauten Areals. Einrichtungen wie Labore, Lehrräumlichkeiten und über 840 Arbeitsplätze sind wegen ihrer spezifischen Anforderungen vertikal gestaffelt und stehen in direkter Verbindung zum Universitätsklinikum des Landeskrankenhauses. Aufgrund der Hanglage befindet sich die Hauptebene des gesamten Campusareals auf Höhe des zweiten Obergeschosses; darunter werden die ersten beiden Geschosse als Lehrbereiche genutzt. Zur gemeinsamen Erschließung, Kommunikation und Vernetzung der Bereiche Zahnmedizin, Humanmedizin und

H

Pflegewissenschaften sind die trotz ihrer Schlankheit doch wuchtigen, hohen Baukörper über Brücken miteinander verbunden. In Skelettbauweise ausgeführt, werden die Volumen von Stahlbetonkernen getragen. Die Anlage wirkt wie eine ins Monumentale übersetzte Version der minimalistischen Informationstechnischen Institute der TU Graz (126 F), wobei hier aber spielerische Elemente die allzu wuchtige Erscheinung mildern:

schräg und scheinbar zufällig verteilte Stützen heben den Baukörper vom Erdboden ab und die Gebäudehülle wagt sich in Anlehnung an die *Frog Queen* von SPLITTERWERK (226 K) ins Bildhafte. In acht Graustufen gestaltet, teilt sich die an das grob gepixelte Bild eines Wolkenhimmels erinnernde Fassade in glatte Aluminiumpaneele und individuell aufklappbare Elemente mit einer geflochtenen Metallstruktur. *PB*

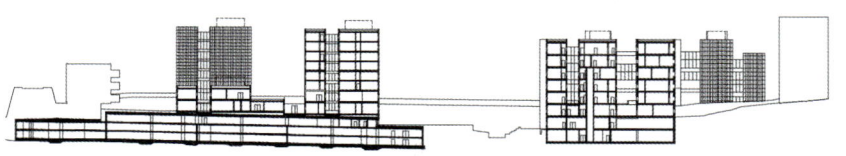

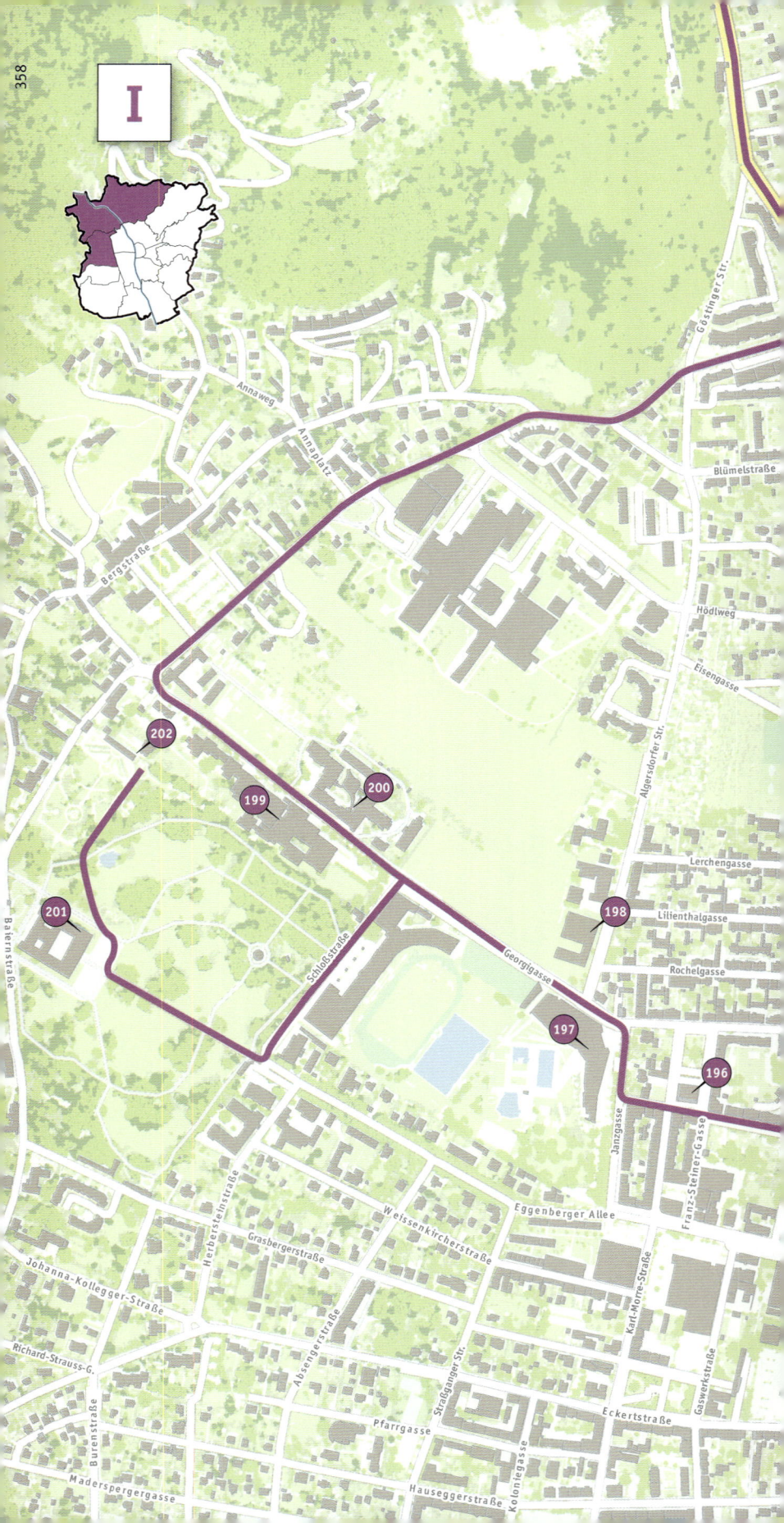

I

Annaweg

Anna Platz

Blümelstraße

Hödlweg

Bergstraße

Eisengasse

Algersdorfer Str.

202

199

200

Lerchengasse

198

Lilienthalgasse

Baiernstraße

201

Schloßstraße

Georgigasse

Rochelgasse

197

196

Janzgasse

Franz-Steiner-Gasse

Herbersteinstraße

Grasbergerstraße

Weissenkircherstraße

Eggenberger Allee

Karl-Morre-Straße

Johanna-Kollegger-Straße

Absengerstraße

Straßganger Str.

Richard-Strauss-G.

Bürenstraße

Maderspergergasse

Pfarrgasse

Hauseggerstraße

Koloniegasse

Eckertstraße

Gaswerkstraße

Göstinger Str.

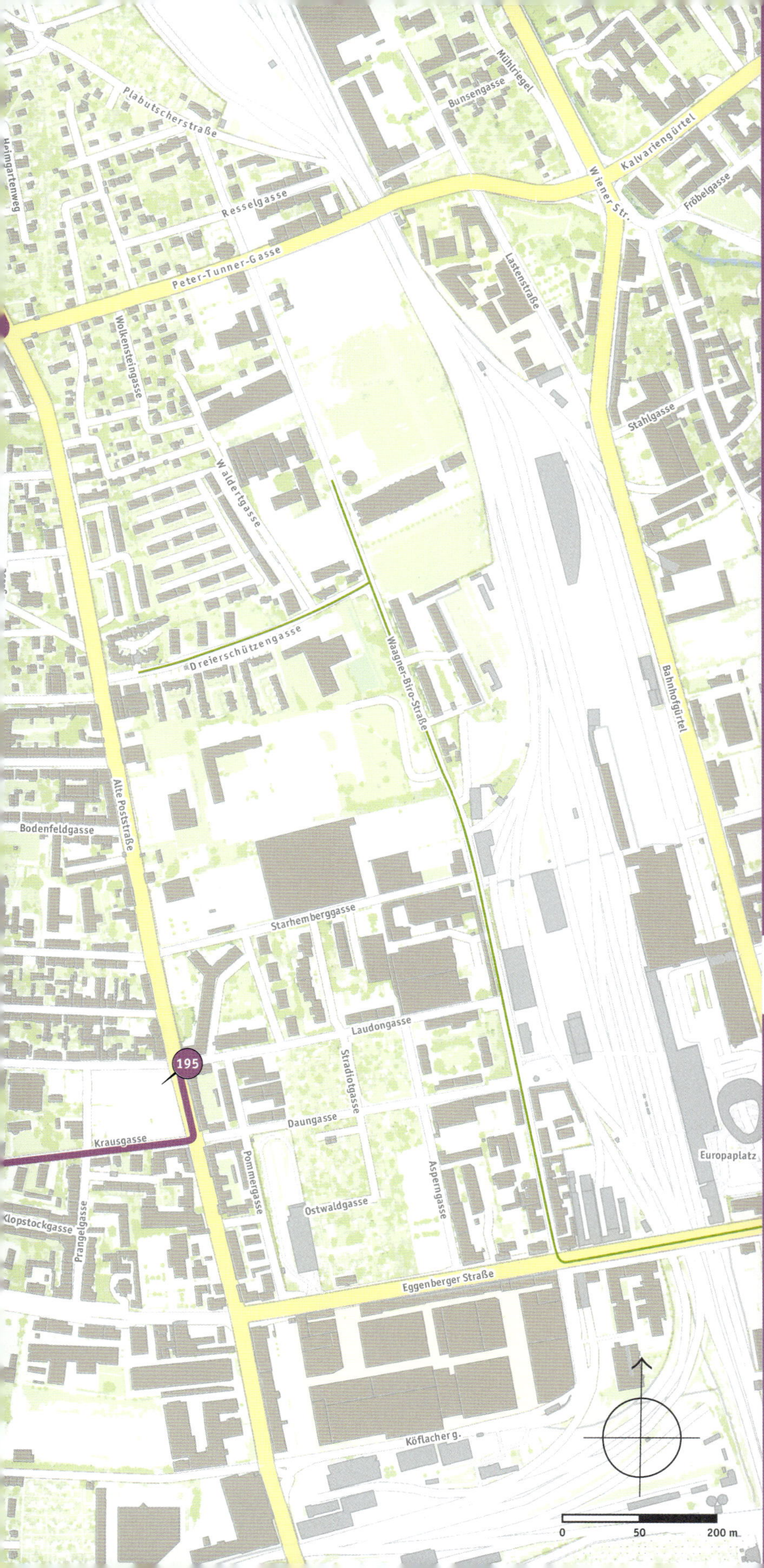
Plabutscherstraße
Heimgartenweg
Mühlriegel
Bunsengasse
Kalvariengürtel
Fröbelgasse
Wiener Str.
Resselgasse
Peter-Tunner-Gasse
Lastenstraße
Wolkensteingasse
Stahlgasse
Waldertgasse
Dreierschützengasse
Waagner-Biro-Straße
Bahnhofgürtel
Alte Poststraße
Bodenfeldgasse
Starhemberggasse
Laudongasse
Stradiotgasse
195
Daungasse
Krausgasse
Europaplatz
Pommergasse
Asperngasse
Ostwaldgasse
Klopstockgasse
Prangelgasse
Eggenberger Straße
Köflacher g.
0
50
200 m

I

I

204

Judendorfer Str.

Ruinenweg

Weinbergweg

Thalstraße

Blasbauerweg

Tiefenbachstraße

Floraquellweg

Oberweg

Fürstenstandweg

A9-Phyrnautobahn

0   50   200 m

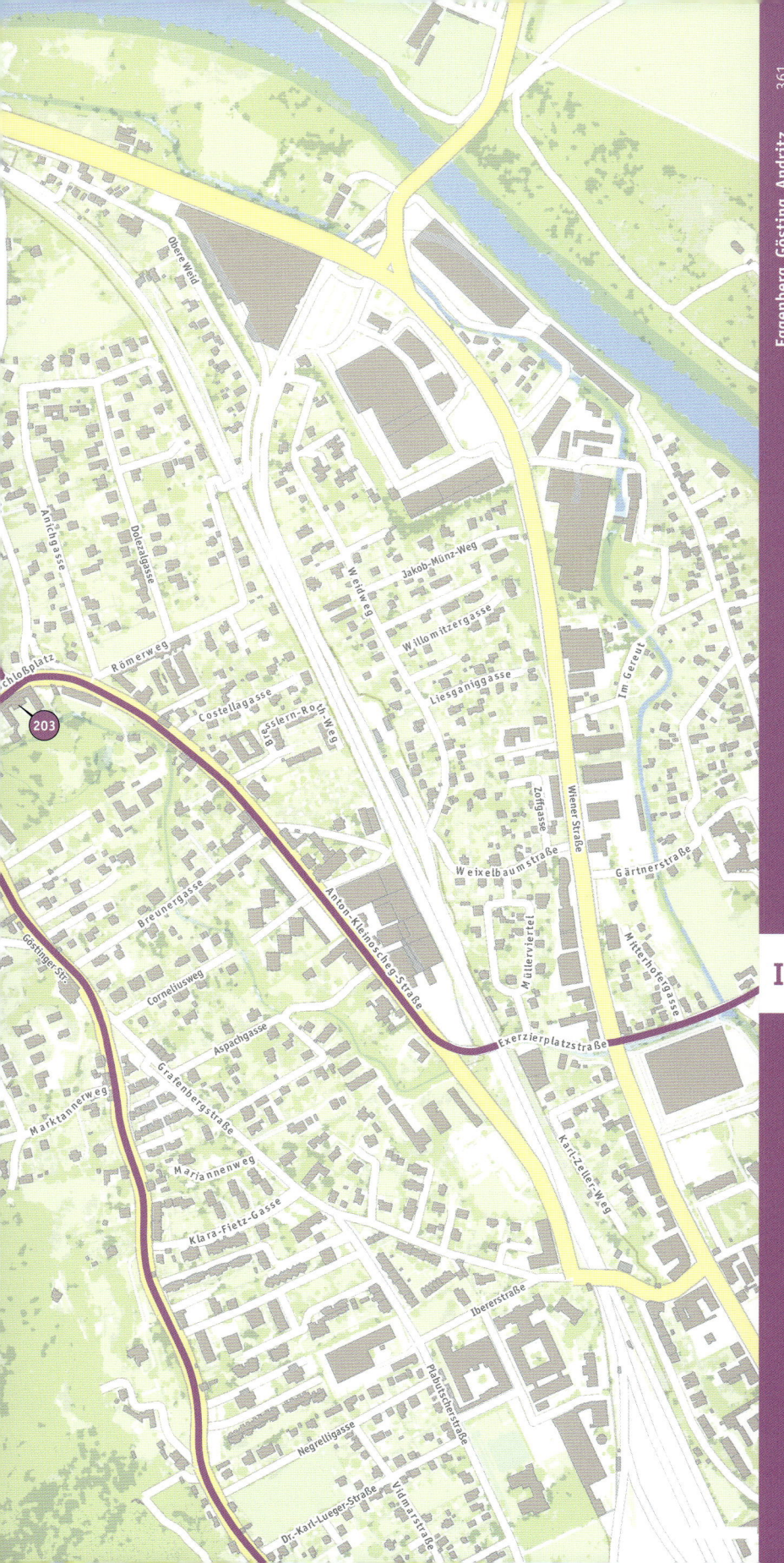

Obere Weid

Jakob-Münz-Weg

Weidweg

Willomitzergasse

Anichgasse

Dolezalgasse

Römerweg

Liesganiggasse

Im Gereut

Schloßplatz

203

Costellagasse

Gessler-Roth-Weg

Zollgasse

Wiener Straße

Gärtnerstraße

Breunergasse

Anton-Kleinoscheg-Straße

Weixelbaumstraße

Müllerviertel

Mitterhofergasse

Göstinger Str.

Corneliusweg

Aspachgasse

Exerzierplatzstraße

Grafenbergstraße

Marktannerweg

Mariannenweg

Karl-Zeller-Weg

Klara-Fietz-Gasse

Ibererstraße

Plabutscherstraße

Negrelligasse

Dr.-Karl-Lueger-Straße

Vidmarstraße

I

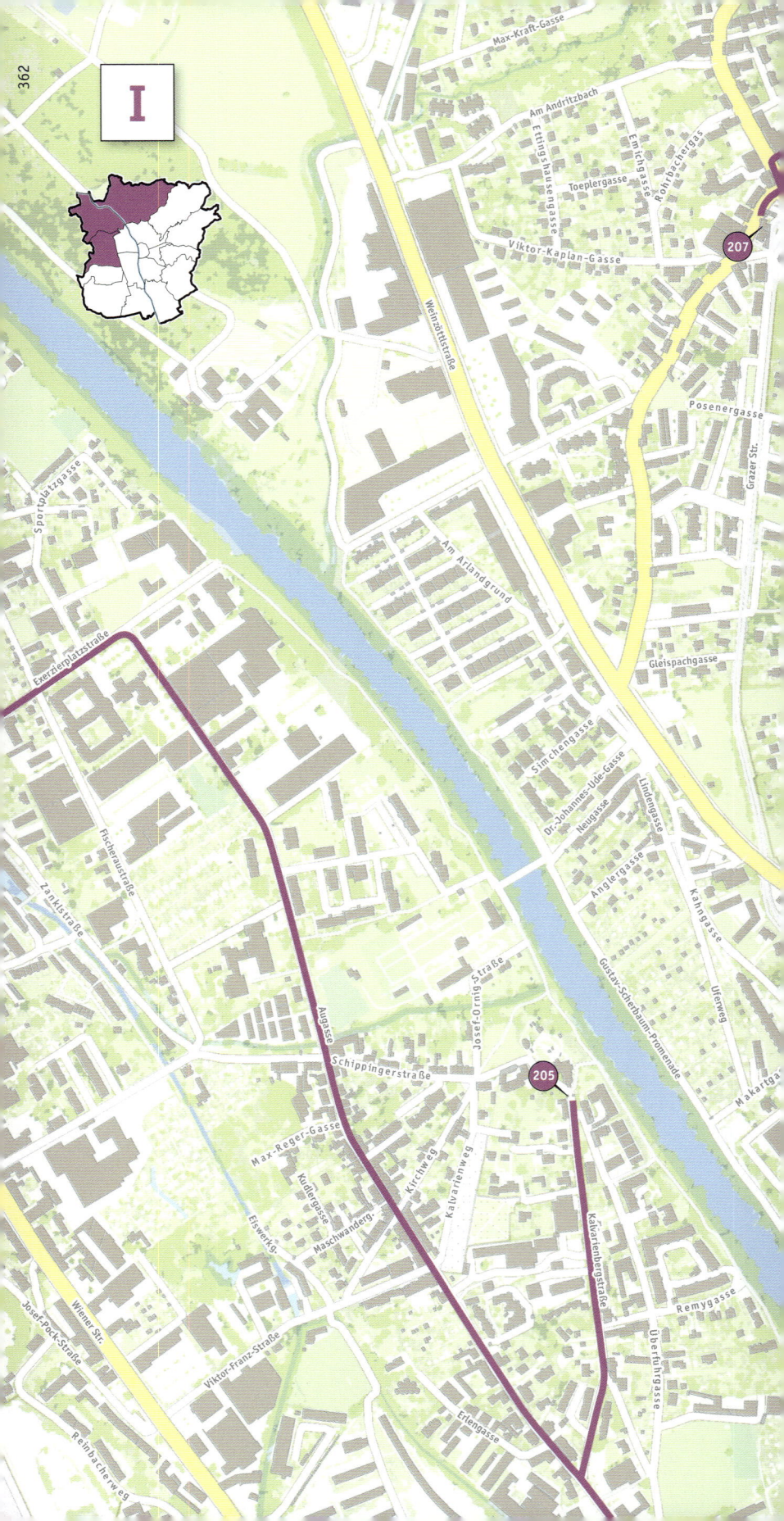

I

Max-Kraft-Gasse
Am Andritzbach
Etting-Ihausengasse
Toeplergasse
Emichgasse
Rohrbachergas
207
Viktor-Kaplan-Gasse
Posenergasse
Grazer Str.
Weinzöttlstraße
Gleispachgasse
Am Arlandgrund
Sportplatzgasse
Simchengasse
Dr.-Johannes-Ude-Gasse
Neugasse
Lindengasse
Exerzierplatzstraße
Anglergasse
Kahngasse
Fischeraustraße
Uferweg
Zanklstraße
Gustav-Scherbaum-Promenade
Augasse
Makartga
Schippingerstraße
Josef-Ornig-Straße
205
Max-Reger-Gasse
Kirchweg
Kalvarienweg
Kudlergasse
Elswerkg.
Maschwanderg.
Kalvarienbergstraße
Remygasse
Josef-Pock-Straße
Wiener Str.
Überführgasse
Viktor-Franz-Straße
Erlengasse
Reinbacherweg

208

Geißlergasse
Pfeifferhofweg
Zelinkagasse
Habertlandweg
Nordberggasse
Radegunder Str.
Andritzer Reichsstraße
Schöckelbachweg
Ziegelstraße
Am Stadtgrund
Eichenhaingasse
Kogelweg
Ulrichsweg
Viktor-Zack-Weg
Reinerweg
Weg zum Reinerkogel
Jakobsleiter
Grabenstraße
Theodor-Körner-Straße
206
Kalkstraße
Hugo-Schuchardt-Straße
Amschlgasse
Amschlkai
Kettengasse
Lilienfeldgasse
Lehargasse
Martha-Tausk-Park
Grabengürtel
Vogelweiderstr.

0   50   200 m

I

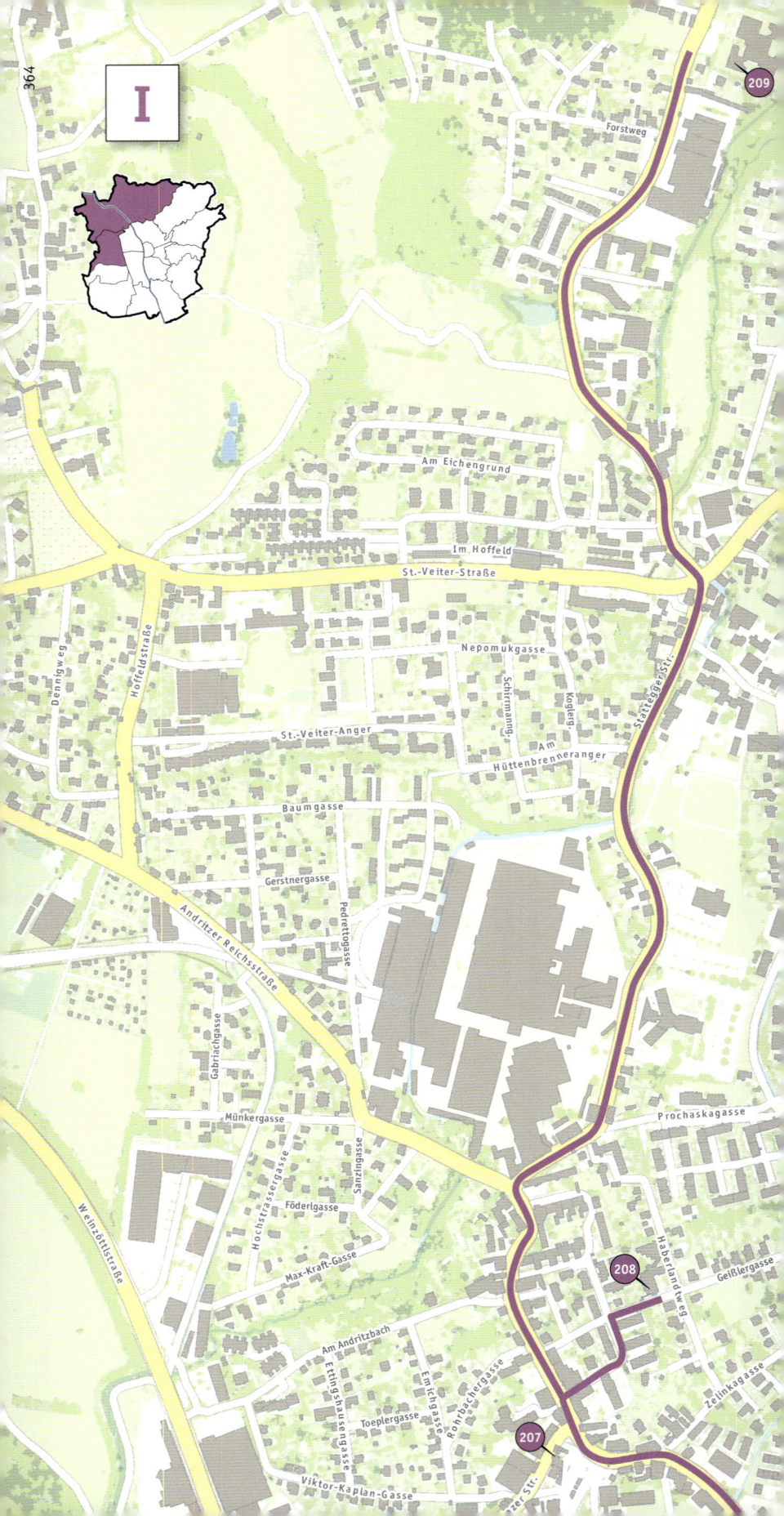

I

Schöckelstraße
Neustiftweg
Siglweg
Strassenhofweg
Weinitzenstraße
Puchleitnerweg
Mengerweg
Popelkating
Reinitzerweg
Mexikoweg
Pfanghofweg
Jaritzweg
Quiringasse
Uhlirzgasse
Innerhoferstraße
Rotmoosweg
Weizbachweg
Franz-Werfel-Gasse
Russenweg
Hans-Auer-Gasse
Im Vogelsang
Radegunder Str.
Prießnitzweg
Pfeifferhofweg
Nordberggasse

0   50   200 m

Eggenberge ↑↓  195 I

Alte Poststraße 122,
Krausgasse 4, Prangelgasse 26
PENTAPLAN
2016

Sie wirken wie eine Hommage an die Alpenrepublik, dabei sind die *Eggenberge* eine Antwort auf die heterogene Struktur der Stadt. Auf dem ehemaligen Gelände eines Autohändlers wurde die traditionelle Einfamilienhaustypologie mit Satteldach mit einem gründerzeitlichen Blockrand und spätmoderner Terrassenstruktur kombiniert. Entlang der ruhigeren Straßenzüge schafft eine abfallende Gebäudehöhe einen fließenden Übergang zu den angrenzenden Einfamilienhäusern. An den stärker frequentierten Straßenseiten fungiert eine höhere Bebauung zugleich als Schallschutz. Der im Inneren verborgene Hof steht als individuell oder gemeinschaftlich nutzbare Fläche den Bewohnern zur Verfügung. Dieser Grünraum wurde auf das erste Geschoss gehoben; darunter befindet sich die ebenerdige Garage, nach außen von Geschäftsflächen ummantelt. Ähnlich wie bei den *Mountain Dwellings* von BIG in Kopenhagen entstehen durch die 40-prozentige Neigung der Dachfläche Atrien und Terrassen für die insgesamt 149 Geschosswohnungen. Unregelmäßig verteilte bodentiefe französische Fenster mit bronzefarbenen Geländern unterbrechen die homogene Oberfläche der Fassade. Drei der vier Gebäudeseiten sind zweihüftig erschlossen und die »Berggipfel« markieren zugleich die Lage der drei Treppentürme: Gebaute Architektur wird zur Landschaft. *PB*

Markthalle Eggenberg ↗ 196 I

Hofbauerplatz
Gustav Madritsch
1972

Beim Anblick wähnt man sich auf einem Markt irgendwo im ehemaligen Jugoslawien oder in Italien zur Zeit des Brutalismus – die Vorbilder des Architekten Gustav Madritsch für die von 1969 bis 1972 geplante und noch im selben Jahr errichtete Markthalle liegen offenbar in süd- oder südosteuropäischer Betonarchitektur. Zwischen vier breit gelagerten, w-förmigen Stahlbetonstützen sind als Dach sich knapp überlappende und auf zwei Höhen versetzte Holzplatten mit einer Metalldeckung eingehängt. Im Norden grenzt eine kleine Parkanlage an den Markt, der mit einer Seitenlänge von etwa 30 Metern annähernd quadratisch ist. An den anderen drei Seiten ist der Platz jeweils von Straßen umschlossen. Der Markt lässt sich der Raumkategorie des Raumfeldes zuordnen, das, anders als ein Raumbehälter nicht von geschlossenen Raumgrenzen umgeben wird, sondern eine allseitig offene

Hallenkonstruktion bildet. In baukünstlerischer und architekturgeschichtlicher Hinsicht ist diese Konstruktion landesweit einzigartig. Derzeit ist noch unklar, ob dieses rare Zeitzeugnis aufgrund seines schlechten Zustandes erhalten werden kann – obwohl es unter Denkmalschutz steht. *SW*

Sport- und Wellnessbad Eggenberg *Auster* ↓ ↘

197 **I**

Janzgasse 21
Fasch & Fuchs
2011

Wie eine Auster öffnet sich das Sport- und Wellnessbad zur Sonne. Das aus den Sechzigerjahren stammende Frei- und Hallenbad von Hertha Rottleuthner-Fraueneder wich 2008 dem Entwurf von Hemma Fasch und Jakob Fuchs, der bis 2011 fertiggestellt wurde. Erschlossen wird das Gebäude über einen leicht ansteigenden Vorplatz, von dem aus man die mit blauen, schuppenartigen Metallpaneelen verkleidete »Schale« betritt. Gestalterisch entzieht sich die *Auster* der klaren Geometrie der Stadt. Beim Eintreten eröffnet

sich der Blick auf das gesamte Areal. Während der Sportbereich lichtdurchflutet und offen ist, wurde für den Spabereich eine dunklere Innengestaltung gewählt, die Intimität suggerieren soll. Highlight des Baukörpers ist die über dem 50 Meter langen Sportbecken mit weiß perforierten Segeln versehene Decke mit dahinterliegendem Lichtsystem des Künstlers Thomas Hamann. Die Decke dient nicht nur der Raumakustik, sondern bringt je nach Tageszeit und Farbe eine besondere Atmosphäre in die Halle. Getrennte Wegführungen für Besucher und Sportler, ein Blendschutz für die Schwimmer und eine erweiterbare Tribüne sorgen bei Veranstaltungen für einen optimalen Ablauf. *CB*

I

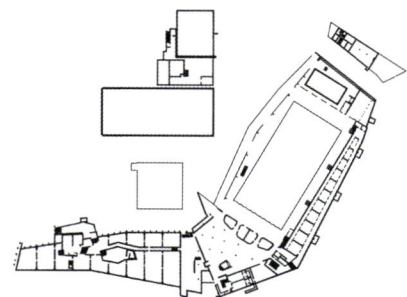

Bildungscampus Algersdorf ↑  `198` `I`
Algersdorferstraße 11
Hans Mesnaritsch,
Georg Spannberger
2016

Der zweigeschossige Schulneubau von Hans Mesnaritsch und Georg Spannberger und der Ausbau des Bestandsgebäudes ergeben gemeinsam den Bildungscampus Algersdorf. 2013 ging das Projekt aus einem EU-weiten Wettbewerb mit 72 Teilnehmern siegreich hervor. Die neue bilinguale Volksschule mit Passivhausstandard bietet Raum für zwölf Klassen. Das Gebäude zeigt eine geschlossene Fassade zur östlichen Straßenseite und öffnet sich kammartig in den westlich gelegenen Grünraum, wodurch Höfe und Terrassen als Rückzugsmöglichkeiten entstehen. An der Seite farblich akzentuiert, erscheinen die vertikalen Holzlamellen je nach Standpunkt in unterschiedlicher Intensität. Diese Farben finden sich auch im Inneren wieder und harmonieren in Kombination mit Holz- und Betonoberflächen. Zusammen mit einem Lehrerzimmer sind die Klassenräume jeweils in Vierergruppen zu einem Cluster gebündelt. So ergeben sich gemeinsame Aufenthaltsflächen, aber auch kleinere Nischen. Als zentrales Element führt eine großzügige Sitztreppe ins Untergeschoss. *PB*

Graz International Bilingual School (ehem. Pädagogische Akademie Eggenberg) ↓ `199` `I`
Georgigasse 85–89
Günther Domenig, Eilfried Huth,
Wladimir Goltnik
1969, 2010

Mit sägerauen Brettern horizontal geschalter Sichtbeton formt die plastischen Baukörper der ehemaligen Pädagogischen Akademie. Die katholische Kirche als Bauträger ist in den Sechziger- und Siebzigerjahren auch in Graz für eine Reihe außergewöhnlicher Bauwerke verantwortlich. 1964 aus einem Wettbewerb siegreich hervorgegangen, wurde das erste ausgeführte Projekt der Partnerschaft Domenig und Huth von 1965 bis 1969 realisiert. Offensichtlich waren die beiden damals vom Brutalismus beeinflusst, der von England über die Schweiz, besonders geprägt durch Walter Förderer, nach Graz kam. Auf einem

langen, schmalen, nach Westen ansteigenden Grundstück setzten die Architekten unterschiedlich dimensionierte Kuben für die einzelnen Funktionen wie Aula, Turnsaal, Internat, Klassenräume, Speisesäle und Büros gegeneinander, die sich über mehrere abgestufte Terrassen ziehen. Zwischen den Betonkörpern, die von holzgerahmten Fensterbändern durchschnitten sind, welche im Sinne der Moderne auch um die Ecken geführt werden, fügen sich Höfe und Treppen ein. Durch seine dem Gelände angepassten Höhensprünge und raue Materialität wirkt der Bau wie eine begehbare skulpturale Landschaft. Den Übergang vom Straßen- zum Eingangsbereich schafft ein erhöhter Vorplatz; in Richtung Parkanlage erstreckt sich ein Garten. Das denkmalgeschützte Gebäude wurde im Jahr 2010 durch Wladimir Goltnik renoviert und für den neuen Mieter, die Graz International Bilingual School, umgebaut, wofür Goltnik einen mit sägerauem Lärchenholz verkleideten Anbau entwarf. Im Rahmen der Renovierung wurden die originalen Tür- und Fensterrahmen aus Föhrenholz nach Möglichkeit erhalten und mit Isolierverglasung versehen. Der Anbau zitiert die Eckfenster, Höhensprünge und Fassadenoberfläche des Bestands. Durch die Witterung gleicht sich auch die Farbe des Holzes im Laufe der Zeit dem Sichtbeton an. *JL*

Zustand bis 1989

Mehrzwecksaal der Schulschwestern ↗
Georgigasse 84
Günther Domenig, Eilfried Huth, GPL Architekten
1977, 1989, 2015

200 I

Wer glaubt, dass organische Architektur mit den Gewächshäusern im Botanischen Garten (186 H) oder gar erst mit dem Kunsthaus (085 D) in Graz eingezogen ist, der irrt. Der Mehrzwecksaal der Schule der Franziskanerinnen von der Unbefleckten Empfängnis hat zwar weltweit für Aufsehen in der Fachwelt gesorgt, ist aber wegen seiner intimen Lage im Innenhof des Klosters aus dem 19. Jahrhundert der breiten Öffentlichkeit weniger bekannt. Das ab 1973 von der Planungsgruppe Domenig/Huth konzipierte und 1977 eröffnete Gebäude wurde nach Ende dieser Partnerschaft hauptsächlich von Günther Domenig ausgeführt und zeigt in Material und Struktur klar dessen Interpretation von Architektur als skulpturale Kunst. Der nahezu quadratische Grundriss wurde mit einer weich geformten, plastischen Hülle überzogen, deren animalisch wirkende Gestalt im Kontrast zum streng orthogonalen Grundriss des Klosters steht. Ausgeführt wurde die unterkellerte Halle in einem bis dato vorwiegend im Tunnelbau verwendeten Spritzbetonverfahren auf einem engmaschigen Stahlnetz, was den experimentellen Charakter des Bauwerks zusätzlich unterstreicht. Als Wärmedämmung wurde an beiden Seiten ein Thermoputz angebracht, der außen mit einer PVC-Schicht verkleidet wurde. Probleme mit der Dichte und bröckelnder Außenputz bedingten 1989 eine neue Hülle aus Zinkblech, was dem Baukörper viel von seiner ursprünglichen Anmut nahm. 2015 wurde vom Büro GPL Architekten ein dritter überdachter Zugang angefügt, der sich an die organische Architektursprache mehr schlecht als recht anzupassen versucht. Unverändert blieb dagegen der Saal im Inneren. Eine Besichtigung ist nur nach Absprache mit der Schulleitung möglich. *CHP*

I

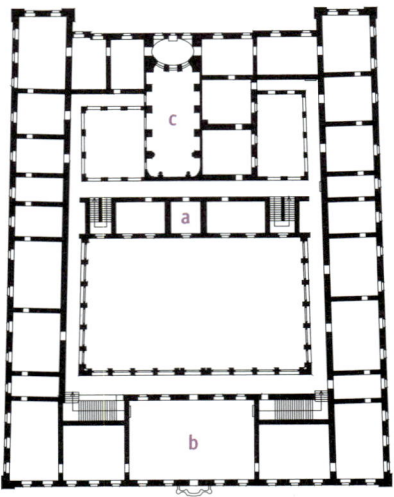

Schloss Eggenberg
Eggenberger Allee 90
Giovanni Pietro de Pomis (?),
Joseph Hueber, Franz Matern
1470, 1635, 1673, 1758, 1764, 1836

201 [I]

Als Hans Ulrich von Eggenberg – vom protestantischen Grazer Kaufmannssohn zum katholischen Reichsfürsten und engsten Berater Kaiser Ferdinands II. aufgestiegen – 1625 zum Gubernator von Innerösterreich ernannt wurde, ließ er seinen mittelalterlichen Stammsitz auf den Algersdorfer Gründen herrschaftlich ausbauen. Der Altbestand aus einem hakenförmigen Baukörper, einem freistehenden Wehrturm und einer gotischen Kapelle (a) aus dem Jahre 1470 wurde im Zuge des Umbaus, der Giovanni Pietro de Pomis zugeschrieben wird, perfekt in das 1635 fertiggestellte rechteckige Renaissanceschloss mit drei dreigeschossigen Arkadenhöfen integriert. Nicht nur für die Außenerscheinung des Schlosses Eggenberg mit

seinen Ecktürmen, sondern auch für dessen architektonisches Gesamtkonzept ließ sich Hans Ulrich, der auf seiner Kavalierstour auch Spanien besucht hatte, vom Escorial bei Madrid inspirieren. Der Fassadendekor des »steirischen Alcázar« konzentriert sich auf das triumphbogenartige Hauptportal und den Ziergiebel in der Dachzone darüber. Das Herzstück des Schlosses, der Planetensaal (b) und die ringförmig verlaufenden Prunkräume im zweiten Obergeschoss, wurde 1673 pünktlich zum Besuch von Claudia Felicitas, der Braut Kaiser Leopolds I., im Stil des Barock fertiggestellt. Von 1757 bis 1758 riss man unter der Bauleitung Joseph Huebers das Schlosstheater im Querflügel ab und setzte an dessen Stelle eine zweigeschossige Kirche (c). Auch die Ausstattung der Prunkräume war nun aus der Mode gekommen, sodass die Wände dem Rokoko entsprechend umgestaltet wurden. Aus dieser Bauphase (1763/1764) stammen auch der heute als Café dienende Gartenpavillon und die zwölf Tore der Umfassungsmauer des Parks. Von 1820 bis 1836 fand mit der Umwandlung des formalen französischen Parks in einen englischen Landschaftsgarten durch den schlesischen Gärtner Franz Matern die letzte Neugestaltung statt, in deren Zentrum das »chinesische« Parapluie (Schattenspender) auf dem aufgeschütteten Rosenhügel steht. Das Bemerkenswerteste an Schloss Eggenberg ist aber das kosmologische Gesamtkonzept: Während die vier Ecktürme exakt in die vier Himmelsrichtungen zeigen, stehen die 365 Außenfenster für die Tage des Jahres, die 24 Prunkräume für die Stunden des Tages und deren 52 Fenster für die Wochen im Jahreskreis. Der von Hans Adam Weißenkirchner geschaffene Gemäldezyklus im Planetensaal zeigt Bildnisse der Tierkreiszeichen, der sieben Planeten und der vier Elemente und komplettiert damit das von Hans Ulrich im Sinne des fürstlichen Absolutismus gewünschte Abbild des Universums. Heute fungiert das Schloss Eggenberg als Museum und beherbergt neben der Münzsammlung auch die Alte Galerie. *SK*

Archäologiemuseum Eggenberg, Lapidarium ↓
Eggenberger Allee 90
*Purpur.Architektur,
BWM Architekten*
2004, 2009

202 I

Für die Ausstellung von Objekten aus Stein des Universalmuseums Joanneum entwarf das Büro Purpur.Architektur eine elegante, südeuropäisch anmutende Stahlkonstruktion. Das Bauwerk fügt sich zwischen den noch erhaltenen Mauern der Orangerie aus dem 18. Jahrhundert und der nördlichen Begrenzungsmauer des Schlosses Eggenberg ein. Im Zuge einer Erweiterung durch unterirdische Präsentationsräume von BWM Architekten im Jahr 2009 wurde der Haupteingang an die Stelle des ehemaligen Seiteneingangs verlegt. Neben den Ausstellungsstücken wecken unterschiedliche Niveaus und massive sowie transparente Begrenzungen den Entdeckergeist der Besucher. *EP*

I

Schloss Gösting
Schlossplatz 7
Johann Georg Stengg (?),
Karl Lacher
17. Jh., 1728, 1765/1770,
1845, 1891

Am Fuße des Burgbergs Gösting liegt eines der schönsten Barockschlösser der Steiermark, welches für Ignaz Maria Graf Attems, den Bauherrn beziehungsweise »Kavaliersarchitekten« des Palais Attems (007 A), erbaut wurde. Zugeschrieben wird der Entwurf der von 1724 bis 1728 errichteten Sommerresidenz Johann Georg Stengg, der dabei ein älteres Amtsgebäude aus dem 17. Jahrhundert integrierte. 1891 kam es zu einer Umgestaltung der Innenräume durch Karl Lacher. Bis 1955 zählte das U-förmige Bauwerk mit südlich ausschwingenden Pfeilarkaden und anschließenden Pavillons zu den Besitztümern der Grafschaft Attems. Seit den Achtzigerjahren beherbergt das Schloss Eigentumswohnungen. Die langgestreckte Straßenfassade bildet einen erhöhten dreiachsigen Mittelrisalit aus. Über einer genuteten Sockelzone erhebt sich die von Hermenpilastern gegliederte Beletage, deren Fenster auf gebauchten Parapet-Konsolen ruhen und von gewellten Sprenggiebeln mit eingestellten Ziervasen bekrönt werden.

Filigraner Laub- und Bandlwerkstuck zieht sich über Pilaster und Kranzgesims und wird in der feinmaschigen Struktur der schmiedeeisernen Fenstergitterkörbe weitergeführt. Im Mittelrisalit sorgen Ochsenaugenfenster für eine zusätzliche Belichtung des dahinter befindlichen Festsaals. Während die seitlichen Flügelbauten kaum geschmückt sind, tritt im gartenseitigen Ehrenhof der Mittelrisalit des Haupttraktes, hinter dem sich das zweiarmige Treppenhaus verbirgt, kulissenartig hervor und ist nun fünfachsig. Von Vasen bekrönte Voluten vermitteln in jeweils zwei Schwüngen von den niedrigeren Seitenachsen zu den drei höheren Mittelachsen, auf deren Walmdach ein um 1765/1770 hinzugefügter Volutenziergiebel sitzt. Der geometrische Barockgarten wurde von 1844 bis 1845 in einen englischen Landschaftspark umgestaltet. *AW*

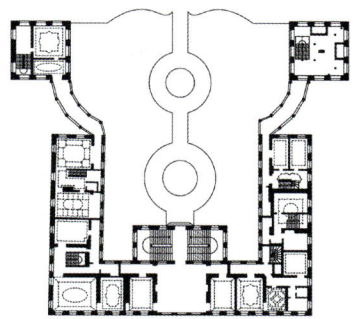

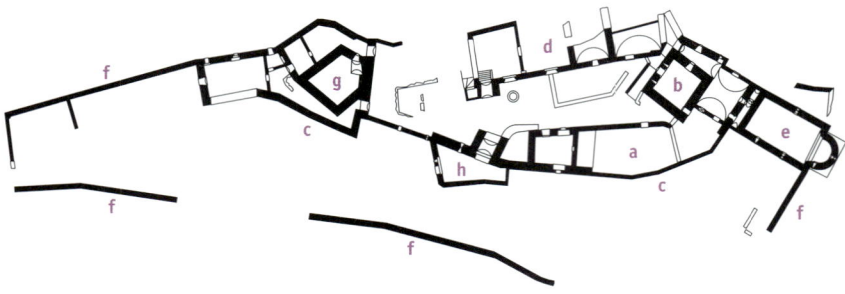

Burgruine Gösting

Ruinenweg

Anton Rechberger u. a.

um 1138, Anfang u. Mitte 13. Jh.,
Mitte 15. Jh., 17. Jh., 1882, 1932

204 Ⅰ

Wie sehr die Burgenromantik nicht nur Produkt, sondern auch Urheber des Burgenbaus ist, zeigt sich exemplarisch an dieser bedeutendsten hochmittelalterlichen Burgruine der Steiermark. 1138 als landesfürstliche, aber stets von Lehensmännern verwaltete Burg zum ersten Mal erwähnt und wohl auch kurz davor errichtet, folgt die Burg Gösting der damals zu beobachtenden Tendenz der »Vertikalverschiebung« des Adels aus siedlungsnahen Tallagen in höhere Gefilde. In dieser *splendid isolation* besteht die »Urburg« von Gösting aus einem Palas im Süden (a), einem übereck gegen die Hauptangriffsseite gestellten Bergfried (b) im Osten und einer diese beiden umfangenden, linsenförmigen Ringmauer (c), deren westliche Spitze noch im Fünfeckturm (g) aus dem 15. Jahrhundert erhalten ist. Anfang des 13. Jahrhunderts wurde dann ein größerer Palas (d) im Norden erbaut und die Ringmauer nach Westen erweitert. Der Bau der zweigeschossigen spätromanischen Kapelle (e) ist zur Mitte des 13. Jahrhunderts anzusetzen, wobei nur die obere, dem heiligen Ritter Georg geweihte Kapelle als eigentliche Burgkapelle diente, während die untere Annakapelle als Pfarrkirche der Gemeinde Gösting anzusehen ist. Diese besaß einen eigenen Eingang an der Südseite, der unmittelbar hinter dem Tor der nun hochgezogenen äußeren Ringmauer (**f**) lag. In den folgenden Jahrhunderten verlor die Burg schrittweise an Bedeutung. Baulich sind nur noch der Ausbau der Westspitze der inneren Ringmauer zum bereits genannten Fünfeckturm (**g**) im 15. Jahrhundert und die Ausstattung der Mauern mit Schießscharten sowie der Aufbau einer Glockenstube mit Schallfenstern über den Kapellenapsiden im 17. Jahrhundert zu erwähnen. Damals diente die Burg nur noch als Pulvermagazin und wurde bei einem Blitzschlag 1723 schließlich zerstört, sodass ihr Besitzer Ignaz Maria Graf Attems als Ersatz das Schloss Gösting (203 I) im Tal errichten ließ. Von 1881 bis 1882 weckte dann der Grazer Schmied und Burgenliebhaber Anton Rechberger die Ruine aus ihrem Dornröschenschlaf und begann mit dem Wiederaufbau: Er deckte die Kapelle neu

Gebrüder Rospini, Burgruine Gösting von Osten, um 1850

ein und rekonstruierte den eingestürzten Bergfried (ein historisches Foto von etwa 1850 zeigt den Zustand vor diesem Eingriff). Der 1925 gegründete Burgverein tat es ihm gleich und baute bis 1932 vieles neu auf, unter anderem das Innere Burgtor (**h**). Für den Laien sind heute Moderne und Mittelalter kaum mehr unterscheidbar, und man muss wohl beides als das sehen, was es vom Resultat her ist: Burgenromantik pur. *AW*

I

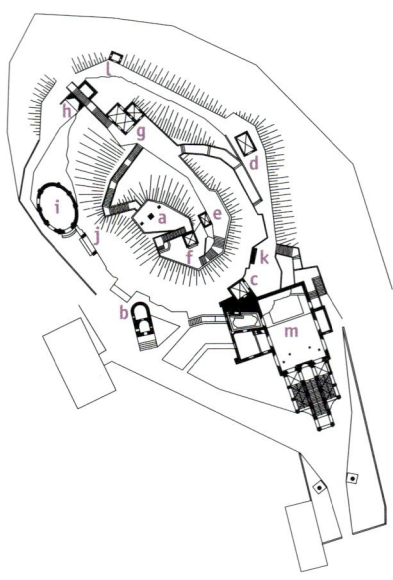

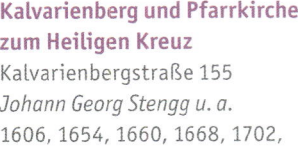

Kalvarienberg und Pfarrkirche zum Heiligen Kreuz

205 I

Kalvarienbergstraße 155
Johann Georg Stengg u. a.
1606, 1654, 1660, 1668, 1702,
1723, 2. Hälfte 19. Jh.

Von der Altstadt führen sieben Prozessionsbildstöcke zum Kalvarienberg – ein Weg, der die Via Dolorosa in Jerusalem nachbildet. Schon im Spätmittelalter hatten Heilige Berge oder *Sacri Monti* zunehmend an Bedeutung gewonnen. Die felsige Erhebung am rechten Murufer im Norden von Graz – der Austein –, die 1596 in den Besitz der Jesuiten gelangt war, wurde im Zuge der Gegenreformation in ein solches begehbares Environment der Passion Christi verwandelt. 1606 initiierte Obersthofmeister Bernhard Walter mit der Errichtung einer Kreuzigungsgruppe an der

Spitze des Austeins (a, im 18. Jh. erneuert) die ersten Wallfahrten. Aufgrund steigender Popularität wurde die Glaubensstätte ab 1654 ausgebaut und Kreuzwegstationen wurden errichtet: Sechs von Kaiser Leopold I. gestiftete Kapellen mit verschiedenen Leidensszenen (c, d, e, f, g, h) stammen aus dem Jahre 1660 und sind mit Rundbogenportalen sowie bemerkenswerten schmiedeeisernen Gittertoren ausgestattet. Die Mariatroster Kapelle (ehemalige Dismaskapelle, i) wurde 1701 fertiggestellt und ersetzte die frühere Kapelle zu Ehren der Heiligen Rosalia. Daneben eilen in einer kleinen Kapelle von 1720/1725 die drei Frauen zum Grab (j). Zu den jüngsten Stationen gehören die Petrusgrotte (k) und die Johannes-Nepomuk-Kapelle (l) aus dem 19. Jahrhundert. Die Grabkapelle (b) von 1654 ist das älteste Objekt und besteht aus einem

quadratischen Vorraum mit anschließender halbrunder Grabkammer, deren Fassade durch neun spitzbogige Blendarkaden gegliedert wird. Mit dieser historisierenden Gestaltung sollte ein Abbild der Grabeskirche in Jerusalem geschaffen werden. 1668 ließ Georg von Herberstein die Ölbergkapelle, die den Beginn des Kreuzwegs markierte, zu einer einschiffigen Kirche (m) ausbauen, der heutigen Pfarrkirche zum Heiligen Kreuz. Der südliche Vorbau in Form einer Heiligen Treppe nach dem Vorbild der *Scala Santa* beim Lateranpalast in Rom wurde aber erst 1723 nach den Plänen von Johann Georg Stengg hinzugefügt. Die zentrale Treppe ist tonnengewölbt und wird von schmäleren Aufgängen gesäumt, die in den Kirchenraum führen. Darüber dient die Attika als Schaubühne für eine Ecce-Homo-Szene, wie auch die felsige Chorwand im Inneren zur Darstellung der Ölbergszene genutzt wird. Theatralik wird hier als wirksames Mittel zur Verbreitung des Glaubens eingesetzt: eine Methode, ganz im Sinne der Jesuiten. *SK*

L-förmige Ensemble an einem Hanggrundstück aus einem längs der Straße verlaufenden, zweigeschossigen und einem orthogonal rückversetzen Baukörper gleicher Größe zusammen, die ein schmaler Korridortrakt als Gelenk verbindet. Vor der 1981 erfolgten Weihe der angrenzenden Kirche St. Salvator mit Pfarrzentrum, einem Entwurf von Team A, wurden diese beiden Bauten als Seelsorgezentrum mit provisorischer Saalkirche genutzt. Bei der als plastisches Relief behandelten Straßenfassade unterteilen schlanke Sichtbetonpfeiler die verschieden breiten Fensterachsen. Über den Fenstern wölben sich, wie an den anderen, aber einfacher gerasterten Fassadenseiten auch, Sichtbetonfelder nach oben zur Traufkante. Diese Felder korrespondieren mit dem massiven, gen Himmel strebenden Vordach. Im Innenhof, den die beiden Bauten von Lorenz gemeinsam mit dem Kirchenbau bilden, ergänzt den Kindergarten seit 2012 ein eingeschossiger Holzpavillon von Peter Reitmayr, der auch das Bestandsgebäude sanierte. *SW*

Kindergarten Salvator

206 **I**

Theodor-Körner-Straße 141
Karl Raimund Lorenz,
Peter Reitmayr
1969, 2012

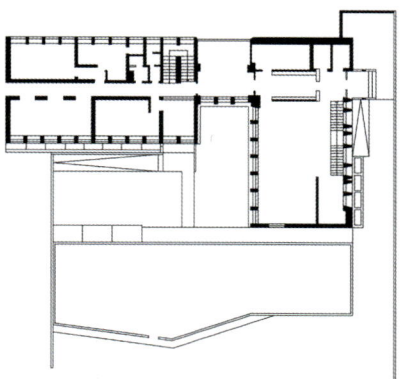

Brutalistischer Architektur begegnet man in Graz eher selten. Und auch der zwischen 1967 und 1969 gebaute Kindergarten Salvator von Karl Raimund Lorenz weist eine eher moderate Form dieses Baustils auf. Umgeben von lockerer Ein- und Mehrfamilienhausbebauung setzt sich das

I

I

208 I

Raiffeisenbank Graz-Andritz 207 I
Grazer Straße 62
Team A Graz
1980

Die Postmoderne ist an der Grazer Architekturszene nahezu spurlos vorübergegangen, und wenn, hat sie nur marginale Bauten hinterlassen. Eine ganz und gar nicht stilreine, aber qualitätsvolle Ausnahme stellen Umbau und Erweiterung der Raiffeisenbank Andritz durch das Team A Graz (Franz Cziharz, Dietrich Ecker, Herbert Missoni, Jörg Wallmüller) dar, das nicht nur den Wünschen des Bauherrn nach einer entsprechend funktionalen und repräsentativen Bankfiliale, sondern auch der Öffentlichkeit nach Aufwertung des Ortszentrums entgegenkam. Das dreieckige Grundstück war durch eine zu erhaltende Linde an dessen nördlicher Spitze und den ringsum fließenden Verkehr inklusive Straßenbahn determiniert. Die Architekten zerlegten in dem von 1977 bis 1980 realisierten Projekt durchaus noch funktionalistisch die verschiedenen Funktionen in einzelne Baukörper entlang der Straße und fügten sie deutlich ablesbar von Norden nach Süden aneinander: die Kassenhalle mit Haupteingang, den gelenkartigen Turm für die innere Erschließung, den zweigeschossigen Bürowürfel mit innenliegendem Lichthof und den außenliegenden Fluchttreppenturm an der Ecke zum Andritzer Hauptplatz. Dominiert bei den drei letzteren noch klar die tragende Stahlbetonkonstruktion, die lediglich bei den Büros im Obergeschoss mit Backsteinen ausgefacht ist, so übernimmt bei der Kassenhalle und dem Haupteingang der dekorative Einsatz reliefartiger Backsteinverbindungen die Oberhand. Dieses Motiv und dessen Kombination mit Sichtbeton geht eindeutig auf das Vorbild des

slowenischen Architekten Edvard Ravnikar zurück (z. B. *Ferantov Vrt*, 1975, Ljubljana), zu dem das Team A enge Beziehungen pflegte und der 1988 von der TU Graz mit einem Ehrendoktorat gewürdigt wurde. Bei der Andritzer Bank kommen aber noch typisch postmoderne Thermenfenster- und Bullaugenmotive hinzu, während sich der Eingangsbereich in kleinteilige Stahl-Glas-Würfel auflöst. Vor der Linde im Norden weicht die Kassenhalle mit einer konkaven Glaswand zurück und stellt den Baum in die Auslage des Geldinstituts. Keine schlechte Botschaft an einem verkehrsumspülten Platz. *AW*

Pfarrkirche zur Heiligen Familie 208 I
Haberlandtweg 17
*Karl Raimund Lorenz,
Werkgruppe Graz*
1960, 1980

Als der Vorort Andritz, der pfarrlich zu St. Veit gehörte, durch seine wachsende Industrie immer mehr Bewohner gewann, strebte die Diözese nach dem Zweiten Weltkrieg die Gründung einer eigenen Pfarre an. Karl Raimund Lorenz entwarf 1956 im Zuge eines geladenen Wettbewerbs einen Kirchenbau samt Turm und Pfarrhaus, die von 1959 bis 1960

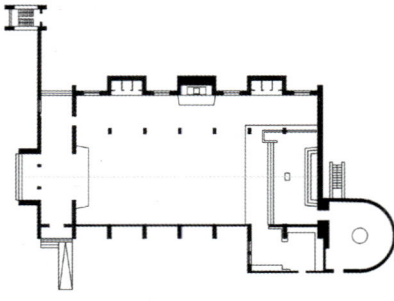

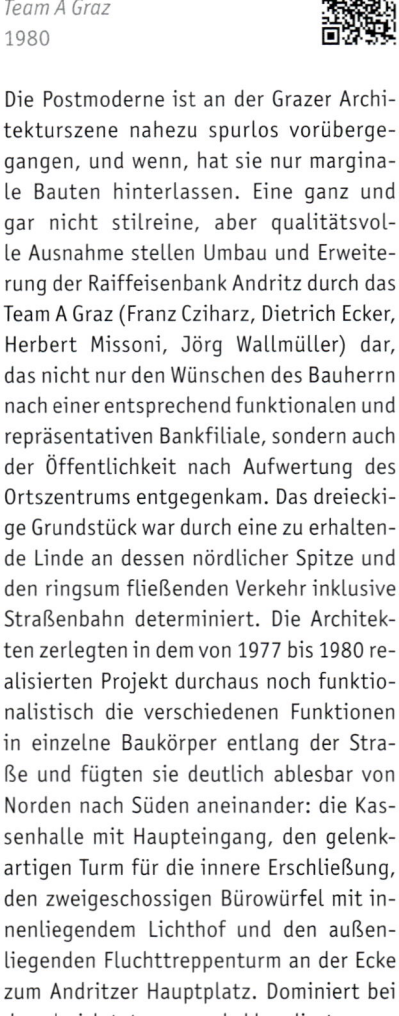

errichtet wurden. Trotz ungünstiger Lage abseits des Ortskerns gelingt Lorenz die Einbindung des L-förmigen Gebäudekomplexes über geschickt gesetzte Sichtachsen. An der einzigen, vom Zentrum sichtbaren Stelle am Grundstück befindet sich der Glockenturm, dessen Höhe mit dem flach geneigten Satteldach der rechteckigen, zweischiffigen Halle kontrastiert. Der zweite Schenkel des Baukörpers beherbergt das Pfarrhaus. Dieses fügt sich mit schlichter Fassaden- und Dachgestaltung in die von Einfamilienhäusern geprägte Umgebung ein und ordnet sich gleichzeitig dem genordeten Kirchenbau optisch unter. Ein Raum der Klarheit und Ruhe öffnet sich beim Betreten der formal reduzierten Gebetsstätte über die innenliegende Vorhalle. Die östlichen Wandpfeiler im Außenbereich erinnern im Zusammenspiel mit den rechteckigen, mit Travertin verkleideten Pfeilern im Inneren an ein axialsymmetrisches, dreischiffiges Langhaus, dessen Seitenwände so verschoben wurden, dass bloß ein westliches Nebenschiff mit Nischen für eine Kapelle und Beichtstühle entsteht. Über farbintensive Glasbilder an der Westseite und alternierende Gittersteine aus Glas und Beton an der schachbrettförmig gerasterten Ostwand wird der Raum in meditatives Helldunkel getaucht. Besonderes Augenmerk gilt dem Hauptaltar, der sich über ein mehrstufiges Podest und eine tuffsteinverkleidete Rückwand vom restlichen Kirchenraum abhebt und den ein gewebter purpurroter Baldachin überhöht. Von 1976 bis 1980 erweiterten die Architekten der Werkgruppe Graz den Gebäudekomplex in Richtung Norden um das Andritzer Begegnungszentrum ABC. *AN*

Pflegewohnheim *Erika Horn*

Stattegger Straße 100
Dietger Wissounig Architekten
2015

209 I

Private Rückzugsmöglichkeiten, aber auch behagliche Gemeinschaft sind die Kernelemente des von 2014 bis 2015 umgesetzten Entwurfs von Dietger Wissounig Architekten, die 2012 einen geladenen Wettbewerb für sich entscheiden konnten. Der Grundriss des am Übergang vom Stadtrand zum ländlichen Raum gelegenen zweigeschossigen Pflegewohnheims ist kleeblattförmig aufgebaut: Vier Flügel mit Wohneinheiten umgeben das dorfplatzähnliche Zentrum als Treffpunkt der etwa 100 Bewohner. Lärchenholz – in Mischbauweise mit Beton – unterstützt als nachwachsender Rohstoff das Konzept des Passivhauses. Großzügige Öffnungen schaffen eine angenehm helle Atmosphäre im Inneren; die vertikale Strukturierung der vorgefertigten Fassadenelemente entsteht durch zurückversetzte raumhohe Glasflächen. Die Möglichkeit kurzer Wege, Blickbezüge sowie die Vernetzung zwischen Innen- und Außenraum stellen weitere Stärken des Entwurfs dar. Familiäre Hausgemeinschaft, leichte Orientierung und größtmögliche Selbstständigkeit der hier lebenden Menschen stehen im Vordergrund. *PB*

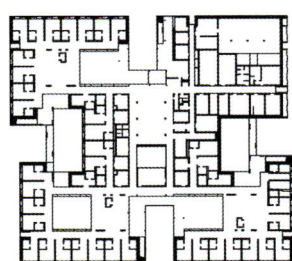

J

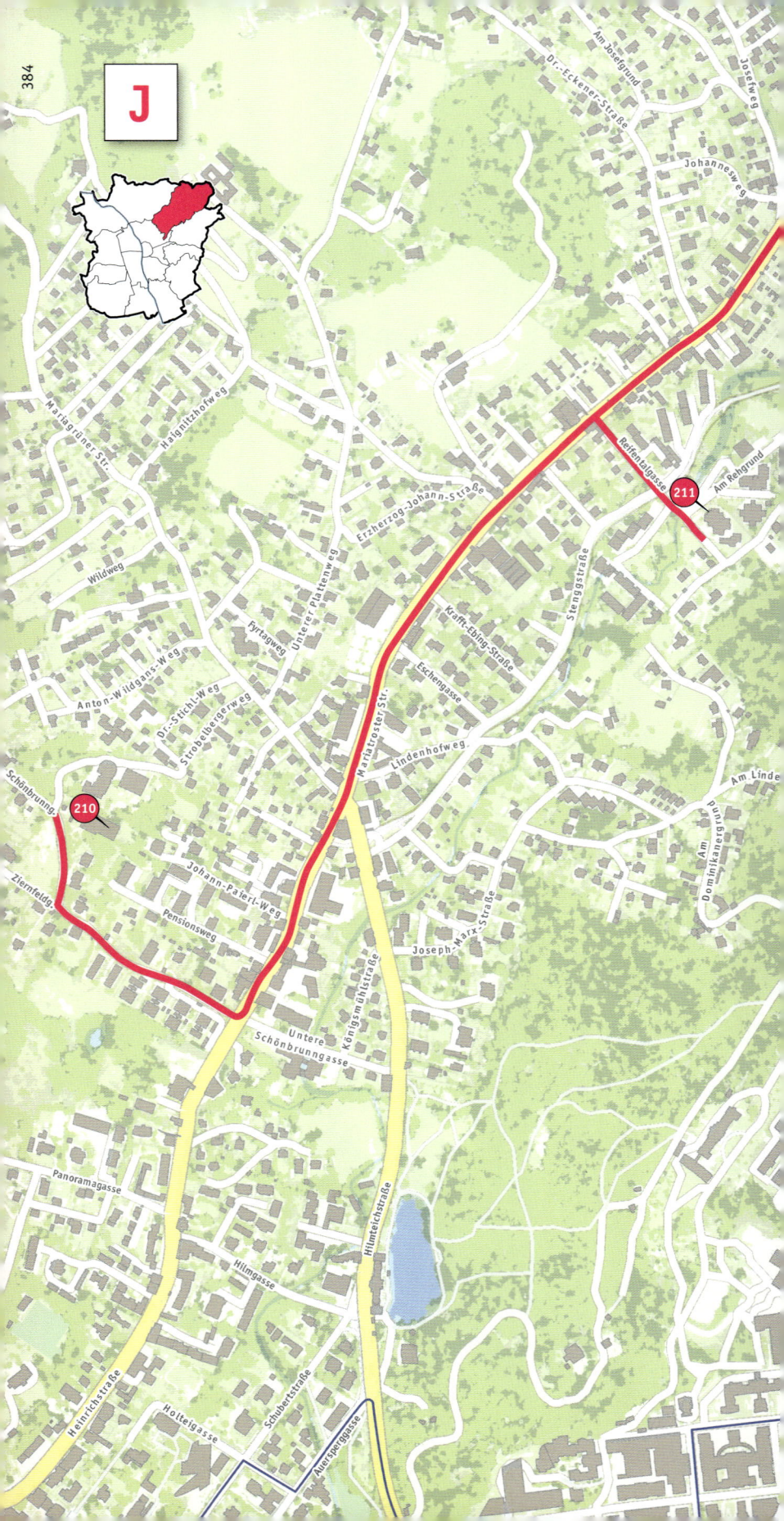

J

Janitschhofw.

Rettenbacher Str.

212

Wagnesweg

Hans-Mauracher-Straße

Waldhofweg

Freihofanger

Roseggerweg

Walter-Flex-Weg

Großgrabenweg

Hahnhofweg

Kollonitschstraße

Auenbruggerplatz

Meinonggasse

Stiftingtalstraße

Fosselgasse

Roßmanngasse

J

Aspasiagasse

Gstirnergasse

Holuogasse

Billrothgasse

Neue Stiftingtalstraße

0   50   200 m

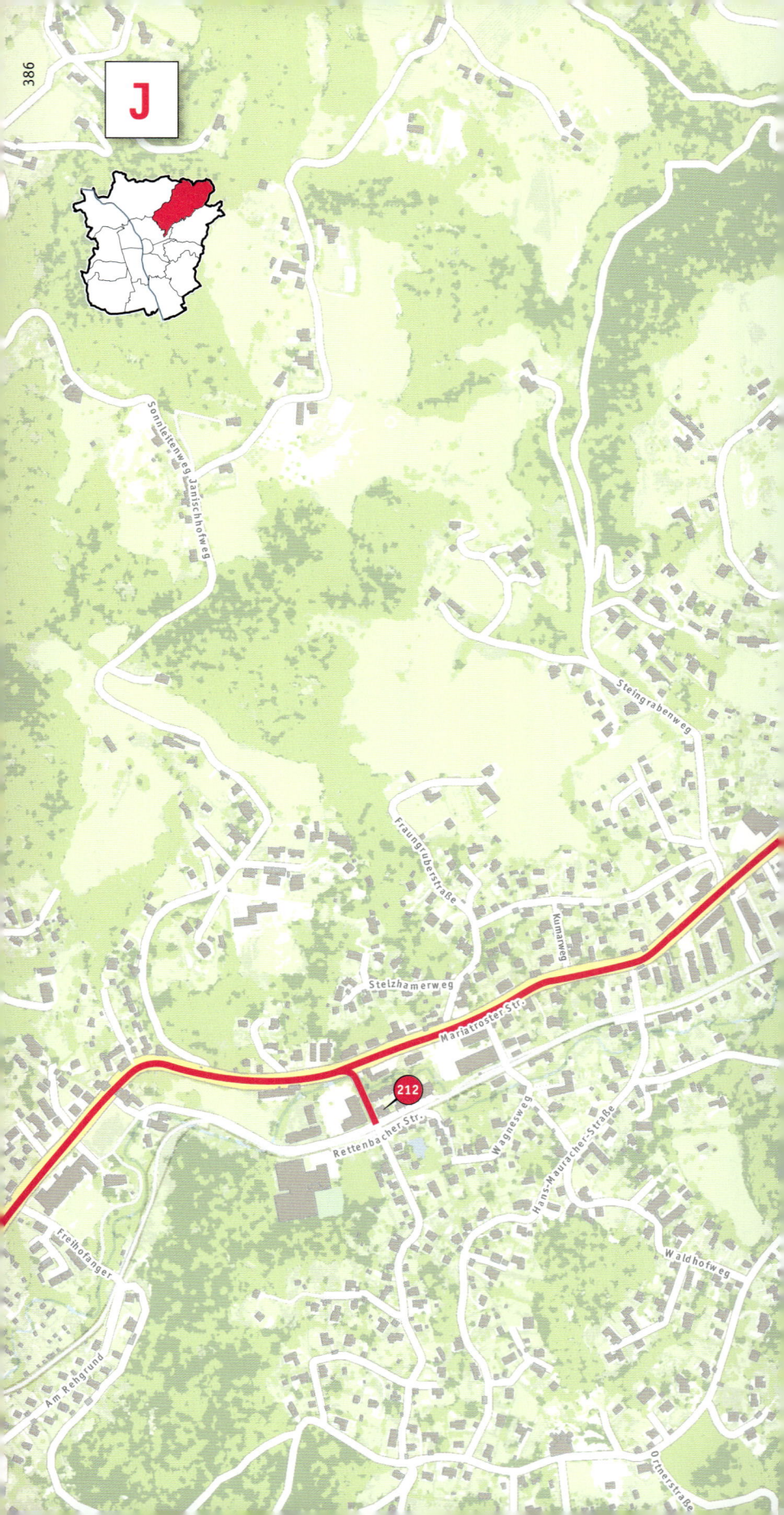

J

Sonnleitenweg Janischhofweg

Steingrabenweg

Fraungrubestraße

Kumarweg

Stelzhamerweg

Mariatroster Str.

212

Rettenbacher Str.

Wagnesweg

Hans-Mauracher-Straße

Waldhofweg

Freihofanger

Am Rehgrund

Ortnerstraße

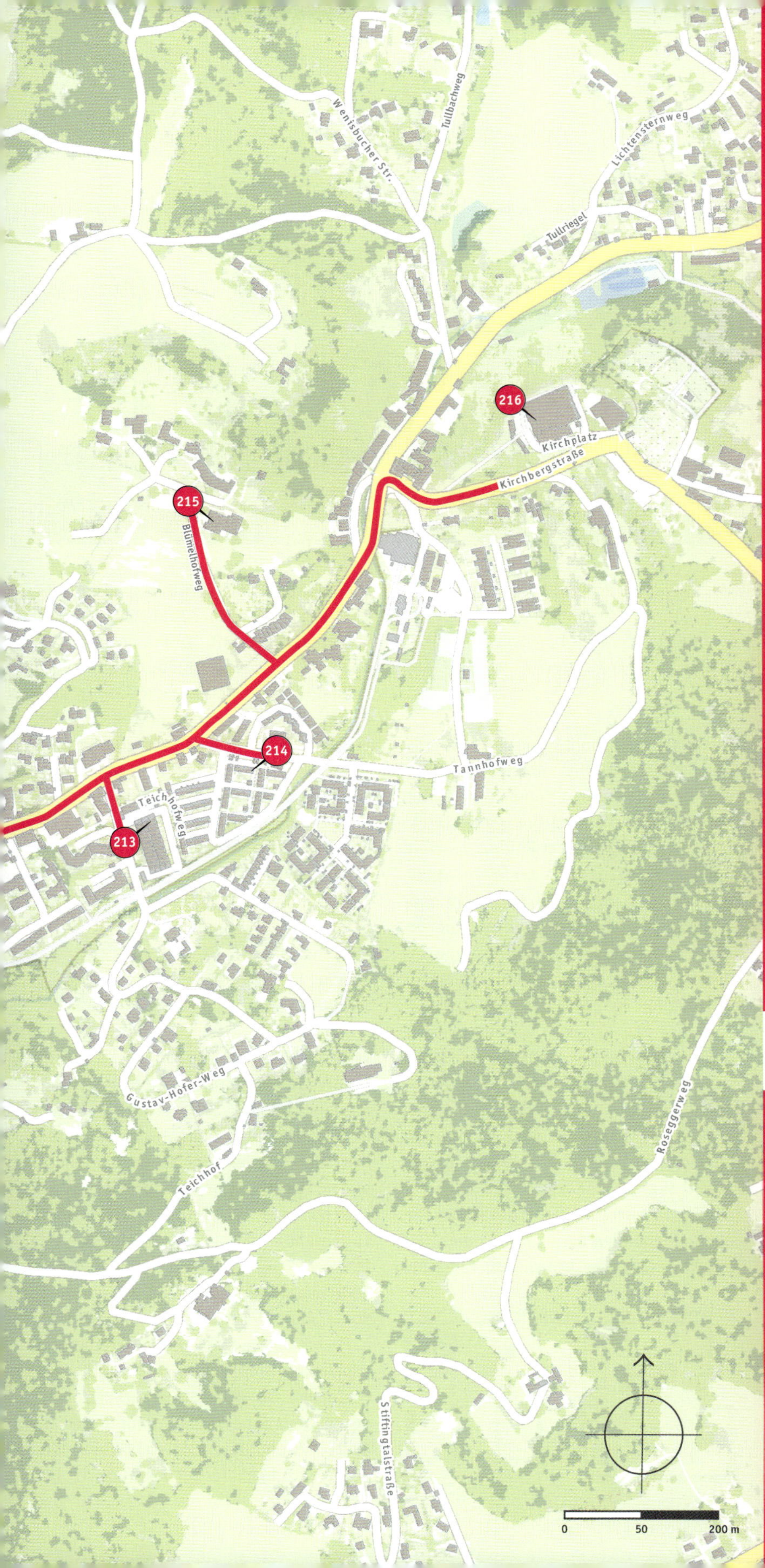

Wentsbucher Str.

Tullbachweg

Tullriegel

Lichtensternweg

216

Kirchplatz

Kirchbergstraße

215

Blumelhofweg

214

Tannhofweg

Teichhofweg

213

Gustav-Hofer-Weg

Teichhof

Roseggerweg

Stiftingtalstraße

J

0   50   200 m

Volksschule Mariagrün

210 J

Schönbrunngasse 30 b
*Architekturwerk Christoph Kalb,
Philipp Berktold Architekten*
2014

Durch sensible Einbettung in die Umgebung, hohe Flexibilität im Innenraum und den Bezug zwischen Innen und Außen konnten sich die Vorarlberger Architekten Christoph Kalb und Philipp Berktold bei dem 2010/2011 von der Grazer Stadtbaudirektion europaweit ausgeschriebenen Wettbewerb gegenüber 167 Konkurrenten durchsetzen. Ummantelt von sägerauen Lärchenholzlamellen, schmiegt sich das von 2012 bis 2014 in Passivhausbauweise ausgeführte, dreigeschossige Schulhaus an den Hang. Vor den Fenstern vergrößert sich der Lamellenabstand, um schließlich vor den Loggien großzügige Öffnungen auszusparen. Die einheitliche und zugleich abwechslungsreiche Holzfassade sorgt also auch für den Sonnenschutz, ohne die Ausblicke in den umliegenden Park zu behindern. Im obersten Geschoss beginnend, führt die

Bewegung der kleinen und großen Nutzer, dem Hangverlauf folgend, über das Mittelgeschoss mit Werkräumen, Turnsaal und Garderobe zur überdachten Terrassenfläche in den Außenraum. In den ersten beiden Geschossen werden die vier Jahrgänge in zwei Raumcluster eingeteilt. Durch Verkleinerung der Klassenzimmer wurde ein großer zentraler Bereich, um den sich vier Lerngruppen anordnen, für jahrgangsübergreifenden Unterricht geschaffen. *PB*

Pfarrzentrum Kroisbach

211 J

Am Rehgrund 2
*Wolfgang Kapfhammer,
Johannes Wegan*
1974, 1984

Die Architekten Wolfgang Kapfhammer und Johannes Wegan realisierten hier ein Bauwerk, das in seiner expressiven und brutalistischen Erscheinung der Grazer Schule in den Siebzigerjahren entspricht. Das ab 1969 geplante, 1970 bei einem Wettbewerb ausgewählte und bis 1974 fertiggestellte Pfarrzentrum Kroisbach ersetzt eine Kapelle aus der Barockzeit an der gleichen Stelle. Außen wird der polygonale Baukörper durch Beton, Stahl und Welleternit dominiert. Hinweise auf die Funktion als Kirche geben das sich dem Besucher zuneigende Kreuz auf dem Glockenturm und das 1984 hinzugefügte Edelstahlkreuz von Brigitte Haubenhofer auf dem Vorplatz. Im

Zentrum des axial ausgerichteten Raumkonzeptes aus übereck gestellten, an den Ecken wiederum abgeschrägten Quadraten, in denen auch noch Werktagskapelle, Pfarrsaal und Pfarrhof untergebracht sind, befindet sich der quergelagerte Kirchenraum mit dem Patrozinium Mariä Verkündigung, welcher durch Hubtore in Richtung Pfarrsaal vergrößerbar ist. Darüber erhebt sich eine zeltartige Dachkonstruktion, die von Holzleimbindern getragen wird und deren Lichtbänder sich dramatisch in Richtung der Altarzone orientieren, die sich in der abgeschrägten Ecke des L-förmigen Raums befindet. Eine niedrige Altarwand,

die ihre beiden Arme zum Gemeinderaum ausbreitet, fungiert zugleich als Trennwand zur Werktagskapelle. Die Einrichtung des ganz im Geist der Liturgiereform des Zweiten Vatikanischen Konzils gestalteten, architektonisch aber etwas überladen wirkenden Innenraums übernahm der Künstler Gerhard Lojen, der eine klare Formensprache und intensive Farbgestaltung in Rot, Blau und Weiß wählte. Rot steht für den bei der Verkündigung an Maria wesentlichen Heiligen Geist, Blau und Weiß sind marianische Farben. Als Ergänzung dazu wirkt der poppige, an den Hubtoren angebrachte *Kroisbacher Kreuzweg*. *CHP*

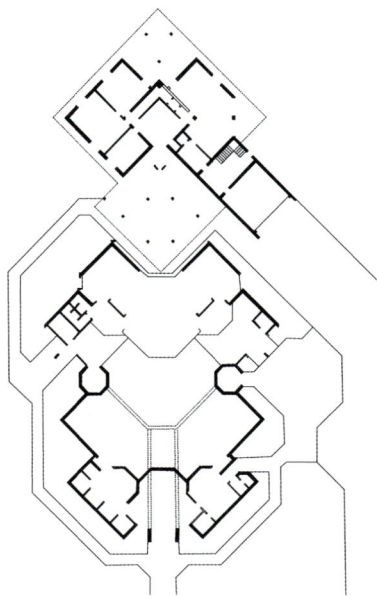

J

Wohnanlage Rettenbach

Rettenbacher Straße 3
Bernhard Hafner
1989

212 J

Das tiefe Haus ↓

Teichhofweg 7
PENTAPLAN
1999

213 J

Von den ab den Achtzigerjahren im Rahmen des Modells Steiermark errichteten Siedlungen gehört die Wohnanlage Rettenbach von Bernhard Hafner mit 23 Einheiten zu den kleineren. Dafür besticht sie laut einer Studie aus dem Jahr 2000, wohl als Folge intensiver Beteiligung der Wohnungsbewerber an der Planung, mit der höchsten Wohnzufriedenheit im mehrgeschossigen Wohnungsbau in Graz. Der 1984 direkt beauftragte Architekt konnte die Anlage mit Eigentumswohnungen von 1986 bis 1989 realisieren. Zwei langgestreckte Zeilen befinden sich in einer vorstädtischen Umgebung zwischen der stark befahrenen Mariatroster Straße und einer Straßenbahntrasse und heben sich vor allem durch die entfernt an Straßenbahnwaggons erinnernden Tonnendächer von der kleinteiligen Bebauung der Nachbarschaft ab. Zwischen den Baukörpern dient ein über dem Straßenniveau liegender, autofreier Innenhof als Erschließungs- und Freibereich. Ein Durchbruch im südlichen, länger ausgebildeten Teil sorgt hier für eine bessere Belichtungssituation. Im Inneren der mit Zink und engobierten Dachziegeln verkleideten Gebäude befinden sich vorwiegend Split-Level und Maisonettenwohnungen, die sich im Nordteil eher verschlossen präsentieren und denen im Südteil eine Art Wintergarten zur passiven Nutzung der Sonnenenergie vorgelagert ist. *CHP*

Verdichtet zu einem Baukörper, im Inneren durchdrungen von einer Garagenhalle, liegen zwei Reihen von Atriumhäusern Rücken an Rücken. Mit dem von 1996 bis 1999 realisierten »tiefen Haus« schuf PENTAPLAN ein sowohl städtebaulich als auch typologisch progressives Reihenhauskonzept. Zwei gesonderte Eingänge – einerseits

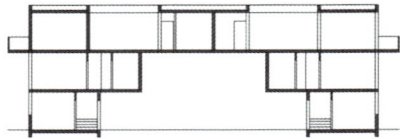

vom Vorgarten, andererseits von der Garage – erschließen die dreigeschossigen Einheiten. Im obersten Geschoss werden die Wohnräume um den großzügigen Patio angeordnet und durch einen Balkon nach außen erweitert. Mit diesem Modell reagieren die Architekten auf wesentliche Anforderungen des modernen Wohnens. Zum einen bietet sich im Erdgeschoss die Möglichkeit eines abtrennbaren, nutzungsneutralen Raums, zum anderen entstehen trotz urbaner Dichte Intimität, Flexibilität und privater Außenraum. *KH*

Wohnbebauung Tannhofgründe II ↑

214 J

Tannhofweg 18–26
Hubert Rieß
1990

Die Wohnanlage Tannhofgründe II erstreckt sich auf einem dreieckigen Grundstück, das sich zwischen dem ost-westlich verlaufenden Tannhofweg und dem diesen von Nordosten überkreuzenden Mariatroster Bach und der begleitenden Straßenbahnlinie aufspannt. Ähnlich der ebenfalls von Hubert Rieß geplanten Siedlung Wienerbergergründe (224 K) zeichnet sich auch diese Wohnbebauung durch kleinteilige Struktur mit betont dörflichem Charakter aus. Jeweils zwei Zeilen sind orthogonal zueinander zu fünf L-förmigen, dreigeschossigen Wohnbauten mit Pultdach gefügt. So werden Hofsituationen gebildet, deren Freiräume, von kleinen privaten Außenbereichen der Erdgeschosswohnungen abgesehen, als halböffentliche Begegnungs- sowie Erschließungszonen

dienen. Zum skandinavischen Charakter tragen die ochsenblutfarbenen Holzverschalungen und die kleinen Schuppen für Sekundärfunktionen bei, beides in den nördlichen Ländern gängige Gestaltungsmerkmale. Auch die in eine Tiefgarage verbannten Autos können die ländliche Idylle nicht trüben. Für die Bebauung der Tannhofgründe war Hubert Rieß 1983 aus einem geladenen Wettbewerb als Sieger hervorgegangen. Von 1987 bis 1988 realisierte Rieß den ersten Bauabschnitt, Tannhofgründe I, jenseits von Bach und Straßenbahntrasse. Diese Siedlung folgt einem ähnlichen Konzept wie das von 1989 bis 1990 errichtete Tannhof II, unterscheidet sich jedoch durch seine etwas traditionellere architektonische Umsetzung. In beiden Bauabschnitten findet man hauptsächlich Reihenhaustypologien und Maisonettewohnungen. Das westlich gelegene Tannhof III setzten die Gewinner des zweiten Preises, die Architekten Helmut Croce und Ingo Klug, nach dem Masterplan von Rieß um, während das nördliche Tannhof IV von der Wohnbaugesellschaft GWS selbst gebaut wurde. Keiner der drei Abschnitte besitzt jedoch den Charme von Tannhof II. *CHP*

J

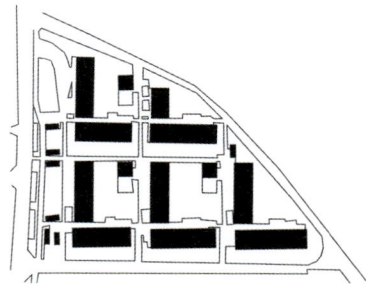

Ehem. Jugendheim Blümelhofweg

215 J

Blümelhofweg 16
Team A Graz
1981

Wallfahrtskirche Mariatrost →

216 J

Kirchplatz 8
Andreas Stengg,
Johann Georg Stengg (?)
1799, 1846

Im Gegensatz zur dekonstruktivistisch-expressiven Grazer Schule stellt das von 1977 bis 1981 errichtete Jugendheim am Blümelhofweg eine für Graz untypische Form der Postmoderne dar. Das vom Team A Graz geplante Gebäude wird von einer Klinkerfassade von hoher gestalterischer und handwerklicher Qualität umschlossen. Davon zeugen vor allem schräg gemauerte Elemente, die gemeinsam mit den Fenstersprossen der umlaufenden Verglasung ein Raster bilden und in ähnlicher Form auch bei der zeitgleichen Raiffeisenbank Andritz (207 I) Anwendung fanden. Durch die flache, in den Hang eingebettete Form und die raffinierte Verschiebung des Grundrisses lässt sich das großzügige Raumangebot von außen nur erahnen. Ein aufgeständerter Giebel, der den Eingang und den dahinterliegenden Zentralraum klar definiert, weckt Assoziationen mit einem japanischen Teehaus. *CHP*

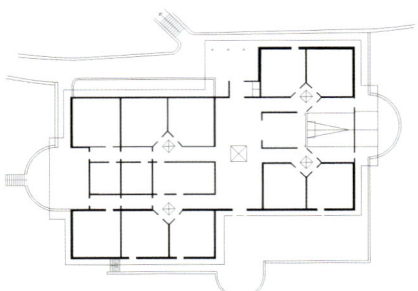

Schon aus weiter Ferne erkennt man das Ensemble der Kirchen- und ehemaligen Klosteranlage Mariatrost, welches sich im Osten der Stadt auf einer steilen Anhöhe erhebt. Am Fuße des Hügels verschwindet der Kreuzkuppelbau fast aus dem Blick, schließlich soll der »Trost« des Wallfahrtsortes Stufe für Stufe errungen werden. Oben angekommen, wird man vom Anblick der imposanten Westfassade auf einem von kleinen Souvenirläden umgebenen Vorplatz schier überwältigt. 1689 wurde hier die erste Kapelle zu Maria Trost erbaut, die 1708 die Pauliner übernahmen und sie 1711 als offizielle Wallfahrtsstätte durchsetzten. 1714 kam es zur Grundsteinlegung der heutigen Kirchenanlage. Unter der Leitung von Andreas Stengg und der vermutlichen Mitwirkung seines Sohns Johann Georg wurde die gesamte Kirchenanlage errichtet, die bereits ab 1719 für Gottesdienste genutzt werden konnte. Bei Aufhebung des Klosters 1786 war die Fassade aber immer noch unvollendet; sie konnte erst 1799 fertiggestellt werden. Der Orden der Franziskaner übernahm 1846 das Kloster und ließ die Anlage komplettieren. Seit 1996 wird die Kirche mit dem Patrozinium Mariä Geburt von Weltpriestern betreut. Aufgrund der Beengtheit des Bauplatzes musste Stengg das Kloster eng um die

Kirchenanlage herumführen. Die Doppelturmfassade mit Volutengiebeln in der Mitte und an den Stirnseiten der seitlichen Klostertrakte steht vor allem mit den horizontal gegliederten, viergeschossigen Türmen noch ganz in der Tradition des 17. Jahrhunderts. Lediglich die Mittelachse mit dem zentralen Rundbogenfenster über dem Portal, das die Geschosseinteilung durchbricht und von konkaven Seitenachsen gerahmt wird, besitzt die Dynamik des Hochbarock. In diesem Sinne wirkt auch das plastische Motiv der Halbsäulen mit elliptischem Grundriss, die in Pilaster hineingedrückt zu sein scheinen und ganz ähnlich schon beim Palais Wildenstein (047 B) vorkommen. Ähnlich widersprüchlich ist das Innere: Während der konservative, wohl auch den Erfordernissen der Pauliner geschuldete Grundriss der Wandpfeilerkirche mit Seitenkapellen, ausladendem Querhaus und tiefem Chor noch vor sein 150 Jahre älteres typologisches Vorbild Il Gesù zurückzugehen scheint, befindet sich die Ausgestaltung der Wände, vor allem der dramatisch geschwungenen, verkröpften Gebälksstücke der Wandpfeiler, wieder ganz auf der Höhe der Zeit. Vor allem die illusionistische Wandmalerei sprengt alle Grenzen des Raumes. Wenn das durch das große Westfenster scheinende Abendlicht die vergoldeten Strahlen des spätgotischen Gnadenbildes am Hochaltar zum Funkeln bringt, findet die Inszenierung der »von der Sonne bekleideten« Himmelsmutter ihren krönenden Abschluss. *AW*

J

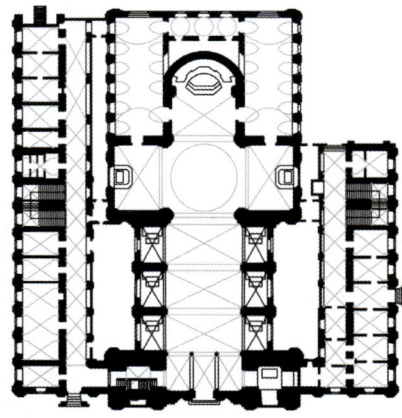

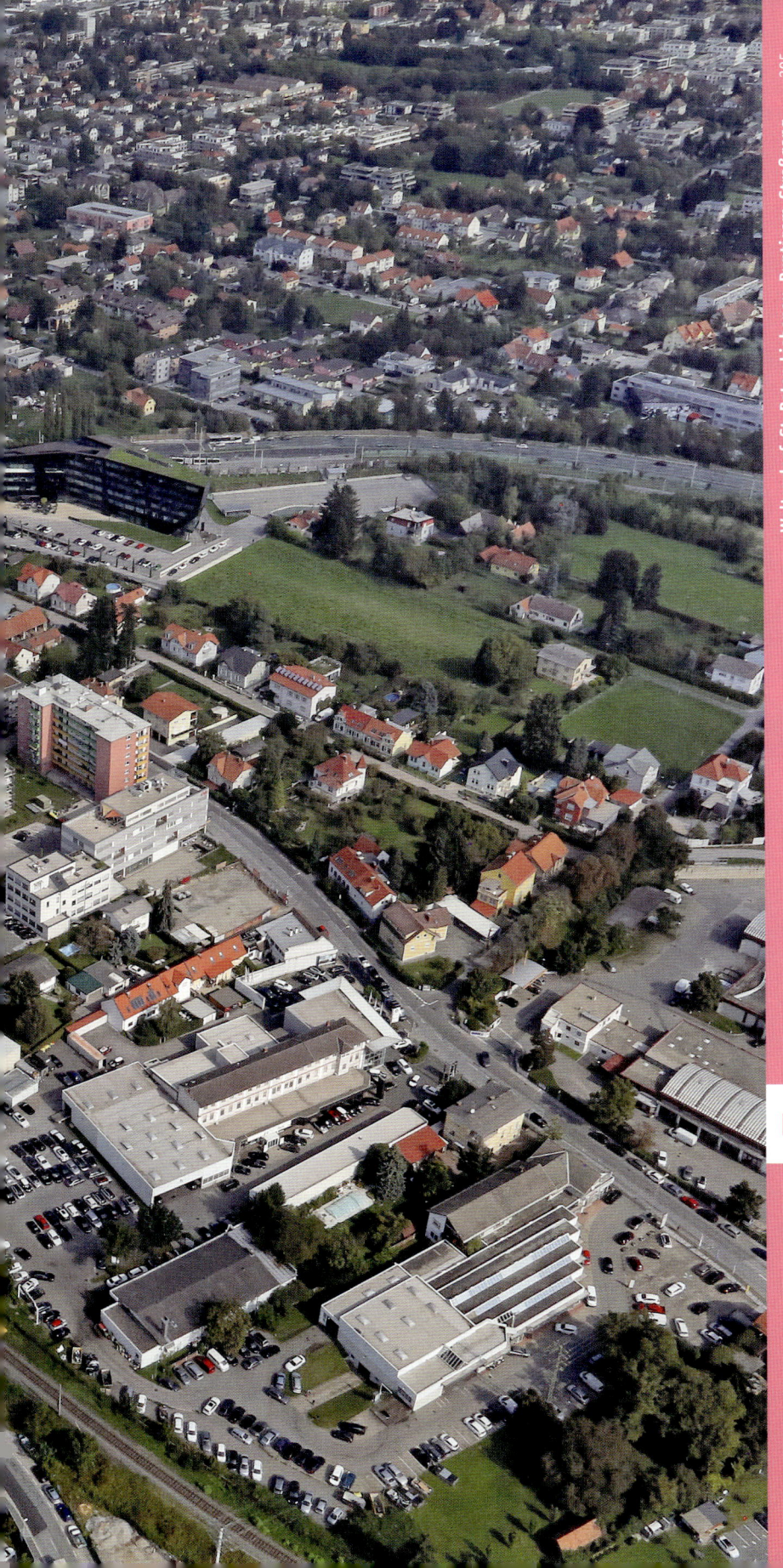

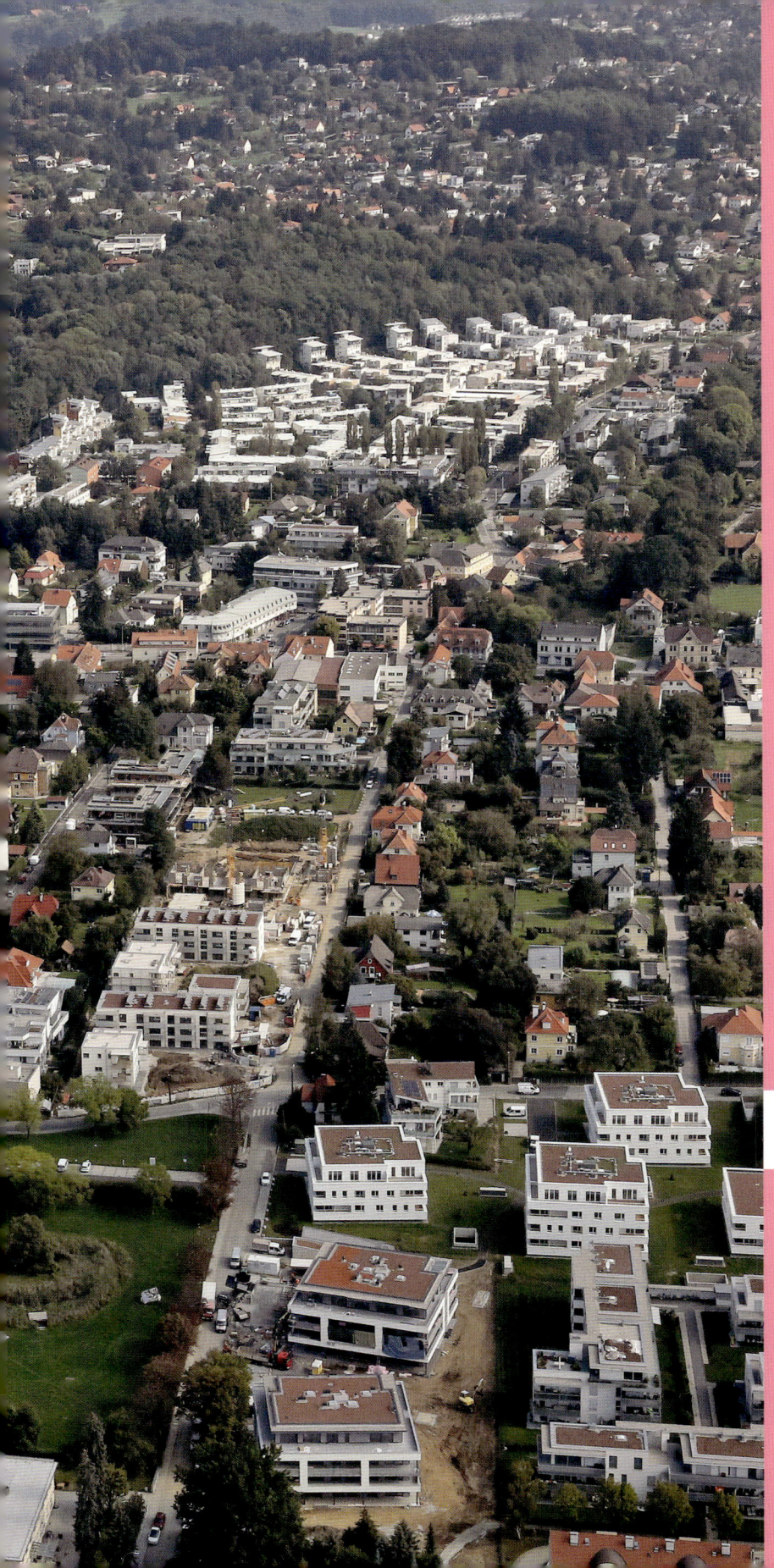

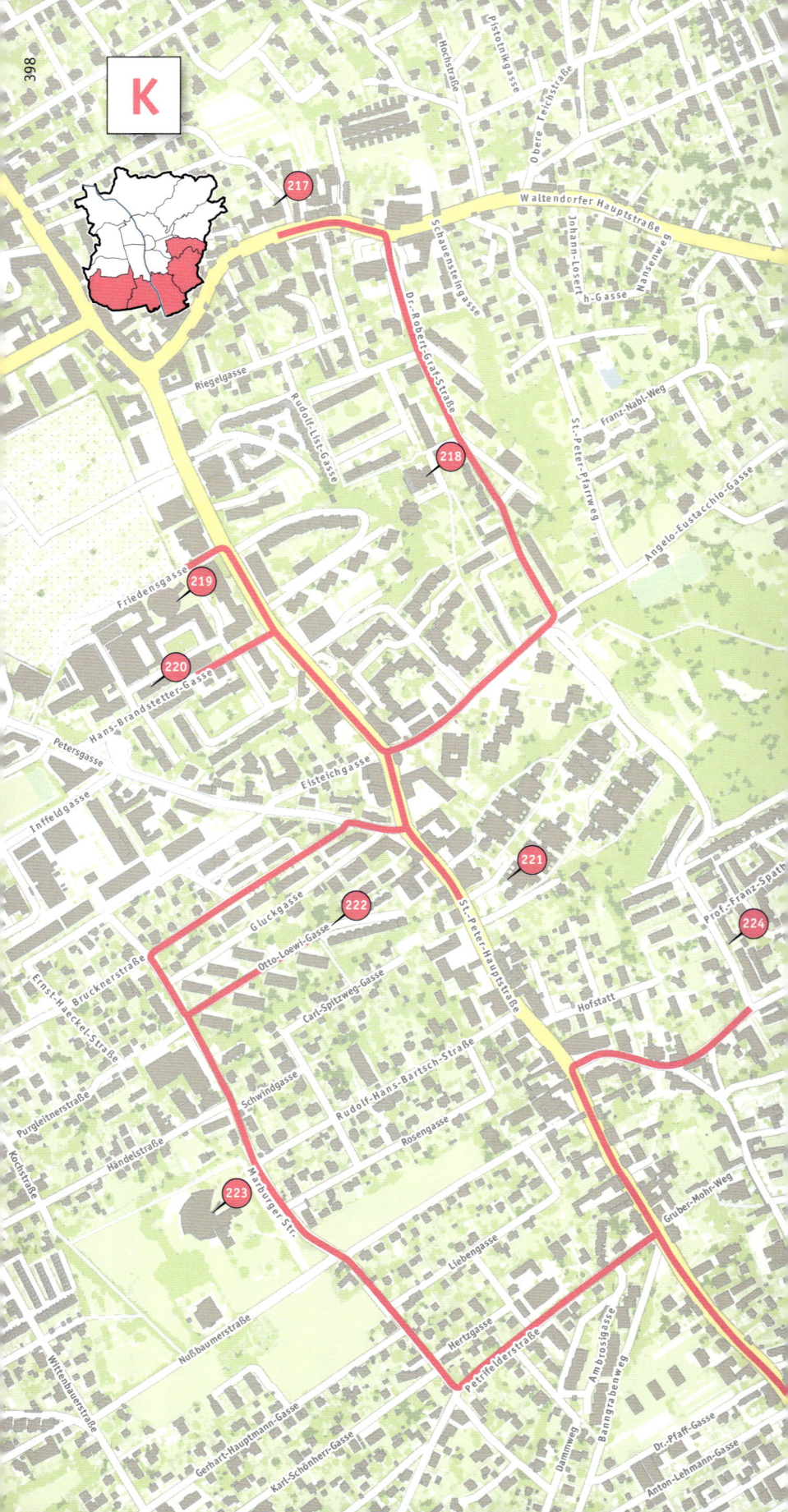

K

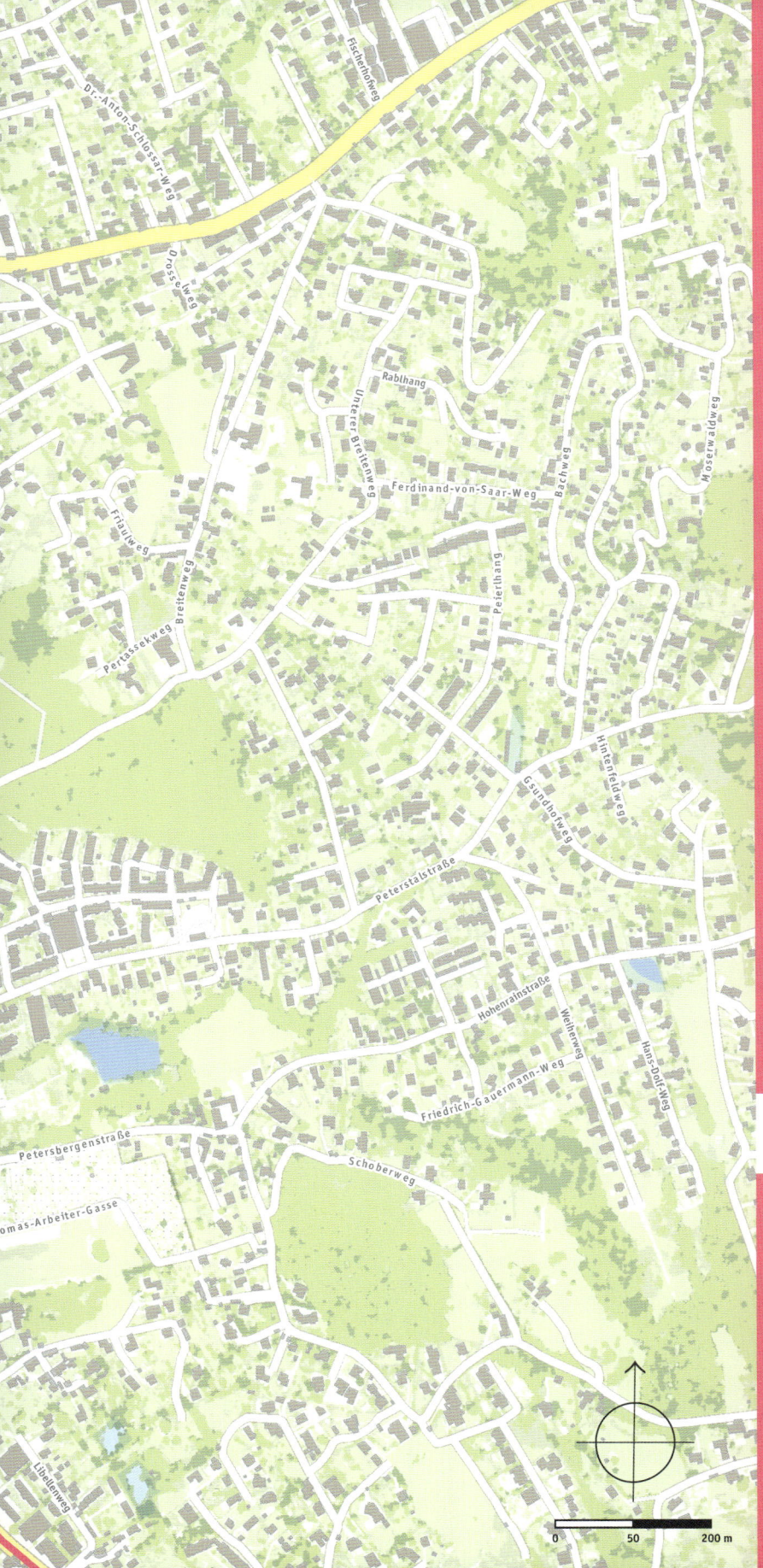

Dr.-Anton-Schlossar-Weg

Fischerhofweg

Orosessenweg

Rablhang

Unterer Breitenweg

Moserwaldweg

Bachweg

Ferdinand-von-Saar-Weg

Peierlhang

Friaulweg

Breitenweg

Pertassekweg

Hintenfeldweg

Gsundbolweg

Peterstalstraße

Hohenrainstraße

Weiherweg

Hans-Dolt-Weg

Friedrich-Gauermann-Weg

Petersbergenstraße

Schoberweg

Thomas-Arbeiter-Gasse

Libellenweg

K

0   50   200 m

K

225

Pachernweg

Stadtgrenze

Messendorfberg

Fruhmannweg

Arnikaweg

Wacholderweg

Steinkleegasse

Messendorfbergstraße

Autaler Str.

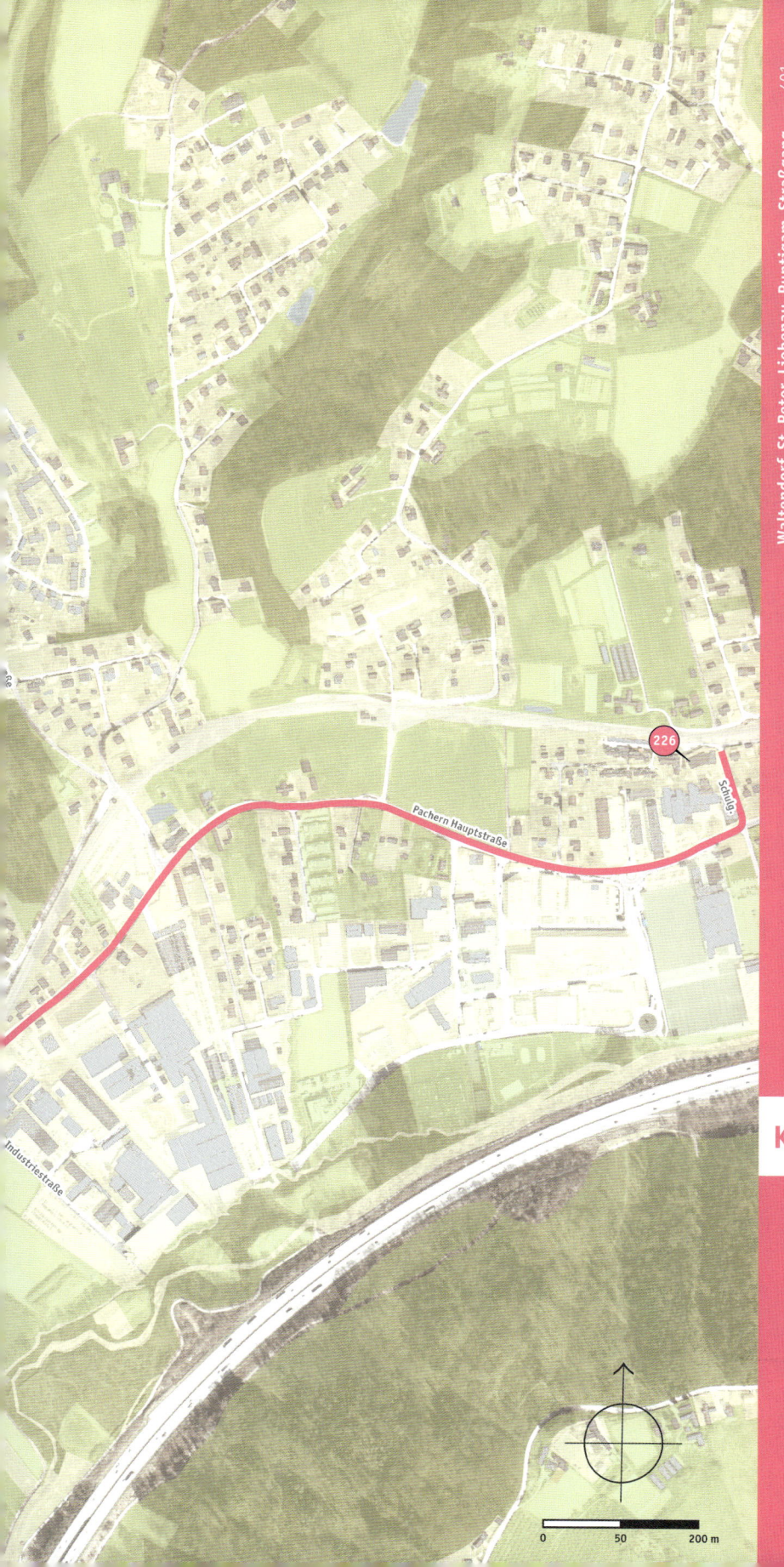

K

226

Pachern Hauptstraße

Schulg.

Industriestraße

0   50   200 m

K

Maria-Cäsar-Park
Dr.-Plochl-Straße
Kasernstraße
Senefeldergasse
Neusiedlergasse
Willi-Thaller-Straße
Theyergasse
Andersengasse
Flizastraße
Eduard-Keil-Gasse
Kollwitzgasse
Liszt
230
Am Eichbach
Pichlergasse
Hedwig-Katschinka-Straße
Lagergasse
Ziehrerstraße
Kammerwehrgasse
Speidlgasse
Holzerweg
Puchstraße
Puntigamer Brücke
Flößerweg
Siedlerweg
Murfelder Str.
Gmeinstraße
Rudersdorfer Str.
Am Mühlengrund
Gasrohrsteg
231
Auer-Welsbach-Gasse

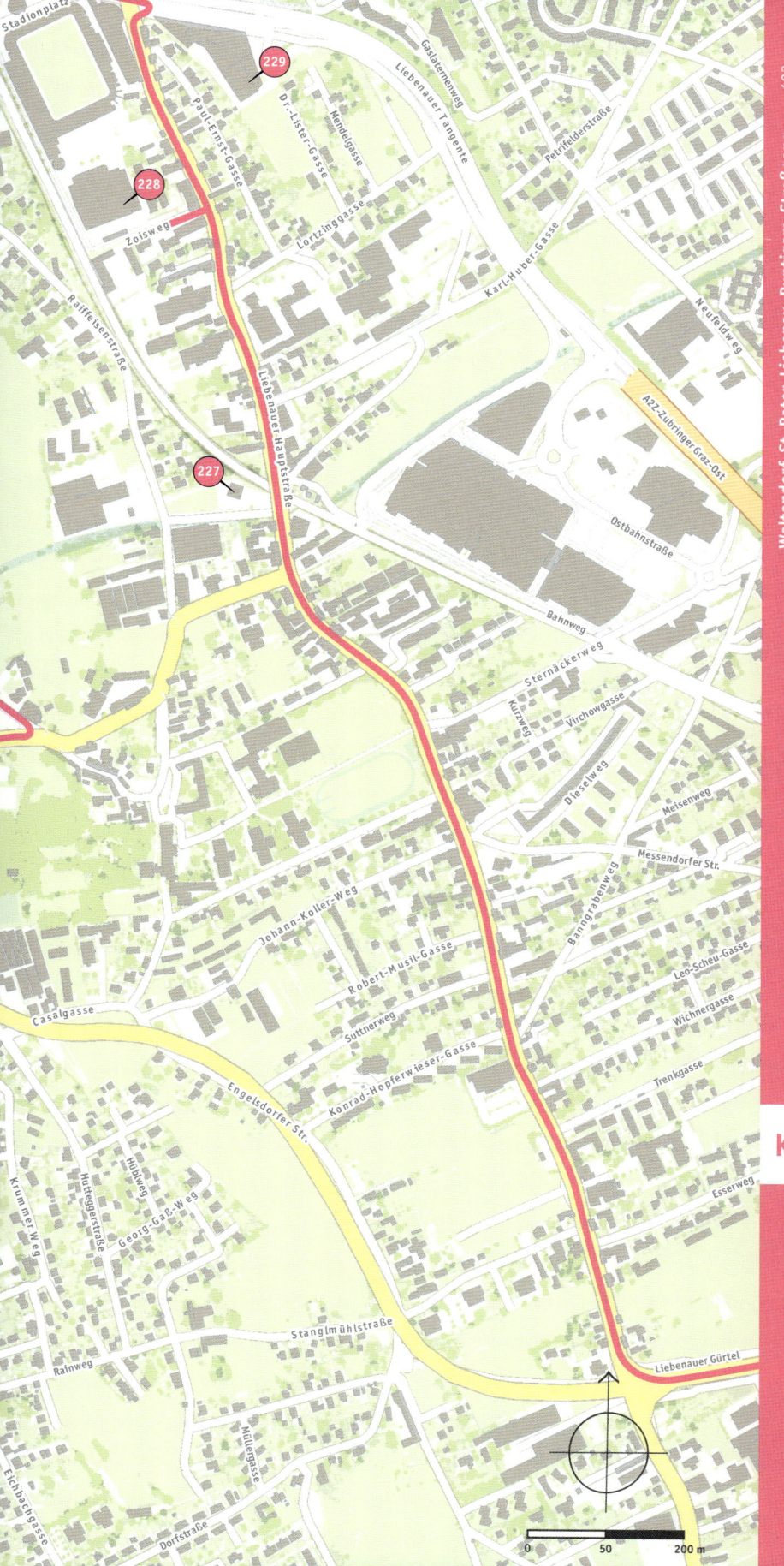

K

229

228

227

Stadionplatz

Gasternenweg

Liebenauer Tangente

Petrifelderstraße

Neufeldweg

Paul-Ernst-Gasse

Dr.-Lister-Gasse

Mendelgasse

Lortzinggasse

Karl-Huber-Gasse

A2Z-Zubringer Graz-Ost

Raiffeisenstraße

Zoisweg

Liebenauer Hauptstraße

Ostbahnstraße

Bahnweg

Sternäckerweg

Kurzweg

Virchowgasse

Dieselweg

Meisenweg

Messendorfer Str.

Johann-Koller-Weg

Bänngrabenweg

Leo-Scheu-Gasse

Robert-Musil-Gasse

Wichnergasse

Casalgasse

Suttnerweg

Trenkgasse

Engelsdorfer Str.

Konrad-Hopferwieser-Gasse

Krummerweg

Hübweg

Huttegergerstraße

Georg-Gaß-Weg

Esserweg

Stanglmühlstraße

Liebenauer Gürtel

Rainweg

Eichbachgasse

Dorfstraße

Müllergasse

0   50   200 m

K

Simonygasse
Giesingerstraße
Westbahngasse
Harter Str.
Ludwig-Benedek-Gasse
Ludwig-Hülgerth-Gasse
Alfred-Coßmann-Gasse
Straßganger Str.
Stregengasse
A9-Phyrnautobahn
Anton-Paar-Straße
Ferdinand-Prirsch-Straße
Weblinger Str.
Sattlerweg
Kainacherweg
Martinhofstraße
Weiberfelderweg
Hanns-Koren-Ring
Kärntner Str.
Hans-Hegenbarth-Allee
Stemmerweg
Am Katzelbach
233
Florianibergstraße
Aribonenstraße
Kreßgasse
Bahnhofstraße

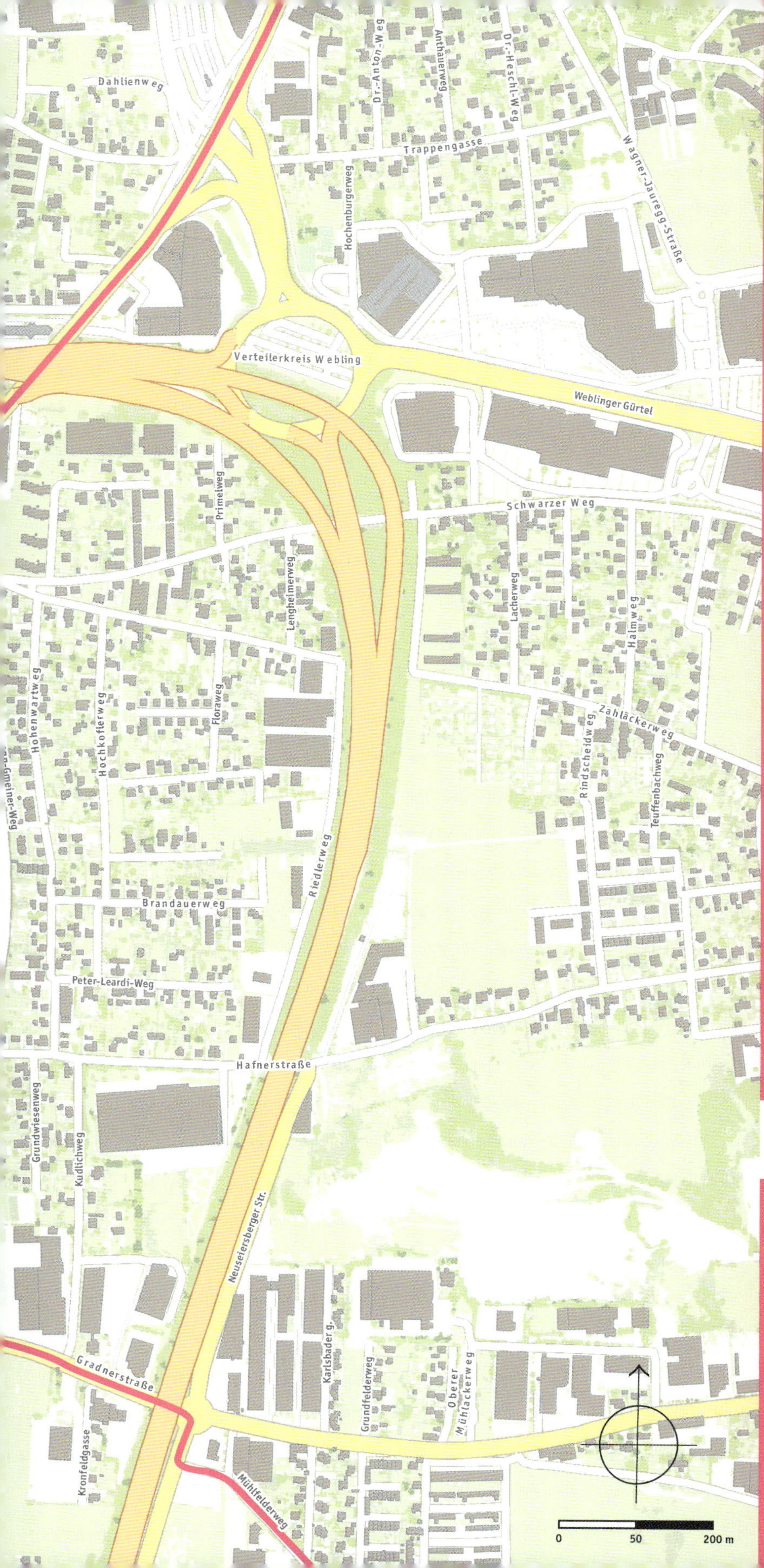

Dahlienweg

Dr.-Anton-Weg

Anton-Jauregg

Dr.-Heschl-Weg

Trappengasse

W.-Jauregg-Straße

Hochenburgerweg

Verteilerkreis Webling

Weblinger Gürtel

Schwarzer Weg

Primelweg

Lacherweg

Lengheimerweg

Halmweg

Hohenwartweg

Hochkoflerweg

Floraweg

Zahläckerweg

Rindscheidweg

Teuffenbachweg

Riedlerweg

-Gmeiner-Weg

Brandauerweg

Peter-Leardi-Weg

Hafnerstraße

Grundwiesenweg

Kudlichweg

Neuseiersberger Str.

Gradnerstraße

Kronfeldgasse

Karlsbaderg.

Grundfelderweg

Oberer Mühläckerweg

Mühlfelderweg

0   50   200 m

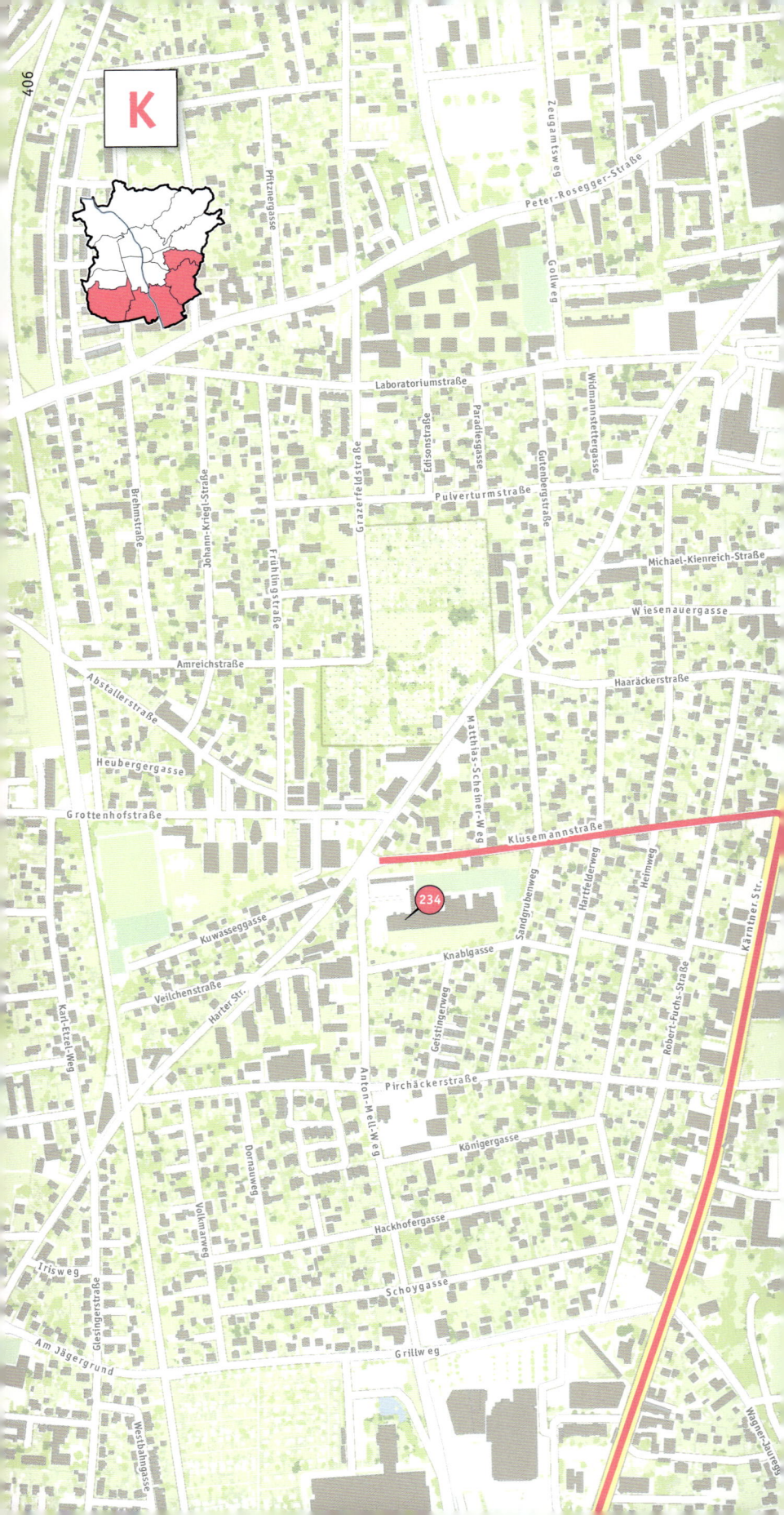

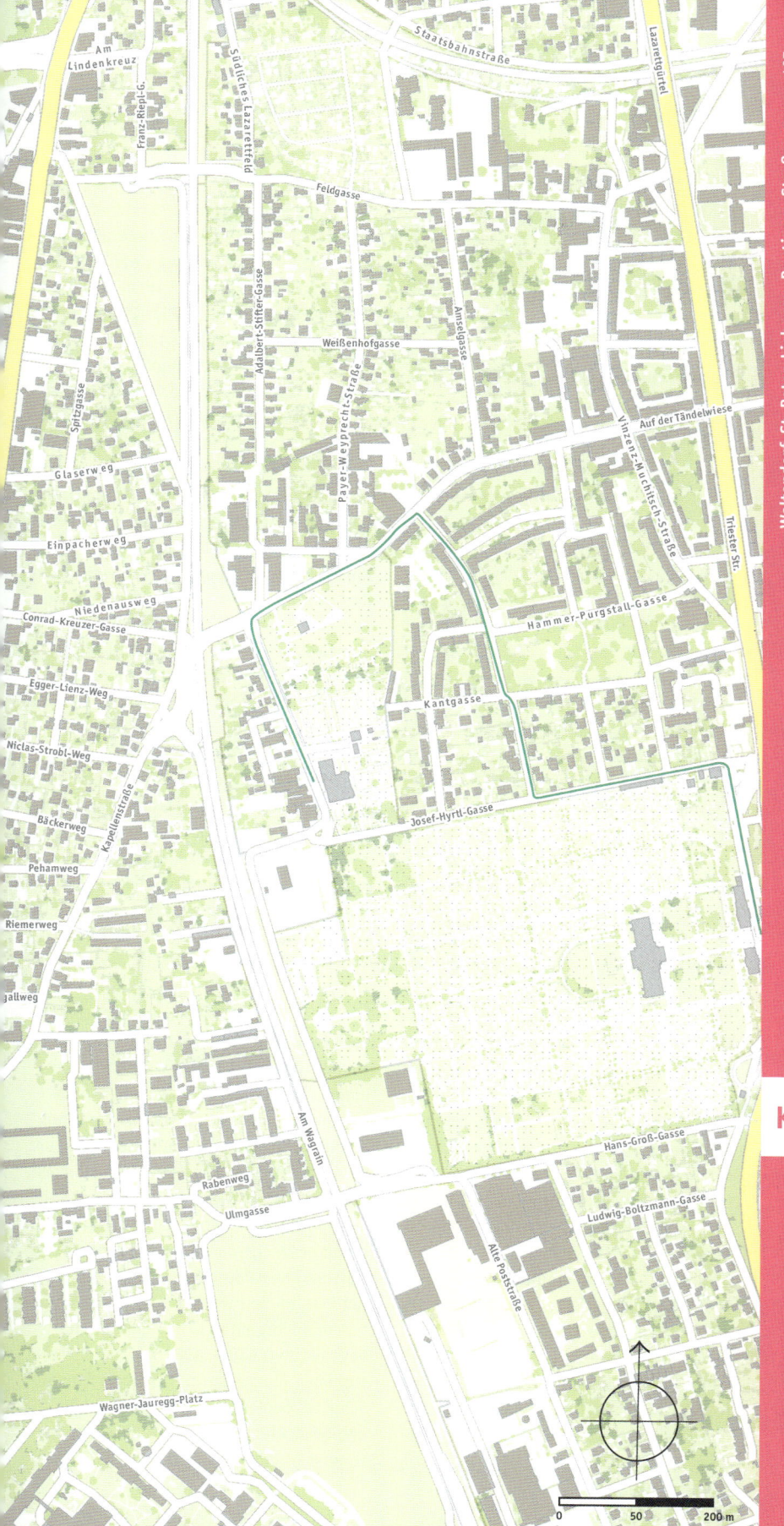

Am
Lindenkreuz

Franz-Riepl-G.

Südliches Lazarettplettli

Staatsbahnstraße

Lazarettgürtel

Feldgasse

Adalbert-Stifter-Gasse

Weißenhofgasse

Amselgasse

Payer-Weyprecht-Straße

Auf der Tändelwiese

Vinzenz-Muchitsch-Straße

Triester Str.

Spitzgasse

Glaserweg

Einpacherweg

Niedenausweg

Conrad-Kreuzer-Gasse

Hammer-Purgstall-Gasse

Egger-Lienz-Weg

Kantgasse

Niclas-Strobl-Weg

Kapellenstraße

Bäckerweg

Josef-Hyrtl-Gasse

Pehamweg

Riemerweg

jallweg

Am Wagrain

Hans-Groß-Gasse

Rabenweg

Ulmgasse

Alte Poststraße

Ludwig-Boltzmann-Gasse

Wagner-Jauregg-Platz

K

0   50   200 m

Anbau Volksschule Waltendorf 217 K

Waltendorfer Hauptstraße 17
Hubert Wolfschwenger
2009

Hubert Wolfschwenger gewann 2002 den Wettbewerb für den von 2008 bis 2009 ausgeführten Anbau an die Volksschule Waltendorf, ein hakenförmiges Gebäude aus dem späten 19. Jahrhundert. Charakteristisch für den Entwurf sind eine schlichte, aber durchaus noch dem buchstäblich »schrägen« Ansatz der Grazer Schule verpflichtete Formensprache: viele Naturmaterialien, lichtdurchflutete und zugleich geschützte Räume, die Aus- und Durchblicke ermöglichen, eine fast wohnliche Atmosphäre und genügend Freiraum für die Kinder. Der mit roten Eternitschindeln verkleidete, durch Fensterbänder gegliederte Neubau besteht aus zwei Teilen: Zum einen entstand ein L-förmiger Baukörper im Nordwesten, der mit dem Altbau einen U-förmigen Hof bildet und sich zwecks Absetzung vom Altbau und der Einhaltung der Abstandsregeln im Norden nach hinten und im Westen nach vorne neigt und die Klassenräume und Gemeinschaftsflächen beinhaltet. Zum anderen wurde eine Turnhalle geschaffen, die zur Abschottung des Straßenlärms und gleichzeitig als raumbildendes Element für den Außenbereich dient. Ein Grünbereich im Westen, ein befestigter Innenhof und eine davon erreichbare Freiluftklasse bieten Raum für spielerisches Lernen. *CB*

Pfarrzentrum St. Paul → 218 K

Doktor-Robert-Graf-Straße 40a
Ferdinand Schuster,
Dieter Angerbauer
1970, 1981, 2002

Ferdinand Schusters von 1968 stammender Entwurf des ersten Mehrzweckraums im österreichischen Kirchenbau war eine Reaktion auf die Liturgiereform des Zweiten Vatikanischen Konzils (1962–1965). Durch diese fanden unter anderem die Volkssprache und der freistehende sogenannte Volksaltar Einzug in die Kirchen, um den schroffen Gegensatz von Klerus und Laien aufzuheben. In der Eisteichsiedlung gelegen, bildet das von 1969 bis 1970 errichtete Seelsorgezentrum St. Paul durch seinen flachen Baukörper zu den umliegenden Wohnhochhäusern einen deutlichen Kontrast, der das neue Ideal einer dienenden und nicht mehr dominierenden Kirche zum Ausdruck bringen soll. Die industriell wirkende Konstruktion aus rotbraun gestrichenem Stahl gliedert die Fassade und ist mit weißen Eternit-Platten verkleidet; ein umlaufendes Fensterband dient als Oberlicht. Die Stahlkonstruktion setzt sich im Innenraum fort und ermöglicht eine fast stützenfreie Überspannung des quadratischen Mehrzwecksaals, der durch kleine Auslassungen an den Ecken ein griechisches Kreuz bildet. An diesen angeschlossen sind die Werktagskapelle und pastorale Räumlichkeiten. Durch eine Absenkung der mittleren Zone entstehen umlaufende Podeste, die für die Sonntagsmesse mit Stühlen versehen werden. Ursprünglich befand sich der Altar fast im Zentrum der Absenkung, sodass die Gläubigen von drei Seiten um ihn versammelt waren. Der Raum konnte durch Entfernen des Mobiliars für Veranstaltungen genutzt werden, was durch eine stufenweise Sakralisierung seit den späten Siebzigerjahren in den Hintergrund gedrängt wurde. Zuerst verkleidete man den ehemals mobilen Altar mit schweren Platten und weitere sakrale Elemente fanden ihren Weg in den eigentlich frei bespielbaren Raum. 1981 wurde der freistehende Glockenturm – nicht an der von Schuster geplanten Stelle und mit hinzugefügtem Kreuz – errichtet. Ein separater Veranstaltungsraum entstand 2002 nach

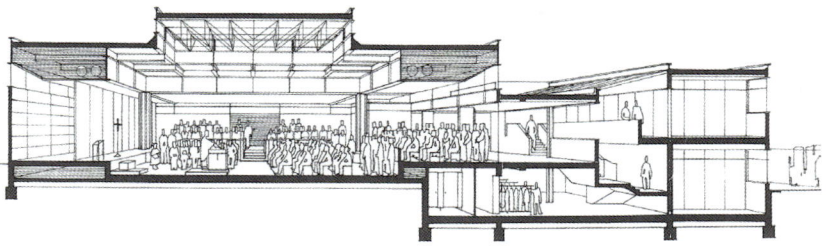

Plänen von Dieter Angerbauer in den umgebauten Pfarrräumlichkeiten. Schlussendlich wurde der Altar 2008 auf das westliche Podest gerückt und der Zentralbau in einen Längsbau mit traditioneller Altarbühne umgewandelt – das Grundkonzept des wegweisenden Kirchenbaus ging damit verloren. *JL*

Zentrale Lehrwerkstätte der Landesberufsschule VI ↓

219 K

Hans-Brandstetter-Gasse 6
Bernhard Hafner
2000

Ein außenliegendes, tragendes Gerüst umfasst das viergeschossige Gebäude, das sich aus der Durchdringung eines Zylinders und eines Kegelstumpfes entwickelt. Der Kern, der die Lagerräume birgt, wird durch einen umlaufenden Gang von den außenliegenden Arbeitsräumen getrennt, denen eine verglaste Außenfassade eine optimale Belichtung erlaubt.

Von der Decke abgehängte Heizkörper ermöglichen die bestmögliche Ausnutzung der Fläche. Über einen kurzen Verbindungssteg gelangt man ins benachbarte Werkstättengebäude. Bernhard Hafner meisterte das Verlangen der radialen Funktionsanordnung nach einem kreisförmigen Entwurf mit »konstruktivem Expressionismus« (Marie-Hélène Contal) und individueller, struktureller Architektur. Bereits ab 1993 geplant, wurde die Zentrale Lehrwerkstätte der Landesberufsschule VI für Maler, Anstreicher, Lackierer und Vergolder von 1997 bis 2000 erbaut. *EP*

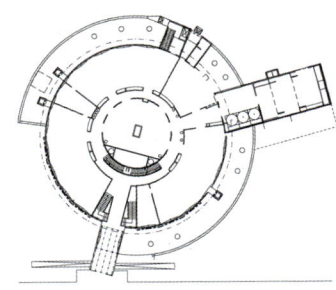

K

Lehrlingszentrum der Handelskammer

Hans-Brandstetter-Gasse 4 a
Günther Domenig, Eilfried Huth
1972

Terrassenhaussiedlung St. Peter 221 K

St.-Peter-Hauptstraße 29–31, 33–35
Werkgruppe Graz
1978

Als südlichen Abschluss des Berufsschulzentrums in St. Peter realisierten von 1970 bis 1972 zwei der wichtigsten Vertreter der Grazer Schule ein Bauvorhaben im Sinne des Strukturalismus. Das Raumprogramm mit Speisesaal und Aufenthaltsräumen erzwang bei der begrenzten Grundfläche eine zweigeschossige Lösung. Wegen der nach Anwohnerprotesten erfolgten Beschränkung der Bauhöhe auf fünf Meter musste der gesamte Block in eine Mulde gesetzt werden. Seinen wesentlichen Charakter bezieht das Gebäude aus dem im Innenraum sichtbaren Stahltragwerk, das einer diagonalen Rasterung folgt und dem langgestreckten Baukörper eine besondere Dynamik verleiht. Eine dreiseitig umlaufende, schräg abgetreppte Verglasung prägt das äußere Erscheinungsbild des wie ein versenktes Raumschiff wirkenden Objekts. Die Erschließung über einen schräg durchstoßenden Gang ist als formale Geste typisch für Günther Domenig. *CHP*

Ohne Auftrag durch einen Bauträger begann die Werkgruppe Graz 1965 mit der Planung ihres Hauptwerks, einer Pioniertat partizipatorischen Bauens in Österreich. Ziel der aus Eugen Gross, Friedrich Groß-Rannsbach, Hermann Pichler und Werner Hollomey bestehenden Architektengruppe war es, auf die herrschende Unzufriedenheit über den uniformen Siedlungsbau der Nachkriegszeit mit einer den Eigentümerwünschen flexibel angepassten Megastruktur zu reagieren, die auch genügend Grün- und Freiräume bietet, um der Stadtflucht entgegenzuwirken. Als Bauplatz fand sich ein ehemaliges Industriegebiet mit ausgedehnten Lehmgruben. Das Großwohnprojekt mit 522 Wohneinheiten wurde schließlich von der Steiermärkischen Landesregierung zum »Demonstrativbauvorhaben« erklärt und in den Jahren 1972 bis 1978 realisiert. Ein breites Sockelgeschoss dient als

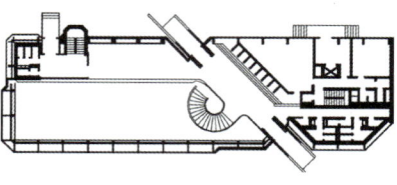

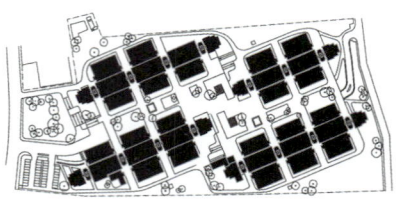

Tiefgarage, darüber türmen sich vier paarweise leicht versetzte Häuserzeilen auf. Der so entstandene, auf der ursprünglichen Geländehöhe gelegene Zwischenraum dient als Fußgängerebene. Im Querschnitt bestehen die Blöcke aus einer Stapelung von Wohnungstypen, welche in eine Primärstruktur eingehängt sind. In den unteren Geschossen befinden sich großzügige Terrassenwohnungen, gefolgt von einer Kommunikationsebene mit Gemeinschaftsflächen, die den Baublock horizontal verbindet. Darüber liegen bis zu elf Geschosse hoch Atelierwohnungen, Maisonetten und geschossversetzte Wohnungen, wobei die obersten Wohnungen über eigene Dachterrassen verfügen. Zwischen den freistehenden Treppentürmen befinden sich vier Raumelemente, die eine freie Grundriss- und Fassadengestaltung ermöglichen. Ein eigenes Beratungsbüro wurde eingerichtet, um mit den Eigentümern die Grundrisskonzeption und Außenraumgestaltung individuell anzupassen. Durch den Erfolg der Terrassenhaussiedlung ermutigt, führte die steirische Landesregierung von 1980 bis 1992 das avancierte Wohnbauprogramm des Modells Steiermark durch, das internationale Beachtung fand. Von 2017 bis 2018 wurde die »Sondierungsstudie Smarte Modernisierung der Terrassenhaussiedlung« durchgeführt, an der sich die Bewohner, ganz im Sinne der Entwurfsidee, beteiligen konnten. Thematisiert wurden etwa Energiekonzepte, Mobilität, aber auch die Freiräume in der Kommunikationsebene, die, wie oft bei solchen Projekten, meist ungenutzt geblieben sind. *JL*

K

29d

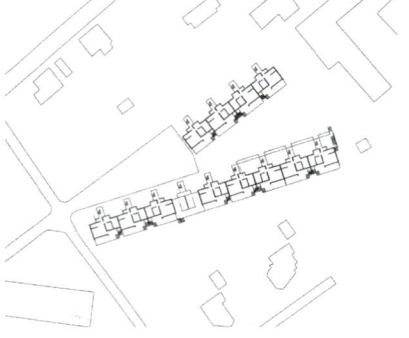

Wohnanlage Carl-Spitzweg-Gasse
Otto-Loewi-Gasse 18–34
Volker Giencke
1994

222 K

Eine Feinheit, wie sie dieses Ensemble ausstrahlt, ist im Geschosswohnungsbau selten. 1987 gewann Volker Giencke den im Rahmen des Modells Steiermark ausgeschriebenen Wettbewerb für die Wohnanlage Carl-Spitzweg-Gasse. Nach jahrelanger Verzögerung trat die Genossenschaft 1991 wegen zu hoher Baukosten schließlich von dem Projekt zurück. Dank des Zusammenschlusses der Wohnungseigentümer konnten die zwei viergeschossigen Riegel 1994 inmitten eines locker bebauten, durchgrünten Quartiers realisiert werden. Beide Volumen erheben sich auf zwei Plattformen sanft über das Terrain, wodurch die Tiefgaragenebene raffiniert geöffnet wird. Organisiert sind die Baukörper auf dieselbe Weise, sie unterscheiden sich jedoch in Länge und Orientierung. Die tragende Struktur besteht aus einer schlichten Betonscheibenkonstruktion, die eine sechs Meter breite Raumzelle als Grundmodul formt. Vorgelagerte Nebenräume bilden das gleichförmige

Rückgrat, wohingegen der eigentliche Wohnraum in Tiefe, Art des Außenbereiches und innerer Einteilung von den Wohnungseigentümern selbst definiert wurde. Über Freitreppen werden maximal drei Wohnungen erschlossen, um intime Raumqualitäten zu schaffen. Diese Serie von weißen Stahltreppentürmen und die Wahl der unkonventionellen Fassadenmaterialien – Schiffssperrholz an der Nordfassade und emailliertes Glas an der Südfassade – verleihen der Wohnanlage ihren unverwechselbaren Charakter. Filigrane weiße Stahlbrüstungen, die halb versenkte, offene Tiefgarage, die Ausdehnung des Grünraums auf das Dach – Volker Giencke nimmt bei diesem Werk zweifelsohne Anleihen am Repertoire der Moderne, welches er auf subtile, atmosphärische Weise weiterentwickelt. *KH*

funktionaler Typus, dessen Erscheinungsbild und technische Ästhetik einzig von den inneren Anforderungen bestimmt werden. Um ein zentrales Foyer entwickeln sich die verschiedenen Bereiche nach dem Vorbild eines Schneckenhauses, wodurch Möglichkeiten zur Erweiterung ohne Eingriff in das Konzept vorgenommen werden können. Die Verwaltungs- und Sozialräume befinden sich in einem dreigeschossigen Bürotrakt, der formal eigenständige Wege geht und auf dem die massive Sendeanlage thront. Abseits der Funktionalität finden sich in Details aber durchaus spielerische Elemente. Die Fenster wirken wie Fernsehgeräte der Siebzigerjahre und die Entlüftungsschächte wie mittelalterliche Türme. Dadurch zählt das im Volksmund »Peichl-Torte« genannte Gebäude zu einem der wenigen Beispiele für (versteckte) postmoderne Architektur in Graz. *CHP*

ORF-Landesstudio Steiermark · 223 K
Marburger Straße 20
Gustav Peichl
1981

In einem Park nahe dem historischen Villenviertel im Grazer Südosten befindet sich das 1978 begonnene und 1981 eröffnete Landesstudio Steiermark des Österreichischen Rundfunks. Der Bau erfolgte nach Plänen des Wiener Architekten Gustav Peichl, der den 1968 ausgeschriebenen Wettbewerb gewonnen hatte. Auf der Basis eines für alle Landesstudios gleichen Grundkonzeptes entstand ein

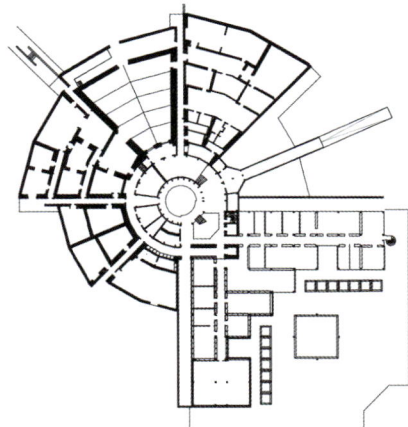

**Wohnbebauung
Wienerbergergründe**
Prof.-Franz-Spath-Ring 3–87
*Ralph Erskine, Hubert Rieß,
Kreutzer & Krisper*
1987, 1990, 1992, 1997

224 K

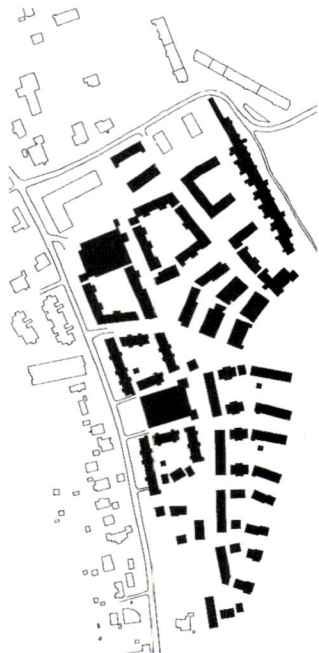

Aus einem städtebaulichen Wettbewerb 1981 hervorgegangen, zählt die Siedlung Wienerbergergründe am Gelände einer ehemaligen Ziegelei mit rund 600 Wohneinheiten zu den größten Wohnungsbauprojekten in Graz. Nach dem Vorbild englischer Gartenstädte entwickelten der Schwede Ralph Erskine, der in seinem Heimatland und in England bereits einige Siedlungen ähnlichen Maßstabs verwirklicht hatte, und Hubert Rieß eine dörfliche Siedlungsstruktur an der Schnittstelle von urbanem, dicht bebautem Siedlungsgebiet im Nordwesten und kleinteiliger, lockerer Bebauung im Südosten. An der Geländekante zu einem bewaldeten Schutzgebiet ragen eine bis zu achtgeschossige Wohnzeile sowie fünfgeschossige Wohntürme auf. In Richtung der verkehrsreichen Peterstalstraße sind zwei- bis dreigeschossige Hofhäuser angeordnet. Besonderer Wert wurde auf ein schlüssiges, autofreies Wegenetz und eine klare Zonierung in halböffentliche und private Freiräume gelegt, was die Wohnanlage zu einem bevorzugten Wohnort für Familien mit Kindern macht. Während der erste, 1987 fertiggestellte Bauabschnitt mit seinen Satteldächern und einer starken Farbgebung der Fassaden skandinavisch anmutet, wurden in den beiden weiteren, 1990 und 1992 vollendeten Bauabschnitten vorwiegend Pultdächer mit hellen, teils holzverschalten Fassaden realisiert. Der letzte Abschnitt am östlichen Rand der Siedlung wurde 1997 von Gerhard Kreutzer und Günther Krisper nach dem ursprünglichen Masterplan fertiggestellt. Die Gestaltung mit weißen Putzfassaden weist die Charakteristika des mittlerweile standardisierten Wohnungsbaus in Graz auf und nicht mehr die Verspieltheit der vorigen Bauabschnitte. *CHP*

Ehem. Haus Gangoly
Messendorfberg 86 a
Hans Gangoly
1998

225 K

Ein schlichter Kubus wird durch raffinierte Details und wenige Eingriffe zum subtilen räumlichen Gefüge. Dem ab 1996 geplanten und von 1997 bis 1998 errichteten Wohnhaus liegt ein simples strukturelles Konzept zugrunde: Zwischen zwei massiven Wandscheiben entlang der Nord- und Südseite sind transparente Längsseiten gespannt. Die Verglasung, welche sich raumhoch über beide Geschosse inklusive der Deckenplatten zieht, prägt das Raumerlebnis und die äußere Erscheinung maßgebend. Durch das Abrücken der Zwischendecke von der nordseitigen Wand und die Öffnung der Treppe wird die Kontinuität des Raums, der nur von wenigen festen Einbauten strukturiert wird, betont. Drei Elemente lassen den Körper äußerlich aus der streng kubischen Kontur ausbrechen: die südseitige Betontreppe, die den Haupteingang erschließt, der Kamin, der aus der massiven Wand im Norden rückt, und eine exponierte Stahltreppe, die vom Obergeschoss auf das Dach führt. Hans Gangoly, der zu den Grazer Minimalisten gehört, entwarf hier mit seinem eigenen Wohnhaus ein Gegenkonzept zur Grazer Schule und zeigte, dass auch aus einfachen orthogonalen Formen komplexe räumliche Situationen entstehen können. *KH*

K

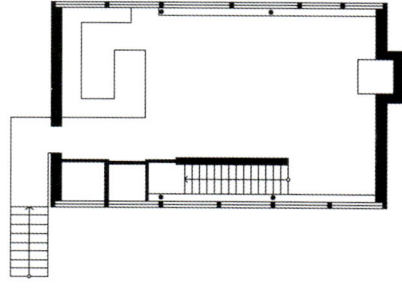

Kindergarten Schulgasse ↓
Schulgasse 1b, Hart bei Graz
Konrad Frey
1997

226 K

Als sei in den Hang eine Tasche geschnitten und die Wiese aufgeklappt worden, ist das Dach des Kindergartens durch Begehbarkeit und – im wahrsten Sinne des Wortes – Bespielbarkeit ein wiedergewonnenes Element der Architektur. Architekt Konrad Frey nutzt die Topologie als Entwurfswerkzeug zur Grundrissorganisation. Dienende Funktionen wie Küche, Sanitärräume und Garderobe wurden in den Hang geschoben. Frey gehört zu den stillen Grazer Schülern und mit seinen experimentellen Entwürfen doch zu den visionärsten; so baute er von 1972 bis 1978 zusammen mit Florian Beigel das erste Solarhaus Österreichs, das Haus Fischer am Grundlsee. Auch der 1995 geplante und zwei Jahre später fertiggestellte Kindergarten von Hart ist als sonnenbeheiztes Gebäude entwickelt, bei dem sich unter tonnengewölbten Dächern die drei Gruppenräume und der größere Bewegungsraum in Richtung Süden öffnen. Der Architekt schafft verschiedenartige Raumerlebnisse für die kleinen und großen Nutzer: Lichtkuppeln geben die Sicht

in den Himmel frei, der gekrümmte Flur ist erst durch Begehen erlebbar, eine Verglasung zum Hang hin macht die Bepflanzung auch im Inneren sichtbar und durch die Rolltore, die als übliche Garagentore ausgeführt sind, gehen die Gruppenräume fließend über in den Außenraum. Eine Rutsche vom Dach in den Garten ermöglicht ein weiteres räumliches Erlebnis und verdeutlicht, dass der Architekt die Nutzer an vorderster Stelle bei der Entwicklung seiner Konzepte einbezieht. *SW*

Frog Queen →
Liebenauer Hauptstraße 82 c
SPLITTERWERK
2007

227 K

In ihrer Dimensionierung schwer fassbar sitzt die *Frog Queen* in der Landschaft. Der verpixelte Würfel (Planung: 2004–2006, Umsetzung: 2006–2007) ist das Headquarter von Prisma Engineering, einem Ingenieurbüro für Maschinen- und Motorentechnik. Das Architekturbüro SPLITTERWERK vereint in seinen Arbeiten mediale und gebaute Räume und transferiert Denise Scott Browns Theorie des »dekorierten Schuppens« ins 21. Jahrhundert. Hier entstand der Dekor aus dem Spiel mit Distanz und Dimension: Von weitem wirkt das Gebäude wie das riesenhaft vergrößerte Detail eines verpixelten Bildes. Bei den einzelnen Bildpunkten handelt es sich um mit Motiven bedruckte Paneele in den Farben Schwarz und Weiß. Steht man direkt davor, sieht man die scharfen piktoralen Figuren: Es sind Zahnräder, die symbolhaft für die Entwicklung neuer Technologien stehen, die im Inneren des Kubus stattfinden. *CB*

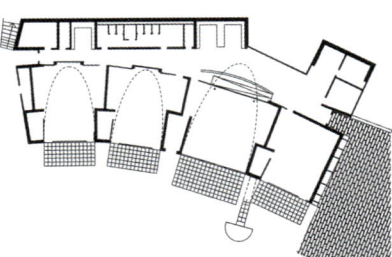

Merkur-Eisstadion ↓
Zoisweg 15
Hans Ilgerl, Boris Peneff,
Wolfgang Walch, MA-Quadrat
1966, 2016

228 K

Da die Hängedachkonstruktion der von 1961 bis 1966 erbauten Halle von Ilgerl-Peneff-Walch unter Denkmalschutz steht, kam ein Abriss nicht in Frage, als das Architekturbüro MA-Quadrat 2015 den Wettbewerb für die Sanierung und den Anbau der Eishalle in Graz-Liebenau gewann. Die Hängeseile der beeindruckenden brutalistischen Halle sind an den Stützen der Haupttribüne sowie an den gegenüberliegenden A-förmigen Stützen verankert. Diese Stützen werden durch den nordseitigen Anbau der Halle in den Innenraum integriert, in dem unter anderem Spielerkabinen und ein VIP-Bereich untergebracht sind. Im Rahmen der Umbauarbeiten wurden außerdem der Haupteingang und die Haupttribüne modernisiert und die denkmalgeschützte Dachkonstruktion und deren Stützen saniert. Das Eisstadion konnte 2016 wiedereröffnet werden, wobei die Bezeichnung »Bunker«, wie das Stadion auch genannt wird, nicht mehr ganz zutreffend ist. *JL*

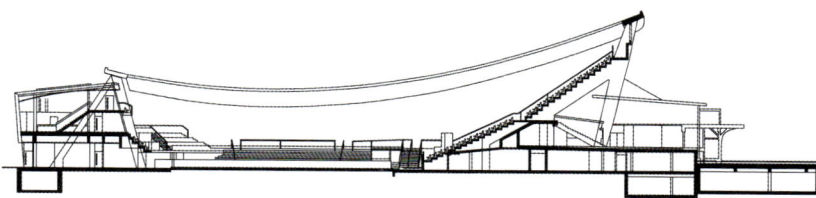

K

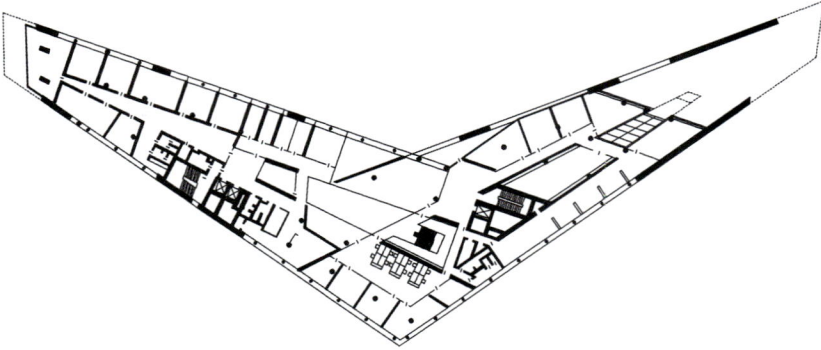

MP09 – Headquarter der Pachleitner Group

229 K

Liebenauer Tangente 2
GSarchitects
2010

Kraft, Dynamik, Eleganz: Mit ihrem Entwurf des »Black Panther« für das neue Headquarter der Uniopt Pachleitner Group, eines Brillen- und Schmuckunternehmens, konnten GSarchitects (Danijela Gojic, Brigitte Spurej, Michael Gattermeyer) 2006 bei einem geladenen Wettbewerb den namensgebenden CEO Michael Pachleitner überzeugen. Das schwarz verglaste, scharfkantige *signature building* dient seit 2010 als *landmark* am südlichen Eingang von Graz. Wie zum Absprung bereit, sitzt die plastisch gewordene Raubkatze auf ihrem Sockel. Man blickt direkt in das »Auge des Panthers«, eine große Öffnung aus Glas. Fensterbänder parallel zur Straße betonen die Dynamik des auskragenden Solitärs, welcher aus zwei in einem stumpfen Winkel zueinanderstehenden Flügeln besteht. Das Gebäude wird im Bereich der Knickstelle über ein Atrium mit Verteilerbrücken erschlossen. Lichtdurchflutete, offene Räume, weiße Wände und sanfte Materialien stehen im Gegensatz zur narzisstischen Coolness der Fassade. *CB*

Ökosozialer Wohnungsbau am Grünanger →

230 K

Pichlergasse 2
Hubert Rieß
2006

Von der einfachen Baracke zum modernisierten Holzbau: 1998 sollte die letzte noch erhaltene Barackensiedlung aus dem Zweiten Weltkrieg abgebrochen werden und einem Geschossbau weichen. Mit Hilfe von Aktivisten gelang es den Bewohnern der Wohnanlage Grünanger, den Abbruchbescheid abzuwenden. Zusammen mit dem legendären KPÖ-Stadtrat Ernest Kaltenegger und seinen Studenten

erarbeitete Hubert Rieß 1999 ein Konzept für die Neuplanung von 75 sozial geförderten Wohneinheiten. Ziel des Entwurfs waren minimale Herstellungs- und Betriebskosten. Für optimale Flächennutzung und Senkung der Energiekosten wurden die von 2005 bis 2006 aufgestellten zweigeschossigen Holzbauten zeilenförmig angeordnet und dadurch beliebig oft koppelbar gemacht. Sie bestehen aus jeweils zwei Wohneinheiten, wobei das obere Geschoss über eine Freitreppe zwischen den beiden Baukörpern erschlossen wird. Die Fassaden der Flachdachhäuser bestehen aus Kostengründen anstatt aus Holz aus Faserzementplatten, welche mittlerweile einen rotbraunen Anstrich bekommen haben und den geplanten Holzhauscharakter hervorkehren. Mit dieser kleinräumigen Siedlung wurde ein leistbares und ressourcenschonendes Zuhause für sozial schwächere Familien mit Raum zur individuellen Entfaltung des Wohnumfeldes geschaffen. *CB*

XAL Competence Center
Auer-Welsbach-Gasse 36
INNOCAD
2011

231 K

Licht- und Schattenwirkung waren für das Labor- und Bürogebäude zentrales Entwurfsthema. Das *XAL Competence Center* des 1989 gegründeten Unternehmens für Lichtsysteme und Lichtdesign wurde ab 2009 von INNOCAD geplant und bis 2011 fertiggestellt. Durch Einfachheit in seiner Formensprache tritt das Gebäude auf dem heterogen bebauten Firmengelände in den Vordergrund. Über eine ruhige Oberfläche aus perforiertem Trapezblech wurden die Konturen der ehemaligen Bestandshalle, eines Spielwarenherstellers aus den Siebzigerjahren, bei dem Umbau zu einem lichttechnischen Labor zitiert. Sattel- und Sheddächer erscheinen verschränkt und auf eine abstrakte Silhouette reduziert. Auf den ersten Blick wirkt das Gebäude verschlossen, besticht in seinem Inneren jedoch durch Helligkeit und Klarheit. Der reduzierte Entwurf gliedert die Fläche von 1.900 Quadratmetern, genutzt von über 70 Designern und Technikern, in drei Teilbereiche. Verbunden durch eine Kommunikationszone und ein Atrium in der Mitte, sind die Raumfunktionen in Lichtlabore, Werkstätten und Büroeinheiten eingeteilt. *PB*

K

Flughafen Graz
Flughafenstraße
Riegler Riewe, Markus Pernthaler,
Pittino & Ortner
1994, 1996, 1998, 2002,
2003, 2005

232 K

Im besten Sinne ein Flughafen der kurzen Wege, liegt der Grazer Flughafen etwa zehn Kilometer südlich des Stadtzentrums. In den Neunzigerjahren entstanden als Erweiterung des Bestands nach Plänen von Riegler Riewe Architekten der Passagierterminal (1994), das Parkhaus (1996) sowie das Verwaltungsgebäude (1998), die mit ihrer Horizontalität allesamt dieselbe minimalistisch-abstrakte Formensprache aufweisen. Das Fluggastgebäude wurde 2005 durch Pittino & Ortner erweitert. Dieser Baukörper führt zwar die Linearität von Riegler Riewe und somit auch die Möglichkeit kurzer Wege fort, in der

Ausformung lassen sich jedoch ikonografische Anspielungen erkennen. So imitiert das Dach aus der Vogelperspektive betrachtet mit seinen gerundeten Abschlüssen sowie der leicht ansteigenden Form die Tragfläche eines Flugzeugs. Der Tower (2002) erhebt sich, unüblicherweise im Anfahrtsbereich vor dem Flughafengebäude, über einem horizontalen Basiselement als Eingangskontrolle. Darauf aufbauend befinden sich Erschließungsbereich, Technikgeschoss und Verwaltungsbereich. Mit der kleineren, trichterförmigen Krone ist dem wuchtig wirkenden zylindrischen Kontrollturm der eigentliche Arbeitsbereich der Flugsicherung aufgesetzt. Wie der Tower wurde auch die Gerätehalle (2003), die parallel versetzt in der Verlängerung des Terminalgebäudes verläuft, von Markus Pernthaler geplant. Auch die Gerätehalle zitiert aerodynamische Formen aus dem Flugzeugbau. *SW*

Pfarrkirche Maria im Elend und Pfarrhof

Florianibergstraße 15
Johannes Pozzo, Johann Georg Stengg, Jörg Uitz u. a.
1. Hälfte 12. Jh., 1461, 1674, 1743, 1901, 1990

233 K

Erhöht auf der Terrasse des Florianibergs liegt das Ensemble mit der Straßganger Pfarrkirche Heilige Maria im Elend. Mit der Erhebung zur Pfarre 1140 gilt die Kirche mit dem ungewöhnlichen Patrozinium, das sich auf die Flucht der Heiligen Familie nach Ägypten bezieht, als älteste Pfarrgründung von Graz. Im Norden und Nordosten von einer Wehrmauer umgeben, wirkt der burgartige, spätgotische Pfarrhof mit gewalmtem Steildach wie ein Schutzschild gegen Süden für das 1461 errichtete Gotteshaus. Zwei römische Grabsteine aus dem 2. und 3. Jahrhundert – Stelenoberteile von Familienverbänden – flankieren in der Außenwand

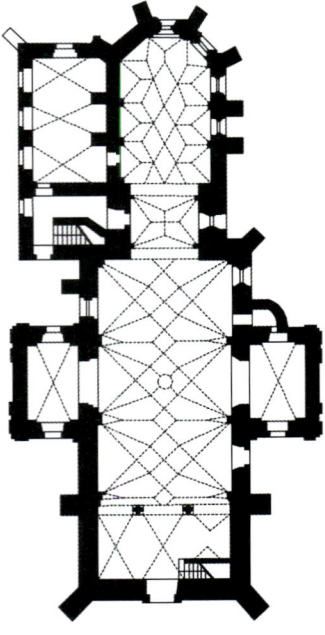

das neogotische, von 1901 stammende Schulterbogentor des Langhauses. Die Kirche wurde 1461 zum Dank für einen Sieg über die Türken über einem romanischen Vorgängerbau errichtet, der zwischen Langhaus und Chor noch erhalten ist. Die von Johann Georg Stengg 1743 geplante Turmaufstockung mit Zwiebelturm unterstreicht mit seinem wuchtigen Volumen die wehrhafte Anmutung des Gebäudes. Die Kapellen, die sich an der Nord- und Südseite des Langhauses gegenüberliegen, wurden gemeinsam mit der Sakristei im Norden des Chors von Maurermeister Johannes Pozzo 1674 hinzugefügt. Aus dieser Zeit stammt auch die einjochige Westempore, die über einem Kreuzgratgewölbe auf toskanischen Säulenarkaden ruht. Ein spätgotisches Stichkappengewölbe mit Rautennetz überspannt die breite, vierjochige Halle, die durch säulenartige Wandpfeiler mit oktogonalen Kapitellen streng gegliedert wird. Ein ungewöhnliches Ornament ohne konstruktive Aufgabe zeigt sich in der Schleifenbildung der mittleren Rippe über Wappenschilden, bevor sie im Kapitell endet. Den Übergang vom Langhaus zum Chor bildet ein in den Grundmauern noch romanisches Turmjoch. Im 1990 von Jörg Uitz neu gestalteten, zweijochigen Altarraum mit Netzrippengewölbe dominiert seit 1727/1728 ein barocker Hochaltar von Johann Jakob Schoy. *AS*

Bundesgymnasium Klusemannstraße

234 K

Klusemannstraße 25
Fellerer-Vendl Architekten
1991

Anhänger postmoderner Architektur können aufatmen: Es gibt sie doch in Graz. Die Architekten Andreas Fellerer und Jiří Vendl aus Wien verwenden am 1991 fertiggestellten Bundesgymnasium Klusemannstraße inmitten aufgelockerter Einfamilienhausbebauung im Südwesten der Stadt das Vokabular der Pop-Architektursprache. Elemente ironischer Verspieltheit von Farben und Formen, die ein Gegenkonzept zu rein funktionalistischer Architektur darstellen, sind unter anderem ein Kegel, in dem die Bibliothek untergebracht ist, der neben dem Eingangsbereich des 150 Meter langen, dreigeschossigen Riegels durch ein auf blauen Fischbauchträgern ruhendes Stahldach stößt. An dieser Nordseite sind vor den Außensportanlagen, abwechselnd mit Freiräumen, drei Turnhallen aufgereiht. Daran schließt südseitig das Band mit Klassenräumen in massiver Betonbauweise an. Die in Schulen ansonsten typischen reinen Erschließungsflure sind hier ergänzt durch Kioske und Aufenthaltsbereiche – ein nach innen verlegter Schulhof, der sowohl Treffpunkte als auch Arbeitsbereiche für die Schulkinder schafft. *SW*

K

Die Kärntnerstraße
Über den Einzug des Unbewohnbaren

Petra Eckhard

Die Grazer Kärntnerstraße ist der Ort, an dem sich Graz in sein Gegenteil verkehrt, oder, je nach Perspektive, sein wahres Gesicht zeigt. Würde der so berühmte wie fiktive Architekturkritiker H. Bustos Domecq durch diese Straße gehen, den Jorge Luis Borges die unbewohnbare Architektur des »Haus Der Türen Und Fenster« beschreiben ließ, so stünde er plötzlich vor einem Gebäude, das seiner Beschreibung erstaunlich nahekäme. Als bloße Ansammlung von funktionslosen Türen, Schwellen und Fenstern beschreibt Domecq eine unbewohnbare Architektur, deren alleinige Funktion es ist, sich selbst auszustellen. Tatsächlich ist Domecqs Parodie auf das Formendiktat der Moderne paradigmatisch für eine Entwicklung des 20. Jahrhunderts, die das Bewohnbare in ihr Gegenteil umkehrt. Besonders deutlich ablesbar wird diese Umkehr in der Grazer Kärntnerstraße, in der sich das Unbewohnbare vor allem im nördlichen, stadtnahen Drittel in die ursprüngliche Siedlungsarchitektur einschreibt und damit die Physiognomie der Straße wesentlich verändert.

Automobilization Takes Command

Aus städtebaulicher Sicht definiert sich die Kärntnerstraße als Ausfallstraße, die mit einer Länge von etwa sechs Kilometern von Seiersberg über den Verteilerkreis Graz-Webling in Richtung Nordosten an die südliche Stadtgrenze von Graz reicht. Ursprünglich im Generalbebauungsplan von Groß-Graz aus dem Jahre 1947 als Wohngebiet gewidmet und durch eine schablonenhafte Gleichförmigkeit von Ein- und Zweifamilienhäusern charakterisiert, kommt es ab den Fünfzigerjahren, bedingt durch die Zunahme des Fernverkehrs, zu einem Rückgang der privaten Kleinsiedlungstätigkeit und gleichzeitig zu einer verstärkten Neuansiedelung von Betrieben des verkehrs- und kraftfahrzeugorientierten Handels. Seinen Höhepunkt erreicht dieser Strukturwandel jedoch in den Siebzigerjahren: Die gnadenlose Überformung der bestehenden Siedlungsarchitektur in *Auto-Planeten* und *Sportwagen-Center* lässt eine skurrile Straßenbebauung entstehen, in der sich biedere Ein- und Zweifamilienhäuser

Kärntnerstraße Nr. 85

Kärntnerstraße Nr. 134

plötzlich als Austragungsorte gewerblicher Konkurrenzkämpfe wiederfinden. Erbarmungslose An- und Umbauten, die die klassische Wohnarchitektur um Ausstellungsflächen erweitern, lassen die Bestandsgebäude in postmoderne Hybridbauten mutieren.

Überschwängliche Dekorationsgesten in Form von grellen Fassadenanstrichen, riesigen Reklameschildern und bunten Fahnen haschen nach der Aufmerksamkeit der motorisierten Menschen. Dazwischen findet man klassisch »dekorierte Schuppen«, die kulinarisch vom *Würstel Hannes* oder erlebnisgastronomisch vom *Billardcafé* oder dem *Studio Moon* bespielt werden. Mühelos passt sich der Baukörper der gewerblichen Nutzungsfluktuation an, indem er einfach sein Etikett wechselt. So folgt auch die Logik der architektonischen Gestaltung dem Impuls des ständigen Wandels und schnellen Konsums, in dem auch die Menschen bloß auf der Durchreise sind. Schnurgerade führt die Kärntnerstraße ins Nichts des automobilen Verteilerkreises Webling oder weiter in immer weniger originelle Ausprägungen der Vorstadt. Entlang der Kärntnerstraße haben nur wenige Einfamilienhäuser ihre ursprüngliche Funktion als beständiges Eigenheim behalten: Verborgen hinter hohen Hecken oder Reklametafeln versuchen sie, sich von Straßenlärm und Kommerzchaos abzuschotten.

Kärntnerstraße Nr. 121

Kärntnerstraße Nr. 216

Learning from Kärntnerstraße

Und obwohl sie meist als Auswuchs des schlechten Geschmacks verachtet wird, sind die unterschiedlichen architektonischen Ausprägungen entlang der Kärntnerstraße stadt- und kulturgeschichtlich höchst relevant. Wie in Robert Venturis, Denise Scott Browns und Steven Izenours berühmter Analyse des Las Vegas Strip funktioniert auch die Kärntnerstraße als komplexes Kommunikations- und Orientierungssystem, das die (einst bewohnbare) architektonische Form hinter die Darstellung von kommerziellen Interessen zurücktreten lässt. Genauso wie H. Bustos Domecqs »Haus Der Türen Und Fenster«, das zum Sinnbild einer Modernekritik wird, die den Funktionalismus zu einer sinnlosen (obgleich künstlerisch-wertvollen) Geste der Übertreibung reduziert, ist auch der Gestaltwandel der Kärntnerstraße nicht bloß vulgärer Ausdruck von Kommerzialisierung. Als urbane Antithese zum geschlossenen Stadtkern liefert sie einen ehrlichen Beitrag zum neoliberalen Urbanismus, indem sie totalitäre Stadtentwicklungspläne negiert und an ihrer Stelle rein kommerzielle Interessen und radikale Aneignungsprozesse ausstellt.

Kärntnerstraße Nr. 184

Kärntnerstraße Nr. 101

Kunst am Bau, Kärntnerstaße Nr. 212

Projekte

Sortierung nach Projektnummern

Projekte

Sortierung nach Projektnummern

Personen

Sortierung nach Seitenzahlen

Personen

Sortierung nach Seitenzahlen

Personen

Sortierung nach Seitenzahlen

Personen

Sortierung nach Seitenzahlen

S

Personen

Sortierung nach Seitenzahlen

Engele, Robert: *Damals in Graz.*
Eine Stadt erzählt ihre Geschichte,
Wien/Graz/Klagenfurt 2011.
Engele, Robert: *Damals in Graz. Eine*
Stadt erzählt ihre Geschichte, Bd. 2,
Graz 2013.
Kohlbach, Rochus: *Die barocken Kirchen*
von Graz, Graz 1951.
Kohlbach, Rochus: *Die gotischen Kirchen*
von Graz, Graz 1950.
Kölbl, Alois/Resch, Wiltraud: *Wege zu*
Gott. Die Kirchen und die Synagoge
von Graz, Graz 2002.
Kubinzky, Karl Albrecht: *Graz aus der*
Vogelperspektive, Graz 1984.
Kubinzky, Karl Albrecht: *Graz im Wandel.*
Ein Spaziergang durch ein Stadtbild,
das es nicht mehr gibt, Graz 1987.
Kubinzky, Karl Albrecht/Wentner, Astrid:
Grazer Straßennamen. Herkunft und
Bedeutung, Graz 1996.
Kubinzky, Karl Albrecht: *Historisches*
aus Graz. Als gestern noch heute war,
Graz 2016.
Luser, Hansjörg (Hg.): *Graz: Stadtarchi-*
tektur – Architekturstadt. Architektur
und Stadtentwicklung 1986–1997,
Wien 1997.
Popelka, Fritz: *Geschichte der Stadt Graz,*
Bd. 1. Mit dem Häuser- und Gassenbuch
der inneren Stadt Graz, Graz 1928.
Popelka, Fritz: *Geschichte der Stadt Graz,*
Bd. 2. Mit dem Häuser- und Gassen-
buch der Vorstädte am rechten Murufer,
Graz 1935.
Schuster, Ulrike: *Verlorenes Graz. Eine*
Spurensuche im 19. und 20. Jahrhundert
nach demolierten Bauwerken und Denk-
malen der steirischen Landeshaupt-
stadt, Wien 1997.
Schweigert, Horst: *Graz* (Dehio-Hand-
buch. Die Kunstdenkmäler Österreichs), hg. v. Institut für österreichische Kunstforschung des Bundesdenk-
malamtes, Wien 1979.
Senarclens de Grancy, Antje (Hg.): *Iden-*
tität, Politik, Architektur. Der »Verein
für Heimatschutz in Steiermark« (architektur + analyse, Bd. 4), Berlin 2013.

Senarclens de Grancy, Antje: *»Moderner*
Stil« und »Heimisches Bauen«. Architek-
turreform in Graz um 1900, Wien/
Köln/Weimar 2001.
Senarclens de Grancy, Antje: *Architek-*
tur in Graz. Gehen, Sehen & Genie-
ßen. 6 Routen durch die Hauptstadt
der Steiermark zu Bauten seit 1900 ...,
Wien 2008.
Senarclens de Grancy, Antje: *Keine*
Würfelwelt. Architekturpositionen
einer »bodenständigen« Moderne.
Graz 1918–1938, Graz 2007.
Stadt Graz/Stadtbaudirektion Bertram
Werle/Wentner, Astrid (Hg.): *10 Years*
UNESCO World Heritage/10 Jahre UNESCO
Welterbe, Graz 2009.
Stadt Graz/Stadtbaudirektion Bertram
Werle (Hg.): *Graz ist Baukultur,*
Graz 2018.
Stadt Graz/Stadtrat Helmut Strobl (Hg.):
World Heritage/Weltkulturerbe Graz.
The Historic Center of Graz/Die Altstadt
von Graz, 3. Aufl., Graz 2003.
Strahalm, Werner: *Graz. Eine Stadtge-*
schichte, Graz 1989.
Szyszkowitz, Michael (Hg.): *Grazer Alt-*
stadt Dachausbau (Verein Grazer Alt-
stadt, Bd. 3), Graz 2015.
Szyszkowitz, Michael/Irsigler,
Renate (Hg.): *Architektur_Graz. Posi-*
tionen im Stadtraum. Mit Schwerpunkt
ab 1990, 3. erw. Aufl., Graz 2009.
Wagner, Anselm/Senarclens de Grancy,
Antje (Hg.): *Was bleibt von der »Grazer*
Schule«? Architektur-Utopien seit
den 1960ern revisited (architektur +
analyse, Bd. 1), Berlin 2012.
Wentner, Astrid/Weiss, Norbert:
KlinikumGuide Graz, Graz 2015.

Websites:
http://app.luis.steiermark.at/agis/
baukultur/altstadtgraz/asvk_graz.htm
http://www.gat.st/content/
architekturfuehrer
www.nextroom.at

Autorinnen und Autoren

Birgit Androschin
*1970 in Innsbruck, Studium der Architektur in Innsbruck und Paris und der Kunstgeschichte in Graz, Mitarbeit bei Architekturbüros in Bozen, Innsbruck und Graz, Architekturvermittlerin und Architektin in Rom, seit 2018 Assistentin am Institut für Architekturtheorie, Kunst- und Kulturwissenschaften der TU Graz.

Carmen Bilweis *CB*
*1994 in Judenburg/Steiermark, Studium der Architektur in Graz, Mitarbeit im Architekurbüro coabitare, seit 2016 Kolleg für Grafik- und Kommunikationsdesign an der Ortweinschule Graz.

Petra Boden *PB*
*1993 in Feldbach/Steiermark, Studium der Architektur in Graz und Lissabon, Mitarbeit bei Fahrni Partner Architekten, Luzern, und bei Studio Boden, Graz.

Markus Bogensberger
*1972 in Graz, Studium der Architektur in Graz, Gründung des Architekturbüros Supernett, 2006–2012 Assistent am Institut für Gebäudelehre der TU Graz, seit 2013 Geschäftsführer des Hauses der Architektur (HDA) Graz.

Johann Konrad Eberlein
*1948 in Nürnberg, Studium der Kunstgeschichte, Geschichte und Archäologie in Erlangen, München, Freiburg, Bonn und Würzburg, Lehre bzw. Gast- und Vertretungsprofessuren in München, Frankfurt a. M., Innsbruck, Kassel, Bern, Salzburg und Wien, 1998–2013 Professor für Kunstgeschichte an der Universität Graz.

Petra Eckhard
*1976 in Graz, Studium der Amerikanistischen Literatur- und Kulturwissenschaften sowie Medienwissenschaften in Graz, Bern und New York, 2012–2018 Assistentin am Institut für Architekturtheorie, Kunst- und Kulturwissenschaften der TU Graz, seit 2018 Senior Scientist und Leiterin des GAM-Lab der Architekturfakultät der TU Graz.

Katharina Hohenwarter *KH*
*1991 in Graz, seit 2012 Studium der Architektur in Graz, 2016–2018 Studienassistentin am Institut für Gebäudelehre, 2016–2018 Architekturvermittlung im Haus der Architektur (HDA) Graz, seit 2018 Mitarbeiterin bei Gangoly & Kristiner Architekten, Graz.

Alina Knauder *AK*
*1994 in Wetzikon/Schweiz, Studium der Architektur in Graz.

Petra Knoll *PK*
*1995 in Graz, Studium der Architektur in Graz und Chile, Mitarbeit beim Technischen Büro für Raumplanung Kampus und im Architekturbüro Norbert Müller, Graz.

Christian Kühn
*1962 in Wien, Studium der Architektur in Wien und Zürich; Professor für Gebäudelehre an der TU Wien, Architekturkritiker und Kurator, Vorstand der Architekturstiftung Österreich und Vorsitzender des Beirats für Baukultur im Österreichischen Bundeskanzleramt.

Sabrina Kullmaier *SK*
*1991 in Judenburg/Steiermark, Studium der Kunstgeschichte, Archäologie und Architektur in Graz.

Julian Lebitsch *JL*
*1992 in Klagenfurt, seit 2013 Studium der Architektur in Graz, Mitarbeit beim Architekturbüro Norbert Müller, Graz.

Andreas Maierhofer *AM*
*1993 in Salzburg, Studium der Architektur in Graz und Jönköping/Schweden, Mitarbeit bei den Architekturbüros Hofrichter-Ritter in Graz und léonwohlhage in Berlin, seit 2017 Studienassistent am Institut für Architekturtheorie, Kunst- und Kulturwissenschaften der TU Graz.

Alexandra Nenadic *ALN*
*1993 in Graz, Studium der Architektur in Graz.

Anela Nuic *AN*
*1993 in Graz, Studium der Architektur in Graz, Tätigkeit beim Architekturbüro Gaft&Onion und bei Baumeister Amir Istfanous in Graz.

Margareth Otti
*1974 in Wolfsberg/Kärnten, Studium der Architektur, Kunstgeschichte und Bühnengestaltung in Graz, Brüssel und Rotterdam, Kuratorin und Autorin u. a. am Forum Stadtpark Graz, am Stadtmuseum Graz und an der CAF Chicago, Lehrbeauftragte an der TU Graz, 2018 Eröffnung der Galerie Margareth Otti in Graz.

Christian Pommer *CHP*
*1982 in Bruck an der Mur/Steiermark, ab 2002 Maschinenbaustudium in Graz, Tätigkeit in der Industrie, seit 2009 Architekturstudium in Graz, Mitarbeit in diversen Architekturbüros.

Eva Portenkirchner *EP*
*1990 in Schwarzach im Pongau/Salzburg, Studium der Architektur in Graz, seit 2018 freiberufliche wissenschaftliche Autorin und Lektorin.

Antje Senarclens de Grancy
*1964 in Graz, Studium der Kunstgeschichte in Graz, Wien und Paris, Mitarbeit am FWF-Spezialforschungsbereich zur Moderne in Zentraleuropa, seit 2010 Assistentin und seit 2016 Assistenzprofessorin am Institut für Architekturtheorie, Kunst- und Kulturwissenschaften der TU Graz.

Andrea Singer *AS*
*1994 in Tamsweg/Salzburg, seit 2012 Studium der Architektur in Graz, Mitarbeit in diversen Architekturbüros, seit 2017 Studienassistentin am Institut für Architekturtheorie, Kunst- und Kulturwissenschaften der TU Graz.

Mario Stefan *MS*
*1992 in Wiener Neustadt/Niederösterreich, Studium der Architektur in Graz, seit 2015 Studienassistent am Institut für Städtebau der TU Graz.

Gertraud Strempfl-Ledl
*1968 in Ilz/Steiermark, Studium der Kunstgeschichte in Graz, Assistentin am Institut für Kunstgeschichte der TU Graz, Lektorin an der Universität Graz, Leiterin der Geschäftsstelle des Internationalen Städteforums in Graz, Vorsitzende der Grazer Altstadt-Sachverständigenkommission.

Anselm Wagner *AW*
*1965 in Salzburg, Studium der Kunstgeschichte, Philosophie und Klassischen Archäologie in Salzburg und München, Galerieleiter, Kunstkritiker, Redakteur von *frame* und *spike*, Gastprofessuren in Wien und Minneapolis, seit 2010 Professor für Architekturtheorie und Vorstand des Instituts für Architekturtheorie, Kunst- und Kulturwissenschaften der TU Graz, Mitglied der Grazer Altstadt-Sachverständigenkommission.

Katrin Wagner *KW*
*1994 in Graz, Studium der Architektur in Graz.

Sophia Walk *SW*
*1984 in Fulda, Studium der Architektur in Wiesbaden, Mitarbeit am Lehrgebiet für Städtebau der Hochschule Wiesbaden und als Redakteurin von *Stylepark*, seit 2015 Assistentin am Institut für Architekturtheorie, Kunst- und Kulturwissenschaften der TU Graz.

Martin Walpot
*1984 in Leoben/Steiermark, Studium der Germanistik und Kulturwissenschaften in Graz, Kultur- und Wissenschaftsredakteur für *Die Presse*, Texter und Creative Director in verschiedenen Werbeagenturen, seit 2017 Head of Public Relations and Marketing am Austrian Centre of Industrial Biotechnology.

David Weiß *DW*
*1992 in Berlin, Studium der Architektur in Cottbus, Granada und Graz, Mitarbeit bei Bau+architekten in Berlin, Riegler Riewe, Wolfgang Steinegger und eep architekten in Graz.

Abbildungsnachweis

Sortierung nach Seitenzahlen

vom entstehen und werden

spazieren, betrachten, zuhören, hinsehen,
befahren, erklären, erkennen, verstehen,
notieren, nachforschen, erheben, begehen,
erörtern, aufzeigen, beschreiben, verdrehen.

verfassen, absenden, durchlesen, beraten,
aufzeigen, darlegen, ausfeilen, abwarten,
verbessern, nachweisen, neudenken, umschreiben,
verzweifeln, bedauern, verfluchen, zerreiben.

nachforschen, entwickeln, klarlegen, aufdecken,
entwirren, eingreifen, belehren, erwecken,
aufpeppen, bemühen, frisieren, verweben,
erstehen, durchblättern, nachlesen, erleben.

Andreas Maierhofer